3
2021
第3辑
总第63辑

Nomocracy Forum

法治论坛

广州市法学会 / 编

中国法制出版社
CHINA LEGAL PUBLISHING HOUSE

目录 CONTENTS

Nomocracy Forum

民法典适用

大数据法治

实务研究

案例分析

法谈法议

民法典适用

《民法典》离婚冷静期制度实施现状与对策研究

郭志远　邢源恒*

【内容提要】 离婚冷静期制度是我国《民法典》的一项重要制度创新，自该制度正式实施以来，首批申请登记离婚的夫妻冷静期已满。根据目前数据显示，离婚冷静期效果已初步显现，部分夫妻冷静期届满后主动放弃登记离婚，然而在实施过程中也存在登记离婚预约程序复杂、登记离婚适用冷静期次数不明、当事人同时申请登记离婚与诉讼离婚以及缺乏冷静期配套调解措施等突出问题和现实困境。为进一步完善离婚冷静期制度，应当简化离婚申请预约程序，明确冷静期适用次数，实行离婚审查前置程序以及增设第三方调解制度予以应对。

【关键词】 离婚冷静期　配套立法　婚姻登记规定　制度构建

引言

我国实行登记离婚与诉讼离婚并行的离婚制度，近年来登记离婚制度备受争议，由于登记离婚手续和审核程序简单，婚姻登记机关缺乏必要的调解和限制措施，轻率离婚的数量不断增加，部分学者认为我国登记离婚制度是世界上最自由的离婚制度之一。[1] 基于我国现阶段登记离婚手续简单、离婚成本低，离

* 郭志远——安徽大学法学院教授，博士生导师，主要研究领域：诉讼法学；邢源恒——安徽大学硕士研究生，主要研究方向：诉讼法学。

1　夏吟兰：《对中国登记离婚制度的评价与反思》，载《法学杂志》2008 年第 2 期。

婚率总体呈现上升趋势的现实情况，[2] 我国《民法典》第1077条规定了离婚冷静期制度，[3] 冷静期制度是限制当事人任意离婚的障碍性程序，[4] 该制度旨在通过增加一个月冷静期，使双方当事人慎重思考、重新审视婚姻家庭关系，以期减少冲动型离婚数量，促进婚姻家庭稳定。此后，《民政部关于贯彻落实〈中华人民共和国民法典〉中有关婚姻登记规定的通知》（以下简称《婚姻登记规定通知》）作为离婚冷静期制度配套立法，[5] 弥补了我国《民法典》关于离婚冷静期制度具体实施细则的空白，通知中将登记离婚程序修改为“申请—受理—冷静期—审查—登记（发证）”，对推进离婚冷静期制度的落地与实施将提供有力的制度保障。

自2021年1月1日起，离婚冷静期制度正式生效实施，离婚制度反映着社会主义婚姻道德伦理，[6] 离婚冷静期制度实施效果如何，不仅关系着离婚冷静期制度本身的落实与发展，也影响着优良家风和社会主义核心价值观的树立与弘扬。[7] 离婚冷静期制度作为一项全新的制度设计，在全国范围内仍处于探索阶段，加上社会民众对之了解程度较低、制度设计不成熟及冷静期登记程序不完备等原因，离婚冷静期制度在实施中遇到了一些新问题与困难。为促进冷静期制度有序发展，针对轻率离婚数量激增、离婚率连年上升的现实情况，有必要对目前离婚冷静期制度的实施情况进行分析，契合实施中出现的新情况、新问题，有序推进离婚冷静期制度，以期促进离婚冷静期制度优化与发展。

一、离婚冷静期制度实施的现状及效果

离婚冷静期需经历“三十日冷静期和三十日登记期”，目前首批申请办理登记离婚的夫妻冷静期已满，根据我国部分地区婚姻登记机关发布的离婚数据分

2　根据民政部统计的数据，“2019年全国婚姻登记机关依法办理离婚手续470.1万对，比上年增长5.4%，民政部门登记离婚404.7万对，法院判决、调解离婚65.3万对。离婚率为3.4‰，比上年增长0.2个千分点；2015－2019年离婚率逐年上升，从2.8‰增长至3.4‰”。参见民政部《2019年民政事业发展统计公报》，载民政部官方网站，http://images3.mca.gov.cn/www2017/file/202009/1601261242921.pdf，最后访问于2021年3月19日。

3　《民法典》第1077条：自婚姻登记机关收到登记离婚申请之日起三十日内，任何一方不愿意离婚的，可以向婚姻登记机关撤回登记离婚申请。前款规定期限届满后三十日内，双方应当亲自到婚姻登记机关申请发给离婚证；未申请的，视为撤回登记离婚申请。

4　夏沁：《民法典登记离婚冷静期条款的解释论》，载《法学家》2020年第5期。

5　徐向华、周欣：《我国法律体系形成中法律的配套立法》，载《中国法学》2010年第4期。

6　巫昌祯、夏吟兰：《婚姻家庭法学》，中国政法大学出版社2007年版，第171页。

7　张雅萍：《从离婚冷静期看〈民法典〉对婚姻家庭的人文关怀》，载广州市法学会编：《法治论坛》2020年第4期，中国法制出版社2020年版。

析，离婚冷静期制度的实施取得了一定成效，初步实现了制度设计的初衷。因此，随着离婚冷静期制度的不断深入，应进一步分析离婚冷静期制度的实施现状与实施效果，保障离婚冷静期制度正常运行。

（一）实施现状

1. 登记离婚强制适用。自2021年1月1日起，离婚冷静期制度正式生效实施，《婚姻登记规定通知》所确立的“申请—受理—冷静期—审查—登记（发证）”的登记离婚程序取代了原有“自由充分、限制不足”[8]的登记离婚程序。离婚冷静期制度旨在修复感情未完全破裂的夫妻关系，进而减少冲动型离婚。根据《民法典》第1077条的规定，离婚冷静期制度的适用具有强制性，双方在协议离婚时，不可以排除适用离婚冷静期制度，并且离婚冷静期制度暂未规定区别适用。因此，所有登记离婚的当事人均适用离婚冷静期制度。

2. 预约方式为网上预约或现场预约。根据我国多地民政部门通知，申请预约办理离婚登记程序，可通过现场预约、网上预约或通过微信预约等方式，如北京市民政局可在十五日内预约受理日，在预约受理时需提交男女双方个人信息、婚姻信息等基本信息；[9]广东省婚姻登记预约平台需提前1个自然日申请，可预约1个月内的号源，并且登记时需要提供相应的证明材料。[10]预约成功后，当事人应当在预约日期和时段到场办理，婚姻登记机关将按照法律规定、预约程序受理申请。

3. 婚姻登记机关因地制宜，探索配套调解措施，夫妻双方申请离婚后，将留有三十日冷静期和三十日内办理登记的时间，部分婚姻登记机关因地制宜，探索建立冷静期配套措施，在办理离婚登记前或冷静期期间内，对申请离婚的夫妻进行有效调解，对感情确已破裂的夫妻，应当予以受理或登记。例如，武汉市武昌区婚姻登记处首创“特‘别’有爱离婚心理辅导介入工程”，对办理登记离婚的夫妻进行心理辅导并制作调查问卷；[11]上海市探索通过社区法治专员等形式对申请登记离婚的夫妻双方进行调解等。

4. 社会公众关注度较高。离婚冷静期作为一项全新的制度设计，社会民

---

8 夏吟兰：《对中国登记离婚制度的评价与反思》，载《法学杂志》2008年第2期。

9 详情参见北京市婚姻登记预约服务，载北京市民政局官方网站，http：//ggfw. mzj. beijing. gov. cn/jhyy/marryout/marry/index_ yy. jsp，最后访问于2021年3月10日。

10 详情参见广东省婚姻登记预约平台，https：//www. gdhy. gov. cn/，最后访问于2021年3月10日。

11 详情参见《“冷静期”过后，多数申请离婚夫妻放弃登记》，载武汉市民政局官方网站，http：//mzj. wuhan. gov. cn/mzdt_ 912/mzyw/202103/t20210317_ 1652412. shtml，最后访问于2021年3月19日。

众从了解到接受需要一定的过程。结合目前登记离婚的现实情况，婚姻登记机关的工作人员通过对现场办理登记离婚申请的夫妻进行法治宣传、解释适用离婚冷静期制度具体流程，引导其了解并适用该制度，绝大多数夫妻均表示理解并接受，但仍有部分夫妻以“实际分居”已满冷静期等为由要求直接办理离婚登记。为确保离婚冷静期制度的有效实施，民政部门应当加大宣传、解释和引导适用等工作的力度。此外，由于近期“离婚冷静期，让832对闹离婚的夫妻放弃离婚”[12]“女子携儿女跳楼追踪：事关离婚冷静期”[13]等热点新闻的出现，使离婚冷静期制度再次受到社会的广泛关注，引发民众对该制度的激烈讨论。

（二）实施效果

离婚冷静期制度实施效果初步显现，部分夫妻离婚冷静期届满后主动放弃登记或届满后放弃办理离婚手续。离婚冷静期制度作为一项全新的登记离婚程序，通过增加程序性障碍，旨在缓解夫妻双方“冲动”的情绪，待冷静后审慎思考双方婚姻关系后，再作出是否离婚的决定。根据全国各地民政部门发布的数据分析，离婚冷静期制度实施效果初步显现，多数夫妻在冷静期届满后放弃登记，如武汉市自离婚冷静实制度施时起共受理3096对离婚申请，经过冷静期和登记期，首批共办理离婚手续1309对/月，约58%的夫妻主动放弃登记离婚申请；[14]哈尔滨五个城区于1月4日共受理离婚申请88对，于3月5日最后期限前放弃办理离婚手续的夫妻共27对。[15]根据目前离婚登记机关发布的数据情况来看，离婚冷静期内主动撤回离婚申请或逾期未办理离婚登记的夫妻占比较高，从一定程度上反映出该制度对缓解冲动型离婚具有一定的积极作用，该制度的实施取得了良好的法律效果和社会效果。但仍应清晰认识到，由于离婚冷静期制度实施时间尚短，短时间内的数据缺乏说服力，因此，应当持续关注该制度的实施动态，防止制度出现异化。

---

12 濮小燕：《离婚冷静期 让832对闹离婚的夫妻放弃离婚》，载《都市快报》2021年4月6日，第A05版。

13 详情参见《女子携儿女跳楼追踪：事发离婚冷静期 亲属称想知道到底发生了什么》，载安徽网，http：//www. ahwang. cn/newsflash/20210315/2208282. html，最后访问于2021年3月19日。

14 详情参见《“冷静期”过后，多数申请离婚夫妻放弃登记》，载武汉市民政局官方网站，http：//mzj. wuhan. gov. cn/mzdt_ 912/mzyw/202103/t20210317_ 1652412. shtml，最后访问于2021年3月19日。

15 赵政府：《“离婚冷静期”实施一个周期，88对申请离婚27对夫妻“冷静”了》，载《生活报》2021年3月6日，第6版。

二、离婚冷静期制度实施中存在的问题

离婚冷静期制度遵循婚姻自由的原则，通过大量的试点经验，契合当下婚姻家庭现状，及时有效地回应了目前存在轻率离婚、离婚率过高等种种问题。目前离婚冷静期制度在正式实施过程中已显现初步效果，但在实施中也不断出现如离婚预约“一号难求”、适用冷静期次数不明、登记离婚与诉讼离婚同步申请受理以及缺乏配套调解措施等问题，如何继续落实、细化该制度，仍需进一步探讨完善。

（一）登记离婚预约程序复杂，预约难度大

根据《婚姻登记规定通知》的规定，夫妻双方应共同到现场申请办理登记离婚并递交有关材料。目前，我国多数城市基于疫情防控需要及接待能力有限等原因，暂停现场预约申请服务，双方当事人需要提前在网上或微信平台进行登记离婚预约，双方当事人在预约日期和时段到婚姻登记机关申请离婚，但部分城市存在预约登记离婚“一号难求”的情况，通过访问广东省婚姻登记网上预约系统可观察到，提前十五日内，多数城市剩余预约登记量均为少数甚至为零。[16]婚姻登记机关接待水平有限，导致登记离婚预约难度大，网上预约时间过长，无形中再次对登记离婚增加了程序性障碍，有悖于离婚冷静期制度的立法初衷。此外，随着信息技术的提高，离婚登记预约、相关材料提交等均可线上进行，便捷化水平随之提高。但实践中存在材料重复提交、增加当事人负担等问题，如北京市民政局在线上预约时，除提交双方当事人基本信息外，还需提交结婚证、离婚协议书、免冠照片等材料，然而，双方当事人到现场办理离婚申请时仍需提交上述材料，该程序容易导致材料重复提交，添加当事人负担。申请登记离婚预约时是否需要提交实质性材料，线上能否直接受理离婚申请，能否实现登记离婚材料高效、便民、安全地提交仍具有进一步细化空间。

（二）登记离婚适用离婚冷静期次数不明

《婚姻登记规定通知》规定，登记离婚机关受理离婚申请，对当事人提交的材料初审无误后，发给《申请受理回执单》，冷静期届满三十日内，双方共同到婚姻登记机关申请发给离婚证，登记机关应对有关材料进行审查，对不符合条

16　笔者于2021年3月21日登录广东省婚姻登记系统预约登记离婚，以深圳市为办理城市，深圳市共10个婚姻登记处，最早能预约的登记离婚申请日期为2021年4月20日，且仅“罗湖区民政局婚姻登记处”有六个剩余名额，其余均无剩余预约量。

件的不予办理。通知中未明确不予办理后当事人再次提交离婚申请时是否再次适用离婚冷静期，并且没有规定两次申请之间是否需要一定的时间间隔，也未细化不同原因的不予受理发生后的具体处理方式。国家权力介入婚姻家庭的目的在于平衡婚姻家庭当事人的利益，[17]由于离婚冷静期制度暂未明确冷静期适用次数，当事人按目前法律规定，则应无限次适用冷静期制度，倘若一方当事人恶意行使撤回权，将导致婚姻陷入僵局，容易激化家庭矛盾，不利于社会稳定与和谐。

（三）登记离婚与诉讼离婚同步申请受理

我国实行登记离婚与诉讼离婚并行的离婚制度，当事人可自行选择离婚方式。然而，自离婚冷静期制度实施以来，部分夫妻为了尽快解除婚姻关系，往往同时申请登记离婚和诉讼离婚，由于婚姻登记机关与法院不隶属于同一系统，双方暂无互联共通的实时婚姻登记系统，目前协议离婚与诉讼离婚管辖发生冲突时存在一定的法律空白。安岳县人民法院在办理离婚诉讼案件时，发现部分当事人为逃避冷静期限制，在办理登记离婚申请后，又诉至人民法院要求调解离婚。[18]我国《民法典》第1080条规定，生效的离婚判决书、调解书与完成离婚登记具有同等法律效力，[19]婚姻登记机关与人民法院同时受理离婚申请时，若产生冲突判决或登记，其效率认定将陷入僵局，登记离婚与诉讼离婚同步申请受理将造成婚姻管理秩序混乱。

（四）登记离婚冷静期制度配套调解措施阙如

我国《民法典》暂未具体规定夫妻双方在冷静期的权利与义务，冷静期内任何一方不愿意离婚即可撤回登记离婚申请，同时也未规定冷静期内婚姻登记机关应当履行的义务以及冷静期相应的配套措施。我国的立法目的是通过设立冷静期，增加登记离婚前置程序，使双方关系得到一个缓冲，但通常情况下，夫妻双方容易在冷静期内固执己见，以工作时间紧张、见面就会发生争执等理由拒绝接触。离婚冷静期内容易发生家暴、冷静期内出轨或转移财产等行为，我国《民法典》暂未规定冷静期内发生此类行为时，是否终止适用离婚冷静期制度，根据目前法律规定，当事人可以通过其他法律救助手段解决，如诉讼离

17　郭剑平：《我国离婚冷静期制度构建的法理学思考》，载《社会科学家》2018年第7期。

18　详情参见《安岳县人民法院、安岳县民政局关于贯彻实施〈中华人民共和国民法典〉离婚冷静期操作规程（试行）》。

19　《民法典》第1080条：完成离婚登记，或者离婚判决书、调解书生效，即解除婚姻关系。

婚等方式。[20]此外，离婚不仅仅是夫妻双方的事情，还关系到子女等问题。[21]未成年子女的存在，往往被认为是“抑制离婚的重要因素”，[22]在冷静期内双方当事人应当对子女的养育、保护、权利的保障等问题予以充分考虑。我国部分地区民政部门正在探索建立与离婚冷静期相配套的调解措施，但由于立法尚未对配套调解措施予以吸收，加之地方民政部门人员有限，无法保障对每对办理登记离婚的夫妻都进行有效的冷静期调解。离婚冷静期内缺乏登记离婚机关或第三方的有效调解、引导，无法对病态的婚姻关系予以诊疗，[23]仅凭夫妻双方各自冷静思考、自我审视整段婚姻关系，难以实现预期效果，不利于夫妻矛盾的解决，将有碍于我国离婚冷静期制度立法目的的实现。

三、完善离婚冷静期制度的对策

随着我国立法水平的不断提升及政府行政能力的不断加强，应坚决摒弃“粗放型”的法制模式转而朝着“精细化”的体系模式发展。通过分析离婚冷静期制度实施现状与存在的问题，应积极寻求完善措施，健全配套制度衔接机制，完善登记离婚程序，以期为离婚冷静期制度的实施提供法律保障。

（一）遵循高效便民原则，简化离婚申请预约程序

婚姻登记机关应当遵循高效便民的原则，不断简化离婚申请预约流程。婚姻登记机关作为行政机关的重要组成部分，应当遵循《国务院全面推进依法行政实施纲要》中高效便民的基本要求，在受理当事人提出的登记离婚申请时，为当事人的材料申办与路径指引提供便利。部分地区婚姻登记机关应当针对当地离婚申请的实际需求，适当扩大登记离婚申请预约规模，并且根据疫情防控实际情况，及时恢复现场预约，提高婚姻登记机关的接待能力。以便捷当事人为原则，尽快受理离婚登记预约申请，避免在离婚冷静期制度基础上再次增加程序性障碍。在数字化、信息化、智能化全面普及的今天，婚姻登记机关应建立婚姻管理联合平台，系统可涵盖婚姻状况查询、登记离婚预约、离婚材料提交、冷静期届满自动提示等功能，在便捷当事人的同时，保障当事人信息安全及隐私权等其他合法权益。婚姻登记机关在线上办理当事人登记离婚预约时，

---

20 薛宁兰：《离婚法的诉讼实践及其评析》，载《法学论坛》2014 年第 4 期。

21 杨立新：《民法典婚姻家庭编完善我国亲属制度的成果与司法操作》，载《清华法学》2020 年第 3 期。

22 ［日］利谷信义等编：《离婚法社会学》，陈明侠等译，北京大学出版社 1991 年版，第 30 页。

23 姜大伟：《离婚冷静期：由经验到逻辑——〈民法典〉第 1077 条评析》，载《华侨大学学报（哲学社会科学版）》2020 年第 4 期。

应尽量只采集双方当事人的基本信息，离婚协议书、双方免冠照片等信息应于线下提交，避免材料重复提交，以免增加当事人负担。

（二）细化冷静期适用条件，明确冷静期适用次数

离婚冷静期制度的立法目的在于在保障夫妻双方在离婚自由的基础上，防止轻率离婚、冲动离婚，过度限缩当事人的离婚自由有悖于离婚冷静期制度的立法初衷。《婚姻登记规定通知》规定，婚姻登记机关应按照《婚姻登记工作规范》第56条和第57条规定的程序和条件执行和审查，对不符合离婚登记条件的，不予办理。[24] 离婚冷静期三十日是不变期间，是离婚的形式要件判断，而在离婚冷静期届满后，因不符合离婚条件而不予办理，本质上是对离婚条件的实质判断。实质审查后对离婚行为的否定并不能当然成立对离婚形式要件的否认，即冷静期届满后，因缺少双方必要证件等原因而不予办理离婚登记的情况下，当事人再次提交离婚申请时，不应再适用离婚冷静期。双方冷静期届满后决定领取离婚证的行为是对感情确已破裂的再次确认，双方在此期间必然经过慎重考虑，婚姻登记机关的否定性评价不能改变其婚姻无法继续存续的事实状态，无须通过反复适用离婚冷静期加剧双方痛苦。离婚冷静期设置的深层次目的是对夫妻破裂情感的修复与挽救，而不是对不幸婚姻的迁延。此外，对于因材料不足等形式要件不符合《婚姻登记规定通知》规定而导致不予受理的案件，婚姻登记机关应给予相应的宽限期，并细化因不同原因导致不予受理后的具体处理方式、再申请的合理间隔及限制适用冷静期的次数等问题。超过冷静期次数或合理期限内夫妻双方当事人再次向婚姻登记机关申请离婚，可以不再适用离婚冷静期制度，婚姻登记机关根据相关文件审查、执行，可以直接为其办理登记离婚，以防过度限缩当事人离婚自由，确保社会效果与法律效果统一。[25]

（三）加强法院与婚姻登记机关的联系，实行离婚审查前置程序

离婚冷静期制度将平衡登记离婚与诉讼离婚，[26] 当事人权衡两种离婚方式的利弊，有利于选择合适的离婚方式。与之相反，离婚冷静期制度加重了婚姻登记机关的审查义务。对于当事人为逃避适用离婚冷静期，同时申请登记离婚与诉讼离婚的情况，人民法院与婚姻登记机关应当加强联系，尝试构建互联互通的实时婚姻状态查询系统。人民法院与婚姻登记机关在保障当事人婚姻自由

---

24 《婚姻登记工作规范》第57条：婚姻登记员对当事人提交的证件、《申请离婚登记声明书》、离婚协议书进行审查，符合离婚条件的，填写《离婚登记审查处理表》和离婚证。

25 郭剑平：《我国离婚冷静期制度构建的法理学思考》，载《社会科学家》2018年第7期。

26 夏沁：《民法典登记离婚冷静期条款的解释论》，载《法学家》2020年第5期。

的基础上，应避免因逃避适用离婚冷静期制度而扰乱正常婚姻管理秩序的行为。婚姻登记机关在受理离婚申请时，应审查双方当事人是否存在尚未终结的离婚诉讼，并告知双方当事人应先终结法院的诉讼，否则婚姻登记机关不予受理；人民法院在受理离婚诉讼案件时，应当审查当事人是否已在婚姻登记机关申请登记离婚，若处于离婚冷静期内或登记期内，应告知当事人撤回登记离婚申请后，再予立案；若当事人未撤回离婚申请，人民法院应不予受理。应通过加强人民法院与婚姻登记机关的联动运作，建立互联互通的婚姻状态查询系统，加强离婚申请受理前置审查程序，防止出现冲突决定，保障婚姻管理秩序的正常运行。

（四）增加第三方调解程序，建立“冷静期咨询室”

冷静期内夫妻双方当事人缺乏正确的引导，相互排斥、拒绝接触，可能导致矛盾的激化，反而有悖于立法初衷。我国应当在夫妻双方当事人申请登记离婚后、冷静期届满前，借鉴域外经验，如韩国规定离婚熟虑期、英国的反省与考虑期制等，[27] 增设冷静期调解制度。由婚姻登记机关设立冷静期咨询室，并将其作为冷静期的一个必经程序，弥补双方当事人一个月冷静期的空缺。离婚冷静期内，应指派婚姻家庭咨询师、律师等专业人员对夫妻进行调解，通过对双方约谈、调解等方式，促使双方当事人和平友好地协商沟通，实现挽回婚姻和化解夫妻矛盾的可能。此外，应当积极引入社会各界人士开展家庭婚姻等方面的咨询服务。冷静期咨询室将对申请登记离婚的夫妻起到至关重要的作用：其一，将冷静期提供咨询服务作为冷静期的必经程序，有利于开展调解工作。冷静期咨询室引入具有相关知识的人员对申请登记离婚的夫妻进行调解，特别是针对法律无法触及的领域外的相关内容，如夫妻情感修复、关系重建进行有针对性的调解劝和。其二，针对调解无效的夫妻，咨询师可针对夫妻共同财产、子女抚养问题提供专业咨询建议。[28] 在离婚案件中，夫妻共同财产分割以及子女的抚养权归属问题较为尖锐，咨询师应当针对夫妻间的矛盾焦点，及时、准确地提供专业意见，对夫妻双方进行劝导，避免轻率离婚。对于经调解仍坚持离婚的夫妻，冷静期咨询室应当及时出具调解无效意见书；对于调解成功的夫妻，应告知其撤回离婚申请。

---

27 杨立新、蒋晓华：《对民法典婚姻家庭编草案规定离婚冷静期的立法评估》，载《河南社会科学》2019 年第 6 期。

28 夏吟兰：《民法分则婚姻家庭编立法研究》，载《中国法学》2017 年第 3 期。

结语

家庭是社会最重要的组成部分之一，家庭的幸福稳定直接关系着社会的和谐与发展，离婚冷静期制度的出台，契合当下婚姻家庭现状，及时有效地回应了目前存在的轻率离婚等问题。离婚冷静期制度的实施有效缓解了夫妻双方的矛盾，部分夫妻冷静期届满后主动撤回离婚申请或届满后放弃办理离婚手续，有效地缓解了轻率离婚的现象，对促进我国树立优良家风、弘扬家庭美德具有积极作用。然而在实践中仍存在着诸多问题，仍需进一步研究，以期进一步完善离婚冷静期制度设计。

《民法典》居住权登记的体系解释与制度衔接

吕　翾　王权典*

【内容提要】我国居住权登记区分为以合同设立的登记生效主义和以遗嘱设立的登记对抗主义二元登记模式。但并非所有居住权均须登记才设立，需考虑因登记而规避法律强制性规范的法律风险。基于对新型物权的培育塑造，加之人役性物权涉及对不动产所有权的财产性限制与人身性束缚，居住权登记宜采实质审查模式，以便利公权力监管与维护交易安全。居住权登记的主体囊括自然人、法人和其他组织。居住权的客体为不动产，应当符合《民法典》对“物”的确定性和特定性要求的界定。农民宅基地上房屋可对特定主体设定居住权并进行登记。参照区分所有权土地面积分摊的方式确立居住权有偿设立的价值标准。实践中居住权登记常与“一房之上”的抵押权、继承权与租赁权等他项权利的登记存在冲突，亟待明确诸项权利之间的作用范围与效力衔接。

【关键词】民法典　居住权　登记　实质审查　继承转移登记

一、问题的提出

我国《民法典》物权编创设居住权制度，以解决特定身份或关系的人在房屋所有权人的住宅中长期稳定的居住生活需要，这对实现“住有所居”，促进家庭关系和谐稳定具有重要意义。但《民法典》仅粗略规定六个条文，抽象且笼统，难以满足居住权在设立、合同签订、登记、流转、消灭等具体环节或关系的调整需

* 吕翾——华南理工大学法学院讲师，硕士生导师，法学博士，主要研究领域：房地产法、民商法；王权典——华南农业大学文法学院教授，广东省法学会新型城镇化法治研究中心主任，主要研究领域：土地法、环境资源法、经济法及社会治理规范。

求。以登记为例，居住权设置于用益物权，其登记应当符合传统用益物权的一般规定，但居住权又具有强烈的人役属性，在登记规则设定上应有特别规制。

《民法典》仅原则性地确立了居住权登记设立主义即“要登记”，但实施“如何登记”“登记什么”仍属空白。以合同设立和以遗嘱设立的居住权设立模式存在显著差别，在登记程序设置上应有所区分。基于因应未来“有偿设立”的发展趋势，居住权将可能有新的设立方式。因此需补充完善居住权可能发生的情形，分析哪些合理合法，应当积极支持办理登记，哪些可能因突破或回避现行管理制度而应当审慎或者不予办理登记。

不动产登记机关是否应该及如何对居住权进行审查？《民法典》第212条赋予了不动产登记机构相应的实质审查职责，在居住权“新鲜出炉”而又“乳臭未干”时，基于其人役属性与因应有偿设立所引起的监管需求等因素考量，确立实质审查模式必要且合理。但具体审查标准和审查方式仍存在较大的解释空间。居住权作为一项人役属性的用益权，登记要素即主体、客体和内容具体为何，亟待明确规制。

居住权的创设，让“一房之上”的权利种类更加丰富，使“住有所居”制度体系更加完备，但也引发诸项权利之间的矛盾冲突。居住权一般只具有占有、使用两项权能，假如原有住宅已经被查封或抵押，能否依法再设立居住权呢？如果可以，是否必须经过抵押权人的同意或必须告知抵押权人？又如，以遗嘱方式设立居住权的，实践中必然会出现居住权登记和遗嘱转移登记之间的权利衔接。即甲为房屋继承人的同时为乙设立居住权，由于继承必然伴随着物权的变更登记，遂一房之上同时面临居住权登记和所有权过户登记的叠加情形。如何做好权利协调与规则衔接？诸如此类，不胜枚举。本文以居住权登记为视角，着重对居住权登记体系、审查模式与权利衔接三大问题进行探讨，以寻求居住权规制的具体细化和落地实施。

二、居住权登记的体系架构与法律效力

（一）居住权的体系特性与设立方式

综观《民法典》第十四章“居住权”的六个条文可以看出，我国居住权的设立采取意思自治的方式，即通过书面合同或遗嘱设立。基于我国立法上的不动产物权变动主要采取登记生效主义模式，以合同方式设立居住权的，其法律行为模型可设计为“有效的书面居住权设立合同＋处分权＋登记＝（合同）居住权设立”。基于遗嘱（包括遗赠）行为的物权变动，具体变动规则可分别设计为：（1）“有效的遗嘱＋处分权＝遗嘱继承物权变动”；（2）“有效的遗嘱＋处

分权 + 受遗赠人接受遗赠 + 公示（登记或交付） = 遗嘱（遗赠）物权变动”。

居住权的本质是传统民法理论中的限制性人役权，即决定了其满足自然人生活居住需要的基本目的。在德国民法上，限制的人役权是为特定人的利益而在不动产之上（土地）设定的权利，权利人只能以某种特定的方式（有限的方式）对该不动产进行利用。其本质特征在于主观属人性，即只有特定的自然人或者法人得以对标的不动产按照确定的内容进行利用，此种权利既不能转让亦不能继承。[1]居住权人一般只具有占有、使用的权能，居住权本身不包含处分权能，居住权人也不可利用房屋进行收益。这意味着在居住权的界定中，无论是“居住”还是“享用”都是“有限度地使用”。[2]虽然如此，《民法典》仍对超出一定限度对设立居住权的房屋进行有偿使用预留了接口，[3]由此可见，不可利用居住权进行收益并非强制性规定，若当事人在合同中另有约定或者在遗嘱中另有表示，应当承认居住权的收益权能。《民法典》确立了居住权的用益物权属性，但民法赋予居住权物权属性也实属必要，但这种必要性并非体现为实现对他人财产的支配，而是体现为对第三人的排他。[4]制度设计的初衷不会因为居住权的设立而过分越界其他不动产用益物权的行使范畴。现行制度以“满足特定人群的居住要求”这一社会性居住权目的作为指导思想，却并未于具体规范上充分体现，自然导致逻辑上难以自洽，也未能充分回应居住权的属性之争。[5]

（二）以合同设立居住权的，采登记生效主义

以合同的形式设立居住权，鲜明地体现出合同自由与分配正义这俩重要范畴间的辩证关系，即在住房所有权人与用益物权之居住权人之间关于住宅资源与居住权益方面在权责义上的分配。这种分配并不必须由国家发起，而更加可基于私法自治。“社会福利取决于个体福祉，其中分配的公平是一个前提性条件和内生性要求……不仅在合同法中，在整个民商法体系中也都要顾及分配正义的理念”。[6]《民法典》第366条规定：“居住权人有权按照合同约定，对他人的住宅享有占有、使用的用益物权，以满足生活居住的需要。”实践中包括：

1　李永军：《论我国民法典上用益物权的内涵与外延》，载《清华法学》2020年第3期。

2　肖俊：《居住权的定义与性质研究——从罗马法到〈民法典〉的考察》，载《暨南学报（哲学社会科学版）》2020年第12期。

3　《民法典》第369条规定：居住权不得转让、继承。设立居住权的住宅不得出租，但是当事人另有约定的除外。

4　张翔：《论地役权的物权法律技术》，载《西北大学学报（哲学社会科学版）》2021年第2期。

5　谭启平、付一耀：《民法典居住权制度体系及其实现路径》，载《江西社会科学》2020年第12期。

6　许德风：《合同自由与分配正义》，载《中外法学》2020年第4期。

(1) 父母作为住宅所有权人将房产所有权通过赠与或者买卖过户给子女的同时，子女为父母设立居住权；(2) 夫妻双方协议离婚时，约定一方取得住宅所有权，同时取得住宅所有权的一方为另一方设定居住权；(3) 父母出资为子女购买房屋，房屋登记在儿女名下，子女为父母设立居住权；(4) 以房养老，住宅所有权人在年老时，将自己的住宅出卖，同时约定住宅的受让人在该房屋上为自己设定居住权，并一次性或分期支付价款，以作为自己的养老金；(5) 公共租赁住房，出租人与承租人签订书面租赁合同的同时，为保障承租人的权益，为承租人设立居住权；(6) 政府有关部门组织建设的公房，为政府和机关事业单位人员设立居住权；(7) 在拆迁安置过程中，拆迁单位为被拆迁人在被安置房屋中设立居住权；等。

对于以合同设立居住权的上述情形，应当采取登记生效主义。原因在于：首先，与租赁权相区分。居住权和租赁权具有十分相似的权能样态和表现形态，均是对他人所有的不动产进行占有、使用，且基于对交易成本和便利程度的考量，租赁权无须办理登记。如果居住权亦无须办理登记，二者将难以区分。规定居住权须经登记而成立，就能确定居住权与租赁期的界限，不会发生混淆，因为一旦未登记，就不能产生居住权。

其次，虑及人役属性。德国民法视限制人役权中的一个特殊情形，为物权性的居住权。[7] 人役权是指为了特定人的利益而利用他人之物的权利，本质上是所有权的一种负担。然而，这种负担并非基于外力的强加，而是源于当事人的自由意志。[8] 居住权既是用益物权也是人役权，它附随于特定权利人而存续，具有属人性与无偿性。[9] 也有学者认为从居住权的起源视角（家长为非继承人设定的人役权）观察，居住权带有浓厚的以人身性、救助性、长期性和居住目的性等方面的社会保障属性。[10] 还有学者从公法的视角认为，居住权是一种生存权，是一项基本人权，具有普遍人权的含义。其法律保护通常体现为以义务性的方式规定国家为满足公民居住需求而必须履行的保障公民住房的义务。[11] 由于限制的人役权是为特定的权利人而设定，故原则上限制的人役权不得转让且不得继承。因此，既需要通过居住权的审查登记来加强对人身权的保障；同时对房

---

7 ［德］鲍尔·施蒂尔纳著：《德国物权法（上册）》，张双根译，法律出版社2004年版，第734页。

8 李显冬：《我国居住权设立的正当性》，载《法学杂志》2014年第12期。

9 陈华彬：《人役权制度的构建——兼议我国〈民法典物权编（草案）〉的居住权规定》，载《比较法研究》2019年第2期。

10 马文静：《“解释论”语境下的居住权适用》，载《新疆财经大学学报》2021年第1期。

11 王者洁：《论居住权利框架体系的构建》，载《江西社会科学》2016年第2期。

屋所有权人而言，进行登记也能更好地体现对其权利的重视。

最后，方便政府监管。《民法典》暂时设定居住权的无偿设立规则，但这并不利于发挥居住权的制度功能，也难以满足现实需要，[12]随着市场经济的不断发展和住房保障需求的不断扩大，将来势必推广至有偿设立模式，将居住权进行更为多样化的构建，突破其固有的养老助弱的功能，而增加商业化的功能。[13]因而实施居住权登记设立，能够在较大程度上方便政府监管，保障交易安全。

（三）以遗嘱设立居住权的，采登记对抗主义

以遗嘱设立居住权是指遗嘱人采用遗嘱的方式为其生存的配偶（包括再婚配偶）、保姆等居住权人设立居住权，同时指定其住宅的所有权由其子女或其他继承人继承的模式。通过遗嘱方式设立居住权无须登记，居住权自被继承人死亡时设立，但未经登记不得对抗善意第三人。通过遗赠方式设立居住权的，需要受遗赠人作出接受赠予的意思表示且登记后，居住权才能设立。该规则并未与《民法典》第368条“居住权自登记时设立”规范相冲突，原因有二：

其一，《民法典》规定居住权的设立方式包括合同设立和遗嘱设立两种，有关居住权规定的六个条文中，前五个条款是规范合同设立之情形，第六个条款即第371条则规定以遗嘱方式设立“参照适用”。从体系解释角度看，第368条之规定“居住权自登记时设立”，其应有之义为“通过合同设立居住权的，居住权自登记时设立”。通过遗嘱设立居住权的，仅是参照适用。尽管如此，以遗嘱方式设立居住权时，居住权登记规定的缺失仍然会导致法律规范的指引功能无法充分发挥，不利于对居住权人和第三人法益的保护。[14]因此，遗嘱继承的继承人或受遗赠人取得居住权即便无须登记，为保障自身权益也应当及时申请居住权登记。

其二，以遗嘱方式设立居住权，牵涉居住权登记与继承登记两种，涉及的法律关系主体和内容更加复杂，单纯强调居住权的登记，较容易产生审查困难甚至虚假登记等问题，因而此种方式设立居住权不以登记为生效要件，即不登记居住权仍设立并生效，只是若设立人再另行以合同方式设立在后居住权并办理登记，遗嘱设立的在先居住权不得对抗在后的以合同设立的居住权。

具体来说：首先，继承登记的前提是一方当事人已经死亡，而继承登记具有单方申请性，[15]登记机构难以验明正身，死亡当事人亦无法做出意思表示以

---

12 王利明：《论民法典物权编中居住权的若干问题》，载《学术月刊》2019年第7期。

13 席志国：《居住权的法教义学分析》，载《南京社会科学》2020年第9期。

14 屈然：《论我国居住权的设立方式与登记效力》，载《法学杂志》2020年第12期。

15 《不动产登记暂行条例》第14条：属于下列情形之一的，可以由当事人单方申请：……（二）继承、接受遗赠取得不动产权利的……

确保转移登记的真实性，只有接受遗产的一方单独进行申请登记。其次，当事人范围不确定。一方面，当事人往往从自身利益出发，未必针对当事人范围提供对登记有重要影响的材料，而登记机关也难以主动获取这些信息。另一方面，公安部门出台新规，[16]派出所不再出具亲属关系证明，不动产登记窗口的受理工作人员如要审核当事人的亲属关系，只得另寻他径。最后，登记内容易存争议。由于继承登记的对象是被继承人净财产中的不动产，如果被继承人的债权人未及时主张债权，不动产遗产登记就可能损害其利益。在共同继承中，继承人只享有登记自己取得不动产份额的权利，而继承登记的申请人并非当然的不动产遗产登记的权利人，申请人提交给登记机构有关的遗嘱、分配协议等未必真实有效。

当然，以遗嘱方式设立居住权，应符合居住权设立的一般要件，一是行为人设立居住权时应当具备相应的民事行为能力，意思表示真实，不违反法律强制性规定与公序良俗。但即使设立居住权的遗嘱不符合物权法定主义的要求，不发生物权法上的效力，也可以发生债法上的效力，除非该遗嘱存在无效的原因。[17]二是设立居住权应当充分考虑住宅的状况，合理设置。从实践角度看，为两人及以上在同一住宅上设定居住权，如一对年老夫妇在出售房屋时同时为其设定养老居住权，既存在现实必要又完全可操作。但多人共有一个居住权时，居住权应当是整体不可分割的。设定居住权登记，登记机关应当对住宅是否适合登记多项居住权、一项居住权是否适合于多个主体共有进行合理性审查，可以参照各地对“群租”的认定标准，各居住人享有最低生活面积标准，对于低于该最低标准的，不予登记。譬如，一居室的住宅，就不适合为无亲属关系的多人设立居住权。三是行为人设立居住权，不能侵害他人的合法权益，此在本文第四部分居住权与“一屋之上”的抵押权、继承权、租赁权等的制度协调中会重点论述。

（四）特殊情形下居住权设立暂时无须登记

除合同和遗嘱两种意定设立情形外，居住权还存在法定设立情形，如因人民法院生效判决设立居住权，包括：（1）人民法院判决离婚，并将住宅所有权判决给一方，将居住权判决给另一方；（2）人民法院关于继承事宜的判决中，对居住权进行判决等。与意定设立相比，法定设立可谓为居住权设立的特殊情

16　参见公安部、国家发改委等12部门联合下发的《关于改进和规范公安派出所出具证明工作的意见》（2016年6月30日）。

17　崔建远：《物权编对四种他物权制度的完善和发展》，载《中国法学》2020年第4期。

形，它发挥着弥补意定设立缺陷的功能。如果人民法院不能通过裁判的方式设立居住权，仅通过当事人协商一致签订居住权合同的方式解决离婚时的经济帮助问题，势必会导致法律规定的居住权功能大打折扣，不利于保护弱势群体的权益。[18]但为了限制司法权对公民财产处分权的行使范围，此时法官的自由裁量权并非随意发挥，必须在法律明确规定当事人须对对方进行帮助、扶助、赡养等情形时，才能根据个案情况判决是否设立居住权。[19]根据《民法典》第229条的规定，[20]此种情形设立的居住权无须登记即设立。是为合法的居住权设立之特殊情形。

另一类可能是突破或回避了现行管理制度之情形，如小产权房房主可通过有偿方式为本集体成员以外的第三人设立永久居住权，名为“居住”，实为“转让”，通过“以居代售”，让小产权房变相合法化，规避政策规制。[21]又如，居住权作为用益物权，经登记后可对抗第三人并可无偿设立，加上“买卖不破居住”的特性为一些老赖提供了借“居住权”逃避债务的机会。当然这就为债务的履行以及判决裁定的执行造成了障碍。如何面向实践在房屋买卖、抵押、拍卖等场景中为居住权制度打上规则的“补丁”，以平衡居住权人和其他权利人的利益，是必须思考的问题。[22]再如，实践中争议颇多的利用居住权“以房养老”，已成为我国养老经济的重要一环，也是《民法典》第368条为有偿设立“开口子”的主要考量因素之一。老年人在仅有住房而缺乏收入来源的情形下与金融机构签订协议，将其名下住房的所有权转让给金融机构，再由金融机构为老年人在其原有住房之上设立居住权并给付金钱。[23]如此老年人既可在原有住房内长期、稳定地居住，又获得了生活来源，有效地确保了老年人的生活质量。[24]但是，一旦经营“以房养老”业务的养老机构或者金融机构经营不善或面临破产清算，设立居住权的房屋就有被强制执行进行债务清偿的风险，老人们将面临丧失收入来源甚至无家可归的窘境。

由上可见，无须登记的居住权既包括因判决、裁定等法律事件而引发的设立情形，也包括“以居代售”“以房养老”等法律灰色地带情形。对上述这两

18　吴晓芳：《民法典婚姻家庭编涉及的有关争议问题探析》，载《法律适用》2020年第21期。

19　辜明安、蒋昇洋：《我国民法典设立居住权的必要性及其制度构造》，载《西南民族大学学报（人文社会科学版）》2020年第2期。

20　该条规定，因人民法院、仲裁机构的法律文书导致物权设立、变更、转让或者消灭的，自法律文书生效时发生效力。

21　刘旭华：《居住权登记制度若干问题探讨》，载《中国土地》2021年第2期。

22　陈小君：《民法典物权编用益物权制度立法得失之我见》，载《当代法学》2021年第2期。

23　王利明：《论民法典物权编中居住权的若干问题》，载《学术月刊》2019年第7期。

24　孙茜：《民法典视野下居住权制度的理解与适用》，载《法律适用》2020年第21期。

种情形不予登记的理由是有区别的，前者是基于法律规定，属于“法定不登记”情形，后者则因回避甚至突破法律强制性规定，属于“酌定不登记”。登记属物权公示原则之应有之义，在物权变动时，必须将物权变动的事实通过一定的公示方法向社会公开，使第三人知道物权变动之情况，以避免第三人遭受损害并保护交易安全。登记的主要价值在于对不动产权利变动进行公示，初衷是维护交易安全。不动产登记簿所记载之内容推定具有正确性、完整性，第三人善意信赖不动产物权登记之交易结果，依法应该受到保护。[25]但是以登记公示来达成维护交易安全的目标需要满足两项条件，一是登记的保护手段与权利保护目标具有一致性。如果登记本身不利于交易安全甚至破坏交易秩序，则“是否登记”本身应“打一个大大的问号”。二是登记制度相对完善且登记不违反法律强制性规定。但目前我国不动产登记行政法规、规章对居住权登记规则暂未作相应的安排，居住权登记程序存在缺失现象，[26]冒险进行登记有与房地产调控与规制相关政策法律相冲突之虞。因此对于以特殊方式设立的居住权登记，不能一概而论，更不能“一刀切”，对于合理合法的特殊设立情形，如上述法院判决设立居住权的情形，可以积极支持办理居住权登记。对于如“以居代售”“以房养老”为显著例证的突破或回避现行房地产开发利用管理制度的情形，在居住权有偿设立具体规则未制定与完善前，应当审慎或者不予办理登记。

三、居住权登记的审查模式及其标准与要素

（一）《民法典》对不动产登记已“突破形式审查”

居住权作为一项新型用益物权，需要行政监管措施予以保护。不动产的管理登记，“在这里，登记的目的或功能是，保障国家对于不动产状况的了解和管理利益，包括帮助跟踪国土不动产动态、形成关于不动产的管理依据和策略、保障国土和不动产安全、帮助税收和其他管理利益的实现”。[27]从《民法典》在“物权编不动产登记节”的具体审查职责与规则来看，我国确立了不动产登记机构的实质审查：首先，不动产登记审查须查验材料的真实性与合法性。《民法典》第211条规定了三类审查资料，第一项即为对不动产权利设立、变更、转让和消灭的原因关系进行证明的权属证明材料。这实际上表明《民法典》规定的登记审查不仅仅是形式上的审查，更是对形式合法与实质真实的双重把关。

25 章正璋：《论我国不动产物权登记公信力的范围与限度》，载《法商研究》2018年第3期。

26 刘旭华：《居住权登记制度若干问题探讨》，载《中国土地》2021年第2期。

27 龙卫球：《不动产登记性质及其九分处理机制问题研究——兼评〈物权法司法解释（一）〉第1条》，载《法律科学（西北政法大学学报）》2017年第1期。

其次，登记机构可对登记内容进行询问，以了解不动产物权的实际情况。《民法典》第 212 条所规定之登记机构具体职责的第二项为“就有关登记事项询问申请人”，这体现出登记审查要以确保内容的真实性为目的。在登记机构的职责、能力和经验所及的范围内，对有关申请材料进行谨慎审查，以最大限度地保证登记的真实性，必须就登记申请材料认真仔细地加以审查核对，只有在申请材料无瑕疵时才可予以登记。即所谓“合理审慎义务”。[28] 再次，登记机构于必要时还可以实地查看不动产。[29] 从逻辑上讲，既然要求登记机构“实地查看”，其真实性自然由登记机构负责。[30] 这实际上赋予了登记机构调查职权。最后，登记机构须对因登记错误产生的损害承担赔偿责任。《民法典》第 222 条第 2 款规定，“因登记错误，造成他人损害的，登记机构应当承担赔偿责任”，此属于无过错的代负责任。因为在判断登记机构的赔偿责任成立时，必须以错误登记可归责于登记申请人为要件。如果错误登记不可归责于登记申请人，也不可归责于登记机构。[31] 这也与实质审查模式相适应。

（二）居住权实质审查的必要性

1. 居住权具有人役权属性

居住权的设定多是一方为另一方提供优惠，带有浓厚的帮助、扶助性质，[32] 这充分体现了对人的自由和尊严的充分保障以及对社会弱势群体的特殊关爱的人文关怀，是民法的价值基础。[33] 而一旦设立，不仅将对不动产所有权人的财产构成限制，而且对其人身自由也有较大影响。这固然可用不动产财产权私法限制至容忍义务理论来解释其合理性与合法性，[34] 但居住权人在所有权人的房屋之内居住、生活，不仅将对房屋所有权人权利的行使带来障碍与不便，对其人身自由等人格权也将造成较大程度的限制。一旦出现登记错误或是欺诈现象，损害的不仅是所有权人的财产权，其人格权也必将深受损害，后果难以预测。

因此，有必要为居住权确立实质审查模式，为登记要素的真实性与合法性

---

28 王亦白：《不动产登记审查的模式选择和标准确立》，载《中国土地科学》2018 年第 11 期。

29 《民法典》第 212 条第 2 款：申请登记的不动产的有关情况需要进一步证明的，登记机构可以要求申请人补充材料，必要时可以实地查看。

30 李鹿野：《比较法视域下中国不动产登记制度之建构》，载《学习与实践》2016 年第 1 期。

31 崔建远：《中国民法典所设不动产物权登记之我见》，载《法学杂志》2020 年第 9 期。

32 温世扬、廖焕国：《人役权制度与中国物权法》，载《时代法学》2004 年第 5 期。

33 王利明：《民法的人文关怀》，载《中国社会科学》2011 年第 4 期。

34 所谓容忍义务，是指不动产所有权人应容忍邻人对其基于所有权所享有利益的损害，当然这种损害在一种合理范围内。参见金俭著：《不动产财产权自由与限制研究》，法律出版社 2006 年版，第 223 页。

提供保障，规范居住权的设立和行使，从而依法保障房产所有权人的人格权，体现《民法典》对不动产所有权人权利的重视。不动产登记机关在进行实质审查的过程中不仅要对相关材料的真实性进行核查，在必要时还将针对相关事项进行询问，甚至对不动产进行实地查看。在《民法典》实施伊始，有地方不动产登记簿根据《民法典》的有关规定，设计了“居住条件和要求”栏目，拟记载“居住范围”“合同约定的权利与义务”等内容。并且如果居住权法律关系双方当事人约定有禁止住宅抵押、转让等内容，不动产登记机构应当对其进行实质性审查。为了确保不动产登记的真实性，登记机构还将对因登记错误造成的当事人损害承担赔偿责任。如此在登记机构的层层把关下，居住权登记的真实性与合法性可得到有效保障，从而避免登记错误的发生，保障所有权人的人格权。

2. 居住权关涉市场经济交易安全

作为一项新型用益物权，居住权可谓是“新鲜出炉”但又“乳臭未干”，《民法典》秉持“小步快走”式稳妥保守的立法思路，先搭建宏观制度框架，制备基本运行规则，待时代更进一步。居住权在当下仅可被无偿设立，但随着我国社会经济的日益壮大和住房需求的不断增长，为了使其制度功能得到充分发挥，体现居住权商业功能之“有偿设立”指日可待。其实，在公租房、合资建（买）房、以房养老、房产投资、家庭成员垫资购（建）房等（商业性）房屋利用形式中，居住权具有无可替代的积极作用，[35] 这是由居住权的权利来源于功能性质所决定的，毕竟人役性并非居住权之当然成分。即便居住权具有现实基础，也是由于所有与使用分离的权能结构能够适应房屋多元利用的需要及满足不同主体的客观需求。[36]

现实中由于房屋价格高昂，直接购买成本高，基于物尽其用和意思自治，将居住权的适用范围从传统的婚姻家庭和继承领域扩张到投资和消费领域，形成了投资性居住权和消费性居住权。[37] 然一旦有偿设立被正式推行，居住权将不仅形成对个人财产权与人格权的限制，更将对公共利益与经济秩序造成影响。而且我国目前还处于市场经济的发展阶段，尚未形成完善的社会信用体系，只有在居住权登记的过程中推行实质审查，才能更好地确保设立居住权的合法性与真实性，杜绝房地产市场欺诈现象的发生，从而保障交易安全与市场秩序。

---

35 鲁晓明：《“居住权”之定位于规则设计》，载《中国法学》2019 年第 3 期。

36 鲁晓明：《论我国居住权立法之必要性及以物权性为主的立法模式——兼及完善我国民法典物权编草案居住权制度规范的建议》，载《政治与法律》2019 年第 3 期。

37 曾大鹏：《居住权的司法困境、功能嬗变与立法重构》，载《法学》2019 年第 12 期。

以“以房养老”居住权设定之情形为例，由于我国还没有从法律政策层面对抵押房屋涨价后的增值利益归属、贷款额等于或高于抵押房屋净值时借贷人的安身场所等问题作出明确规定，[38] 以致老年人因担心法律风险而不敢涉足住房反向抵押贷款。这些风险无法完全消除，商业保险公司只能通过对风险的分析，采取相关措施，不断加强风险防范意识或者通过政府等机构共同分散风险，保障商业保险公司的合法权益。[39] 另外，中国现行“以房养老”试点大都是银行、保险等商业机构在运行，一旦机构经营不善而破产或“以房养老”业务无法实现预期而停滞，都可能对需求方造成重大损失。[40] 因此，不动产登记机构对金融机构的资质、不动产权利状况等要素进行实质审查，主要审查两方面事项：一是登记机构是否具有管辖权，被申请的权利有无登记能力，行为的同一性，当事人的权利能力、行为能力、处分权、代理权，当事人表示的内容和形式等。二是申请人是否享有登记申请权，是否有登记合意或者存在替代该合意的基础，是否有公文书的证明，因该登记申请而权利是否已经在登记簿上加以记载，是否满足对其他文书的要求。[41] 而对于登记机构没有权力或者没有能力审查的内容，通过合理的制度建构，交由相关主管部门或者具有相应资质的中介机构先行加以实质审查，再由登记机构对其审查的结果加以形式审查。这样就有效弥合了登记簿公信力与登记机构形式审查职责之间的张力与矛盾，实现了不动产登记制度体系的内在和谐。[42] 只有通过不动产登记的实质审查为“以房养老”提供制度保障，才能有效规制市场乱象，维护交易安全。

（三）居住权登记的要素

1. 可设立居住权的不动产须符合“物”的构成要件

不动产单元是对《民法典》物权编中“物”这一概念的程序性表达。不动产登记法属于不动产物权程序法，自当遵循物权的特定原则与确定原则。居住权作为用益物权，必须符合《民法典》对“物”的要件界定，即使是多人共有一个居住权时，居住权也应当是整体而不可分割的，必须符合不动产单元物权

---

38 范李瑛：《论我国推行住房反向抵押贷款的法律制度保障》，载《中州学刊》2016 年第 10 期。

39 张杰、张雯涵、孙亮：《商业保险公司参与住房反向抵押养老的风险控制研究》，载《保险研究》2019 年第 7 期。

40 张栋：《中国“以房养老”：现实困境、国际经验与应对策略》，载《当代经济管理》2020 年第 2 期。

41 程啸著：《不动产登记法研究》，法律出版社 2011 年版，第 287 页。

42 尹飞：《不动产登记行为的性质及其展开——兼论民法典编纂中不动产登记制度的完善》，载《清华法学》2018 年第 2 期。

的特定性与明确性要求。[43]

首先，被载入登记簿的不动产必须是特定的和确定的。只有在作为物权客体的物具有独立性和特定性的情况下，才能明确物权的支配范围，使得物权人能够在其客体之上形成物权并排斥其他人的干涉。[44]不动产虽不可移动，但因其相互连接，必须运用不动产测量制度将不动产的位置或坐落加以确定，并明确该不动产的界址、面积等其他自然状况，使之成为独立且特定的物。因为实际生活需求中，房屋所有权人可能在一套住宅上为数人分别设定居住权，或者在自住的同时用部分房间为他人设定居住权，如同所有权人可以将一间房屋出租给承租人。[45]正在建造或尚未建造的建筑物虽未成为独立的不动产，但仍须满足"可以特定"和"可以确定"这两大条件，方能成为物权支配的标的物并被记载于不动产登记簿。

其次，只有可以独立成为物权客体的不动产上的物权变动才能进行登记，并以登记作为生效或对抗之要件。在实践中，对于已经设立居住权的住宅能否再设立居住权？《民法典》对此没有明确规定，仅仅在居住权合同中列明了"住宅位置"。为此，需要确定的是居住权能否在该住宅内的某一特定房间上设定，如果不能，则意味着住宅内的特定房间并不具有独立性，无法分割使用。此外，由于一套住宅只涉及一个产权，无法区分与处理房间之间的共有部分，因此居住权只能登记为该套住宅而不是该套住宅上的某一具体房间，即一套住宅单元在同一时间段内只能设定一个居住权。另外，关于居住权人的人数及登记规则，有待明确。从实践角度看，为两人及以上在同一住宅上设定居住权，如一对年老夫妇在出售房屋时为两人设定居住权养老，既存在现实必要又完全可操作。但多人共有一个居住权时，居住权应当是整体不可分割的。设定居住权登记，登记机关应当对住宅是否适合登记多项居住权，一项居住权是否适合于多个主体共有进行合理性审查，审查标准可以参照各地对"群租"的认定标准，认定各居住人享有最低的生活面积标准；对于低于最低标准的，应当不予登记。如一居室的住宅，就不适合为无亲属关系的多人设立居住权。

2. 宅基地上的房屋可以有条件地设立居住权

以现行法之规定，居住权只能对他人的住宅设定，办公性质及商铺房屋不

---

43 不动产单元，也称不动产单元或不动产登记基本单元，是指不动产登记中，用以确定不动产能够作为一个独立的物被记载于不动产登记簿的最基本单位。具体见2015年国土资源部印发的《不动产单元设定与代码编制规则（试行）》。

44 李永军：《论我国〈民法典〉物权编规范体系中的客体特定原则》，载《政治与法律》2021年第4期。

45 汪洋：《民法典意定居住权与居住权合同解释论》，载《比较法研究》2020年第6期。

能成为居住权的客体。而我国的住宅类型一般包括城镇商品房住宅、农村宅基地房屋、商住两用公寓、安置房等。针对城镇商品住宅的设定标准较容易确定，即参照国有建设用地使用权出让的标准实施。但对于以宅基地房屋为代表的特殊属性住宅能否设定居住权，是否需要经过特别审批程序，还有待进一步明确。

宅基地上的房屋依附于农村宅基地使用权，适用“地随房走、房随地走”的流转规则。宅基地房屋的流转有着严格限制，且不能向本集体组织成员以外的主体转让。由此，在宅基地上的房屋为本集体组织成员设定居住权，类似于继承或者内部转让，应当允许。但是能否为本集体组织成员以外的人设定居住权，应当区分情形：一是结合 2020 年 10 月自然资源部等七部门所作“农民宅基地使用权可以依法由城镇户籍的子女继承”的答复精神，[46] 对农村宅基地使用权人为其城镇户籍子女设立居住权应予许可，主体范围还应进一步扩展至（外）祖父母、父母、（外）孙子女等直系亲属。如此则既不会突破现行有关规则对宅基地使用权保障性与居住性的功能定位，又可以提高农村宅基地的利用效率，促进城乡融合发展。这也有利于构建既能平等保护公民的居住权和财产权，又能平衡居住权人之间、居住权人与集体经济组织之间利益冲突的新型宅基地制度。二是宅基地使用权人为其近亲属以外的人设立居住权仍有违现行有关法律的立法意图，不应准许。

宅基地的基本功能是保障村民的居住权。[47] 改革实践表明，长期奉行“一户一宅”的分配原则过于单一、僵化，相关配套制度也不够健全，其内在矛盾限制了宅基地使用权的分配和流转，不仅难以避免宅基地闲置浪费的现象，而且限制了宅基地财产性功能与效益的发挥。因此，在彰显宅基地用益物权性质、巩固集体所有权的基础上，明确和强化农户宅基地使用权，推进“房地一体”的宅基地使用权确权登记，可谓为在法律框架既有模式之外，放宽市场化用地主体限制，探索“户有所居”的多元化宅基地分配新模式。

另外，关于商住两用公寓与拆迁安置房能否成为居住权的客体，前者的土地用途虽属于综合用地，具有商业属性，使用年限、限购限售、面积也有别于普通住宅，但毕竟可居住且有规划许可证明，应当可以设立居住权。后者则在于在被拆迁主体原房屋内享有居住权的主体，对于原房屋被拆迁后而配备的安置房可否继续享有居住权？如此情形的居住权如何变更登记？关于这一问题，

46　2020 年 10 月，针对农村宅基地使用权登记问题，自然资源部经商住房和城乡建设部、民政部、国家保密局、最高人民法院、农业农村部、国家税务总局共同研究并给出答复：农民的宅基地使用权可以依法由城镇户籍的子女继承并办理不动产登记。

47　杨一介：《论农村宅基地制度改革的基本思路》，载《首都师范大学学报（社会科学版）》2019 年第 4 期。

在《民法典》创设居住权前后司法实务中都出现过相关案例，裁判观点均倾向于承认共同居住人对新的安置住宅享有居住权，[48] 笔者认为，鉴于居住权的原客体（即原住宅）因被拆迁而在物理上灭失，导致在其上设立的居住权亦因客体的灭失而在法律上灭失。鉴于安置房的目的属性在于对依赖于被拆迁房屋居住的人的实物补偿，不应因拆迁导致居住权人丧失居住权而流离失所。此时在法律上应视为因原住宅被拆迁而在分配的安置房上产生了新的特殊居住权，这有待出台进一步规定以及双方当事人在居住权合同里作出约定。

3. 居住权有偿设立的计算标准

作为新设制度，“居住权无偿设立，但是当事人另有约定的除外”，实际上确立了居住权的无偿设立原则。随着市场经济的不断发展和住房保障需求的不断扩大，将来必然要补充并推行有偿设立模式。一旦有偿设立，则须在居住权合同中约定费用标准与支付方式，鉴于目前对居住权的有偿设立模式仍处于探索阶段，结合居住权人役性用益物权的基本属性，在费用标准上可以参照建设用地使用权的出让分摊方法来确立居住权的价值。

居住权设立于他人房屋之上，其占有、使用的权能将对房屋所有权人行使所有权构成较大影响。房屋所有权的主要价值来源是其所在范围内的土地使用权价值，房屋的价值主要取决于土地上区分所有权的价值。居住权人居住在所有权人的住宅内，实际上相当于对房屋的土地价值进行占用分摊，如此参照土地面积进行费用分摊具有法理基础和实践可行性。从法理基础上说，其实，大陆法系国家在坚持物权客体特定主义的同时，还允许就住宅的一部分设立居住权，系根源于欧陆民法所实行的房地一体主义。因此，在设立居住权的情况下，其客体并非房屋而是土地。也就是说，居住权是设立于土地之上的负担。[49] 从实践可行性角度看，可参照目前的土地分割登记制，设立居住权（分割单元）土地权属证书。[50]

48 例如，(2009) 南民一初字第 417 号判决认为：一方依据拆迁政策与他人共同取得安置房屋的居住权，即使共同居住的他人已取得该房屋的所有权，也不能排除其对房屋享有占有、使用的权利，即享有居住权。在一方居住权人另行购买或租赁房屋并自动迁出安置房屋后，其居住权归于消灭，但其享有向房屋所有权人主张经济补偿的权利。参见陈瑜：《居住权利益的补偿标准》，载《人民司法》2011 年第 10 期。

49 房绍坤：《民法典用益物权规范的修正与创设》，载《法商研究》2020 年第 4 期。

50 某一开发建设项目竣工或分期开发的单体建筑物竣工时，房地产开发商即可申请换发土地权属证书，同时申办国有土地使用权分割转让许可证。自然资源部门经调查、审批，向房地产开发商颁发该宗地的国有土地使用权证书和每一分割单元的土地权属证书。土地分割权属证书既是准予房地产开发商销售房产的法律凭证，又是该宗地国有土地使用权证的附件，在商品房出售前，由开发建设单位持有。每一份土地分割权属证书所登记的分割土地的面积之和，等于该宗地国有土地使用权证所登记的面积。详见《苏州市成片住宅区公寓式住宅用地分宗定界意见》《苏州市国有土地使用权分割转让及登记实施办法》。

该分割单元权属证书记载内容包括：土地使用者名称、土地证号、所分割宗地的坐落、地号、使用权类型、土地用途、宗地面积、终止日期，以及分割单元的坐落、使用权类型、土地用途、共用分摊面积、终止日期等。上述内容已包括土地使用权变更登记申请所须填报的大多数内容，在商品房售出后，购房人只需在土地分割权属证书上签名，即可向自然资源主管部门申请变更登记，换取国有土地使用权证。商品房开发建设单位国有土地使用权证上所登记的土地面积会随着土地分割权属证书的减少而自动核减。同理，在对已设定居住权的房屋进行征收补偿时，居住权人有权主张房屋价值补偿的一定比例，份额不以现有市场价值为唯一参照，还考虑居住权的未来增值部分。[51]

四、"一屋之上"居住权登记与其他权利登记的衔接

（一）居住权登记与房屋抵押权登记的衔接

居住权登记与房屋抵押权登记之间的制度衔接与权利协调在实践中常见，关系亦相对复杂。须区分居住权设立情形，决定两者之间的优先效力。在以合同设立居住权的情形下，已设定抵押权的房屋，无碍再居住权的设立；设立居住权的住宅，也不否定其抵押能力。在居住权与抵押权竞合时，依据两者登记的时间先后确立彼此之间的优先顺位。[52] 在以遗嘱设立居住权的情形下，居住权人自继承开始时所取得的就是具有完全效力的物权，若设立居住权的房屋同时负担有抵押权，居住权与抵押权间的优先次序应依据继承开始的时间与抵押权登记的时间先后确定。[53]

抵押权设立在先，居住权设立在后，实现抵押权是否应涤除居住权？若抵押权人未限制或禁止房产设立居住权，抵押人负有向抵押权人通知将对抵押房屋拟设立居住权的义务，具体包括居住权人的信息、居住权设立的期限等。抵押权人如认为设立在后的居住权将可能损害抵押权的实现，应允许抵押权人要求抵押人提前清偿债务或提供其他担保措施。当然，对于已设立居住权的房屋，在要求居住权人书面承诺的同时，还要求抵押人和居住权人不得修改居住权合同、延长居住权期限、新增居住权人等。将未经抵押权人许可设立居住权视为抵押财产价值贬损的情形，要求必须提供等值的其他担保物，如在一定期限内

51　陆剑、胡梦杰：《民法典视域下居住权征收补偿问题研究》，载《中国土地科学》2020年第12期。

52　高圣平：《民法典物权编的发展与展望》，载《中国人民大学学报》2020年第4期。

53　高圣平、范佳慧：《不动产上抵押权与利用权的冲突与协调》，载《山东大学学报（哲学社会科学版）》2020年第6期。

未提供其他担保物，视为根本违约，可以宣布贷款提前到期，立即清偿剩余全部贷款本息。

一屋之上已设立抵押权，再设立居住权的，抵押合同可以约定抵押人在对房屋进行抵押登记后将房屋的一部分为他人设立居住权。若居住权设立期限届满时间早于房屋抵押期限届满时间，则不会对抵押权人的抵押权实现产生不利影响。因此，若抵押权人在签订抵押合同时，允许抵押人在抵押期间设立居住权，需对抵押物设立居住权的期限予以把控。同时在抵押期间，需对抵押房屋权利登记状态予以关注，防止抵押人不经抵押权人同意肆意设立居住权。

设立居住权对抵押权的实现势必会带来一定的不利影响，为维护抵押权人的债权利益，应允许抵押权人亦可通过约定的方式限制或禁止设立居住权。但为避免此种约定对将来的可能居住权人的利益带来损害，应在不动产登记规范中通过设定相应公示栏目，让公众可查询了解到不动产是否已设立抵押权。

居住权设立在先，抵押权设立在后，实现抵押权是否应涤除居住权？与“买卖不破租赁”和“抵押不破租赁”原则类似，应规定“转让不破租赁（权）”及“抵押不破居住（权）”原则。设立在先的居住权，不受设立在后的抵押权的影响。设立在后的抵押权在设立之时，抵押权人应充分了解抵押房产是否存在设立居住权的情形。鉴于居住权须经登记，具有物权公示效力，在后设立抵押权的抵押权人势必已了解并接受抵押物存在设立居住权的状态。因此若居住权先于抵押权设立，则实现抵押权时应附带居住权一并转让，居住权不受抵押物转让本身带来的影响。为保护居住权人的居住利益不受损害，若拍卖受让人存在已设立居住权房屋，亦须继续享有和履行原房屋所有人对居住权人的权利和义务，且不得约定加重居住权人的居住权合同负担。

如果抵押物上已经设立居住权，居住权人拒绝书面同意在抵押权人行使抵押权时涂销居住权，或未经乙方书面同意修改居住权合同、延长居住权期限、新增居住权人的也视为根本违约，抵押权人有权要求抵押人或借款人另行提供等值的担保，如在一定期限内未提供其他担保物，视为根本违约，可以宣布贷款提前到期，立即清偿剩余全部贷款本息。用已经设立居住权的房屋抵押的，最好能够取得抵押人与居住权人设立居住权的协议，及居住权人的身份信息，在以后的诉讼中，极有可能会需要将居住权人列为被告。

一屋之上已设立居住权，再设立抵押权的，《民法典》第 399 条列举的不得抵押的财产范围内并不包括已设立居住权的房屋。已设立居住权的房屋，可再行设立抵押权。但在该房屋上设立的居住权的剩余期限将会对抵押权人抵押权的实现产生重大影响。因此，债权人欲接受债务人以房屋作为抵押物时，为保障抵押房产无居住权的负担，应当将居住权设立情况作为业务开展时尽职调查内容之一，通过前往不动产登记中心查询等方式了解该房屋是否设立居住权，以及设立居住权的期限。

已登记的居住权优先于已被查封的房屋所有权或抵押权。居住权与抵押权以及司法查封、司法执行之间可能存在冲突。居住权一旦设定，就应当保障居住权人对住宅的占有、使用。但在住宅被抵押、查封或被作为司法执行标的时，居住权人享有的占有、使用权能必然与所有权中的收益、处分权能产生冲突。如债务人在缺乏清偿能力时，为逃避债务履行，可能会为自己名下的多套住宅分别设定居住权。又如，已经抵押的房产若能设定居住权，在抵押权人实现抵押权的同时如何保障居住权？

若居住权的设定经过了登记且设定于抵押、司法查封与执行程序之前，则居住权可以对抗抵押权与司法查封、司法执行；若居住权的设定未经登记或在抵押与司法查封后设定，则一般不可以对抗抵押权、司法查封、司法执行。

此外，由于居住权的内容仅限于限制出租，不影响出售或法律的强制处罚，因此居住权的设立并未增加被查封或被抵押住宅的负担，应当予以登记。但在进行居住权登记时，必须告知抵押权人。而以已抵押登记的住宅再进行居住权登记时，无须经抵押权人同意，但须告知抵押权人。从价值衡量的角度看，房屋购买者的居住权与抵押权相比，居住权具有优先性。申请执行人对执行标的依法享有对抗案外人担保物权等优先受偿权的，人民法院对案外人提出的排除执行异议原则上不予支持，但同时规定了例外情况，即“法律、司法解释另有规定的除外”。也即如法律、司法解释另有规定，申请执行人即使对执行标的享有优先受偿权，也不能对抗案外人的执行异议。[54]

（二）居住权登记和继承转移登记的衔接

实践中时常出现被继承人约定由某甲继承其房屋，同时约定某乙有权在该房屋内长期稳定居住的情形，此通常涉及居住权登记和继承转移登记的制度衔接，其背后即居住权和继承所有权之间的权利协调，两者之间兼具占有、使用为内核的用益属性，是否有违“一物一权原则”？笔者认为，两者之间并不冲突，因为居住权虽是用益物权，但具有鲜明的人役性，人役权包括居住权，它作为一种稳定生活的保障对人役权人很有效，同时它不妨碍所有权原有的继承

---

54 《最高人民法院关于人民法院办理执行异议和复议案件若干问题的规定》第 27 条规定：申请执行人对执行标的依法享有对抗案外人的担保物权等优先受偿权，人民法院对案外人提出的排除执行异议不予支持，但法律、司法解释另有规定的除外。

规则，不妨害所有权人和他的继承人之间的所有权转移。[55]

居住权登记和继承转移登记的办理是否有先后要求？居住权登记是否不得晚于继承不动产的转移登记？如果晚于，只要不再办理转移登记，可否继续办理居住权登记？

笔者认为，应当在先办理居住权登记，或在办理所有权转移登记的同时办理居住权登记。因为居住权作为物权具有追及效力。无论是为继承人还是受遗赠人设立居住权，遗产分割以及遗产债务清偿均不受影响，但无论作为居住权客体的住宅归属于谁，居住权均设立。[56] 如果居住权登记晚于继承转移过户登记，只要不再办理转移登记，即可继续办理居住权登记。因为居住权的本质特征是占有权、使用权自所有权的分离，居住权人虽然不享有所有权，但对标的物享有占有、使用权，直至居住权终止的条件成就，可贵之处是丝毫不影响因继承权转换而来的所有权。[57] 若先办理继承转移登记再办理居住权登记，则在实践中可能造成不便，使得登记程序变得繁琐。因为以遗嘱方式设立的居住权，虽然仍须完成形式登记，但居住权人自继承开始时即取得具有完全物权效力的居住权，若先办理继承转移登记，房屋所有权过户至法定或者遗嘱继承人名下，则过后办理居住权形式登记时则须征得其同意，或至少应征得其相关配合，权益衔接与协调事宜甚为繁琐。另外，离婚协议约定房子归子女并与某一方共同居住的，也应当同时办理所有权转移登记和居住权登记。其实这种不同物权间登记程序的衔接协调在域外相关法制中也有体现，如在德国，遗嘱继承制度中区分先位继承制度和后位继承制度。被继承人先指定某人为继承人，同时约定因某种条件的成就或期限的到来必须将所继承财产转移给另一继承人。在这种制度下，先位继承人所获得的所有权并非终局拥有，而是一种居住权。[58]

此外，对遗嘱的生效与否应当如何判断？办理居住权登记时是否要求继承人全部到场？存在隐形共有人时，登记为权利人的一方以遗嘱方式为其他人设立居住权的，遗嘱生效以后居住权登记与继承登记是否会存在冲突？

结合《民法典》的相关规定，基于遗嘱行为的物权变动规则可归纳为：“有效的遗嘱 + 处分权 = 遗嘱继承物权变动”。即以遗嘱设立居住权的，不适用登记

55　孙宪忠：《从人民法院司法的角度谈解读和实施民法典的几个问题》，载《法律适用》2020 年第 15 期。

56　房绍坤：《论民法典中的居住权》，载《现代法学》2020 年第 4 期。

57　马新彦：《居住权立法与继承编的制度创新》，载《清华法学》2018 年第 2 期。

58　申卫星：《从“居住有其屋”到“住有所居”——我国民法典分则创设居住权制度的立法构想》，载《现代法学》2018 年第 2 期。

生效规则，而是根据第230条的规定，自继承开始时居住权设立。[59]故此，权利人有责任对遗嘱的生效与否提供证明。鉴于《民法典》通过增加遗嘱信托，确认打印遗嘱、录音录像遗嘱的有效遗嘱形式，完善录音录像遗嘱的有效要件，补充规定其他不具有见证能力的人不能做遗嘱见证人，确认数份遗嘱内容相抵触时设立在后效力优先原则等规则来扩大有效遗嘱的认定标准和适用范围，[60]故此点不难证明。办理居住权登记，以要求继承人全部到场为宜。即便在实践中难以做到，也应当有相关经办人提供全部继承人知情且表明意见态度的有效证明文件（如公证文书）确认。

为共有住宅设定居住权属于共有住宅重大事项，《民法典》物权编规定了共有人对共有财产重大事项的表决规则。《民法典》第301条规定，处分共有的不动产或者动产以及对共有的不动产或者动产作重大修缮、变更性质或者用途的，应当经占份额2/3以上的按份共有人或者全体共同共有人同意，但共有人之间另有约定的除外。可见，对按份共有住宅设立居住权，须占份额2/3以上的共有人同意，共同共有的应经全体共有人同意，但共有人之间另有约定的除外。

（三）居住权和租赁权的制度衔接

居住权和租赁权均是基于生活居住的需要而对他人所有的房屋享有一定占有、使用等权能行使为内容的民事权利，两者均为解决部分群体住房保障难题。但居住权作为一种物权，比作为租赁权的债权具有更广泛的适用范围和更强大的功能保障效力。如在现实生活中，存在与被继承人共同生活的第二顺序的法定继承人或者非继承人（如长期非婚同居者、老年保姆、事实抚养的儿童、孤寡老人等），因继承房屋所有权的继承人自用或出售该房屋而导致上述特殊群体在被继承人死亡后居无定所。且遗嘱继承、遗赠或附义务遗嘱的公示对抗效力较弱，往往难以避免通过借用、租赁方式解决上述特殊群体的居住问题而产生的不稳定因素，容易产生纷争。[61]因为在法律上，作为物权形式主义物权变动之物权公示，旨在解决物权让与人与受让人之间的物权关系，但该物权关系并不当然地可以从物权公示本身就可识别，可能须借助于当事人之间的债权合同予以确定，[62]在租赁中物权优于债权，所有权人对租赁人有交易优势，风险主要由租赁人承担；而在居住权中用益物权优于所有权，所有权人只能被动承受

59 高圣平：《民法典物权编的发展与展望》，载《中国人民大学学报》2020年第4期。

60 杨立新：《我国继承制度的完善与规则适用》，载《中国法学》2020年第4期。

61 陈苇、贺海燕：《论民法典继承编的立法理念与制度新规》，载《河北法学》2020年第11期。

62 高永周：《论物权公示公信的法律结构》，载《河北法学》2021年第3期。

居住权人的相关意思表示。[63]

我国《民法典》对居住权和租赁权的规定存在较大差异。《民法典》第368条规定："居住权无偿设立，但是当事人另有约定的除外。设立居住权的，应当向登记机构申请居住权登记。居住权自登记时设立。"由此观之，居住权一般具有无偿性，居住权人无须向房屋所有权人支付对价，而租赁权人则必须支付合理对价才能居住和使用所有权人的房屋。《民法典》第369条规定："居住权不得转让、继承。设立居住权的住宅不得出租，但是当事人另有约定的除外。"《民法典》第370条规定："居住权期限届满或者居住权人死亡的，居住权消灭。居住权消灭的，应当及时办理注销登记。"由此观之，居住权不得转让，而租赁权人在房屋所有权人同意的情况下可以转让租赁权。正因为两者存在显著区别，才在长租住房（由租赁合同确定，最长二十年）的前提下对两大权利予以把握和区分。

根据《民法典》第369条第2句的规定，居住权人违法出租房屋不影响租赁合同的效力，但房屋所有权人此时有权解除居住权合同。居住权人违法出租房屋所收取的租金，房屋所有权人有权要求居住权人予以返还。居住权合同解除后，居住权人向房屋承租人负有违约损害赔偿的法律责任。

居住权人经房屋所有权人同意对外出租房屋的，租赁期限超出居住权人剩余居住期限或居住权人意外死亡的，剩余租赁期限或自居住权人死亡之日起的租赁合同对房屋所有权人不具有法律约束力。居住权人违法对外出租房屋，破坏了房屋所有权人与居住权人之间的信赖关系，应当类推适用《民法典》第716条第2款的规定，赋予房屋所有权人解除居住权合同的权利。但房屋所有权人解除权的行使受6个月除斥期间的限制。[64]居住权合同解除后，房屋所有权人有权向居住权人主张注销居住权登记、返还房屋、赔偿损失或支付违约金等诉讼请求。房屋所有权人解除居住权合同前，房屋的使用和收益权能归属于居住权人，遂相对于房屋所有权人而言，居住权人违法出租所收取的租金不构成权益侵害型不当得利。

在居住权人违法出租房屋的情况下，房屋所有权人与承租人之间的法律后果因房屋所有权人是否解除居住权合同而异。房屋所有权人解除居住权合同的，房屋所有权人有权要求承租人返还房屋、支付房屋占有使用费；未解除居住权合同的，因承租人不符合有权占有之占有连锁的要件，相对于房屋所有权人而

63 冯源：《论民法典对居住权的立法干预方法》，载《学术论坛》2019年第4期。

64 类推适用《民法典》第718条"出租人未提出异议的推定规则"：出租人知道或者应当知道承租人转租，但是在六个月内未提出异议的，视为出租人同意转租。

言，承租人构成无权占有，房屋所有权人有权要求承租人将房屋返还于居住权人。

房屋所有权人向承租人行使返还请求权后，租赁合同因可归责于居住权人而履行不能的，承租人可根据《民法典》第 563 条第 1 款第 4 项的规定，解除租赁合同，并有权要求居住权人承担赔偿损失或支付违约金的责任。但承租人明知或应知居住权人未取得房屋所有权人同意即出租房屋的，亦有《民法典》第 592 条第 2 款“有过失”规则的适用余地，法院可酌情减轻居住权人的赔偿责任。

结语

《民法典》创设居住权制度引起了公众极大的关注。其保障“居者有其房”的制度究竟如何落实？居住权该如何合理登记？子女能否为父母设定居住权？离婚夫妻能否约定取得产权的一方为另一方设定居住权？老年人若要以房养老，能否在出售房屋时约定设立居住权？等等。诸问题亟待基于《民法典》原则细化相关规则，推动居住权登记规制在合法合理的基础上更科学、更便民、更具有可操作性，更好地维护好各方权利人的正当权益。

本文基于上述立场，首先梳理了我国居住权登记的法律体系，区分居住权设立的方式，提出以合同设立的登记生效主义和以遗嘱设立的登记对抗主义的二元登记模式。其次，考虑因登记而规避法律强制性规范的法律风险，加之对新型物权的培育塑造、居住权的人役属性等因素考量，提出居住权登记宜采实质审查模式，以便利公权力监管与维护交易安全。居住权登记的主体应当囊括自然人、法人和其他组织。居住权的客体为不动产，应当符合《民法典》对“物”的确定性和特定性要求的界定。农村宅基地上的房屋可对特定主体设定居住权并进行登记。可以参照区分所有权土地面积分摊的方式探索居住权有偿设立的价值标准。最后，作者对实践中有待解决的居住权登记与“一房之上”的抵押权、继承权与租赁权等他项权利的登记存在冲突，亟须明确诸项权利之间的作用范围与效力衔接。诚然，居住权登记是居住权法律问题的重要一环，仍有相当多的理论争议与实践困惑，惟盼继续朝此领域深入探究。

集体经济组织代表集体行使所有权的法律关系厘定与制度完善

綦　磊　单宝凤*

【内容提要】集体所有权长期存在主体虚位的问题，无论集体所有权人抑或代表行使主体都非民事主体。为了解决这一问题，《民法典》赋予了集体经济组织和村民委员会特别法人资格和代表行使集体所有权的权利。然而我国学者对集体所有权代表行使关系的法律性质争议较大，相关法律制度也需进一步完善。集体经济组织代表集体行使所有权，包括集体经济组织与集体的内部法律关系、集体经济组织与相对人的外部法律关系。在内部法律关系层面，集体经济组织按照法定程序和“一人一票”规则形成处分集体财产的决议，按照集体及其成员的持股比例分配收益。在外部法律关系层面，集体经济组织以自己的名义，通过出让、出租、出资等有偿方式处分集体财产，并承担因此而产生的民事责任。

【关键词】集体经济组织　特别法人　法定代表权　集体所有权

引言

《民法典》和《乡村振兴战略规划（2018—2022）》等中央政策文件赋予了集体经济组织法人资格和代表行使集体财产所有权的权利，意在通过法定代表制度，解决集体财产所有权人虚位的问题，实现“资源变资产”等农村集体产

---

* 綦磊——青岛科技大学法学院副教授，硕士研究生导师，法律系主任，主要研究领域：民商法、土地法；单宝凤——风景园林中级工程师，风景园林学硕士，主要研究领域：城乡规划、土地法。本文为研究阐释党的十九届四中全会精神国家社科基金重大项目“深化农村集体产权制度改革的法治保障研究”（项目编号：20ZDA046）的阶段性成果。

权制度改革目标。然而，现行立法与中央政策仅对集体经济组织代表集体行使所有权进行了原则性规定，尚未形成完整的法律制度。集体经济组织代表集体行使所有权的过程中，如何实现成员的民主管理权？集体经济组织代表行使所有权的方式有何限制？集体经济组织代表行使所有权的收益由谁分享，责任由谁承担？这是农村集体产权制度改革和集体经济组织立法亟须解决的问题。

一、集体经济组织代表集体行使所有权的理论证成

回顾历史，我们可以发现，近代大陆法系所有权制度是法律继承与哲学注塑的产物：第一，继承罗马法完整、统一、全面所有权的制度外壳，确立了所有权的支配权属性；第二，对罗马法所有权制度进行哲学上的注塑，涤除了所有权的身份性，注入了自由、平等的内核，所有权成为主体按照自由意志支配客体的权利。文艺复兴运动之后，理性自由被拔高到前所未有的高度，所有权被视为保障主体自由与人格独立的关键。[1] 康德指出："当这个物事实上不在我的占有中，如果别人动用它时，我可以认为是对我的侵害，这个外在的物才是我的。"[2] 黑格尔将所有权界定为"物内意志"，人将自由意志投射到物内，这就是所有权的概念。[3] 康德和黑格尔将所有权与人格制度相连，将所有权界定为主体按照自由意志支配客体的权利。根植于理性自由的所有权，从根本上否定了中世纪以来所有权的身份性，将所有权纯化为财产权，从而形成了所有权与人格制度相互依存的局面。[4]

如上所述，所有权是主体凭借自由意志支配客体并获取收益的权利。主体制度是所有权法律关系的基本分析工具，所有权的归属、行使、收益分配都需依附于特定的主体。[5] 然而，集体所有权是公有制的所有权，所有权人是抽象的集体。由此，通过何种制度替代抽象的集体对客体的支配，实现集体经营性资产和部分资源性资产的市场化，并且保障集体所有权的安全与稳定，是农村集体产权制度改革必须解决的问题。

---

1 ［德］弗朗茨·维亚克尔著：《近代私法史（上册）》，陈爱娥译，上海三联书店 2006 年版，第 237 页。

2 ［德］伊曼努尔·康德著：《法的形而上学原理》，沈叔平译，商务印书馆 1991 年版，第 53 页。

3 ［德］乔治·威廉·弗雷德里希·黑格尔著：《法哲学原理》，范扬译，商务印书馆 1961 年版，第 76 页。

4 ［德］罗尔夫·克尼佩尔著：《法律与历史》，朱岩译，法律出版社 2003 年版，第 118 页。

5 高圣平：《〈民法典〉与农村土地权利体系：从归属到利用》，载《北京大学学报（哲学社会科学版）》2020 年第 6 期。

（一）集体所有权代表行使关系符合农村集体产权制度改革的要求

集体所有权长期存在主体虚位的问题，无论集体所有权人抑或代表行使主体都非民事主体。为了解决这一问题，《民法典》赋予了集体经济组织和村民委员会特别法人资格和行使集体所有权的权利。然而我国学者对集体所有权行使关系的法律性质争议较大，形成了“信托关系”[6]“投资关系”[7]“代表关系”[8]“代理关系”[9]四种观点。集体所有权代表行使关系，比“信托关系”“投资关系”“代理关系”，更加符合农村集体产权制度改革的要求。

1. 集体所有权代表行使关系绕开了集体没有民事主体资格的问题。集体经济组织或村民委员会基于法定授权代表集体行使所有权，并不需要集体具有民事主体资格，也不需要集体通过民事法律行为授予集体经济组织或村民委员会行使集体所有权的权利。而“投资关系”“信托关系”既需要作为投资人与委托人的集体具有民事主体资格，也需要集体具体从事投资和设立信托的行为。集体没有民事主体资格，不仅会导致“投资关系”和“信托关系”的成立障碍，而且会导致上述法律关系的运行障碍。在“投资关系”中，集体将集体财产投资于集体经济组织之中，享有表决权和收益分配权。但是，没有民事主体资格的集体，如何行使表决权与收益分配权？同理，在“信托关系”中，集体也无法享有和行使受益权、监督权、调整信托管理方法的权利、撤销权等委托人的权利。

2. 集体所有权代表行使关系有助于保障集体所有权的安全与稳定。集体财产是维系集体社区的物质基础，是成员的基本生产资料与生活资料，集体财产的收益是为成员提供社会保障、福利、公共服务的重要资金来源。由此，在农村集体产权制度改革的过程中，应保障集体所有权的安全与稳定。集体经济组织代表集体行使所有权，集体所有权并非集体经济组织的法人财产，在集体经济组织背负债务时，集体所有权也不会沦为责任财产。这是“代理关系”所不具有的优势。

---

6 吴昭军：《农村集体经济组织“代表集体行使所有权”的法权关系界定》，载《农业经济问题》2019年第7期。

7 韩冬、韩立达、史敦友：《农村集体经济组织法人治理的构建与完善》，载《中国土地科学》2017年第7期。

8 韩松：《我国民法典物权编应当界定农民集体所有权类型的本质属性》，载《四川大学学报（哲学社会科学版）》2019年第3期。

9 姜红利、宋宗宇：《农民集体行使所有权的实践路径与主体定位》，载《农业经济问题》2018年第1期。

（二）集体经济组织比村民委员会更适宜代表集体行使所有权

如上所述，集体所有权代表行使关系更加符合农村集体产权制度改革的要求。《民法典》同时赋予了集体经济组织与村民委员会代表集体行使所有权的权利。然而，哪个主体更适合代表集体行使所有权？

按照费孝通先生的观点，我国的乡村社区存在着“法定体制”与“事实体制”两种秩序。[10]按照《村民委员会组织法》第2条的规定，村民委员会属于基层群众性自治组织，享有乡村管理职能。然而，在“事实体制”层面，村民委员会具有较强的公法人属性，不仅要协助乡镇政府开展工作，而且须服从乡镇政府的指令。一旦乡镇政府作出了侵犯或干预集体所有权的决议，村民委员会必须在服从乡镇政府命令和维护集体成员权益之间作出选择。农村集体产权制度改革，通过集体资产的市场化，实现“资源变资产”，通过集体资产的折股量化，实现“农民变股东”。按照《村民委员会组织法》第7条的规定，村民委员会由人民调解、治安保卫、公共卫生与计划生育等委员会组成。内部机构的限制，使其不适宜承担“资源变资产”“农民变股东”的使命。

在农村集体产权制度改革的背景下，集体经济组织更适合代表集体行使所有权：第一，集体经济组织是私法人，是市场主体，可以获得独立的登记证、社会信用代码、公章、银行账户，更适宜代表集体对外从事经营活动，从而实现“资源变资产”。第二，新型集体经济组织是以集体财产折股量化为基础成立的新型经济体。[11]集体经济组织行使集体所有权，成员对集体财产的收益分配权可转变为集体经济组织的股份，成员的知情权、表达权、表决权、监督权等共益性权利可通过法人决议机制和内部监督机制实现，成员的撤销权和代位诉权也有了明确的行使对象。由此，集体经济组织代表集体行使所有权，有助于实现“农民变股东”的改革目标。第三，有助于实现农村集体社区的政经分离。集体经济组织作为私法人，代表集体对外从事经营活动，处分集体财产。村民委员会作为公法人，行使乡村管理职能。农村集体社区的经济职能与政治职能由不同的主体承担，实现了政经分离。由此，在设立了集体经济组织的集体，应当由集体经济组织代表集体行使所有权。

---

10 费孝通著：《乡土中国·生育制度》，北京大学出版社1998年版，第24页。

11 綦磊、张红钊：《农村社区股份合作社的股份设置研究》，载刘云生主编：《中国不动产法研究》2019年第2期，社会科学文献出版社2019年版，第122－134页。

二、集体经济组织代表集体行使所有权的内部决议

在农村集体产权改革的过程中，部分地区出现了村民委员会或集体经济组织擅自处分集体财产、非法剥夺部分成员的收益分配权、设置不合理的收益分配标准、成员意思表示不自由等问题。集体所有权是成员共同享有的所有权，成员按照法定程序与决议规则，将个体意思表示转换为集体的决议，从而支配客体和分享收益。由此，在集体经济组织代表集体行使所有权的法律关系中，须明确决议机关和决议规则，构建决议瑕疵的司法矫正机制，从而实现成员对集体财产的民主管理权，防范部分成员控制集体财产及其收益。

（一）决议机关：集体经济组织的成员大会或成员代表会议

按照《村民委员会组织法》第 24 条的规定，处分集体财产应由村民会议或村民代表会议讨论决定。此外，《村民委员会组织法》还规定了决议方式，以及形成决议所需的最低出席人数和决议通过比例。在司法实践中，集体经济组织处分集体财产未经村民会议或村民代表会议讨论通过的，处分行为无效。[12] 由此形成了村民会议或村民代表会议对集体财产处分事项作出决定，集体经济组织或村民委员会负责执行的模式。在集体经济组织获得法人资格，形成了完备的治理结构后，是否还需固守该模式？

基于以下三方面考虑，集体经济组织行使集体所有权的，应当由其成员大会或成员代表会议形成决议。

1. 集体经济组织成员与村民的范围具有一致性，由集体经济组织的成员大会或成员代表会议作出处分集体财产的决议，也可实现村民对集体财产的民主管理权。有学者认为：集体成员与村民的内涵和外延并不相同。[13] 这一观点既背离了集体经济组织产生发展的历史，也难以从实践中找到依据。在人民公社时期，集体既是经济组织，又是行政管理单位。随着包产到户政策和村民自治法律的推行，政经合一的集体逐步解体，集体成员的身份也产生了分化：集体的经济职能由集体经济组织承担，集体成员在经济活动领域被称之为集体经济组织成员；集体的行政管理职能由村民委员会承担，集体成员在村民自治领域被称为村民。在实践中，广东、浙江、湖北等地的地方立法和甘肃、安徽、新

---

12 例如，夏和碧、习水县民化乡丰光村柏香树村民组确认合同无效纠纷再审审查与审判监督民事裁定书［（2018）最高法民申 2753 号］。

13 管洪彦：《农民集体的现实困惑与改革路径》，载《政法论坛》2015 年第 5 期。

疆等地的法院将户籍作为认定集体经济组织成员资格的主要依据。[14] 按照《村民委员会组织法》第 13 条的规定，户籍也是赋予村民资格的主要依据。可见，虽然内涵不同，但集体经济组织成员与村民的外延具有一致性。《村民委员会组织法》规定处分集体财产的决议必须由村民会议或村民代表会议作出，旨在保障村民对集体财产的民主管理权。既然村民与集体经济组织成员的外延具有一致性，若集体经济组织设立了包括本集体社区全体村民的成员大会或成员代表会议作为权力机关，该权力机关作出处分集体财产的决议，同样可以实现村民对集体财产的民主管理权。

2. 提高决议效率，以适应集体资产市场化改革的需要。按照集体行动理论，团体规模与形成决议的难度成正比。[15] 集体经济组织代表集体行使所有权，是通过市场交易的方式将集体财产权利转化为货币收益。处分集体财产的决议不仅要实现成员对集体财产的民主管理权，也需兼顾决议效率，以适应市场交易的要求。在实践中，集体经济组织普遍设立了作为权力机构的成员大会或成员代表会议，以及作为执行机构的理事会。权力机构负责决定集体财产的重要处分事项。理事会基于成员大会或成员代表会议的授权，制定处分集体财产的方案或者决定集体财产的一般处分事项。成员大会或成员代表会议和理事会分权管理模式，比事无巨细都要经过村民会议或村民代表会议决定的模式，更适应集体资产市场化的改革要求。

3. 便于权利受到损害的成员获得司法救济。按照《民法典》第 265 条的规定，成员仅有权撤销集体经济组织和村民委员会的违法决议，村民会议或村民代表会议的决议不属于可撤销的范畴。在司法实践中，部分法院认为村民会议或村民代表会议决议属于村民自治的范畴，不属于法院的受理范围。[16] 并且，村民会议或村民代表会议并非民事主体，既无法充当被告，也无法承担责任。可见，一旦村民大会或村民代表会议作出的决议侵犯了成员的合法权利，权利受到侵害的成员较难获得司法救济。而集体经济组织作出的处分集体财产和分配集体财产收益的决议侵犯成员的合法权益的，属于《民法典》第 265 条的管

---

14 《广东省农村集体经济组织管理规定》第 15 条、《浙江省村经济合作社组织条例》第 17 条、《湖北省农村集体经济组织管理办法》第 16 条。甘州区新墩镇北关村民委员会、甘州区新墩镇北关村四社与铁某、柴爱霞等承包地征收补偿费用分配纠纷再审审查与审判监督民事裁定书［（2020）甘民申 423 号］，马晓福、乌鲁木齐市沙依巴克区长胜大队侵害集体经济组织成员权益纠纷再审民事判决书［（2020）新民再 43 号］，刘某、王某再审行政裁定书［（2019）皖行再 3 号］。

15 ［德］曼瑟尔·奥尔森著：《集体行动的逻辑》，陈郁译，格致出版社 2017 年版，第 89 页。

16 吴小利土地承包经营权出租合同纠纷申请再审民事裁定书［（2020）京民申 2623 号］、张公明、张鑫与平度市新河镇大苗家村民委员会承包地征收补偿费用纠纷民事判决书［（2020）鲁 0283 民初 4274 号］。

辖范围。并且集体经济组织有民事主体资格，可以充当被告与承担责任。集体经济组织成员的撤销权有了明确的行使对象和实现路径。

（二）决议方式："一人一票"

如上所述，集体经济组织行使集体所有权的，应当由其成员大会或成员代表会议形成决议。然而成员大会或成员代表会议按照什么样的表决规则形成决议？集体经济组织法人是以集体财产折股量化为基础成立的新型经济体，成员按股获得收益，这是否意味着集体经济组织采取"按股投票"的决议方式？

《乡村振兴战略规划（2018—2022）》等中央文件规定：集体资产股份是收益分配的依据，具有占有、收益、有偿退出及抵押、担保、继承权能。十八届三中全会后各地颁布和修订的集体经济组织管理条例普遍规定：集体经济组织成员虽然按股取得收益，但集体经济组织采用"一人一票"的决议方式，而非"按股投票"。[17] 从中央政策和地方立法来看，集体经济组织股份仅是成员获得收益分配的标准，而非成员行使表决权的依据。在集体资产折股量化改革进程中，集体经济组织股份设置规则呈现出多元化的特征，包括成员平等享有的"身份股"、依据在集体的劳动时间设置的"农龄股"、奖励给村干部的"贡献股"、具有福利性的"享受股"等。虽然这些股份反映了农民的朴素公平观念，但是部分股份缺乏统一、客观的折算标准和法律依据，不能作为成员行使表决权的依据。集体所有制是以成员平等为基础的经济形式，成员平等占有生产资料，按照平等原则形成处分集体财产的决议，平等分配收益。[18] 由此，作为集体所有制实现形式和组织形式的集体经济组织法人应采用"一人一票"的决议方式，以保障成员平等的民主权利。

（三）决议的效力瑕疵体系：不成立、无效、可撤销

"一人一票"的决议方式可能异化为"多数人的暴政"，侵害部分成员的合法权益。由此，需完善集体经济组织决议瑕疵的矫正机制。按照《民法典》第 265 条的规定，权利受到损害的成员可以请求法院撤销集体经济组织的决议。然而成员撤销制度已不足以应对集体经济组织决议存在的程序瑕疵、内容违法和不合理、成员意思表示不自由的问题。

针对集体经济组织决议中所存在的问题，需建立决议不成立、无效、可撤

17　例如，《江苏省农村集体资产管理条例》第 12 条和第 45 条、《黑龙江省农村集体经济组织管理条例》第 11 条和第 17 条。

18　管洪彦、孔祥智：《"三权分置"下集体土地所有权的立法表达》，载《西北农林科技大学学报（社会科学版）》2019 年第 2 期。

销的效力瑕疵体系和矫正机制。对集体财产的重要处分未经成员大会或成员代表会议表决、伪造成员签名、出席或表决人数达不到要求等严重程序瑕疵，成员可请求法院确认决议不成立。剥夺或限制出嫁女、非婚生子女、不依法服兵役者的收益分配权等违法决议，以及不合理设置“享受股”“福利股”等的决议，无效。按照民事法律行为的效力瑕疵规则，当事人可以请求法院撤销因欺诈、胁迫而为的民事法律行为。然而，该规则是否适用于集体经济组织决议？德国和英国法律认为欺诈、胁迫、贿赂玷污了公司决议，无论决议结果是否会改变，当事人都可以请求撤销该决议。[19] 虽然《民法典》将决议行为归于民事法律行为的范畴，但决议是按照法定程序与“多数决”规则达成的合意，与围绕个体意思表示构造的民事法律行为制度截然不同。[20] 集体经济组织是市场主体，需要从事经营活动，构建其决议效力瑕疵规则，不仅要考虑保障成员合法权益的问题，也需兼顾决议效率。由此，集体经济组织决议形成过程中存在欺诈、胁迫、贿赂等影响成员意思表示自由的情况且足以影响表决结果的，权益受到损害的成员方有权请求法院撤销该决议。

集体经济组织的决议被确认为不成立、无效或者被撤销的，法院可以应当事人的请求判令集体经济组织重新作出决议。集体经济组织的决议侵犯部分成员的收益分配权，受损害的成员是否有权请求法院判令集体经济组织支付收益？有学者主张：法院判令集体经济组织向成员支付集体财产收益是保障成员合法权益的应有之义。[21] 该观点在司法实践中获得了支持。[22] 与上述观点相反，有学者主张：人民法院不能直接判令集体经济组织向其成员支付收益，以免侵犯集体经济组织的自治权。[23] 集体经济组织成员的收益分配权，是以获得财产收益为核心权能的权利。法院只判令集体经济组织重新作出决议，而不判令集体经济组织向受损害的成员分配收益，集体经济组织成员的收益分配权并未得到司法强制力的充分保障。另外，基于农村社区成员的血缘或感情等利益联结因素，若无司法强制力的介入，即便集体经济组织重新作出了决议，弱势成员的收益分配权可能也无法实现。由此，集体经济组织决议侵犯部分成员收益分配权的，法院可以基于权利受到损害的成员请求，判令集体经济组织支付收益。

---

19 周淳：《组织法视阈中的公司决议及其法律适用》，载《中国法学》2019 年第 6 期。

20 王雷：《农民集体成员权、农民集体决议与乡村治理体系的健全》，载《中国法学》2019 年第 2 期。

21 王利明、周友军：《论我国农村土地权利制度的完善》，载《中国法学》2012 年第 1 期。

22 《重庆市高级人民法院关于审理农村集体资产分配纠纷案件适用法律问题的指导意见（征求意见稿）》第 7 条和第 8 条。

23 李兴宇：《司法实践中的农村集体成员撤销权研究》，载刘云生主编：《中国不动产法研究》2017 年第 1 辑，法律出版社 2017 年版，第 144 – 153 页。

三、集体经济组织代表集体行使所有权的方式

《中共中央关于全面深化改革若干重大问题的决定》（以下简称《决定》）等中央政策文件提出了以“同地同权”为核心的集体经营性建设用地改革目标，以完善土地承包经营权权能为核心的承包地改革目标，明确了其财产属性。[24]嗣后，《土地管理法》和《民法典》吸收和固化了上述改革成果，集体经营性建设用地使用权和承包地经营权成为可流转的财产权。集体经济组织代表集体行使所有权，即集体经济组织以自己的名义，通过出让、出租、抵押、出资等方式处分集体经营性建设用地等资源性财产和集体所有的股权、知识产权等经营性财产。集体土地与国有土地一样属于公共资源，集体财产的收益是为成员提供社会保障、福利、公共服务的主要资金来源。由此，集体财产的处分方式与私人财产有所不同。

（一）集体经济组织应通过有偿方式处分集体财产

长期以来，本着推进乡镇企业建设、增进集体共同福利的宗旨，大量集体土地被无偿配置给乡镇企业。集体土地的无偿配置方式，导致乡镇企业用地容积率偏低，利用方式较为粗放。[25]此外，农村主体投资兴办的乡镇企业已成为服务于投资者利益的组织，不再承担为集体成员谋取福利的任务。[26]《民法典》第 325 条规定：国家实行自然资源有偿使用制度。集体土地作为一种稀缺的不可再生的社会资源，应按照市场机制进行配置，通过竞争机制流转给最珍视权利的人，提高集体土地的利用效率。[27]农村集体产权制度改革将农民对部分集体经营性资产和资源性资产的物质化、实体性支配权转变为收益分配请求权。保障农民公平地获得集体财产收益，成为集体产权制度改革的重要目标。由此，为了提高集体财产的利用效率，保障成员平等获得集体财产收益，集体经济组织必须采用有偿方式处分集体财产。

（二）集体财产有偿处分方式的限制

出让、出资、出租、抵押都属于集体财产的有偿处分方式。为了保障成员

---

24 孙宪忠：《推进农地三权分置经营模式的立法研究》，载《中国社会科学》2016 年第 7 期。

25 綦磊著：《集体经营性建设用地使用权流转法律问题研究》，法律出版社 2016 年版，第 135 页。

26 申惠文著：《非公共利益利用集体土地机制研究》，法律出版社 2015 年版，第 80 页。

27 张先贵：《中国语境下土地开发权内容之法理澄清》，载《法律科学》2020 年第 5 期。

平等获得集体财产收益，防范部分成员控制集体财产，应对集体财产有偿处分方式进行限制。

1. 出让、出租的限制。广东、江苏、湖北等地的地方立法要求以公开竞价的方式出让、出租集体建设用地。[28] 以公开竞价方式公开、透明地出让、出租集体财产，引入了市场竞争机制，有利于实现资源的优化配置，也可避免低价处分集体财产导致的权力寻租问题。由此，集体经济组织以出让、出租方式处分集体财产的，应采用招标、拍卖、挂牌等公开竞价方式。

2. 出资的限制。《中共中央、国务院关于稳步推进农村集体产权制度改革的意见》鼓励集体经济组织通过入股农业企业、村企联手共建等多种形式发展集体经济。实践中，广州和北京等地的集体经济组织投资设立了资源开发公司，开发经营集体财产。[29] 集体经济组织是特别法人，具有从事经营活动的民事权利能力和民事行为能力，可以对外投资。并且，集体经济组织投资设立资源开发公司模式可以吸收社会资本投入农村建设当中，对于深化农村经营体制改革具有积极意义。以集体财产折股量化为基础设立的新型集体经济组织，担负着发展集体经济、为农民提供社会保障、承担乡村弱势群体的福利等功能。基于此，中央政策和地方立法提倡集体经济组织从事低风险的经营活动。如上海市提倡集体经济组织从事以物业租赁为主的经营活动。[30] 基于"父爱主义规则"，当主体的行为可能使自己的利益遭受重大损失时，法律可以限制主体的自由。[31] 由此，集体经济组织虽然可对外投资，但不得出资于普通合伙等须对债务承担无限责任的企业，以隔离集体所有权与集体经济组织未出资财产的市场风险。

3. 禁止对外提供担保。为了筹集乡村振兴所需的资金，集体经济组织可以利用集体资产为自己和集体抵押融资。然而，集体经济组织是否可以对外提供担保，地方实践有着不同的规定。江苏省禁止集体经济组织对外提供担保，甘肃省允许集体经济组织对外提供担保，但规定了严格的决议程序。[32] 集体经济组织与公司同为市场主体。公司在履行严格的内部决议程序后，可以对外提供担保。集体经济组织能否参照这一规则？集体经济组织的财产包括国家提供的

---

28 《广东省集体建设用地使用权流转管理办法》第15条、《苏州市集体建设用地使用权流转管理办法》第11条第5款、《湖北省农民集体所有建设用地使用权流转管理试行办法》第11条。

29 刘守英、周飞舟、邵挺著：《土地制度改革与转变发展方式》，中国发展出版社2012年版，第210页。

30 《上海市人民政府印发〈关于推进本市农村集体经济组织产权制度改革若干意见〉的通知》第4条。

31 ［美］罗斯柯·庞德著：《通过法律的社会控制——法律的任务》，沈宗灵译，商务印书馆1984年版，第210页。

32 《江苏省农村集体资产管理条例》第30条、《甘肃省农村集体资产管理条例》第13条。

补贴、成员投入的土地使用权、未分配的集体财产收益等。这些财产虽然归属于集体经济组织，但却关涉到集体社区的发展和集体成员的生活保障。并且，集体经济组织实行民主管理机制，缺乏经营风险的直接承担者。由此，对集体经济组织经营行为的管制应严于公司。集体经济组织利用集体财产对外提供担保，其自身和成员并不能从中获取直接的经济利益，并且存在着控制人利用集体财产抵押谋取私利的可能，应当禁止。

四、集体经济组织代表集体行使所有权的后果承担

《民法典》与《土地管理法》只对集体经济组织代表集体行使所有权进行了原则性的规定，并未涉及法律后果的承担问题。集体经济组织代表集体行使所有权，属于民事法律关系的范畴，必须有明确的法律后果。

（一）集体经济组织代表集体行使所有权的收益由集体及其成员分享

《决定》等中央政策要求完善农民对集体资产股份的收益权能。集体资产折股量化，将农民对经营性资产和部分资源性资产的物质化、实体性的支配权和分配权转变为收益分配请求权，实现“农民变股东”。集体财产收益分配请求权是集体成员权的主要权能，无论集体财产征收补偿法律制度，抑或集体建设用地流转的地方实践，都承认成员对集体财产的收益分配请求权。由此，集体经济组织成员有权分享集体财产的收益。

按照“兼顾国家、集体、农民”的集体财产收益分配政策，集体虽非民事主体，但也有权分享集体财产的收益。目前，集体经济组织设立的集体股或者提留的公益金，是集体参与分配集体财产收益的两种主要形式。然而理论界对集体通过哪种形式参与分配集体财产的收益，存在较大分歧。有学者认为：集体股将重复集体财产归属不明的问题，集体经济组织应通过提取公益金的形式发展集体公益事业。[33] 也有学者认为：集体经济组织应当设立集体股，以体现集体的利益。[34] 基于以下三个方面的原因，集体应通过集体股的形式分享集体财产收益：第一，深圳市和北京市由专门的集体资产管理委员会持有集体股。[35] 除集体资产管理委员会外，村民委员会是农民“自我服务”的组织，享有集体财产处分权，可由其持有集体股并将集体股的收益用于发展集体公益事业。无论

---

33 孔祥智：《农村社区股份合作社的股权设置及权能研究》，载《理论探索》2017年第3期。

34 刘云生著：《农村土地股权制改革：现实表达与法律应对》，中国法制出版社2016年版，第231页。

35 高海：《论集体土地股份化与集体土地所有权的坚持》，载《法律科学》2019年第1期。

集体资产管理委员会持有集体股，抑或村民委员会持有集体股，都不会出现集体股归属不明的问题。第二，按照《民法典》第261条等法律和《乡村振兴战略规划（2018—2022）》等中央政策的规定，集体经济组织并非集体财产的所有权人，只是代表行使所有权。按照代表制度的一般法理，除被代表人明确授权外，代表人不能从代表行为中获得收益。集体经济组织直接提留公益金并享有公益金所有权与代表行使集体所有权的法律地位不相称。第三，相较于公益金，集体股的市场风险较低。公益金属于集体经济组织的法人财产，一旦集体经济组织背负债务，公益金就属于被强制执行的标的。而集体股的持有人是集体，集体和集体经济组织是两个相互独立的民事主体，即便集体经济组织背负债务，集体股也不属于被强制执行的标的。

（二）集体经济组织承担代表集体行使所有权的责任

集体经济组织代表行使集体所有权，可能获得收益，也可能产生责任。然而，我国法律并未规定集体经济组织代表集体行使所有权的责任承担者。按照《民事诉讼法》的规定，有明确的被告是提起民事诉讼的必备条件，并且在司法实践中，被告需通过名称、住所、组织机构代码、法定代表人等信息特定化。集体并非民事主体，没有诉讼主体资格，无法充当被告。而承担集体的经济功能、作为集体所有制的实现形式和组织形式的集体经济组织，能否充当被告与承担责任？

1. 集体经济组织承担责任，符合合同相对性原则。在国有土地所有权代表行使法律关系中，法律按照合同相对性原则，界定责任承担者。《房地产管理法》第15条和第17条规定：市县国土资源部门代表行使国有土地所有权，以自己的名义签署土地使用权出让合同，承担违约责任。国家所有权与集体所有权，同为公有制所有权。由此，《房地产管理法》第15条和第17条的规定，对确定集体所有权代表行使责任的承担者，具有参照适用性。集体经济组织代表行使所有权与代理制度和法定代表人制度不同，集体经济组织是以自己的名义与第三人签订处分集体财产的合同。合同既是当事人构建法律关系的工具，也是其承担民事责任的依据。由集体经济组织充当诉讼当事人并承担处分集体财产的责任符合合同相对性原则。

2. 集体经济组织承担责任，有助于保障集体所有权的安全与稳定。集体所有权是维系集体社区的物质基础，集体财产的收益是为成员提供社会保障、福利、公共服务的主要资金来源。集体所有权的上述功能，使其不能如私人所有权一样，成为责任财产。集体经济组织并非集体财产的所有权人，集体经济组织承担责任，集体所有权不会成为责任财产，有利于保障集体所有权的安全与稳定。

3. 集体经济组织承担责任，并不违反民法的公平原则。如前所述，集体经济组织处分集体财产的收益，由集体及其成员按照持股比例进行分配。集体经济组织并未获取收益，却要承担法律责任，是否违反了民法的公平原则？法人人格并非正义性的制度设计，而是实现特定目的的工具。集体经济组织承担着集体的经济功能，是集体资产股份化改革的组织形式。集体经济组织的成员与财产均来源于集体，是实现集体与成员利益的工具。基于以上原因，集体经济组织除了实现和维护集体与成员利益外，没有自身独立的利益。由此，集体经济组织承担责任，并不违反民法的公平原则。

4. 集体经济组织承担责任，对债权人并无不利。集体经济组织是公有制的代表，处分的是集体所有的财产或从集体所有财产中派生出的用益物权。但是，若集体经济组织因处分集体财产的行为使相对人遭受了损失，应按照民法的平等保护原则，保护债权人的利益。不能因所有制的不同，给予不同的保护。从以下三个方面出发，集体经济组织承担责任，对债权人并无不利：第一，集体经济组织是特别法人，有民事主体资格和诉讼能力，由其承担责任，债权人的债权有明确的行使对象。第二，目前集体经济组织主要代表集体从事集体经营性建设用地和承包地等资源性资产和经营性资产的处分行为。集体经济组织未向第三人给付集体经营性建设用地、承包地、经营性资产的，因集体经济组织享有处分集体财产的权利，法院可强制集体经济组织给付上述财产。第三，基于集体经济组织法人的特别性，我国有学者认为其不具有破产偿债的能力。[36]然而，集体经济组织以其所有的财产承担金钱责任，是其作为法人必须承担的义务。由此，除国家拨付的专项资金外，集体经济组织应当以其所有的财产，承担赔偿损失、支付违约金等金钱债务。

结语

集体经济组织立法已纳入十三届全国人大常委会立法规划。集体经济组织代表集体行使所有权既是集体所有权的实现方式，也是集体经济组织法人的重要行为能力，是集体经济组织立法的重要内容。立足于本文的论述，笔者建议在未来集体经济组织立法中对集体经济组织代表集体行使所有权制度作如下规定：第一，集体经济组织代表集体行使集体财产所有权，依法对集体财产享有占有、使用、收益和处分的权利。第二，集体财产的重要处分和涉及成员利益的重大事项，由集体经济组织的成员大会或成员代表会议讨论决定。成员大会

---

36 郭洁：《论农村集体经济组织的营利法人地位及立法路径》，载《当代法学》2019 年第 5 期。

或成员代表会议采用“一人一票制”，成员享有平等的表决权。第三，除法律另有规定的外，实行集体财产有偿处分制度。出让、出租集体财产的应当采用招标、拍卖、挂牌等公开竞价方式。集体经济组织不得将集体财产出资于对债务承担无限责任的组织，不得利用集体财产为他人抵押融资。第四，集体经济组织以自己的名义处分集体财产，承担相应的法律责任。

民事化生态环境损害赔偿制度的效用发挥机制

——《民法典》第1234、1235条的体系化适用

聂卫锋*

【内容提要】生态环境损害赔偿制度属于生态补偿机制中的事后责任，在我国法上早已普遍存在，《民法典》明确和巩固了其民事责任的定位。生态环境保护相关的责任形态较为多元，责任措施和方式种类繁多，构成了民事化生态环境损害赔偿制度的适用背景。最大化发挥民事化生态环境损害赔偿制度的效用，需要处理好其与其他责任形态下责任措施或方式的功能竞争、协调配合与顺位先后关系。

【关键词】生态环境损害赔偿　民事化　责任形态　效用发挥

引言

《民法典》侵权责任编相较于《侵权责任法》而言，增加了生态环境修复责任条款（第1234条）与生态环境损害赔偿的条款（第1235条），直接落实了《生态环境损害赔偿制度改革方案》[1]所确立的国家生态环境保护政

---

* 聂卫锋——西安交通大学法学院副教授，硕士生导师，主要研究领域：民商法、网络信息法、比较法、法律史。本文为陕西省社会科学基金项目“民法典实施与更高水平法治陕西建设研究”（2020ZX12）、自然资源部不动产登记中心项目“矿产资源法立法重点问题研究”（2020－FL－07）的阶段性成果。

1　尽管该文件中确有“按本方案要求依法追究生态环境损害赔偿责任”的表述［《生态环境损害赔偿制度改革方案》“三、适用范围”之（一）］，但该改革方案毕竟仅是政策，在效力和作用方式上并不能替代法律规范，2017年生效的《民法总则》第10条业已明确排除了政策的法源地位，法院并不宜直接依据该文件作出裁判。不过也有少数法院直接援引《生态环境损害赔偿制度改革方案》作为裁判依据，如（2019）赣04民初201号民事判决书、（2019）粤民终2169号民事判决书、（2019）黔民终685号民事判决书、（2017）桂民终327号民事判决书、（2018）冀民终758号民事判决书等。

策，[2]以“侵权责任”的方式创立了民事化的“生态环境损害赔偿制度”。[3]不过，生态环境保护本来就是系统性工程，不可能仅依赖《民法典》新增的这两个条文就达到充分保护生态环境的目的。第1234、1235条对既有的生态环境保护相关责任规范产生何种体系性影响，应该在何种意义上理解其功能，其功能的切实实现是否依赖周边制度的协同配合，生态环境保护又该如何依赖于国家，如何发力于私主体，在《民法典》生效之后，需详加研究，以推动制度功能的实现。

一、生态补偿机制之下的生态环境损害赔偿制度

在我国现行法和政策之下，生态环境损害赔偿制度并非孤立存在，而是生态补偿机制的一部分。第1234、1235条所表达的制度以及被写入《民法典》之中，就是基于生态补偿机制的大背景，定位和理解该制度当然也应该基于如此背景。

（一）生态补偿机制的立体性

按照《生态环境损害赔偿制度改革方案》的要求，“到2020年，力争在全国范围内初步构建责任明确、途径畅通、技术规范、保障有力、赔偿到位、修复有效的生态环境损害赔偿制度”。这一政策目标具有一定的持续性，2005年的十六届五中全会《关于制定国民经济和社会发展第十一个五年规划的建议》已经提出：“按照谁开发谁保护、谁受益谁补偿的原则，加快建立生态补偿机制。”

在立法机关的文件中第一批出现“生态补偿”是2006年3月14日第十届全国人民代表大会第四次会议批准的《中华人民共和国国民经济和社会发展第十一个五年规划纲要》《第十届全国人民代表大会第四次会议关于2005年中央和地方预算执行情况与2006年中央和地方预算的决议》和《第十届全国人民代表大会第四次会议关于2005年国民经济和社会发展计划执行情况与2006年国民经济和社会发展计划的决议》等几个文件。不过，时至今日，在“法律”形式的规范文本之

2　立法机关的释义书中，明确提到了将《生态环境损害赔偿制度改革方案》作为立法政策依据。参见黄薇：《中华人民共和国民法典侵权责任编解读》，中国法制出版社2020年版，第261页。

3　究竟如何命名第1234、1235条确立的规范，立法机关和最高人民法院存在明显的分歧。立法机关是在统一的“生态环境损害赔偿制度”之下定位二者之间的关系，而最高人民法院则分别把两个条文认定为“生态环境损害修复责任”和“生态环境损害赔偿责任”，笔者于此遵从立法机关的意见。参见黄薇主编：《中华人民共和国民法典侵权责任编解读》，中国法制出版社2020年版，第257－261页；最高人民法院民法典贯彻实施工作领导小组主编：《中华人民共和国民法典侵权责任编理解与适用》，人民法院出版社2020年版，第548、566页。

中，并没有任何一部立法对生态补偿加以界定，生态补偿究竟仅是一种生态环境治理理念，还是一种系统性的机制安排，抑或一种新型的责任形态，均不清楚。

在“行政法规”的层面，“生态补偿”第一次出现是在《国务院实施〈中华人民共和国民族区域自治法〉若干规定》（国务院令第435号）中。该规定第8条第3款规定：“国家加快建立生态补偿机制，根据开发者付费、受益者补偿、破坏者赔偿的原则，从国家、区域、产业三个层面，通过财政转移支付、项目支持等措施，对在野生动植物保护和自然保护区建设等生态环境保护方面作出贡献的民族自治地方，给予合理补偿。”但是，从该规定开始至今，“生态补偿”即便出现在行政法规之中，也没有因此而成为具体的责任条款，均与第435号国务院令中的规范性质类似，甚至不具有规范性质，仅是国家政策的一种表达（在行政体系内部或许有积极效用）。2013年4月23日在第十二届全国人民代表大会常务委员会第二次会议上，国务院做了以生态补偿机制为主题的报告即《国务院关于生态补偿机制建设工作情况的报告》，详细阐述了政府层面对生态补偿机制的理解、设想和实践做法。但是，该报告对生态保护机制的界定非常宽泛，包括生态效益补偿基金制度、生态保护奖励补助政策、水土保持补偿费、生态功能区转移支付制度、资源税、环境税等，并不限于法律责任的角度。

决策层对生态补偿机制的整体性定位表明，生态补偿机制既然是一项系统性工程，就不可能仅指生态环境损害发生之后的以修复、赔偿为内容的责任追究机制（事后机制），而是包括建立事前、事中的一系列责任预防、风险分担机制，“谁开发谁保护、谁受益谁补偿”的原则应该在生态环境保护问题上从始至终加以贯彻。

（二）生态补偿机制的事前、事中制度表现

在既有的规范性文件中，《环境保护税法》面向不确定主体开征的环境保护税，在一定范围之内替代了先前存在的排污费（第27条），[4]《海洋环境保护法》第12条在原则上仍然肯定排污费、倾倒费的缴纳，环境保护税缴纳只是作为替代排污费的抗辩理由，并且明确规定排污费和倾倒费“必须用于海洋环境

---

4 有争议的是，此种事前的措施在满足公法要求之外还能够产生什么样的其他效果。《环境保护税法》第26条规定：“直接向环境排放应税污染物的企业事业单位和其他生产经营者，除依照本法规定缴纳环境保护税外，应当对所造成的损害依法承担责任。”如果其中的“损害”指的是民事主体的人身财产权益产生的损害，或可接受，因为依据《民法典》第1234条的规定，生态环境侵权责任是无过错责任，“排污费”的缴纳并不能减免环境污染者或生态破坏者针对民事主体的责任（理论上一直存在争议，暂且不论）；如果“损害”也包括生态环境损害，就很难说有逻辑上的正当性，因为“排污费”或环境保护税的缴纳针对国家而言，就意味着允许一定额度范围之内的排污行为。

污染的整治，不得挪作他用”。《企业所得税法》第27条规定企业从事符合条件的环境保护项目的所得，可以免征、减征企业所得税，第34条规定企业购置用于环境保护的专用设备的投资额，可以按一定比例实行税额抵免。《企业所得税法实施条例》第45条补充规定企业依照法律、行政法规有关规定提取的用于环境保护的专项资金，准予扣除，但同时也对资金的用途有专用性的限定。《水土保持法》第32条第2款针对在山区、丘陵区、风沙区以及水土保持规划确定的容易发生水土流失的其他区域开办生产建设项目或者从事其他生产建设活动，损坏水土保持设施、地貌植被，不能恢复原有水土保持功能的行为，规定了应当缴纳水土保持补偿费，并且该补偿费必须专项用于水土流失预防和治理；第57条还针对拒不缴纳、逾期不缴纳水土保持补偿费的行为，规定了行政处罚措施。[5]

在少数的规范文件之中，法律或行政法规还强制要求行为人、运营人等事前投保责任保险、财务担保或缴纳赔偿基金等，为可能发生的生态环境损害赔偿起到提前保障的作用。比如，《核安全法》第90条第3款为了确保核设施营运单位能够及时、有效地履行核损害赔偿责任，设定了事前的义务，要求核设施营运单位应当通过投保责任保险、参加互助机制等方式，做出适当的财务保证安排。《防治船舶污染海洋环境管理条例》第51、53、54条规定了投保责任保险或者提供财务担保、损害赔偿金的受偿顺序、缴纳船舶油污损害赔偿基金等问题。[6]《防治海洋工程建设项目污染损害海洋环境管理条例》第26条规定海洋油气矿产资源勘探开发单位应当办理有关污染损害民事责任保险。

此外，《海商法》第177条规定在海上救助作业过程中，救助方对被救助方负有“以应有的谨慎防止或者减少环境污染损害”的义务，第178条规定了被救助方对救助方负有同样的义务；第180条规定在确定救助报酬时，除了应当体现对救助作业的鼓励之外，还需综合考虑的因素中有一项即为“救助方在防止或者减少环境污染损害方面的技能和努力”，第182条针对救助方“对构成环境污染损害危险的船舶或者船上货物进行的救助”，规定救助方依据第180条获得的报酬少于允许的特别补偿时，可以获得相当于救助费用的特别补偿；在救助行为取得防止或者减少环境污染损害效果时，救助方还可以获得更多的特别补偿，相反，由于

---

5 水土保持补偿费缴纳的私法效果也值得注意。《水土保持法》第58条规定：“违反本法规定，造成水土流失危害的，依法承担民事责任……”而水土保持补偿费的缴纳前提本来就有可能是“造成水土流失危害”，水土保持补偿费与“民事责任”之间是何种关系，该民事责任是否仅限于责任者对因水土流失而受害的民事主体的责任，还是也包括前述生态环境损害赔偿责任，并不是非常清楚。

6 第71条针对船舶所有人未按照规定投保船舶油污损害民事责任保险或者取得相应的财务担保及其额度低于法定（我国法及我国参加的国际公约）油污赔偿限额的行为，规定了罚款措施（以罚款保障民事赔偿），第72条针对未按照规定缴纳船舶油污损害赔偿基金的行为，规定了责令改正、停止装卸、过驳作业的处罚措施，并规定了逾期需缴纳的滞纳金。

救助方的过失未能防止或者减少环境污染损害的，救助方获得特别补偿的权利可能被全部或者部分剥夺。对比之下，第185条规定“在救助作业中救助人命的救助方，对获救人员不得请求酬金”（按照第180条第2款的规定，救助报酬本来也有上限，即不得超过船舶和其他财产的获救价值），而只是“有权从救助船舶或者其他财产、防止或者减少环境污染损害的救助方获得的救助款项中，获得合理份额”。如果仅考虑获得报酬或补偿的问题，在价值衡量上，似乎立法机关把防止或者减少环境污染的重要性甚至排在了救助人命之前。《海商法》的上述规定，并非直接规范环境污染损害或致人损害的法律责任问题，但从效果上讲，显然也同样有利于生态环境的防治，或可归入生态补偿机制的事前或事中要求。

（三）作为事后制度的生态环境损害赔偿

如果想更有效也更公平地实现生态环境补偿的目标，除了事前、事中的制度之外，当然离不开事后的责任制度作为兜底规定提供保障，《民法典》第1234、1235条新增的生态环境损害赔偿制度即属于生态补偿机制中的事后一环。但需注意的是，在《民法典》制定之前，已经存在以生态环境损害的发生作为责任前提，但又不属于刑事制裁、行政制裁以及保护私益的民事责任的若干责任条款，直接以生态环境本身作为其法益保护对象。不过，此类责任形态在责任追究机制上，也是以民事诉讼的方式请求法院判决和执行，与民事主体通过民事诉讼对其权益救济的方式非常类似，可以被视为是《民法典》第1234、1235条在现行法体系上的前身或基础。

在法律层面，《海洋环境保护法》第89条第2款、《土壤污染防治法》第97条、《森林法》第68条、《核安全法》第90条、《石油天然气管道保护法》第40条、《农村土地承包法》第64条等都涉及生态环境损害赔偿的规定，《海洋环境保护法》倒是缺乏相关的规定。[7]

在司法解释层面，《最高人民法院关于审理生态环境损害赔偿案件的若干规定（试行）》、《最高人民法院关于审理海洋自然资源与生态环境损害赔偿纠纷案件若干问题的规定》（法释〔2017〕23号）和《最高人民法院关于审理环境

7　《环境保护法》第65条的规定或许有争议，但立法文义上没有直接规定生态环境损害赔偿问题。此外，已失效的《侵权责任法》第65条是否也包括生态环境损害在内，或有争议。立法机关与最高人民法院在最初的释义中似乎都有意把生态环境损害本身涵盖在保护范围之内，但后续的立法变动以及两个机关的释义变动表明，该条并不属于生态环境损害赔偿条款。参见全国人大常务委员会法制工作委员会民法室编：《〈中华人民共和国侵权责任法〉条文说明、立法理由及相关规定》，北京大学出版社2009年版，第266、267页；最高人民法院侵权责任法研究小组编著：《〈中华人民共和国侵权责任法〉条文理解与适用》，人民法院出版社2009年版，第457页。

民事公益诉讼案件适用法律若干问题的解释》(法释〔2015〕1号)三个司法解释从不同的角度和范围对生态环境损害赔偿制度作了较为详细的规定,在《民法典》制定之前[8]构成了具有相对完整性的规范指引。[9]

《民法典》第1234、1235条规定的生态环境损害赔偿制度贯彻了"修复为主"的原则,以发生生态环境现实损害为前提,有关国家机关或组织可以"请求"责任人修复,如果责任人未主动修复,相应的机关或组织可以自行代修复,代修复的费用则由责任人承担;如果无法修复,责任人需要赔偿损害相关的损失。按照第1235条的规定,损失赔偿的范围不限于"损害"本身,还包括损害预防的费用、损害调查鉴定费用以及依赖于生态环境的其他功能性。[10]

二、生态环境损害赔偿制度的多元化责任形态背景

除了生态环境损害赔偿制度之外,我国现行法上还有为数众多的规范性文件中包含有与生态环境保护相关的纷繁复杂的法律责任条款,这些责任条款的法益保护对象可能不同,但均系针对同一或同一系列生态环境违法行为而配置,构成了生态环境损害赔偿制度在生态环境法体系下的运行背景。《民法典》第1234、1235条如何与这些责任条款相互配合,如何有效地衔接各种法律措施,以最大限度地发挥其可能的效用,是一个需要面对的实际问题。

(一)刑事制裁

在现行《刑法》之中,第二编"分则"第六章"妨害社会管理秩序罪"下第六节"破坏环境资源保护罪",总共规定了18种犯罪行为,从犯罪行为的行为对象角度则可以区分为环境类犯罪和资源类犯罪两种类型。虽然资源破坏并不等同于环境破坏,但是在生态文明观念的审视之下,资源破坏特别是水产资源、野生动物资源、森林资源等的破坏很难说不构成生态环境的破坏,因此资源破坏型犯罪与环境破坏型犯罪之间的区别至少在观念上不能够太过于绝对,只是基于罪刑法定原则的要求,在刑法规范适用的角度需要准确适用法条而已。除了《刑法》对于环境破坏型犯罪的直接规定之外,其他与生态环境相关的单

---

8 为了配合《民法典》的生效,《最高人民法院关于审理生态环境损害赔偿案件的若干规定(试行)》和《最高人民法院关于审理环境民事公益诉讼案件适用法律若干问题的解释》中的个别条文作了适当的修正,整个规范文本也相应调整为"2020修正版"。

9 为了协调不同环境公益诉讼提起主体之间的诉讼关系,最高人民法院还曾制定了专门的文件加以处理[《最高人民法院关于审理环境公益诉讼案件的工作规范(试行)》]。

10 按照前引立法机关的解释,第1235条则是对生态环境损害赔偿范围的规定,但该条所列几项赔偿对象或内容并不限于"损害",也不限于"生态环境",在法理上存在值得商榷的疑点。

行法律或行政法规之中，也多有条文“指引”或“提示”到《刑法》的规定（如“构成犯罪的，依法追究刑事责任”），在单行法语境下强调法律责任构成的体系性。[11]

在《刑法》之外，司法实践中对生态环境保护而言影响更大的是最高人民法院、最高人民检察院的众多司法解释，细化了“破坏环境资源保护罪”下各罪名的具体构成要件和不同刑罚措施的适用条件及加重、减轻处罚的条件。[12]此外，在最高人民法院、最高人民检察院的司法解释中，也会以各种方式增强、扩大环境保护或生态环境保护的力度及范围。[13]

---

11 比如《海洋环境保护法》第 90、93 条，《环境保护法》第 60 条，《放射性污染防治法》第 54、57 条，《水污染防治法》第 101 条，《土壤污染防治法》第 98 条，《大气污染防治法》第 127 条，《固体废物污染环境防治法》第 123 条，《水土保持法》第 58 条，《土地管理法》第 75 条，《长江保护法》第 94 条，《防治海洋工程建设项目污染损害海洋环境管理条例》第 49、52、55 条，等等。

12 比如《最高人民法院、最高人民检察院关于办理环境污染刑事案件适用法律若干问题的解释》（法释〔2016〕29 号）、《最高人民法院关于审理发生在我国管辖海域相关案件若干问题的规定（二）》（法释〔2016〕17 号）第 5 条、《最高人民法院、最高人民检察院关于办理非法采矿、破坏性采矿刑事案件适用法律若干问题的解释》（法释〔2016〕25 号）第 3 条、《最高人民法院、最高人民检察院关于适用〈中华人民共和国刑法〉第三百四十四条有关问题的批复》（法释〔2020〕2 号）、《最高人民法院、最高人民检察院、公安部、司法部、生态环境部关于办理环境污染刑事案件有关问题座谈会纪要》（2019 年 2 月 20 日）等。

13 比如《最高人民法院、最高人民检察院关于办理走私刑事案件适用法律若干问题的解释》（法释〔2014〕10 号）第 11 条本来只是针对“走私国家禁止进出口的货物、物品”的行为而言，最高人民法院、最高人民检察院也认定该行为构成“走私国家禁止进出口的货物、物品罪”，与环境破坏型犯罪并没有直接关系，但该条第 1 款第 7 项、第 2 款第 2 项把“造成环境严重污染”作为特定主体犯罪构成或者加重情节构成的影响因素，客观上扩大了环境问题相关型犯罪的范围。再比如，该解释第 14 条本来只针对“走私国家禁止进口的废物或者国家限制进口的可用作原料的废物”的行为，构成“走私废物罪”，但该条第 1 款第 4 项、第 2 款第 2、3 项分别把“造成环境严重污染”和“造成环境严重污染且后果特别严重”作为《刑法》第 152 条第 2 款“情节严重”及“情节特别严重”的认定标准，也在客观上增加了环境问题相关型犯罪的范围。《最高人民法院、最高人民检察院关于办理盗窃油气、破坏油气设备等刑事案件具体应用法律若干问题的解释》（法释〔2007〕3 号）第 1 条认为“在实施盗窃油气等行为过程中，采用切割、打孔、撬砸、拆卸、开关等手段破坏正在使用的油气设备的”行为属于《刑法》第 118 条规定的“破坏燃气或者其他易燃易爆设备”的行为，该解释第 2 条认定该破坏行为如果造成“重大环境污染事故”，则可能构成《刑法》第 119 条第 1 款中规定的“造成严重后果”，并依据该款定罪量刑。2003 年为了应对“非典”，《最高人民法院、最高人民检察院关于办理妨害预防、控制突发传染病疫情等灾害的刑事案件具体应用法律若干问题的解释》（法释〔2003〕8 号）第 13 条规定“违反传染病防治法等国家有关规定，向土地、水体、大气排放、倾倒或者处置含传染病病原体的废物、有毒物质或者其他危险废物”，并“造成突发传染病传播等重大环境污染事故”的行为，依照《刑法》第 388 条的规定定罪处罚。

（二）行政制裁

相比较于刑事制裁而言，对破坏生态环境的行政处罚措施要运用得更为频繁。不过与刑事制裁不同，行政制裁因为规范事务领域的不同而散落于不同的单行法之中，而在不同的单行法之中也往往有详细具体的行政处罚条件和措施种类。

1. 生态环境保护类单行法

代表性的规范，如《环境保护法》第59—63条属于针对生态环境污染者或破坏者的行政处罚，处罚措施包括罚款、限制生产、停产整治、责令停业、关闭、责令停止建设、责令恢复原状、拘留等。《海洋环境保护法》第九章“法律责任”中，除了第89条、第90条第3款、第93条之外，其他条文都属于与海洋生态环境污染或破坏者有关的行政处罚，类型非常多，包括责令停止违法行为、限期改正或者责令采取限制生产、停产整治、罚款、责令停业、关闭、警告、没收其违法所得、责令恢复原状、暂扣或者吊销许可证、责令限期改正等。《水污染防治法》第81—95条针对非法拒绝、阻挠或者欺骗环境监督保护部门的职权行为、（含可能发生的）水污染行为、未采取水污染防治措施的行为等，在分情形设定了责令改正、罚款、责令停产（业）整治、责令限制生产、责令停业、关闭、限期拆除、强制拆除（所需费用由违法者承担）、限期采取治理措施、警告、责令船舶临时停航、责令停止违法行为、处分、拘留等限制性或处罚性措施之外，还明确规定行政机关可以代为治理水污染（所需费用由违法者承担）。

此外，《放射性污染防治法》第49、50、51条，《土壤污染防治法》第86—95条，《大气污染防治法》第98—123条，《环境噪声污染防治法》第48—60条，《固体废物污染环境防治法》第102—120条，《防沙治沙法》第38—41条，《水土保持法》第48—58条，《建设项目环境保护管理条例》第23条第1款，《防治船舶污染海洋环境管理条例》第60、65、71、72条，《防治海洋工程建设项目污染损害海洋环境管理条例》第49、52、53条，《全国人民代表大会常务委员会法制工作委员会关于申请解释固体废物污染环境防治法第七十七条有关规定的答复意见》（法工委复字〔2005〕34号）等也都有相应的行政处罚条款。

2. 生态环境相关类单行法

代表性规范，如《草原法》第64—70条对永久或临时破坏草原生态的行为设置了行政处罚措施，包括责令限期拆除、强制拆除（所需费用由违法者承担）、停止违法行为、限期恢复植被、没收非法财物和违法所得、罚款、责令退还非法使用的草原、限期拆除违建、恢复草原植被，监管部门也可以直接代为恢复（所需费用由违法者承担）。《森林法》第74条第3款针对向林地排放重金属或者其他有毒有害物质含量超标的污水、污泥，以及可能造成林地污染的清淤底泥、尾矿、矿渣等的行为，规定依照适用《土壤污染防治法》加以处理，而《土壤污染防治法》第87条直接针对类似的违法污染行为规定了责令改正、罚款、移送公安机关拘留、没收违法所得等行政处罚措施。《土地管理法》第75条针对能造成土地荒漠化、盐渍化的行为，规定了责令限期改正或者治理、罚款等行政处罚措施。《深海海底区域资源勘探开发法》第26条对深海海底区域资源勘探开发作业造成海洋环境污染损害的行为，规定了责令停止违法行为和罚款的行政处罚。

此外，《水法》第67条，《海岛保护法》第25条第2款、第26条第1款第2句、第45、46、49条，《航道法》第44条，《渔业法》第47条，《农业法》第66条，《农产品质量安全法》第45条，《畜牧法》第49条，《核安全法》第79、80、82条，《长江保护法》第88、89、92条，《放射性同位素与射线装置安全和防护条例》第61条，《自然保护区条例》第35、38条，《报废机动车回收管理办法》第24条，《废弃电器电子产品回收处理管理条例》第30条也规定了行政处罚，或者链接了其他规范中的行政处罚条款。

3. 行政基本法和产业法、领域法

《行政强制法》作为行政基本法之一，在第50条原则性地规定了承担排除妨碍、恢复原状等义务的当事人逾期不履行义务，经催告仍不履行，如果已经或者将危害造成环境污染或者破坏自然资源的，行政机关可以代履行，或者委托没有利害关系的第三人代履行。第52条规定了几种需要立即履行的清除义务，如果当事人不履行或者不在场，行政机关可以立即采取代履行的措施，其中包括污染物的清除在内。第51条第2款则一般性地规定代履行的费用由当事人承担。

其他代表性规范，如《乡镇企业法》第36条第3款规定，乡镇企业排放污染物超过国家或者地方规定标准，严重污染环境的，必须限期治理，逾期未完成治理任务的，依法关闭、停产或者转产；第40条规定，乡镇企业违反环境保护有关法律、法规，在改正之前，根据情节轻重可能停止享受部分或者全部优惠。《循环经济促进法》第51条针对在拆解或者处置过程中可能造成环境污染的电器电子等产品，设计使用列入国家禁止使用名录的有毒有害物质的行为，分情况规定了责令限期改正、罚款、吊销营业执照等行政处罚措施。此外，《建设工程勘察设计管理条例》第40条，《文物保护法》第67条，《清洁生产促进法》第38条、第39条第1款也有行政处罚的相关规定。

这些行政处罚措施虽然不都是针对已经现实发生生态环境损害的行为，也针对一些可能会破坏生态或污染环境的行为，[14] 体现了生态环境保护事前、事中与事后机制[15] 配套的整体性，但大多数情形下都是针对已然发生生态环境损害的行为。

（三）民事赔偿

在《民法典》生效之前的规范文本之中，《民法通则》和《侵权责任法》乃是环境损害民事责任的基础性规范，保护民事主体的人身财产权益免受损害或对损害加以救济，这些规范在整体上被《民法典》继续保留。在生态环境保护主题类单行法和特殊领域的单行法之中也往往会存在民事责任（不限于赔偿）条款，这些条款可以区分为两类：一类仅“提示”或“指引”了民事责任，类似于前述诸多“法律”中对刑事责任的“提示”或“指引”，另一类则详细规定了承担主体、责任方式、免责事由、赔偿限额、财务担保、受偿顺序、损害赔偿基金等问题。

1. 民事基本法

已失效的《民法通则》第 124 条曾经规定了污染环境造成他人损害的民事责任，第 123 条虽说规定的是危险责任，但是剧毒、放射性且对周围环境有高度危险的作业即便不一定污染环境，也很难说与环境问题无关，可以视为环境损害赔偿责任；已失效的《侵权责任法》第八章“环境污染责任”（第 65—68 条）和第 72 条等则分别细化了《民法通则》第 124、123 条的规则。《民法典》第 1229—1233 条和第 1239 条一方面延续了以往的这些规定，另一方面也在致害原因、赔偿范围等方面作了相应的完善。

2. 生态环境保护主题类单行法

代表性规范，如《环境保护法》第 64—66 条规定污染环境和破坏生态损害的民事责任、承担主体及诉讼时效的规定。[16]《海洋环境保护法》第 89 条第 1 款对造成海洋环境污染损害的责任者，规定了排除危害和赔偿损失的民事责任（同时规定了第三者的故意或者过失行为作为免责事由）。《放射性污染防治法》第 59 条针对因放射性污染造成他人损害的行为，提示了民事责任的承担。《大

---

14 比如《土壤环境保护法》第 86、87、88 条，《海洋环境保护法》第 73、80 条等。

15 生态补偿机制意义上的事前、事中、事后制度与生态环境保护意义上的事前、事中、事后制度不完全一致，前者假定损害必然会发生，从制度设计上侧重于损害赔偿（修复）能力的维护（事后赔偿除外），而后者则除了考虑损害发生的因素之外，还会注重损害预防或损害减轻的一面。

16 第 64 条还特别强调依据《侵权责任法》（在《环境保护法》立法之际该法是现行法）承担责任。

气污染防治法》第110条第2款针对销售的机动车、非道路移动机械不符合污染物排放标准的行为，规定了“销售者应当负责修理、更换、退货；给购买者造成损失的，销售者应当赔偿损失”的民事责任；第125条针对排放大气污染物造成损害的行为，也提示了侵权责任的承担。《水污染防治法》第96—100条规定了水污染的民事责任追究、免责、因果关系举证、诉权行使、环境监测机构的协助义务等问题。

此外，《土壤污染防治法》第90条第3款、第96条第1款，《环境保护税法》第26条，《核安全法》第90条第1款、第90条第2款、第90条第3款，《水法》第76条，《农业法》第66条，《畜牧法》第46条第2款，《草原法》第65—70条，《长江保护法》第93条第1款，《防治海洋工程建设项目污染损害海洋环境管理条例》第26条、第55条第1款，《防治船舶污染海洋环境管理条例》第48—55条，《最高人民法院关于审理船舶油污损害赔偿纠纷案件若干问题的规定》（法释〔2011〕14号，2020年修正），《最高人民法院关于审理环境侵权责任纠纷案件适用法律若干问题的解释》（法释〔2015〕12号，2020年修正）也都是与民法责任（包括责任保险）有关的条款或规范。

3. 特殊领域单行法内的生态环境责任条款

《农村土地承包法》第38条规定土地经营权流转不得破坏农业生态环境，第42条则规定承包方在受让方严重破坏土地生态环境的情形下，可以单方解除土地经营权流转合同；第50条第2款规定承包荒山、荒沟、荒丘、荒滩应当防止水土流失，保护生态环境；第64条则规定土地经营权人严重破坏土地生态环境，而承包方在合理期限内不解除土地经营权流转合同的，发包方有权直接介入承包方与土地经营权人之间的合同，要求终止土地经营权流转合同。《建设工程勘察设计管理条例》第40条针对勘察、设计单位未依据项目批准文件，城乡规划及专业规划，国家规定的建设工程勘察、设计深度要求编制建设工程勘察、设计文件，造成工程质量事故或者环境污染和生态破坏的行为，提示了民事损害赔偿责任。

这些民事责任条款虽然不直接以生态环境作为保护对象，但是通过民事主体的责任追究或者为民事主体配置救济权利，可以起到保护生态环境的反向激励作用，不可忽视。

（四）小结

在法益保护对象上，刑事制裁和行政制裁所要保护的法益与生态环境损害赔偿制度一样，主要是具有整体性的社会公共利益，[17]民事赔偿则保护典型的民事主体的人身财产利益。在责任方式或处罚措施上，既有的刑事制裁主要适用自由刑、罚金、没收财产的方式，行政制裁的处罚类型则较多，总体而言包括消极行为的禁令、积极作为的命令、资质剥夺、营业关闭、罚款、没收财物或违法所得、恢复原状（含“代履行”在内）和（个别情形下的）人身自由限制等几类，而保护私益的民事赔偿与生态环境损害赔偿一样，则是针对已发生现实损害的财产化救济。

三、民事化生态环境损害赔偿制度效用的最大化：与其他责任形态之关系

从宏观的角度来看，《民法典》第1234、1235条一般化规定的生态环境损害赔偿制度属于生态补偿机制下事后（损害发生后）责任追究的一环，这决定了在司法实践中除了责任构成要件、生态环境修复的可能性、损害赔偿额的确定等基础问题之外，必须考虑责任者的履行可能性问题。与此同时，前文描述的生态破坏者或环境污染者可能承担的刑事、行政和民事责任配置有不同的处罚措施或责任方式，它们与民事化生态环境损害赔偿制度之下的责任方式之间有什么样的关系，也直接影响着生态环境赔偿制度甚至生态环境保护目的的实现。[18]

17　在刑事制裁中，可能会基于民事主体人身财产受害的有无或程度不同而确定不同层级的处罚标准，但是此种处罚也谈不上对民事主体权益的直接保护。比如，《刑法》第339条第1款（非法处置进口的固体废物罪）基于是否致使公私财产遭受重大损失或者严重危害人体健康，而设定时间长短不同的有期徒刑；针对擅自进口固体废物用作原料的行为，第339条第2款（擅自进口固体废物罪）则把是否致使公私财产遭受重大损失或者严重危害人体健康直接作为是否承担刑事责任的入罪客观标准之一。《最高人民法院、最高人民检察院关于办理环境污染刑事案件适用法律若干问题的解释》第1条在解释《刑法》第338条的“严重污染环境”时，明确包含了致使公私财产损失三十万元以上，致使三十人以上中毒，致使三人以上轻伤、轻度残疾或者器官组织损伤导致一般功能障碍，致使一人以上重伤、中度残疾或者器官组织损伤导致严重功能障碍，致使森林或者其他林木死亡五十立方米以上或者幼树死亡二千五百株以上等情形。

18　既有的研究之中，关注不同环境公益诉讼程序差异以及生态环境损害赔偿磋商解决机制的文献相对较多，但是在责任类型之间作关系对比和功能协调研究的文献相对较少。近两年内的代表性文献，如周勇飞：《生态环境损害赔偿诉讼与环境民事公益诉讼的界分——功能主义的视角》，载《湖南师范大学社会科学学报》2020年第5期；姜艳：《生态环境损害赔偿诉讼与环境私益诉讼的关系》，载《河北环境工程学院学报》2020年第4期；向往、秦鹏：《生态环境损害赔偿诉讼与民事公益诉讼衔接规则的检讨与完善》，载《重庆大学学报（社会科学版）》2020年第2期；冷罗生、李树训：《生态环境损害赔偿制度与环境民事公益诉讼研究——基于法律权利和义务的衡量》，载《法学杂志》2020年第11期；王旭光：《论生态环境损害赔偿诉讼的若干基本关系》，载《法律适用》2019年第11期；李树训、冷罗生：《生态环境损害赔偿磋商中的第三者：功能与保障——聚焦七省改革办法》，载《华侨大学学报（哲学社会科学版）》2019年第4期；李兴宇：《生态环境损害赔偿磋商的性质辨识与制度塑造》，载《中国地质大学学报（社会科学版）》2019年第4期；董正爱、胡泽弘：《协商行政视域下生态环境损害赔偿磋商制度的规范表达》，载《中国人口·资源与环境》2019年第6期。

（一）与行政处罚中的"恢复原状"存在功能竞争关系

上文的分析表明，在《民法典》制定之前，我国法上已经存在了两种意义上的与生态环境修复有关的法律责任，一种是监管机关作出的恢复原状（含"代履行"）决定，属于行政制裁（处罚）的具体形式，另一种是需要监管部门或有关组织诉请法院实现的生态环境损害赔偿请求，更接近于民事赔偿，而《民法典》第1234、1235条是在民事基本法上对上述第二种责任形式"生态环境损害赔偿"加以一般化规定。

从功能角度看，行政制裁中的恢复原状（含"代履行"在内）与生态环境损害赔偿之间具有等值性。前者由监管机关先行责令生态破坏者或环境污染者恢复生态环境的原状，如果破坏者或污染者未积极履行恢复原状义务，监管机关可以委托有相应履行能力的第三方代为履行，而履行费用由破坏者或污染者承担，不具有修复能力的，可能转化为财产化的损害赔偿。现行法（不含《民法典》）上的生态环境损害赔偿只针对已经发生的现实损害，从规范目的来看，如果污染者或破坏者有能力使生态环境恢复原状，相关的监管部门或者司法机关确实也没有必要强硬选择损害赔偿的救济途径；同时，污染者或破坏者如数履行赔偿义务之后的给付款项，也应当用于生态环境的修复或"恢复原状"。[19]《民法典》第1234、1235条也是遵循同样的思路。由此可见，这两类制裁措施或救济方式在功能上具有等值性和互补性，本质上并无太大差异。

不过，行政制裁中的恢复原状（含"代履行"在内）乃是由监管机关基于生态破坏或环境污染的事实直接作出，而生态环境损害赔偿（在责任者未主动履行修复或义务的情形下）需要有关国家机关或组织通过民事诉讼的方式经由

19　单行法中的生态环境损害赔偿责任条款的规定可能不够细致，但是《生态环境损害赔偿制度改革方案》以及直接贯彻该方案（包括其施行版本）的《最高人民法院关于审理生态环境损害赔偿案件的若干规定（试行）》和《最高人民法院关于审理海洋自然资源与生态环境损害赔偿纠纷案件若干问题的规定》这两个司法解释之中，以及2020年3月制定的《生态环境损害赔偿资金管理办法（试行）》，都明确规定了损害赔偿资金的专项使用事宜。

法院裁判确定。[20] 从效率上讲，前者的适用虽然也需要遵循行政程序法方面的内外部限制，但相比较于后者极有可能经过两审裁判才能确定责任人、责任范围、损害赔偿数额，以及基于在诉讼过程中对专业机构的知识依赖，前者的适用效率可能会远高于后者。恢复原状（含“代履行”在内）的行政处罚虽然同样可能会引发行政复议或行政处罚，进而导致处罚的合法性争议并影响恢复原状的及时性，但是行政处罚的作出从经验的角度上比较容易得出行为确系违法的判断，在一定程度上可避免诉讼的发生。从这样的角度来看，在功能上具有等值性的行政处罚上的“恢复原状”与民事化的“生态环境损害赔偿”之间确实具有竞争性，“恢复原状”的效率可能更高。虽然二者的实践效率相当，但在功能上几乎等值的两种责任形式同时出现在现行法（特别是《民法典》生效后）之中，在适用环节显然会产生选择矛盾甚至重复选择，需要立法机关或司法机关作出明确的指引。

（二）与刑事处罚、行政处罚措施的协同配合关系

生态环境损害赔偿制度与刑事制裁、行政制裁间可能存在的症结点在于，无论是对自然人还是对法人或非法人组织而言，都存在客观上的履行能力和履行可能性的问题，不同的制裁措施或者责任方式未必可以同时适用，或者没有必要同时适用。

对自然人而言，如果适用了刑罚中的自由刑，那么显然就不可能再对其处以恢复原状的行政处罚，毕竟人身自由已经受到了限制（现行法上并不必然存在如此矛盾）；从另外一个角度看，如果污染者或破坏者确实具有恢复原状的能力，破坏或污染情节并非特别严重，并且也并没有逃避惩罚或加重危害的可能，恢复原状的行政处罚在适用效果上可能会比施加自由刑更符合保护生态环境的

20　《民法典》第1234条虽然规定有关国家机关或者组织可以自行或者委托他人进行修复，但是此一规定的适用前提是有关机关或组织依据该条第1句（在责任者未自愿履行赔偿义务的情形下）诉请法院裁判之后（因为是否构成责任以及责任的大小需要裁判确定）才能够展开的作业，而不是在行政处罚的语境下行政机关可以直接作出的决定，否则第1234条第2句就等于赋予了有关机关或组织强制执行的权力，显然不符合民法和民事诉讼法的基本法理。尽管第1234条第2句的表述可能存在理解上的争议，但既然存在于《民法典》之中，只能按照民事法的基本法理加以理解。立法机关对“自行修复”的释义中，尽管强调“实际上借鉴了执行程序中代履行制度”，但并没有在其法律性质上作进一步说明，即该措施本身是否可以未经法院的裁判或者介入而直接采取。参见黄薇主编：《中华人民共和国民法典侵权责任编解读》，中国法制出版社2020年版，第260页。最高人民法院的释义倒是遵从民事法的法理对本条中的“自行修复”做了详细的分析，凸显了“自行修复”的裁判前提。参见最高人民法院民法典贯彻实施工作领导小组主编：《中华人民共和国民法典侵权责任编理解与适用》，人民法院出版社2020年版，第564－565页。

本旨（可能涉及刑法的谦抑性与刑罚的执行方式等争议性问题）。

从法人或非法人组织的角度看，不管是刑罚上的罚金还是行政处罚上的罚款，不管是刑罚上的没收财物还是行政处罚上的没收违法所得、没收财物都是对财产利益的剥夺，没有重复惩罚的必要，上限无非是把法人或非法人组织罚没到破产或解散的地步。对法人或者非法人组织而言，考虑到生态环境修复或恢复原状的目的，如果一次性地罚没到破产或解散的地步，或者处以彻底关闭、停业的处罚，显然无助于目的的达成，而在不再污染环境或破坏生态的前提下，选择能够保证一定的赔偿能力或修复能力的处罚措施，可能在综合效果上更为合理。[21]

从规范层面看，《最高人民法院关于审理环境公益诉讼案件的工作规范（试行）》第51条第2款、[22]《最高人民法院、最高人民检察院关于办理非法采矿、破坏性采矿刑事案件适用法律若干问题的解释》（法释〔2016〕25号）第10条[23]、《最高人民检察院关于全面履行检察职能为推进健康中国建设提供有力司法保障的意见》（高检发〔2016〕12号）第6条[24]和《最高人民法院关于全面加强长江流域生态文明建设与绿色发展司法保障的意见》（法发〔2017〕30号）第6条都尝试从量刑的角度协调积极履行生态环境损害赔偿（修复）责任的效果与刑事处罚之间的关系。《民法典》第1234、1235条在未来的适用过程中，也同样需要结合责任人的主体特点、履行可能性、履行能力等因素，与可能存在的行政责任、刑事责任处理好协调与配合的关系。

（三）与民事责任中的损害赔偿存在实现顺位交错关系

在典型的几种法律责任形态之中，民事赔偿（责任）因为仅与民事主体的人身、财产利益相关，与主要旨在保护社会公共利益的刑事制裁、行政制裁和生态环境损害赔偿一般不会产生交错点，也不容易发生适用效果冲突的问题。但是考虑到责任人的客观履行能力问题，如果刑事罚金、行政罚款、生态环境损害赔偿金与民事赔偿金之间竞争责任者有限的财产时，同样需要

---

21 从法理的角度看，首先需要明确的是，针对生态环境损害行为，究竟应该以“惩罚”为原则，还是以“修复”为原则。

22 该款内容：环境民事公益诉讼案件中被告修复生态环境等情况可以作为刑事案件的量刑情节。

23 条文内容：实施非法采矿犯罪，不属于“情节特别严重”，或者实施破坏性采矿犯罪，行为人系初犯，全部退赃退赔，积极修复环境，并确有悔改表现的，可以认定为犯罪情节轻微，不起诉或者免予刑事处罚。

24 内容摘录：办案中应当贯彻恢复性司法理念，根据案件情况可以要求行为人修复环境、赔偿损失，降低环境污染的损害程度。行为人主动采取补救措施，消除污染，积极赔偿，防止损失扩大的，依法从宽处理。

协调彼此之间的关系，其背后则体现着民事主体的私性利益（不限于个人，也涉及法人或非法人组织）与社会公共利益之间的保护位阶问题。针对此一问题，《民法典》第187条有一般性的规定，民事责任处于优先实现的地位。居于《民法典》之中，在形式上"民事化"的生态环境损害赔偿（修复）责任，在本质上并不能改变其社会公共利益的属性，如果责任人的赔偿能力不足以同时满足侵权损害赔偿责任和生态环境损害赔偿（修复）责任，那么后者也应当让位于前者。

不过，需特别注意的是，《民法典》第1232条新增的惩罚性赔偿可能会引发一个争议，即在责任人履行赔偿能力本就非常有限的前提下，假如被侵害的民事主体仍然主张超过其实际受害程度的惩罚性赔偿，就势必会减少生态环境保护修复（损害赔偿）责任切实实现的可能性。在此种情形下，完全贯彻《民法典》第187条民事主体利益优先实现的原则，可能就会过分牺牲社会公共利益。相比较而言，在等值赔偿民事主体损害的基础之上，把责任人可能的其余赔偿金用到生态环境修复之上，社会效果可能会更好，也并没有直接减损民事主体本初的利益。《民法典》第1232条对民事主体权益充分保护或者对侵权人特别惩罚的立法动机[25]当然值得赞同，但是考虑到责任人履行能力有限的现实可能性，如果责任人被同时追究生态环境侵权责任和生态环境损害赔偿责任，这一条文的适用必须基于责任人的履行能力作变通适用，否则可能不利于生态环境保护目标的达成。

（四）小结

从生态环境损害赔偿制度效用发挥的角度来看，与责任人履行能力、履行可能性有关的自由刑、行为禁令、关闭运营、停业等处罚方式的选择，法院或监管部门应该有意识地区分自然人与法人、非法人组织，区分不同责任人的客观修复能力、损害赔偿金的履行或持续履行的能力，从服务于生态环境有效修复的立场而非仅着眼于严格惩罚污染者或破坏者的立场出发，有针对性地采取制裁措施，避免责任方式的矛盾适用或重复适用。如果涉及民事主体的民事权益保护与生态环境公益保护之间的矛盾，还需要基于责任的履行能力，处理好权益实现顺序的问题。

25　参见黄薇主编：《中华人民共和国民法典侵权责任编解读》，中国法制出版社2020年版，第251页。

结语

《民法典》第 1234、1235 条是在民事基本法之中吸收和完善了生态环境损害赔偿制度，但客观上仍需要从事前、事中、事后三个层面更加完善。生态环境损害赔偿制度以生态环境公益作为保护对象，与同样保护生态环境公益的刑事责任、行政责任及具体的责任方式具有密切的关联性，相互之间可能存在功能竞争关系或协调配合关系。为了最大限度地发挥生态环境损害制度的效应，更好地实现生态环境保护或修复的目标，需要法院、监管部门在适用具体的责任方式时依据责任人的主体特征、履行能力、履行可能性以及污染或破坏行为的可控性等因素，选择适当的责任方式，避免责任方式之间的适用效果冲突。如果涉及民事主体私益与生态环境公益之间的保护竞争问题，除了遵循《民法典》第 187 条确立的一般规则外，还需要对该法第 1232 条惩罚性赔偿责任的适用作变通的处理。

从事后损害赔偿特别是履行可能性的角度看，生态补偿机制的事前和事中制度安排（如环境保护税、财务保证或责任保险等）或许更有助于增强生态环境损害发生后的实际修复或赔偿能力，立法应当在此方面作更多的硬性规定，[26] 并实现水土保持补偿费、资源税、环境税等的专款专用。同时，也需要严格执行《生态环境损害赔偿资金管理办法（试行）》，确保损害赔偿的款项能够专项用于损害结果发生地的生态环境修复。

26　此处仅从生态环境损害赔偿制度（含修复）的角度考虑，如果从生态环境保护的角度考虑，当然需要更复杂多元的事前、事中制度作为生态环境安全的防范或保障措施。

我国商事留置权制度审视与规则再造

赵忠奎　陈荷芳*

【内容提要】我国《民法典》沿用了《物权法》中商事留置权的相关规定，随后出台的司法解释对商事留置权的牵连性规则作了补充，有一定的进步意义。然而，配套司法解释仍将商事留置权的主体限制为企业，且排除了善意取得制度在无因性商事留置权制度中适用的可能性。商事留置权的核心要义不在于主体要件，商事留置权制度之判断与界定应由“主体主义”向“行为主义”转变，且应以“经常性交易行为”取代“持续经营行为”。按此观点，民事主体同样可类推适用商事留置权制度，而商主体间留置的动产与债权具有牵连关系时，直接适用民事留置权制度即可。此外，排除善意取得在商事留置制度中的适用并不合理，我国商事留置权规范应当以“不适用善意取得为原则，适用善意取得为例外”。

【关键词】《民法典》　商事留置权　牵连性规则　善意取得　商法通则

一、问题的提出

留置权可以分为民事留置权与商事留置权，商事留置权之起源晚于民事留置权。民事留置权源于罗马法上的恶意抗辩以及诈欺的拒绝给付权，主要功能在于确保债权人的债权实现，在制度功能上较商事留置权更为单一。[1]商事留置权则发轫于中世纪意大利商人团体的习惯法，致力于在商人的持续交易关系中，

---

* 赵忠奎——西南政法大学经济法学院讲师，硕士研究生导师，西南政法大学博士后流动站与四川省社会科学院博士后工作站联合培养博士后，主要研究领域：企业法、金融法；陈荷芳——西南政法大学经济法学院硕士研究生，主要研究方向：金融法。本文系国家社科基金“‘双阶’法源视阈下商事习惯适用规则研究”（项目编号：19XFX008）之阶段性成果。

1　崔建远著：《物权法》，中国人民大学出版社 2017 年版，第 573 页。

维护商人间的信用，保障交易关系的持续稳定和安全。[2] 鉴于制度功能上的差异，有必要在立法规范及适用标准上对二者进行区分。我国 2007 年《物权法》在 1986 年《民法通则》及 1995 年《担保法》的基础上，从两方面完善了留置权制度：其一，以但书形式对商事留置权作出特别规定；其二，扩大了留置权的适用范围，由特定合同之债扩张至法定之债。然而，《物权法》未从正面对商事留置权的构成要件作出界定，且将商事留置权之适用限于“企业之间”，使得原本十分重要的商事留置权制度在立法规范上过于粗糙，在司法实践中无法为法官提供明确指引。为此，有学者直言不讳地指出，《物权法》中商事留置权的形式意义重于实质意义，其更多的是彰显了一种对商事制度特殊性予以更多关注的声音和力量。[3]

尽管学界已针对我国商事留置权之完善给出不少建议，但 2021 年开始实施的《民法典》关于商事留置权部分仍沿用了《物权法》中的相关规定，不过值得欣慰的是，《最高人民法院关于适用〈中华人民共和国民法典〉有关担保制度的解释》（以下简称《担保制度解释》）细化了商事留置权的相关规定。按照该解释第 62 条第 2 款之规定，无因性商事留置权之行使，若债权非发生于企业持续经营过程中，债务人有权请求债权人返还留置财产。第 62 条第 3 款则规定在无因性商事留置权中，债权人留置第三人的财产，第三人有权请求债权人返还，该规定实际上排除了善意取得制度在无因性商事留置权制度中适用之可能性。不可否认，针对商事留置权制度，《担保制度解释》相较于《民法典》及已经废止的《最高人民法院关于适用〈中华人民共和国担保法〉若干问题的解释》（以下简称《担保法解释》）又前进了一步。但同时也应注意到，《担保制度解释》仍固守商事留置权的主体为“企业”的窠臼。此外，“一刀切”式地排除善意制度在无因性商事留置权制度中的适用也有待商榷。学界也有学者从制度规范目的、功能、体系性解释等方面论证了商事留置权不适用善意取得的合理性，但该观点忽略了我国法上的物权变动以形式主义为原则、意思主义为例外的大背景。[4] 换言之，“一刀切”式地排除善意制度在无因性商事留置权制度中的适用，忽视了留置权规范与物权变动模式之关联与匹配。由此可见，后《民法典》时代，我国商事留置权尚待明确化与体系化。

---

2 ［日］我妻荣著：《新订担保物权》，申政武、封涛等译，中国法制出版社 2008 年版，第 22 页。

3 曹兴权、胡永龙：《民法典编纂背景下商事留置权牵连关系的重构》，载《西南政法大学学报》2018 年第 3 期。

4 根据《民法典》第 208 条、第 209 条第 1 款、第 224 条的规定可知，我国法上的物权变动以形式主义为原则，即以特定公示方法的完成作为物权变动的生效要件之一，仅在《民法典》第 333 条第 1 款、第 374 条、第 403 条中规定了意思主义物权变动模式。

二、商事留置权制度的司法实证分析

在北大法宝法律数据库上以“商事留置”“企业留置”为关键词检索相关案例，共有133个，笔者选取了部分裁判文书作为本文研究商事留置权制度的样本。涉及商事留置权纠纷的案件类型相对集中，其中案件类型最多的是租赁不动产类的合同，占全部案件的三分之一，其次分别是运输合同和承揽（加工）合同，这三种类型的案件基本上占全部案件类型的四分之三。

（一）商事留置权制度的司法现状

1. 商事留置权的主体

《物权法》第231条的但书条款规定“企业之间留置的除外”，从文义解释的角度出发，商事留置权制度中的权利主体和义务主体都应当是企业。然而在司法实践中法院突破既有法律的规定，对商事留置权主体的认定可分为以下三类：第一类是《物权法》允许行使商事留置权的主体，即企业；第二类是当债权人为企业，而债务人为民事主体的情况下，法院认为二者间的行为乃商事行为，从而认定债权人可以享有商事留置权；[5]第三类是个体工商户。[6]司法实践中法院对个体工商户成为商事留置权主体的裁判标准差异较大，在“金华市军标鞋业有限公司运输合同”一案中，法院考虑到商事留置权的制度功能以及法律的规范体系，认为个体工商户也属于商事主体的范畴，可以行使商事留置权[7]；而在“如皋市蓉欣服装厂与无锡逸嘉服饰有限公司加工合同”一案中，法院认为蓉欣厂作为个体工商户，并非法律上的企业，故不享有商事留置权[8]。

2. 商事留置权的客体

商事留置权的客体范围并未在《物权法》中得到准确描述，法条没有明确“债务人的动产”究竟是包括债务人占有的动产，抑或仅指债务人所有的动产。因此虽然《担保法解释》第108条赋予了留置权规范适用善意取得的可能，但商事留置权的客体范围在司法适用中仍有着截然不同的三种裁判路径：第一种路径，商事留置权的客体为债务人占有的动产即可，法院认为在商事留置权制度的适用过程中，债权人留置的动产无须为债务人所有，但债权人对债务人的动产必须是合法占有，法院在裁判中认为商事留置权人可以第三人所有的动产

5 参见（2013）东一法民二初字第2239号。

6 参见（2015）浙绍民终字第2010号、（2018）浙0703民初1080号。

7 参见（2018）浙0703民初1080号。

8 参见（2020）苏02民终3843号 。

进行留置，并且未对善意留置要件进行考察。[9]第二种路径，债权人只能对债务人所有的动产行使商事留置权。法院认为如果企业可以对第三人所有的动产进行留置，则可能会放大第三人所遭受的风险，如此便不利于诚信商业体系的建立。[10]第三种路径，债权人可以通过善意取得的方式对第三人所有的动产行使商事留置权，因此商事留置权的客体对象应当是债务人的动产或者形式上使债权人误认为是债务人的动产。[11]

3. 商事留置权中的牵连性关系

《物权法》第231条以但书的形式排除了留置动产与债权的发生应当属于同一法律关系，但未明确被担保债权和留置动产之间无须任何牵连性限制，使得该条文具有模糊性。在涉及商事留置权的相关案件纠纷中，法院基于留置财产和被担保债权之间不具有牵连性关系而否定商事留置权成立的案例是最多的，其数量约为实践中商事留置权案例的一半左右。在涉及商事留置权纠纷数量最多的租赁合同中，法院普遍认为房屋租赁行为不是商事行为，不能适用商事留置权。在“成都龙翔通讯有限责任公司与龙锦综合开发（成都）有限公司租赁合同”一案中，法院认为企业间的留置可不受同一法律关系的限制，但这仅限于商事法律关系中的留置，企业之间进行房屋租赁，并不属于商事行为的范畴，因此该案中不能成立商事留置权。[12]在“九信资产管理股份有限公司与成都市骧龙鞋业有限责任公司合同纠纷”一案中，法院认为原、被告双方均不以厂房租赁为业，两公司之间未因厂房租赁产生持续多次的商事交易活动，无法形成动产集合体和债权集合体。厂房租赁在性质上属于普通的民事法律行为，不具有商事的交易性和经营性，不能适用《物权法》第231条规定的但书。[13]但也有法院在裁判中认为商事留置权的成立要件中不需要包括留置动产和债权的牵连性关系。在“安徽省心然食品有限公司和安徽六安叶集经济开发区管理委员会排除妨害纠纷”一案中，法院认为债务人在转移财产以逃避债务，因此债权人可以基于房屋租金债权留置（商事留置）债务人的设备，从而实现其债权。[14]

（二）商事留置权相关纠纷司法裁判现状之总结

法院在商事留置权主体的认定方面，总体上采用了更为宽松的标准。尽管

---

9 参见（2017）鄂72民初3号。

10 参见（2009）金民二（商）初字第1585号。

11 参见（2019）粤1972民初12375号。

12 参见（2017）川01民终3号。

13 参见（2018）川0116民初1084号。

14 参见（2019）皖15民终3039号。

《物权法》第231条规定商事留置权发生在“企业之间”，但是司法实践中法院并未完全按照《物权法》的规定将商事留置权的主体限制为企业。法院通常认为个体工商户属于商事主体，因此可以为商事留置权的主体。而对于债权人为企业、债务人为自然人之情形，法院基于对二者间法律行为的定性，亦突破法律既有规定，认可债权人享有商事留置权。虽然司法实践中有法院否定商事留置权主体包括个体工商户的案例，但这只是个别案例，远不如法院认定个体工商户是商事留置权主体的情况多。可见，法院在具体运用《物权法》的相关规定裁判商事留置权纠纷的过程中，对商事留置权的主体范围进行了扩张。

法院在认定商事留置权客体的过程中尤为混乱，对于商事留置权的主体是否可以包括第三人所有的动产存在分歧，针对何谓“债务人的动产”未形成一致意见。按照《物权法》与《担保法解释》的相关规定，只有在满足善意取得的适用条件，即债权人在占有债务人动产时不知道债务人系无权处分人时，才可以对第三人的动产进行留置。但是在司法实践中法院对商事留置权的善意取得这一构成要件考察得较少，往往是简单地将债务人的动产限制为债务人所有的动产，或者将债务人的动产扩张为债务人占有的动产即可，截然不同的裁判意见和结果可能引发司法不公。

虽然《物权法》并没有对商事留置权中留置动产和被担保债权之间的牵连关系作出明确要求，但如果不对商事留置权中的牵连性规则作要求，成立商事留置权的条件将会变得过于宽松。债权人只需要满足企业的身份，并且合法占有债务人的动产，就可以行使商事留置权，这无疑是对债权人的过度保护。因此在实践中法院通常考虑商事留置权的制度功能，在认定商事留置权是否成立的过程中，对《物权法》没有明文规定的规则进行反复适用，并将其作为裁判意见，要求商事留置权制度中的债权人和债务人之间的行为应当是商事行为，或者被担保债权应当是企业之间多次债权债务的集合体，而不是双方之间的个别债权。[15]

三、商事留置权之核心要义与体系阐释

商事留置权所追求的价值目标在于维护商人信用、确保交易安全，我国《物权法》第231条之简陋规定，与商事留置权在客观上所需要的精巧配套规范无法匹配。[16]《物权法》仅仅用10个字的内容对商事留置权进行了概括，无法为商事留置权的司法实践适用提供完善的法律规范支持。从前述商事留置

15 参见（2016）苏民终51号、（2018）川0116民初1084号、（2019）浙0784民初7274号。

16 曾大鹏：《商事留置权的法律构造》，载《法学》2010年第2期。

权制度的司法实证研究部分可以看出，实践中有大量突破现有法律规定的裁判。而新出台的《民法典》却继续沿用《物权法》对商事留置权的简陋规定，导致商事留置权制度的立法规范和司法现状并未形成统一。虽然《担保制度解释》对商事留置权的规定较《民法典》有一定的进步，但仍存在明显的漏洞，该解释完全排除了商事留置权善意取得的可能性，仍将商事留置权的主体限制为“企业”，现有规定尚不能达到对商事留置权应有的规范效果，我国的商事留置权制度还有待完善。笔者认为应当分析商事留置权的核心特征所在，首先不能以主体作为是否成立商事留置权的判断；其次应当厘清商事留置权规范和我国现有物权变动模式之关联，辨析商事留置权是否有适用善意取得之可能性。

（一）商事留置权之核心要义

《民法典》虽然沿用《物权法》对留置权的相关制度规范，对民商事留置权进行了区分，但明显对商事留置权的重视不够。从起源来看，民事留置权基于公平原则而产生，[17]其最初的制度内容类似于如今民法上的同时履行抗辩权，当债权人和债务人彼此之间互负债权债务时，任意一方在自己的债权没有实现之前，都有权拒绝向对方履行债务。而商事留置权在民事留置权的制度基础上得到了进一步的革新，在中世纪的欧洲，商人阶层为了满足自身的商事利益，在长期的商事实践中经过约定俗成逐步创制了符合阶层利益诉求、为大多数人所认同的商事习惯和规则。[18]彼时要求留置财产和被担保债权应当来自同一法律关系的民事留置权，显然已不符合商人进行商事交往的需要，故而商事留置权得以被创设。[19]

从二者的制度功能来看，民事留置权的存在是为了保障民事主体之间单次交易目的的实现，在民事活动中形成的债权债务关系往往具有一时性、即时结清的特性。[20]换言之，民事主体之间的债权债务关系通常具有独立性，即债权人和债务人通常不会在前一次债权债务关系未厘清前又创设新的债权债务关系，这与商事活动的持续性特征显著不同。因此基于对民法上公平原则的遵守，民事留置权制度应当严格要求被担保债权和留置动产之间出自同一法律关系。但商事留置权之所以产生是由于民事留置制度对牵连性规则的要求过于严格，不

---

17 崔建远著：《物权法》，中国人民大学出版社2017年版，第573页。

18 张文彬、杨梦珊：《市民社会的自发秩序——中世纪商事习惯法形成的文化解释》，载《民间法》2018年第1期。

19 熊丙万：《论商事留置权》，载《法学家》2011年第4期。

20 赵申豪：《不足与完善：评我国商事留置权制度》，载《求实》2015年第7期。

能满足商人在商事交易活动中维护交易利益的需要。商事留置权并非单纯地维护债权人和债务人之间的个别交易活动的安全，而是维护商人之间多次债权债务关系的安全与平衡。在商事交易活动中，债权人和债务人之间进行的是持续性的交易，而非单独、个别的交易，商人之间交易情况的复杂多变以及反复多次，难以实现对每一次债权债务关系的单独结算。[21]商人在多次交易往来的过程中，产生了债权债务的集合体，为了实现效率优先兼顾公平的商法原则，债权人可以基于债权债务集合体中的任一债权向债务人主张留置债权人的财产。

上述民、商事留置权二者在起源和制度功能上产生的区别，根本原因并不在于两种制度的主体要件不同，而在于各自主体之间产生的债权债务关系的性质不同。在民事留置权制度中，主体之间产生的债权债务关系具有一时性，而在商事留置权制度中，主体则基于持续性经营关系产生多次债权债务关系，此时若对其作出同一法律关系的限制，无法实现主体之间多次债权债务关系的利益平衡。在比较法上，各国通常将商事留置权的主体限定为商人，[22]这是由于立法者认为持续性的债权债务关系往来通常发生在商事主体之间。然而，当商事主体之间进行单次的债权债务往来时，倘若债权人留置的动产与债权发生出自同一法律关系，此时虽然债权人和债务人的身份要件都满足成立商事留置权的主体要件，但债权人行使的实际是民事留置权而非商事留置权。换言之，立法者是基于商事留置权中债权行为的发生原因而对主体作出限制，因此主体要件并不是商事留置权的核心特征，不能以主体要件来判断商事留置权是否成立，主体之间进行的持续性经营行为才是商事留置权的核心特征。

（二）商事留置权制度和物权规范体系之关联

《担保法解释》第108条赋予债权人通过善意取得行使留置权的可能，但新出台的《担保制度解释》第62条第1款却规定了无论民事留置权人在行使留置权时是否明知债务人是无权处分人，都可以基于同一法律关系对第三人的动产进行留置，同时该条第3款排除债权人通过善意取得制度行使商事留置权的可能性，这一规定使得商事留置权的客体被限制为债权人所有的动产。学界亦有学者从德国商法典和日本商法典的经验出发，认为商事留置权不适用善意取得制度，[23]但该观点忽略了我国的留置权制度与德国有所不同，在物权变动模式上

21　赵申豪：《不足与完善：评我国商事留置权制度》，载《求实》2015年第7期。

22　《德国商法典》第369条第1款和《日本商法典》第521条、《瑞士民法典》第895条都将商事留置权的主体规定为商人。

23　徐银波：《〈物权法〉留置权规则的解释适用与立法反思》，载《法律科学（西北政法大学学报）》2017年第2期。

亦与日本存在差异。通过对德国与日本立法的梳理可以发现，德国法上的留置权为债权性留置抗辩权，仅具有留置功能而不具有变价和优先受偿功能，日本法虽然规定的是物权性留置权，但亦仅具有留置权能而无变价与优先受偿功能。除此外，德国与日本在物权变动模式上亦存在差异，即前者采用生效主义物权变动模式，而后者采用意思主义物权变动模式。物权变动模式的巨大差异使得日本在留置权制度的设置上与德国分道扬镳，在赋予买卖合同中的出卖人以物权性的留置抗辩权的同时，又在一定类型的合同范围内赋予其具有变价与优先受偿权能但无留置权能的动产先取特权。[24] 由此可见，一个国家物权变动模式的差异会影响留置权的属性，同样，物权变动模式的差异也会影响商事留置权规范中善意取得制度的适用情形。因此要探究商事留置权能否适用善意取得制度，必须要梳理清楚我国现有物权变动模式和商事留置权规范之间的关联与匹配。

我国商事留置权的客体仅限于动产，因此本文暂且不讨论不动产的物权变动模式。我国动产的现有物权变动模式除《民法典》第 403 条规定动产抵押权外，均采用债权形式主义模式，此时除了需要有依当事人合意成立的合同，还需要通过动产的公示才能使物权发生变动。[25] 在债权形式主义的物权变动模式下，当债务人所占有的动产为第三人所有时，债权人出于对债务人占有动产的公式方式的信赖，有理由相信留置财产为债务人所有，从而对债务人占有的动产进行留置以实现自己的债权。此时若允许债权人善意取得商事留置权，那么第三人则会丧失对留置财产的所有权，仅对债务人（无权处分人）享有债权形式的损害赔偿请求权，而债权人（留置权人）则因为善意取得对留置财产享有商事留置权。由于物权具有优先性，此时债权人对第三人动产享有的商事留置权将优先于第三人享有的债权实现。债权人享有的债权与留置财产并不是基于同一法律关系产生，却通过留置第三人财产来实现自己的债权，无疑会导致债务人与第三人之间的债务陷入不平衡，无限放大第三人（所有权人）可能遭受的风险，不利于诚信商业体系的建立。[26] 因此出于对第三人权利的保护，应当规定商事留置权制度不适用善意取得。

但是考虑到我国动产物权变动模式的特殊情况，不能一刀切地排除商事留置权适用善意取得的可能性。比如：甲股东以非货币出资的形式，将自己所有的车辆出资给乙公司并完成交付，但尚未办理车辆所有权的权属转移登

24　章程：《论我国留置权的规范适用与体系整合——民法典时代的变与不变》，载《法商研究》2020 年第 5 期。

25　崔建远著：《物权法》，中国人民大学出版社 2017 年版，第 46 页。

26　徐银波：《〈物权法〉留置权规则的解释适用与立法反思》，载《法律科学（西北政法大学学报）》2017 年第 2 期。

记，乙公司在和丙公司的商事交易活动中，丙公司为实现对乙公司的某一债权，行使商事留置权留置了乙公司所占有的甲的车辆，此时甲和乙之间有车辆物权变动的债权合意，但尚未完成该车辆的物权公示，丙公司能否基于善意取得对甲所有的车辆行使商事留置权？根据《最高人民法院关于适用〈中华人民共和国公司法〉若干问题的规定（三）》第10条的相关规定，此时甲股东以车辆出资，属于需要办理权属转移登记的出资类型，在办理车辆的权属转移登记后，车辆才能属于乙公司所有。因此笔者认为此时应当允许丙公司善意取得对甲所有车辆的商事留置权，原因在于此时甲和乙公司之间有关于车辆的物权变动的债权合意，乙公司也占有了甲的车辆，只是由于未完成物权的公示方法，未办理车辆所有权的权属转移登记，才导致乙公司未获得该车辆的所有权。在这种情况下，赋予乙公司善意取得第三人（甲）所有车辆的商事留置权，甲不会由于丧失对该车辆的所有权而遭受风险，此时甲和乙公司之间的债权债务关系已经实现，反而是甲应该负有帮助乙公司完成车辆权属转移登记的义务，对甲所有的车辆行使商事留置权不会使甲和乙公司之间的债务关系陷入不平衡。

四、商事留置权制度之规则再造

（一）宏观角度：制定《商法通则》

我国现实行民商合一的立法体例，新出台的《民法典》既规范民事活动，也规范商事活动，同时为开展民商事活动提供基本遵循。然而实际上，《民法典》在对各民事单行法进行整合与完善的基础上，并未充分融入具有营利性特色的商法规范，商事活动的特殊性难以得到体现，这就决定了《民法典》对商事法律行为进行调整时存在大量的立法空白与缺憾，商事领域中存在诸多问题还有待规范。比如：商事主体、商事行为相关规定的缺失，民商事合同的效力区分，商事代理制度的缺失，商事留置权的规定过于简陋，等等。

就商事留置权制度而言，自《物权法》首次作出相关规定至今，其在司法适用中一直存在一系列分歧和争议。民商合一并不意味着民商不分，商事留置权制度作为商法中的重要制度，对平衡债权人和债务人之间的利益关系至关重要。然而在当前“《民法典》+商事单行法”的调整模式下，商事留置权制度并未达到应有的规范效果，商事留置权制度缺乏规范性指导，有待体系化。一方面，《民法典》仍对商事留置权主体和客体进行严格限制，未充分考虑商事交易的营利性、持续性、长期性等特征，在内容制定上缺乏商事理念，对商事关系的容纳本身极为有限，[27]对商事留置权制度的安排使其难以发挥应有的制度功能。另一方面，《海商法》等商事单行法中有涉及留置权制度的相关规范，有学者认为《海商法》中的船舶留置权属于商事留置权的特例，[28]但司法实践中，船舶修理合同中的商事留置权纠纷存在民商事法律适用混乱、不同法院的裁判意见相左的情况，法院对船舶修理合同中发生的商事留置权纠纷应当适用《物权法》还是《海商法》并未形成统一的裁判意见。[29]

尽管我国《民法典》乃依循“民商合一”的立法体例而制定并颁布实施，但这并不意味着其对民法与商法的协调作了完美无瑕的处理。事实上，受制于立法经验与立法时间等诸多因素的限制，我国《民法典》因“商因素”考虑不足而导致隐藏的立法漏洞不可避免，商事留置权制度存在的上述问题仅是其中表现之一。诚如有学者所言，“我国在后民法典时代所应实行的民商合一不应以抹杀民商区别为标志的绝对民商合一或民商混同，而应以承认商法独立性为基础的相对民商合一或有限民商合一”。[30]在未来《民法典》适用的过程中，通过厘清法典颁行之后的民商关系并追踪与研究商事立法的走向，尤其是在归纳难以被《民法典》“收编”之典型商事制度后，可考虑适时启动《商法通则》之编纂。就商事留置权制度而言，可以将基于各种具体的商行为而发生的商事留置权逐一规定在《商法通则》的“商行为制度”专章中，以便减少民商事法律适用混乱的情况。并且在专门的商法规范中规定商事留置权规范，可以对其进行详细的制度安排，便于操作，避免在司法适用中出现裁判分歧。另外，考虑到我国商法领域存在的若干部商事单行法是分散制定的，彼此之间可能存在指导思想、立法语言、相关概念界定的矛盾，[31]《商法通则》对商事活动、商事主体的一般规则的规定，对这些商事单行法也可以起到统帅和引领作用。

---

27 薛波、雷兴虎：《“中国特色”民法典编纂方法及其对商事立法的镜鉴》，载《学术界》2020年第10期。

28 李赛敏：《论商事留置权——兼评〈物权法〉第231条》，载《商事法论集》2008年第1期。

29 (2015)浙海终字第145号判决认为：“《物权法》第231条虽然规定了企业间商事留置权，但本案系船舶修理合同纠纷，应受《海商法》这一特殊法的调整，根据特殊法优于普通法的原则，本案仍应适用《海商法》第25条的规定。”(2017)浙民终字第127号判决认为：“《物权法》第二百三十一条所规定的商事留置权可以适用于船舶，但此时对于船舶的留置，并非《海商法》意义上的船舶留置权，而是基于《物权法》所规定的企业间动产留置权。”

30 赵万一：《民商合一体制之困境思考》，载《法学杂志》2020年第10期。

31 杨继：《商事通则统一立法的可行性和必要性》，载《法学》2006年第2期。

（二）微观角度：对商事留置权要件的应然安排

1. 商事留置权牵连性规则的合理拟制

《民法典》并未规定商事留置权中的牵连性规则，这就扩大了商事留置权的适用范围，只要债权人和债务人具有企业的身份，就可以留置合法占有的债务人动产，赋予了企业可以任意留置债务人动产的“特权”。而商事留置权制度的功能是维护商事主体在持续交易活动中的债权利益，彻底排除商事留置权的牵连性规则会与商事留置权的制度功能相悖。为实现商事交易活动的便捷性，体现商事效率原则，在留置权的成立条件上，商事留置权应当适当放宽对商事留置权牵连关系的要求，但不应“豁免”，这既是对企业间交易安全的保障，也是对工商业繁荣的促进，[32] 更是对“整体正义”追求的必然要求。《担保制度解释》第62条第2、3款以“反向法律保护”的方式使用了“企业持续经营中发生的债权”这一表述，某种程度上可以说是对商事留置权中的牵连性规则之拟制性界定，与《民法典》相比具有进步意义。然而，暂且不论《担保制度解释》作为司法解释效力位阶较低，仅从条文的内容来看，笔者认为至少存在如下两个问题：其一，以“反向法律保护”的方式界定商事留置权的牵连性规则，具有较强的模糊性，规范的“游离”会降低商事留置权人对制度的可期待性。其二，“企业持续经营”的表述，无论是从主体的视角还是从行为的视角，均限缩了商事留置权的适用范围。笔者认为，在暂不考虑制定《商法通则》，而是继续坚守民商合一立法体例的背景下，将商事留置权中的牵连性规则界定为“民商事主体之间经常性交易行为中发生的债权”更为合理，至于理由，则关乎笔者下文马上要提及的“主体主义向行为主义转向”的观点。

2. 主体主义向行为主义的转向

我国《民法典》承继《物权法》的规定，并没有采取比较法上的通用做法，将商事留置权的主体规定为商人，而是继续规定商事留置权的主体为企业。有学者明确指出《物权法》对商事留置权主体的限制，已构成法律漏洞，需进行填补，可以将商事留置权的主体规定为商人。[33] 但我国商法中并没有关于商人概念的界定，学术界对商人概念的界定至少可以归纳出11种不同观点。[34] 因

---

32 曹兴权、胡永龙：《民法典编纂背景下商事留置权牵连关系的重构》，载《西南政法大学学报》2018年第6期。

33 李赛敏：《论商事留置权——兼评〈物权法〉第231条》，载王保树主编：《商事法论集》2008年第1期，法律出版社2008年版。

34 蒋大兴：《商人，抑或企业——制定〈商事通则〉的前提性疑问》，载《清华法学》2008年第4期。

此，直接规定商事留置权的主体为商人可能进一步导致法律适用的困境，徒增司法成本。我国《民法典》现采用主体主义的标准来界定商事留置权，即没有规定该制度所调整的行为类型，而是直接规定其所适用的权利义务主体。[35]但商事留置权的核心要义在于主体之间的行为类型，主体要件不应成为判断商事留置权是否成立的标准，主体之间的行为要件才是判断商事留置权是否成立的标准。继续采用主体主义的模式来判断商事留置权是否成立，会将商事留置权的主体限制为某一特定类型，不合理地缩小商事留置权的适用范围。遵循行为主义的商事留置权判断标准，即便是企业之间基于同一法律关系留置债务人动产，因其符合民事留置权的行为要件，故在本质上也应适用民事留置权制度的一般规定。反之，当民事主体之间进行经常性的交易行为甚至是民事行为时，尽管这种行为可能不属于商行为，但当债权人基于多次债权债务往来关系中的任意债权而留置合法占有的债务人的动产时，出于对商事留置权制度功能和核心特征的考虑，应当允许其类推适用商事留置权制度。

3. 商事留置权制度应具有适用善意取得的空间

《民法典》对商事留置权客体的表述含混不清，“债务人的动产”究竟为“债务人所有的动产”抑或“债务人占有的动产”这个问题并没有在《民法典》中找到答案。随后出台的《担保制度解释》对留置权的客体进行了详细界定，明确民事留置权的客体可以包括第三人所有的动产，随后以“一刀切”的方式排除了善意取得制度在商事留置权中适用的可能性，债权人不能对第三人所有的动产进行留置，无论债权人是否善意。笔者认为我国的商事留置权制度应当以不适用善意取得为原则，适用善意取得为例外。具体而言，在商事留置权制度中，善意取得至少适用于如下两种情形：其一，针对船舶、航空器和机动车等动产，当债务人和第三人之间有关于留置财产物权变动的合意，但并未完成物权的公示时，此时虽然第三人仍是留置财产的所有权人，但对第三人所有的财产进行留置并不会导致第三人的权利受到损失，不会使第三人遭受更大的风险，反而能够使债权人与债务人之间的债权得以实现，维护商事交易安全。其二，在融资租赁交易以及所有权保留交易中，无论是出租人对租赁物的所有权还是出卖人对标的物的所有权，本质上已经不再是《民法典》意义上的所有权，而是“功能化”为担保权，在权利内涵上与动产抵押权更加接近。[36]而我国《民法典》已经明确了多个担保债权竞存时留置权的优先地位，虽然是《民法典》第416条新增的购置款抵押权规则确立了相关抵押权人的“超级优先权”，

---

35 孟强：《论我国〈物权法〉上的商事留置权》，载《政治与法律》2008年第10期。

36 高圣平：《民法典动产担保权登记对抗规则的解释论》，载《中外法学》2020年第4期。

但也通过“但书”的立法技术明确了该“超级优先权”劣后于留置权。同时，结合《民法典》第641条第2款“出卖人对标的物保留的所有权，未经登记，不得对抗善意第三人”以及第745条“出租人对租赁物享有的所有权，未经登记，不得对抗善意第三人”之规定，可见，在融资租赁交易以及所有权保留交易场景中，尽管作为第三人的出卖人或出租人仍然在形式上对留置物享有所有权，但其不应具有对抗作为善意的留置权人的权利。除探讨以上两类特殊情况外，笔者认为，为了更加科学合理地均衡留置权人、债务人以及第三人之间的利益关系，可考虑引入德国法上的留置抗辩权，即在债务人对第三人享有债权的情况下，留置权人可以基于善意取得制度享有对第三人的留置抗辩权，而为了保护第三人利益，可赋予其代位清偿权以消除留置权人的留置抗辩权，此种一揽子式处理方式既平衡了各方利益，亦可避免累诉。

结语

自《物权法》首次规定商事留置权制度至今，理论研究与司法实践中关于商事留置权的适用一直存在分歧与争议。《民法典》未对相关规则进行完善，没有改变商事留置权制度的司法适用困境。随后出台的《担保制度解释》虽有进步意义，但以“反向法律保护”的方式界定商事留置权的牵连性规则，具有较强的模糊性，规范的“游离”会降低商事留置权人对制度的可期待性，而且“企业持续经营”的表述，无论是从主体的视角还是从行为的视角，均限缩了商事留置权的适用范围。关于商事留置权之判断与界定，应摒弃主体主义而转向行为主义，而且在行为主义指导下，应以“经常性交易行为”取代“持续经营行为”。毕竟，随着市场经济的快速发展以及互联网技术的应用与发展，商事思维正在向民事领域扩张，“全民皆商”在某种程度上正变成现实，商事留置权制度之制定与完善应考虑这一社会现实，而不能仅停留于市场经济并不发达的制度起源时代。当非企业主体之间进行经常性交易行为甚至是一般的民事行为时，尽管这种行为可能不属于商行为，但出于对商事留置权制度功能和核心特征的考虑，理应类推适用商事留置权制度。

大数据法治

恶意网络爬虫行为侵害企业数据的刑法规制

苗运卫　程关松*

【内容提要】部分网络爬虫行为在经济利益的推动下从合法转向不法，最终沦为数据犯罪行为。针对企业数据利用场景下出现的刑法应对不足的问题，妥当的方式是在对恶意网络爬虫行为类型化处理的基础上作出入罪安排，实现从传统刑法规制模式向法益保护模式的转化，通过分析企业数据中个人信息和公共利益、公开数据和私密数据等多种成分，讨论企业数据承载的个人信息法益、财产性法益和公共秩序法益，将受害企业的主观诉求客观化为法益标准的重要参照，对企业数据法益进行类型化，使得规制恶意网络爬虫行为的罪名适用更加科学、准确，实现对企业数据的实质保护。

【关键词】企业数据　网络爬虫　行为规制　法益保护

互联网技术的发展与普及，让网络世界成为与物理空间同样重要的生产、生活场景，围绕网络产生的犯罪问题成为刑法规制的重点与难点。互联网时代新技术与新应用的涌现，导致出现刑法应对不足的问题，需要不断地对刑法条文进行解释与修改。作为新技术与新应用的典型代表，网络爬虫技术及其商业化应用，成为网络空间中数据资源的重要获取方式。网络爬虫技术是一种基于浏览器和服务器架构的数据采集技术，能够按照一定的规则自动发现、抓取和

---

* 苗运卫——华南理工大学法学院硕士研究生，主要研究方向：网络与信息法；程关松——华南理工大学法学院教授、研究员，法学博士，主要研究领域：公法基础理论。本文系国家社科基金项目“法治中国的主体性建构研究”（项目编号：19FFB030）、广州市社科基金项目“广州市社会治理创新的行政行为法机制研究”（项目编号：2019GZYB17）、中央高校专项资金资助项目“社会治理智能化的法律问题研究”（项目编号：ZDPY 202034）、“双一流”建设项目“数字技术提升公共卫生治理能力的法律保障”（项目编号：K5200890）的阶段性成果。

存储万维网信息的程序或脚本。[1] 作为伴随互联网生成与演化的“古老”网络技术，[2] 网络爬虫技术的应用悠久且广泛。随着大数据时代的到来，网络爬虫技术迎来了新的应用热潮。但当技术中立性的边界被网络爬虫技术使用主体打破，部分网络爬虫行为在经济利益的推动下从合法转向不法，应对恶意网络爬虫行为亟须在技术规制方式中引入法律调整方式。通过对网络爬虫行为不法和爬取对象不法的双重维度分析，可以在理论层面区分恶意网络爬虫行为的私法和公法规制界限，实现在私法规制不足时作出对恶意网络爬虫行为的入罪安排。[3] 本文聚焦于企业数据利用场景，在恶意网络爬虫行为类型化的基础上分析企业数据及其承载的保护法益，探究从传统刑法规制模式向法益保护模式的转化，实现对企业数据的实质保护。

一、恶意网络爬虫行为规制方式的演进

（一）技术规制方式

网络爬虫技术最初的定位是体现科学技术创新和推动社会经济发展的中立技术，被应用于搜索引擎的功能架构与网站页面的内容推介，技术自身的益处让其成为网络“淘金”的重要工具。但依据是否获取授权等标准，网络爬虫行为出现善意、中立与恶意的分野。[4] 随着对不符合网络秩序或数据利益的网络爬虫行为的抵制，“反网络爬虫”也成为行业常态。对网络爬虫行为的技术规制方式首先是通过robots协议（网络爬虫协议）实现。作为行业习惯或技术规范的robots协议明确了公平、开放和促进信息自由流动的数据处理原则，网站根据robots协议设置的语法规则创设所需的robots. txt并形成爬取清单，告知网络爬虫可爬取的范围。[5] 在网络共享的生态环境中，robots协议仅属于互联网从业者之间的“君子协议”，本意是为了更有效地抓取和共享信息，其法律属性和法律效力并未获得法律规范层面的认可。在司法实践中，robots协议被认定为行业公认的商业道德，但当其含有联合抵制、拒绝交易或差别对待的内容时，根据robots协议创设的robots. txt将无法获得法律保护。[6] 因此，在互联网市场竞争逐渐

1 肖睿、陈磊主编：《Python网络爬虫》，人民邮电出版社2020年版，第2页。

2 梁睿坤著：《虫术：Python绝技》，电子工业出版社2018年版，第1页。

3 杨志琼：《数据时代网络爬虫的刑法规制》，载《比较法研究》2020年第4期。

4 张一献：《从技术到犯罪：恶意网络爬虫行为入罪的类型认定与裁判思路探索》，载《时代法学》2020年第4期。

5 杨华权：《论爬虫协议对互联网竞争关系的影响》，载《知识产权》2014年第1期。

6 刘继峰、王俊林主编：《竞争法：规则与案例（第一辑）》，法律出版社2016年版，第32－33页。

加剧的背景下，robots 协议无法达到强行禁止恶意网络爬虫行为的效果。为了限制恶意网络爬虫行为以及防范风险，通过技术设定强行制止爬虫程序访问的反爬虫手段应运而生。在采取建立 User-Agent 白名单、增加验证码机制、限制 IP 地址等强制性技术保障措施后，网络爬虫将无法顺利爬取相关数据，或所爬取的数据需要经过解密才能使用。

（二）法律调整方式

在数字经济时代，随着数据作为生产要素的经济学和法学体系不断建构，数据价值受到重视。在大数据技术发展推动数据价值与经济利益紧密结合的背景下，网络爬虫行为和反网络爬虫措施不能仅局限于技术层面的调整，否则无法在保护数据利益方面做到事前警示和事后追责，因此，需要引入法律调整方式。法律调整方式有权利和规制两种进路，针对恶意网络爬虫行为爬取企业数据，权利进路在于确定企业数据的权利类型并施以私法赋权保护，规制进路在于突出规制主体的保护职责并强调公权力介入治理。[7] 二者并非矛盾的调整方式，相反可以协同适用公法规制与私法保护机制，形成公法机制与私法框架相衔接的混合规制模式。[8] 但公法规制进路和私法保护进路在混合规制模式上理应有其作用范围与区分界限。目前理论研究主要从爬取数据是否获得“同意”对网络爬虫行为进行合法与否以及责任类型的判断，这种“同意”包括协议同意和技术同意：在协议层面，违反 robots 协议规定将背离企业主观意志，从合法行为转变为不法行为；在技术层面，强行突破技术限制将打破企业对数据的强制性保障措施，由私法保护升格为公法规制。

二、恶意网络爬虫行为的类型化处理

当恶意网络爬虫行为突破以自治和平等为理念的私法保护的上限，民事侵权归责方式将在规范和惩戒上显得乏力，刑法成为规制恶意网络爬虫行为的最终防线。应对数据犯罪的根本思路在于对数据犯罪的基本行为予以类型化分析，[9] 因此，通过揭开网络爬虫技术面纱以细化网络爬虫行为，可以实现对恶意网络爬虫行为的类型化处理。从内部检视网络爬虫行为，其是围绕数据展开的组合行为而非单一行为，具体而言包括基于数据的访问、获取、加工、储存以及宽泛

7 程关松：《个人信息保护的中国权利话语》，载《法学家》2019 年第 5 期。

8 秦登峰、许娟：《网络爬取行为的法律规制及完善》，载《浙江理工大学学报（社会科学版）》2020 年第 1 期。

9 刘宪权：《区分数据犯罪类型予以刑法应对》，载《检察日报》2018 年 12 月 27 日，第 3 版。

意义上的后续处理行为。这种组合行为性质是由网络爬虫技术的系统框架与工作原理决定的。网络爬虫的运行系统主要由爬虫调度器、网页解析器和数据储存器组成。其中，爬虫调度器是网络爬虫的控制中枢，由其负责根据系统传来的网页URL[10]链接给多线程中的各个爬虫线程分配工作任务以访问并获取网页数据。网页解析器是网络爬虫发挥功能的主体结构，承担网页文本的处理任务，解析与提取有价值数据或新的URL链接，实现对数据的加工处理。数据储存器是网络爬虫系统中的数据容器，用来保存从网页上爬取的数据，并提供生成索引的目标源。在通过上述系统步骤爬取到相关数据后，网络爬虫使用主体将围绕数据进行后续的使用、提供、加工、传输、交易、公开等处理行为。[11]在解构网络爬虫技术原理形成对网络爬虫行为的类型化界定后，可将恶意网络爬虫行为与刑法规定的犯罪行为关联。具体而言：

（一）访问行为

在利用网络爬虫技术恶意爬取企业数据的过程中，一方面，恶意网络爬虫的访问行为可能强行突破数据的技术性保密限制。另一方面，大规模高频率的网络爬虫访问行为在超出网站服务器承载范围后会造成过载或崩溃。因此，网络爬虫使用主体针对数据的访问行为可能对数据的载体系统及技术保护措施造成影响，与非法获取计算机信息系统数据罪的“侵入”行为和破坏计算机信息系统罪的“干扰”行为要素契合。在《刑法修正案（十一）》中，故意避开或者破坏著作权的技术保护措施成为侵犯著作权罪的行为要件，恶意网络爬虫访问行为也符合这一罪名的构成要素。

（二）获取行为

数据并非有形物质而是仅作为一种状态的存在，针对数据的获取行为在微量数据时关注对数据的知悉与否，而在大数据时代网络爬虫获取行为则主要体现为爬虫使用主体“在定义的集合中创建数据副本的过程”[12]，即对数据进行复制以实现对相关数据的占有与支配。恶意网络爬虫的获取行为符合非法获取计算机信息系统数据罪、侵犯公民个人信息罪的“非法获取”行为和侵犯著作权罪的“复制”行为要求。《刑法修正案（十一）》完善了侵犯商业秘密罪的犯

---

10 URL，全称为Uniform Resource Locator，即统一资源定位器，是因特网的万维网服务程序上用于指定信息位置的表示方法。

11 《数据安全法》第3条第2款。

12 国际标准化组织和国际电工委员会《信息技术安全技术电子证据识别、搜集、获取和保存指南》，ISO/IEC27037：2012。

罪构成要件，对以电子侵入方式获取商业秘密的犯罪行为进行明确列举，使恶意网络爬虫的获取行为更加符合该罪名的特征。

（三）储存行为

大数据环境下急剧增长和大量聚集的数据体量让网络爬虫的访问行为和获取行为界限分明，而获取行为与储存行为难以分割。恶意网络爬虫爬取数据后的储存行为是系统内部操作行为，与前行为密切关联，成为访问与获取数据行为后的牵连行为或后续使用数据行为前的必要行为，因而属于前后行为满足相应犯罪行为构成要件的补充。

（四）后续处理行为

针对数据的后续处理行为严格意义上已突破网络爬虫的技术范围，但为了对恶意网络爬虫行为的全过程进行分析，需要对后续处理行为予以重视。[13] 由于在上述进程中网络爬虫已经爬取到数据，因此，需要在具体场景下对相应的后续处理行为类型进行判断并与刑法分则具体罪名加以对比并定性，所涉罪名包括侵犯商业秘密罪、侵犯著作权罪、侵犯公民个人信息罪、传播淫秽物品罪等罪名。

三、恶意网络爬虫行为刑法规制模式的转化

在运用法律规制恶意网络爬虫行为时存在行为规制和法益保护两种模式，[14] 细化恶意网络爬虫行为类型并有针对性地作出入罪安排，是传统的网络爬虫行为规制和数据保护思路。通过对恶意网络爬虫行为的类型化处理，可以解决司法实践中的数据权益争议问题。但随着网络与数据犯罪的刑事立法技术和刑法解释能力的完善，[15] 恶意网络爬虫行为的传统规制模式应对不足：一方面，恶意网络爬虫的某一类型行为在多个罪名中有所体现，如获取行为出现在侵犯商业秘密罪、侵犯公民个人信息罪和非法获取计算机信息系统数据罪等罪名中，难以仅从行为层面实现此罪与彼罪的区分。另一方面，通过不断对相关罪名的犯罪行为构成要件的完善，单一罪名可规制恶意网络爬虫中围绕企业数据展开的多个行为类型，如侵犯著作权罪中的犯罪行为要素包含了故意避开或破坏著

13　陈军标、杨兰：《“网络爬虫”技术的法律规制》，载《上海法学研究》2020 年第 12 卷。

14　秦登峰、许娟：《网络爬取行为的法律规制及完善》，载《浙江理工大学学报（社会科学版）》2020 年第 1 期。

15　刘艳红：《网络犯罪的刑法解释空间向度研究》，载《中国法学》2019 年第 6 期。

作权技术措施的访问行为，表现为复制的获取与储存行为以及发行、通过信息网络传播等后续处理行为。同时，有些罪名的罪状描述将侵害不同法益的行为混合在一起，如非法获取计算机信息系统数据罪就是采取“侵入+非法获取数据”的行为规制模式，这两种属性不同的数据侵害行为的违法性并非一致，应当通过不同的构成要件予以区别规制。[16] 因此，需要将在爬虫行为类型化处理的基础上强化法益保护作为处理利用网络爬虫技术爬取企业数据的基本原则，[17] 转变企业数据利用场景下恶意网络爬虫行为的刑法规制模式。

（一）企业数据的多种成分

数据作为信息时代的产物，在网络语境中表达为“由计算机处理的以0和1表示的二进制码形式存在的信息体”[18]。企业数据是企业主体和数据客体的组合概念，广义的企业数据是指企业所持有的以符号或代码形式承载的有价值、可计量、可读取的电子数据集，而狭义的企业数据则仅为互联网平台对个人信息和政务数据处理后生成的衍生数据集。[19] 本文聚焦的恶意网络爬虫行为所爬取的企业数据并非形式意义上与企业相关的概况数据，而是数据类型化界定后区别于个人信息与政务数据的狭义企业数据。作为衍生数据的企业数据主要是从个人信息与政务数据的原始数据中得来的，因此，企业数据和个人信息与政务数据存在重合部分，这意味着企业数据具有个人信息和公共利益成分，针对恶意网络爬虫行为所爬取企业数据的不同成分将归类于不同罪名。

观察个人信息保护的立法进程，其中《民法典》和《个人信息保护法》皆对个人信息的界定采取“识别”标准。因此，区分恶意网络爬虫行为所爬取的数据属于企业数据还是个人信息的界限即在于根据该数据能否识别出相应自然人主体。然而根据个人信息保护的严格要求，数据一旦被认定为个人信息，则会触发相应的法律适用机制，从而限制企业对该项数据的处理，这将不利于数据的开发与利用。[20] 因“独立识别”个人信息标准向“结合识别”个人信息标准

---

16 刘一帆、刘双阳等：《复合法益视野下网络数据的刑法保护问题研究》，载《法律适用》2019年第21期。

17 许娟：《利用爬虫技术侵犯企业数据知识产权法益的司法解释》，载《苏州大学学报（哲学社会科学版）》2020年第1期。

18 梅夏英、朱开鑫：《论网络行为数据的法律属性与利用规则》，载《北方法学》2019年第2期。

19 祝艳艳：《大数据时代企业数据保护的困境及路径建构》，载《征信》2020年第12期。

20 时明涛：《大数据时代企业数据权利保护的困境与突破》，载《电子知识产权》2020年第7期。

的不断演进，致使个人信息识别标准的泛化与个人信息涵盖范围扩张，[21]致使个人信息成为统合一切个人及个人事务的缺乏类型学意义的综合性范畴。[22]侵犯公民个人信息罪也成为足以规制所有恶意网络爬虫行为的罪名选择，这将忽视受损企业对企业数据的利益诉求，因此，需要在企业数据利用场景下重新审视个人信息的判定标准，平衡企业数据中个人信息成分的利用和保护。

根据《数据安全法》的规定，政务数据是指国家机关为履行法定职责收集和使用的数据。[23]政务数据在法律属性上具有复合性，在来源和构成上体现个人信息集合的私权属性，在形成和利用上体现公共权力行使的公权属性。[24]在满足个人信息保护的前提下，基于公共数据的"聚、通、用"特征和政府的信息公开义务，个人或企业可在政务数据开放范围内自由与平等地对作为公共资源提供的政务数据加以获取和使用。一般认为，在收集到的数据基础上进行整理和汇编甚至是创作形成的数据权属归于加工者。[25]因此，政务数据和企业数据的区分在于，政务数据属于未经处理的基础数据，需要经过企业运用数据分析技术进行加工从而转化为权属归于企业的企业数据。恶意网络爬虫行为爬取含有公共利益成分的企业数据侵犯企业利益的原因在于，企业在从政务数据形成企业数据的过程中投入了技术和管理等成本，使企业数据具有超出政务数据的商业价值。

从企业逐利性质来看，企业数据是企业主体以牟利为根本目的进行收集、存储、加工、使用等处理的数据类型。企业主体在不违背法律强制性规范前提下，经过商业利益考量后，有决定其数据公开与否的权利。根据数据的开放程度可将企业数据分为企业公开数据和企业私密数据。企业公开数据包括企业外其他主体可知悉的开放数据和仅可部分主体知悉的设有访问限制的半开放数据。针对前者的恶意网络爬虫行为，一般被定性为不构成违法或犯罪[26]或归类于搭便车行为的不正当竞争法规制。[27]而抓取后者则需承担不正当竞争、知识产权

21 杨楠：《个人信息"可识别性"扩张之反思与限缩》，载《大连理工大学学报（社会科学版）》2021 年第 2 期。

22 程关松：《个人信息保护的中国权利话语》，载《法学家》2019 年第 5 期。

23 《数据安全法》第 38 条。

24 袁康、刘汉广：《公共数据治理中的政府角色与行为边界》，载《江汉论坛》2020 年第 5 期。

25 程亚丽、金镇鑫：《网络爬虫数据的权利归属》，载《长春理工大学学报（社会科学版）》2020 年第 5 期。

26 杨志琼：《数据时代网络爬虫的刑法规制》，载《比较法研究》2020 年第 4 期。

27 例如在脉脉公司非法抓取使用微博用户信息不正当竞争纠纷案中，法院最终认定脉脉公司非法抓取、使用了新浪微博用户信息行为，违反了商业道德，是一种不正当竞争行为。参见北京市高级人民法院（2016）京 73 民终 588 号民事判决书。

侵权和合同法违约等民事责任。在司法实践中，针对企业公开数据的恶意网络爬虫行为还可能触犯侵犯著作权罪，但需符合侵犯著作权罪中对行为与后果等关键要件的要求。而对于仅为企业主体知悉并采取一定保密措施的私密数据，理应受到商业秘密相关法律条款的保护，因此，刑法规制爬取企业私密数据的恶意网络爬虫行为应当放置于侵犯商业秘密罪中。然而，商业秘密的认定和举证困境让司法实践摒弃对侵犯商业秘密罪的适用而选择非法获取计算机信息系统数据罪等侧重于规制行为的罪名选择。但是，适用非法获取计算机信息系统数据罪存在争议，一方面，非法获取计算机信息系统数据罪的数据是针对计算机信息系统展开攻击而获取其中储存、处理与传输的数据，是与系统密切相关的包括数据运行所必需的数据，这与商业利益密切关联的企业数据并不相同。另一方面，大数据发展以来，诸如网页浏览痕迹、下载记录等被互联网平台商业化利用于精准推送、私人定制等个性化推荐服务的数据，在本质上难以归类于计算机信息系统数据范畴。

（二）企业数据法益的复合属性

数据在刑事司法中的概念模糊和扩张解释让数据犯罪指向多种刑法保护法益，若不加分析地从技术层面判断数据是否归属于计算机信息系统，则将可能落入非法获取计算机信息系统数据罪的口袋罪中。数据犯罪普遍存在定性争议，[28]恶意网络爬虫行为爬取企业数据的刑法规制同样也面临定性困扰，需要根据被爬取企业数据的客体归属即法益性质加以判定。“数据法益”作为一个新概念，并不具备刑事法律规范性，也并未获得司法实践证成，因此，需要在传统的权利、安全和秩序的法益形态中予以定位。然而，结合企业数据和个人信息与政务数据的外部重合性，以及企业私密数据和企业公开数据的内部复杂性，企业数据所承载的法益划入传统法益形态中也具备复合属性。如果在个人、企业、国家等不同层面将企业数据作为同一客体进行判断，则由于其上承载的具体法益不同，容易导致法律保护的混乱，[29]必须具体化，使之符合某一犯罪构成。

在权利法益形态中，企业数据一旦含有“可识别”的个人信息将体现出个人信息法益。个人信息法益在规范意义上不同于数据法益，从《刑法修正案（七）》将出售、非法提供和非法获取个人信息入罪到《刑法修正案（九）》整

28　杨志琼：《我国数据犯罪的司法困境与出路：以数据安全法益为中心》，载《环球法律评论》2019年第6期。

29　陈立彤、赵云虎等：《网络爬虫获取数据的商业秘密规制路径研究》，载《信息安全研究》2020年第6期。

合为侵犯公民个人信息罪可以看出，个人信息法益作为新兴法益已得到我国刑法认可。[30]从条文规范和保护目的来看，保护个人信息法益的侵犯公民个人信息罪归属于刑法分则“侵犯公民人身权利、民主权利罪”一章，是对公民人格尊严与个人自由的保护。因此，个人信息法益本质上属于人格性保护法益。[31]而在数字经济时代，通过直接商品化处理和二次开发利用，个人信息兼有财产利益，[32]呈现出复合性法益特征。

从企业数据在当前数字经济时代中的控制与流转过程及其体现的经济价值而言，其又展现出财产性法益属性。一方面，企业数据体现出企业的财产性利益，财产性利益作为财物的扩大解释[33]或财产的下位概念，[34]受到侵犯财产类罪的保护。但恶意网络爬虫行为爬取企业数据触犯财产类犯罪并不为立法所接纳。原因在于，只有与经济直接关联并可用货币计算的企业数据才可被认定为法律保护的财产，[35]如已得到理论研究和司法实践共同认可的虚拟财产。另一方面，企业数据的财产性法益通过以数据形式记载的智力成果上的知识产权法益彰显，主要载体与保护方式是著作权保护和商业秘密保护。然而，企业数据的独创性、新颖性、秘密性和实用性等特征存在认定困境，因此，反不正当竞争法替代知识产权实体法成为私法规制恶意网络爬虫行为爬取企业数据的主要选择，在恶意网络爬虫行为的刑法规制中，传统的行为规制模式也优先于对数据利益进行区分的法益保护模式。

随着企业数据规模的扩大和数据处理能力的增强，数据在企业层面聚拢形成数据中心并具备一定的数据规模，这使得企业数据也承载着公共秩序法益。公共秩序法益在网络与数据层面的具体内涵在微观上表现为数据交换与共享过程中的个人信息安全，在宏观上表现为作为信息载体的数据安全、承担信息技术处理的计算机信息系统功能运行安全以及负责计算机信息传输的通信网络安全。[36]恶意网络爬虫行为在爬取企业数据时对计算机系统及其信息安

---

30 黄鹏：《数据作为新兴法益的证成》，载《重庆大学学报（社会科学版）》2020 年 6 月 8 日。

31 高富平、王文祥：《出售或提供公民个人信息入罪的边界——以侵犯公民个人信息罪所保护的法益为视角》，载《政治与法律》2017 年第 2 期。

32 洪海林：《个人信息财产化及其法律规制研究》，载《四川大学学报（哲学社会科学版）》2006 年第 5 期。

33 张明楷：《论盗窃财产性利益》，载《中外法学》2016 年第 6 期。

34 王骏：《刑法中的“财物价值”与“财产性利益”，载《清华法学》2016 年第 3 期。

35 许娟：《利用爬虫技术侵犯企业数据知识产权法益的司法解释》，载《苏州大学学报（哲学社会科学版）》2020 年第 1 期。

36 刘一帆、刘双阳等：《复合法益视野下网络数据的刑法保护问题研究》，载《法律适用》2019 年第 21 期。

全造成影响、干扰甚至破坏，从而成为适用非法获取计算机信息系统数据罪、破坏计算机信息系统罪等计算机网络犯罪类罪进行规制的理由。但需要注意的是，恶意网络爬虫行为区别于传统利用互联网技术进行的黑客行为。恶意网络爬虫行为爬取企业数据的直接目的在于爬取目标数据，根本目的是围绕企业数据进行经营获利，体现为一种不劳而获、食人而肥的行为。[37]尽管频繁进行访问网站与爬取数据会形成“DoS攻击”[38]，增加网络服务器的负荷，导致系统的过载或崩溃，进而扰乱计算机信息系统的正常运行，但这并非使用网络爬虫技术的主观要件。而利用系统漏洞对网络进行干扰与攻击的黑客行为的目的则更多在于破坏虚拟网络运行，其通常是出于展示技术能力或恶意破坏与报复的动机。较为常见的黑客行为类型是通过植入破坏性程序来获取计算机系统的管理权限，进而删除、篡改计算机信息系统或文件，危害计算机信息系统运行安全。也正因为如此，黑客行为所针对的客体是网络秩序，对其刑法规制以妨害社会管理秩序之扰乱公共秩序的计算机网络犯罪类罪为主。[39]

（三）企业数据法益的区分标准

对企业数据利用场景下恶意网络爬虫行为所侵害法益的复合属性进行分析，能够建立其与刑法分则具体罪名的联系，从而架构起刑法规制恶意网络爬虫行为的法益保护模式。根据刑法对数据犯罪所侵犯法益的类型化安排，恶意网络爬虫行为受到破坏社会主义市场经济秩序的知识产权犯罪类罪、[40]侵犯公民人身权利的个人信息犯罪类罪[41]和妨害社会管理秩序之扰乱公共秩序的计算机网络犯罪类罪，[42]以及利用计算机实施犯罪的提示性规定[43]的规制。围绕恶意网络爬虫行为的法益保护模式，通过已有司法案例可梳理出实务层面规制恶意网络爬虫行为的罪名适用情况。在北大法宝案例库中以“爬虫”为关键词进行全

37 孙虹、欧宏伟：《利用网络爬虫技术获取他人公交实时运行大数据的行为性质》，载《人民司法（案例）》2018年第35期。

38 DoS全称为Denial of Service，即拒绝服务，造成DoS的攻击行为被称为DoS攻击，其目的是使计算机或网络无法提供正常的服务。

39 周理松、夏勇等：《黑客行为之罪与罚》，载《人民检察》2011年第22期。

40 2个具体罪名为：（1）侵犯著作权罪；（2）侵犯商业秘密罪。

41 1个具体罪名为：侵犯公民个人信息罪。

42 7个具体罪名为：（1）非法侵入计算机信息系统罪；（2）非法获取计算机信息系统数据罪；（3）提供侵入、非法控制计算机信息系统程序、工具罪；（4）破坏计算机信息系统罪；（5）拒不履行信息网络安全管理义务罪；（6）非法利用信息网络罪；（7）帮助信息网络犯罪活动罪。

43 《刑法》第287条：利用计算机实施金融诈骗、盗窃、贪污、挪用公款、窃取国家秘密或者其他犯罪的，依照本法有关规定定罪处罚。

文检索，经过筛选后共获得截至2020年（包括2020年）的有效网络爬虫行为刑事类案39起，所涉罪名种类多样，经过分类整理后包括知识产权犯罪类罪（7起）、个人信息犯罪类罪（15起）、计算机网络犯罪类罪（10起）和其他类型罪（7起）。而当将爬取数据目标确定为企业数据时，网络爬虫行为刑事类案数量缩减为23起，所涉罪名为侵犯著作权罪（7起）、侵犯公民个人信息罪（11起）和非法获取计算机信息系统数据罪（5起）。即便上述检索方式因案例库的收录容量等因素影响不能涵盖实务中所有的网络爬虫行为刑事类案，但是仍能观察出司法实务对恶意网络爬虫行为爬取企业数据的罪名适用情况，虽然并非如此前研究所言的常以非法获取计算机信息系统数据罪的兜底性罪名论处，[44]但显示出司法实践中对企业数据所承载的个人信息法益、财产性法益和公共秩序法益的随意选择现象。因此，需要立足企业立场就企业数据承载法益作出区分，根据法益的类型使规制恶意网络爬虫行为的罪名适用更为科学、精准。

对个人信息进行处理形成企业数据并加以市场化运用，这一过程蕴含企业的经济利益追求。企业数据保护法益的复合属性使企业数据既有人格性利益又有财产性利益的保护需求。从司法实践规制恶意网络爬虫行为的罪名适用情况可以看出，企业数据所承载的个人信息法益受到刑法保护的比例最高，但这不符合企业数据的强财产性属性的权益结构，且与恶意网络爬虫行为爬取企业数据时企业的主观财产性利益动机背离。原因在于：一是信息交换与共享塑造了当下的互联网思维，网络用户通过网络协议方式让渡非核心个人信息权益以获得网络产品与服务等对价内容，[45]完成数据的人格性利益权重的消减和财产性利益权重的转化。尽管这种交换并不一定对等或能够实现利益最优化，[46]但在事实上形成并支撑着当下的互联网秩序。二是企业数据的生成与企业付出的高昂成本关系密切，就劳动创造财产权的经典理论而言，[47]企业的劳动付出改变企业数据自身的权属结构与权益分配。企业可以基于创造劳动与成本支出的合理依据，要求所享有的企业数据财产性权益获得保护。[48]因此，企业数据的财产性法益不同于个人信息法益，当侵犯企业数据的财产性法益时，需要利用

44　张一献：《从技术到犯罪：恶意网络爬虫行为入罪的类型认定与裁判思路探索》，载《时代法学》2020年第4期；邱波：《滥用爬虫技术的刑事风险与刑法应对》，载《上海法学研究》2020年第23卷。

45　张新宝：《从隐私到个人信息：利益再衡量的理论与制度安排》，载《中国法学》2015年第3期。

46　程关松：《个人信息保护的中国权利话语》，载《法学家》2019年第5期。

47　［英］约翰·洛克著：《政府论》，杨思派译，中国社会科学出版社2009年版，第163页。

48　张玉洁、胡振吉：《我国大数据法律定位的学说论争、司法立场与立法规范》，载《政治与法律》2018年第10期。

《刑法》第287条提示性规定指向侵犯财产罪类罪。但这一判断的前提是必须满足对个人信息人格要素的绝对保护，个人信息“人格”要素区分于“人格性”利益，前者属于不可或缺、不得放弃、不得转让、不得侵犯的法律概念，“人格性”利益可在人格权法定主义松动下通过交换实现数据流动的需要，但“人格”要素没有自由意志作用的空间。[49]因此，当在企业数据利用场景下恶意网络爬虫行为侵犯到个人信息法益人格要素时，需要适用侵犯公民个人信息罪予以惩治。

企业数据所承载的公共秩序法益与网络和数据犯罪的历史演进有关。互联网的应用在深刻的技术推动下遵循“软件—内容—数据”的发展路线，[50]伴随而来的网络犯罪也历经三层代际演变：Web1.0时代是以软件应用为核心的互联网发展初期阶段，计算机信息系统是网络犯罪的主要对象，《刑法》通过非法侵入计算机信息系统罪和破坏计算机信息系统罪对计算机信息系统安全与计算机信息系统的管理秩序加以保护。[51]Web2.0时代，互联网演变成以内容为核心的交互平台，网络犯罪也从技术性侵害转变为利用网络技术的工具属性进行法益性侵害。《刑法修正案（七）》增设出售、非法提供公民个人信息罪、非法获取公民个人信息罪和非法获取计算机信息系统数据罪，促使数据利益的刑法保护迈出专门化和扩容化的步伐。Web3.0时代，数据取代内容成为网络的核心要素。《刑法修正案（九）》将针对个人信息的犯罪整合形成侵犯公民个人信息罪，扩大犯罪主体和犯罪行为范围，并增设情节严重条款加重处罚力度。[52]尽管此次修改密织了个人信息保护的刑事法网，但并未实现从以信息网络为主到以网络数据为主的网络犯罪规制代际过渡。纵观网络犯罪规范的历史演进，数据始终未能摆脱信息系统获得独立地位与独立保护，这也为运用计算机网络犯罪类罪规制恶意网络爬虫行为爬取企业数据留下了空间。可以说，在企业数据不断被挖掘利用体现强财产性利益属性的趋势下，企业数据所承载的公共秩序法益是立法未能适应网络代际变迁的产物，忽视了受害企业对其损害利益的主观诉求。因此，用保护信息系统数据所承载的公共秩序法益的计算机网络犯罪类罪来保护企业数据会出现解释上的困难，其仅能作为现行刑法规范下规制恶意网络爬虫行为的兜底性选择。

49　程关松：《个人信息保护的中国权利话语》，载《法学家》2019年第5期。

50　李怀胜：《三代网络环境下网络犯罪的时代演变及其立法展望》，载《法学论坛》2015年第4期。

51　高铭暄著：《中华人民共和国刑法的孕育诞生和发展完善》，北京大学出版社2012年版，第512－514页。

52　薛培、叶小舟等：《侵犯公民个人信息罪的理解与适用》，载《检察日报》2016年7月13日，第3版。

结语

通过从行为规制模式向法益保护模式的转化，并对企业数据承载法益的区分，刑法规制恶意网络爬虫行为爬取企业数据的罪名适用将更加科学：首先是当恶意网络爬虫行为侵犯企业数据承载的财产性法益时，利用《刑法》第287条提示性条款指向侵犯财产罪类罪进行规制。其次是当企业数据利用场景下恶意网络爬虫行为侵犯到个人信息法益人格要素时，适用侵犯公民个人信息罪予以惩治，但需警惕侵犯公民个人信息罪的应用范围随个人信息概念泛化而扩大。最后是当恶意网络爬虫爬取企业数据纳入上述规制路径难以解释时，则兜底适用非法获取计算机信息系统数据罪。但这一罪名适用于企业数据犯罪仅是权宜之策，可纳入考虑的立法方案是根据数据的强财产性利益属性在侵犯财产罪中增设相应的专门罪名，以加强对企业数据的实质保护。

司法区块链的诉讼程序价值、功能及链际建设

陈　文　孙梦龙*

【内容提要】 司法区块链借助数据库、人工智能技术、互联网等技术，不仅能够促进司法公正，遏制司法腐败，而且能够实现诉讼流程的智能化、网络化，提升诉讼效率。司法区块链具有诉讼程序再造、司法智能再现、法律法规再生、诉讼生态再造功能。当前应加快司法区块链“硬”链、“软”链、试点建设及项目研发，以早日实现法官“日审百案、百案日结”的诉讼目标。

【关键词】 司法区块链　诉讼生态　区块链链际建设

司法区块链借助数据库、人工智能、互联网技术，实现公正司法、诚信司法、数字司法，基于智能合约实现诉讼流程简化和优化。区块链 + AI + 法律机器人（机器人律师、机器人法官、机器人检察官等）将开启自动触发式诉讼新时代。司法区块链在保证司法公正的前提下提高司法效率，可使每位法官轻松实现“日审百案，百案日结”的审判目标。

一、司法“遇见”区块链

区块链技术是一种由多方共同参与，借助密码保证信息传输、存储和查询

---

* 陈文——黑龙江大学法学院教授，硕士研究生导师，主要研究领域：诉讼法学、环境保护法学；孙梦龙——黑龙江大学诉讼法研究中心助理研究员，主要研究领域：诉讼法学、司法区块链。本文系国家社科基金青年项目“司法区块链的制度体系、可能风险及应对策略研究”（项目号：20CFX005）的中期研究成果之一。

安全，实现数据存储共享以及难以伪造篡改的“数字记账”技术[1]，又称分散式账本技术。区块链的核心技术是智能合约（法律学者尼克·萨博于1995年命名），智能合约是运行在区块链上模块化、自动执行的脚本，能够实现数据处理、价值定位、资产管理等功能。[2]

将区块链技术运用于司法领域产生司法区块链。司法区块链综合运用区块链技术实现诉讼目标的司法信息数据库，具有司法信息数据存储、多中心的点对点传输、共识机制和加密存取多种功能。司法区块链如同记录诉讼申请、调查取证、司法裁决信息的“账本”，它可以在互联网上由多方共同参与、信息共享，自行留痕备份，每个备份形成一个“区块”，各“区块”间按时间顺序线性相连，记录后无法被篡改和伪造。司法区块链具有如下技术优势：一是突破司法语言局限性，避免语言漏洞造成的双方歧解，计算机代码具有精准和唯一指向性；二是促进执行智能化和自动化；三是提高办案实效，实现一键立案、简案快结、难案精结、结案速执；四是促进司法便民，当事人足不出户接受立案、审理、执行全程服务，诉讼程序自动触发。司法区块链凭借其先天的技术优势将彻底改变传统司法由法院“集中记账管账”的诉讼模式。

受比特币加密货币的政策影响，部分学者产生了对区块链技术应用前景的担忧。国外多数研究者认为，即便是比特币这种基于区块链技术的加密货币最终退出历史舞台，区块链技术也会继续发挥其革命性的力量。杜克大学法学院一位学生指出，应区分作为一种技术应用的比特币和作为比特币基础技术的区块链，并且指出区块链的广阔前景并不会受到比特币发展兴衰的影响。[3]诺贝尔经济学奖获得者罗伯特·希勒认为，比特币与作为比特币之技术基础的区块链

---

1 中国新兴法律服务产业研究中心：《2018中国新兴法律服务业发展报告》，载《上海法学研究》（集刊）2019年第11卷；孙岩、雷震、詹国勇：《基于区块链的军事数据安全研究》，载《指挥与控制学报》2018年第3期；李康震、张翔：《区块链技术在公安情报工作中的应用研究》，载《贵州警官职业学院学报》2018年第6期；金佳绪：《政治局集体学习区块链习近平有何深远考量》，载《理论导报》2019年第10期；闫鹏：《区块链技术在电子文件管理中的应用展望》，载《北京档案》2018年第10期；张建升：《区块链技术中国专利申请状况及发展趋势分析》，载《中国发明与专利》2018年第3期；周茂君、潘宁：《赋权与重构：区块链技术对数据孤岛的破解》，载《新闻与传播评论》2018年第5期。

2 中国新兴法律服务产业研究中心：《2018中国新兴法律服务业发展报告》，载《上海法学研究》（集刊）2019年第11卷；任超然：《基于区块链技术的税收征管模型研究》，载《税务研究》2018年第11期；许可：《决策十字阵中的智能合约》，载《东方法学》2019年第3期；最高人民法院：《全国首例！北京互联网法院采用区块链智能合约技术实现执行“一键立案”》，载澎湃新闻政务栏目，https：//www. thepaper. cn/newsDetail_ forward_ 4800732，最后访问于2020年5月5日。

3 Trevor I. Kiviat，Beyond Bitcoin：Issues in Regulating Blockchain Transactions，65 Duke Law Journal 569（2015）.

有着不同的未来发展前景，区块链还远远未发挥它的巨大潜力，拥有着无限的远景。[4]区块链本质是一种认证和核实技术，相比于道德、宗教、血缘、强权等传统，它可以达成更具效率与质量的信任机制。

我国明确反对比特币等加密货币的交易活动，对以联盟链为主导的区块链技术[5]秉持积极鼓励的态度。概括而言，这是一种严格执行“币链分离”的监管态度。一方面，针对比特币等加密货币高风险的特质，中国人民银行等部门联合于2013年12月3日发布了《关于防范比特币风险的通知》，明确表示比特币“不是真正意义的货币”，对金融机构与支付机构从事展开与比特币相关的业务予以禁止。[6]2021年9月24日，中国人民银行、中央网信办、最高人民法院、最高人民检察院、工业和信息化部、公安部、市场监管总局、银保监会、证监会、外汇局联合发布了《关于进一步防范和处置虚拟货币交易炒作风险的通知》，该规定的规范目的在于防范和处置以比特币为代表的虚拟货币交易炒作风险，切实维护国家安全和社会稳定。该通知从四个层面再次明确了国家对比特币等虚拟货币的监管态度：（1）比特币等虚拟货币并不具有法定货币的属性。（2）比特币等虚拟货币相关业务活动属于非法业务活动。（3）境外虚拟货币交易所通过互联网向我国境内居民提供服务同样属于非法金融活动。（4）参与比特币等虚拟货币投资交易活动属于违法行为。另一方面，国家高度重视区块链作为新一轮信息科技革命中的重要地位，2016年12月国务院《“十三五”国家信息规划》等文件强调要发展区块链技术。2021年3月5日，第十三届全国人民代表大会审查的“十四五规划”和2035年远景目标纲要“建设数字中国”，明确指出将区块链技术列为信息基础设施建设的重要组成部分。2021年6月17日，最高人民法院《人民法院在线诉讼规则》第16—20条对区块链证据进行了

---

4 “Nobel Prize-winning economist Robert Shiller thinks bitcoin is an ‘interesting experiment’”, https：//www. cnbc. com/2018/01/26/robert-shiller-says-bitcoin-is-an-interesting-experiment. html. Robert J. Shiller, “Bitcoin has ‘gone viral as a currency’ and its price instability is a concern”, New York Times, January 26th, 2018.

5 区块链技术已经从原有公有链的范畴发展出私有链、联盟链等多种形式，目前在我国最具发展空间的形态就是多中心、多节点的联盟链，比如上海市浦东新区政府打造的“区块链+智慧政务”所形成的政务链。联盟链是一种“半去中心化”的开放结构，相较于初始形态的公有链，它为节点的加入设置了准入门槛。联盟链赋予了公信权威机构较高的节点权限，强化了公信权威部门对区块链整体框架的监管能力。这种新型应用框架破除了公有链缺少中心节点监督成员节点行为合法性的弊端，同时又保留了区块链技术在建立用户节点之间信任上的特有优势。

6 上海新金融研究院课题组：《数字货币与金融技术监管的崛起》，载《新金融评论》2017年第6期。

专项列举。[7] 基于充分的制度保障与技术资源后盾，区块链乃至司法区块链工程的建设将会取得实质性突破。

尽管区块链的发展前景较为乐观，但是司法区块链技术本身的分布式机构与现有运行体制仍存在一定的不兼容性。区块链的节点越多，分布的范围越广，管理上就越复杂。《密码朋克宣言》构想的去中心化框架面临着开发者缺乏紧密联系，无法建立职业化队伍的困境。“这些程序员可能是精通技术的专家，不过他们通常游离于正式的组织架构和法律实体之外。”[8] 北京互联网法院“天平链”所形成的“业务链、管理链、生态链”三链合一的“天平链 2.0”司法联盟实现了社会化参与、社会化共治，是一种优良司法区块链范式的探索。该司法联盟链通过分级节点的设置保障公信机构主导共识，公众以组织机构形式参与数据验证从而保障区块链规范化、常态化运行。

二、司法区块链的价值和功能

（一）价值

1. 促进司法公正

司法区块链技术能够有效优化诉讼程序，整合回避及错案追责等可操作性不强的制度。司法区块链通过裁决者和被裁决者身份信息遮蔽，排除人情、权力、金钱等法外因素干扰，彻底铲除了司法腐败生存的土壤，打造了全新的公正廉洁的诉讼生态。区块链中的诉讼主体可以利用“个人私钥”“公钥”式的“非对称密码”技术，做到细微颗粒度数据授权，对诉讼当事人的隐私权给予有效保护，克服了当前微信实名认证、收发快递实名认证等隐私保护之不足。司法区块链打造了全新的诉讼主体诚信关系，促进了司法公正。

2. 提高司法效率

司法区块链实现了诉讼程序的数字化、网络化、智能化程序重构。司法裁决者的大量程序性工作都由程序员完成或被高科技手段分解。司法区块链采用诉讼证据和文书材料存储、传输、审理、执行的数字化、智能化、网络化送达路径，简化诉讼流程，优化诉讼结构，降低诉讼成本，节约诉讼时间，缩短诉讼周期，避免了程序空转，提高了诉讼效率。

7　《人民法院在线诉讼规则》除了对区块链证据的效力予以明确外，还明确了电子化材料的“视同原件”效力规则和审核规则。

8　区块链所构想的理想框架具有规模宏大的特性，需要程序员具有操作和维护大型系统的经验，这恰恰是需要政府集中化的管理才能够实现的。［法］普里马韦拉·德·菲利皮、［美］亚伦·赖特著：《监管区块链：代码之治》，卫东亮译，中信出版社 2019 年版，第 30 页。

3. 化解司法裁决者的职业风险

司法区块链技术可以通过制度过滤和程序设计将司法裁决者的许多职业风险给予有效化解，绩效考核及监管通过网络平台软件自动实现，司法裁决者将摆脱对上级司法机关的业务依赖及法外因素干扰，从而减轻了法官的案件积压风险、非法干预风险、人情关系风险、利益诱惑风险、生命安全风险及精神疾患风险。

（二）功能

1. 诉讼程序再造功能

司法区块链是由计算机网络记录的按时间顺序排列的诉讼行为信息数据库，它以数字化、智能化、网络化方式优化了司法证据存储、交换、质证、审查、判断、裁决程序。智能合约用源代码草拟，实现主观法律语言的客观数字化。机器人律师、机器人检察官、机器人法官将接手大量的程序性工作。法律人群体的工作重点可放在不可替代性的、技术含量更高的工作上，将公式化工作留给人工智能，通过数字代码得以收工。再造系列依靠软件自动触发式司法程序。区块链技术可以创建诉讼业务链（平台），由于区块链是一个强大的分散式数据库，其技术越来越被认为可以支持机器对机器通信，并可以基于互联网设备用于建构物联网运行程序。

司法区块链作为一个去中心化的证据管理、审验系统和法律法规数据库，具有安全、公正、高效、信息不可篡改、透明可访问、无第三方干涉等技术特点和优势。区块链基于大数据、互联网设备互联共享，对诉讼当事人及法官的行为信息数据自行存储、检索、加工、承载、传输、保存，不仅再造了立案、审判、执行程序，而且再造了法官管理和审判监督功能。

2. 司法智能再现功能

法律人草拟合同或审理合同纠纷的最大风险来自合同条款内容的不确定性和多义性。智能合约可以通过干（司律例定码）湿（纳入码）代码克服上述风险。当事人利用智能合约的纳入码确保合同条款内容的确定性，使复杂程序简单化，极大地提高了订约、履约和裁决的速度，降低了司法边际成本，削减了司法磨擦，提高了诉讼实效。智能合约在本身封闭技术框架内通过代码运行，语义简洁明确，依赖源代码自行履约。一旦缔约方签约，智能合约的代码将不可避免地消除违约可能性。违法违约现象减少了，对司法介入的需求也随之减少，便可实现司法裁决程序的智能化。

3. 法律法规再生功能

司法区块链使裁决者和被裁决者足不出户即可在区块链上轻松确定身份，

提交固定证据、质证答辩、快速公正裁决，这种拓荒式司法诉求对现有法律法规提出新的要求和前所未有的挑战，为了适应新的诉讼需求，大量调整新型法律关系的法律法规应运而生。首先，现有的三大诉讼法已经无法满足互联网法院及司法区块链的发展需求，催生互联网法院及区块链专用的刑事、民事、行政、海事、版权、金融六大诉讼法。从实体法角度来看，区块链还催生了数字信息法、网络空间法，网络空间已经具有支撑法域的资格，有必要竖立一个具有网络空间逻辑和规定规矩的独立自力法律关系体系。互联网、大数据、人工智能、区块链技术的普及将必然导致网络加密安全法的诞生。另外还有关于智能合约执行与分散式审判组织管理的第三方职业行为规范法、分散式审判组织管理法、互联网法院监管法、智能财产法、网络注册与登录规则、智能合约规则等新型法律法规。

4. 诉讼生态再建功能

司法区块链改变诉讼程序中的权（利）力平衡，将妨碍公正司法的权、钱、色的致腐因素彻底隔绝于司法程序之外，具有从程序上根治司法腐败和司法低效的优势。司法区块链将开创一个以分散式举证存证系统、质证审证系统、审理裁决程序法体系为特征的新诉讼模式时代。司法区块链技术鼓励当事人更加主动、积极、全程或潜在地参与诉讼进程中，从根本上解决现代诉讼中无法解决的司法“阳光不足”的问题。司法区块链使诉讼程序在网络化环境中完成，使司法腐败者、非法干预者、不良当事人等难以通过传递错误信息破坏共享司法数据库，确保诉讼信息及其传递过程的客观、合法、有效，无须审判机关现场查证。

司法区块链以其不可替代的程序价值和强大彪悍的司法功能将当代诉讼模式由分工细化推向简约高效，拉开了诉讼程序颠覆性改革的序幕。

三、加快建设司法区块链之“链”

2016 年工信部发布了《中国区块链技术和应用发展白皮书（2016）》，将区块链定位为一项新技术，并写入《“十三五”国家信息化规划》中，与人工智能、量子通信等共同被列入“战略性前沿技术”。2017 年第五届世界经济论坛上提到，区块链是继蒸汽机、计算机、互联网络外的第四次工业革命。2018 年习总书记在两院院士大会上将区块链和人工智能、量子信息、移动通信、物联网等并列称为“新一轮信息技术”的代表，北京互联网法院抓住区块链技术融合、功能拓展、产业细分的契机，构建主动存证与跨链接入相结合的天平链（1.0 模式）电子证据存证平台，解决了电子证据存证、上链证据在线勘验问题。2019 年习总书记强调区块链技术的集成应用在新技术革新和产业变革中起着重要作用，最高人民法院院长强调“要贯彻落实习近平总书记在中央政治局第十八次集体学习时的重要讲话精神，加强区块链、人工智能在司法领域的应用……”北京互联网法院采用区块链智能合约技术首例成功强制执行。以审判为中心的司法改革为司法区块链的应用提供了机遇和挑战。司法区块链运行离不开业务平台链、环境链、法律数据链、主体链及管理链等“硬”“软”链建设。

（一）加快司法区块链“硬链”建设

司法区块链“硬链”建设主要指基础网络运行平台建设和物联网建设。

为了抢占司法区块链技术理论及实践制高点，确立我国司法区块链领域的话语权、规则制定权、核心技术控制权等，必须加快建设司法区块链网络平台。司法区块链技术的运行和发展离不开互联网及司法专属的网络平台建设，当前亟待建设如下网络技术运行平台：立案分案平台（收案、分案处理及利用人工智能或程序员进行隐名处理）、链上举证存证平台（电子证据存证平台和实物证据存证平台）、质证审证裁决平台、结案平台（归卷和宣判平台）、所有者加密权益凭证平台、审查通信和文件信息共享平台、分散域名管理平台和防欺诈数字投票平台等。

司法物联网相当于网络司法机构的运输交通系统，“运输交通系统”作为重要的基础设施的组成部分，是保障网络司法系统和司法区块链的快速发展的前提条件之一，必须全面系统开发建设。

（二）加快司法区块链“软链”建设

司法区块链“软”链建设主要指法律法规链、诉讼主体链、司法管理链等建设。

1. 加快司法区块链之网络法律数据链建设

司法区块链使裁决者和被裁决者足不出户即可确定身份、提交证据、质证答辩、快速裁决及一键执行，现行法律已经无法满足司法区块链的发展需求。在程序法方面，亟待制定与网络化、智能化、数字化分散式审判组织和审理方式的刑诉、民诉、行诉、海事及知识产权诉程序法。在实体法方面，为调整司法和互联网、大数据、人工智能之间的关系，有必要建构具有网络空间逻辑和规矩的独立实体法律体系，如数字信息法、网络空间法、网络加密安全法等，另外还有调整智能合约执行与分散式审判组织管理关系的第三方职业行为规范法、分散式审判组织管理法、互联网法院监管法、智能财产法、网络注册与登录规则、智能合约规则等。2019 年 12 月北京互联网法院发布《天平链应用接入技术规范》和《天平链应用接入管理规范》堪称司法区块链立法典范。

2. 加快网络法官、司法程序员队伍及司法人工智能等主体链建设

未来司法领域将存在巨大的司法区块链人才缺口。司法区块链人才主要包括网络空间法官和网络司法程序员即网络书记员。目前急需加快司法区块链技术人才的选拔和培养。如果司法区块链技术被广泛采用，将减少集中式审判组织如合议庭、审委会等工作量，随之而来的将是大量减员裁员和机构精简。程序员的招纳、领导、考核、组织、监管等地级以上审判机关推荐、权力机关任命。司法程序员负责对“账本”主体个人信息进行遮蔽化处理，审判者由审“人”变为审“事”。当事人与审判者等诉讼主体个人信息被遮蔽后，杜绝人情案、关系案、金钱案等司法“顽疾”，从而有望彻底根除司法腐败。

目前厦门大学已经率先成立了区块链研究中心，各级教育主管部门及法学高等院校应当鼓励国内法律院校设立司法区块链研发中心，并尽快开设网络司法、司法区块链技术、司法区块链程序等课程。法学专业院校及司法机关应加快与计算机专业及人工智能专业院校联合制定司法人工智能研发计划，加快律师机器人、法官机器人、检察官机器人、程序员机器人等的生产和研发。

3. 加快司法区块链“管理链”建设

司法区块链技术的广泛运用不可能兼容司法一体化的全部属性，它一定会打破传统司法模式和诉讼结构内部的权力均衡。网络司法监管需要在一个由分散式应用、加密通信通道和自主代理组成的网络世界中得到重建。

区块链上的审判组织直接工作在“链”上，其成员数额庞大且匿名，网络裁决行为可能超越国界或管辖域界，对其管理完全依靠自律显然不现实。一旦发生管理责任，裁决者的法律责任由审判组织承担，审判组织责任由其建立者承担。从管理链角度来看，建立者对审判组织及其成员的管理及人事信息的掌握必须准确、真实、全程、动态，对其责任能力的考查必须全面、及时、客观，才能确保管理责任不落空。

区块链被看作支持整个互联网的域名注册系统的技术替代品。传统域名注册如 Google. com 等是通过互联网名称与数字地址分配机构（ICANN）进行管理的。区块链的应用颠覆了这种管理模式，它通过创建一个分布式域名注册表系统，在区块链数据库上存储域名列表，而不必经由第三方监管。

数据源头不实使司法区块链成为物联网主流管理工具。物联网将数十亿个信息转换成网络设备信息，但并非所有的信息都是可信的，其中一些甚至可能是恶意的。这些设备信息需要一个中央参照点即区块链帮助促进私密、安全和无须信赖的机器对机器的验证。区块链可以在任何给定时刻存储诉讼信息或法

律关系，智能合约明确法律关系主体的权利和义务。不同的法律关系和证据可以被编码到具有特定加密激活诉讼系统的区块链里，以便确保在任何给定时间只有特定的人能够利用该信息。

司法区块链技术的伪匿名（即伪遮蔽）问题可能给监管带来严重挑战。如果诉讼主体或第三方以伪匿名进行诉讼，就会使监管者难以追踪违法者的违法痕迹，减弱监管者发现不法行为的能力。如果违法者利用区块链的遮蔽和保密技术进行违法犯罪，将对法律人提出挑战。1994 年美国当局公布《通信协助执法法案》（CALEA），这是克林顿任期内通过的一部窃听法案，该法要求电信公司确保其具有内置的监控能力，引发世人非议。该法案与区块链“禁止泄密”之间存在严重的技术冲突。

（三）加快司法区块链试点和示范项目建设

司法区块链技术是跨学科的新技术，没有成形的技术经验可循。为了少走弯路，先启动试点建设和示范项目研发，待条件成熟再普及推广。对于这种涉及国家司法权、国家主权的大型系统工程，须由最高权力机关、最高司法机关等进行顶层设计，积极组织、策划、实施，不仅需要政府政策资金的扶持，而且需要司法机关、法学科研院所等法律人群体的广泛参与，更需要最高司法机关及权力机关顶层设计、完善上链标准和程序、扩大联盟链生态，为未来司法区块链发展建规立矩。[9]

结语

司法区块链以其无与伦比的技术优势和强大彪悍的程序功能，开启了自动触发式诉讼的新时代。司法区块链建设虽然刚刚起步，但其无坚不摧的生命力和由此而生的司法改革远景已经显现。在司法区块链的感召下，数字化、智能化、网络化司法将成为21 世纪司法改革的标配。

---

9 孙梦龙、陈文：《区块链视角下技术证明与法律证明的良性互证》，载《湖南社会科学》2020 年第6 期。

多重风险下数据跨境流动的法律规制

冯镇波*

【内容提要】 数字经济的到来使数据跨境流动成为数据治理的重要内容。数据是各类企业尤其是互联网科技企业的“血液”，保障数据“安全自由流动”具有重要意义。目前，我国关于数据跨境流动的制度供给远落后于我国数据产业的发展规模和速度，对我国进一步深度融入甚或引领全球数字产业发展形成障碍。因此，需要在充分认识数据跨境流动政策风险、安全风险以及经济风险的基础上，借鉴国外关于数据跨境流动规制的有益经验，明确我国的规制立场以及完善法律规制体系。具体而言，应当根据各类数据跨境影响范围和风险限度的不同开展分类规制，同时基于数据类型建立更为灵活丰富的数据流动规则，在此基础上进一步完善数据控制者的义务并健全责任追究机制，以实现数据价值最大程度发挥与国家安全、社会公共利益、数据主体权利保护的协调统一。

【关键词】 数据跨境　国家安全　个人信息　商业利益　数据责任

引言

数字经济背景下，数据作为人工智能和算法决策的基础原料及根本依托，已经逐渐成为一种重要的生产要素。目前，全球范围内数据流的增速已经远远超过商品流、贸易流和资金流，但世界范围内尚不存在统一的数据跨境传输国

---

* 冯镇波——西南政法大学企业法律风险防控研究中心研究员，主要研究领域：经济法学、数据法学。本文系2021年度重庆市教委科研创新项目“利益冲突与平衡：金融数据库安全发展的经济法规范路径”（项目编号：CYB21143）、西南政法大学2021年度中外学生联合科研创新项目“后疫情时代金融数据出境规制适用除外制度研究”（项目编号：21ZW－BS－01）的阶段性研究成果。

际规则，因而各个国家和地区分别根据其国情和立法价值取向采取不同的数据跨境传输规制政策。在规制数据跨境流动过程中，涉及的问题突出表现为数据自由流动与数据本地化保护之间的选择，这是由数据在性质上具有的复合多面性所决定的。数据“不仅涉及个人的尊严和隐私”，还“成为一种重要的经济资源，乃至于构成国家安全的重要组成部分”[1]。具体到数据跨境传输领域，传输地域范围的扩大表现出一体两面性的特征，即数据资源经济价值最大限度的实现以及数据主体安全性威胁加大，而不同利益诉求导向下多元立法价值取向，决定着对数据跨境流动所采取的不同规制力度。但总的来说，随着全球数字产业发展的融合越发紧密，数据跨境流动已经成为数字经济发展的必然选择，不宜对数据跨境流动进行过于严格的限制以免阻碍数字经济的发展。

麦肯锡研究发现，在近十年，数据流动为全球GDP贡献了10%的增长率，而数据连通性较高的经济体相较于连通性较低的经济体，高出了近40%的收益。[2]数据作为重要的生产资料，保障其合理流动是推动数字经济产业发展的必然要求，也是深度融入全球经济发展的客观条件。目前对我国《数据安全法》明确提出促进“数据跨境安全、自由流动”原则，既彰显出我国坚持贯彻对外开放和国际合作的基本立场，又体现了国家对数据主权和国家安全的高度重视。作为数字时代的“新石油”，数据本身蕴含着庞大的经济价值以及战略价值，通过互联网企业在全球范围内进行数据的收集和传输，可能成为影响一国经济发展以及国家安全的重要因素，需要正确把握数据跨境流动中涉及的风险，同时梳理现有体制机制障碍，通过完善相关法律制度为“数据跨境安全、自由流动”保驾护航。

一、数据跨境流动面临的风险与挑战

风险社会的来临使得风险无处不在，目前对数据的利用和认识尚处于初级阶段，人们对数据可能引发的风险了解和把控不足，应对经验也处于较为缺失的状态。尤其在涉及跨境数据传输这一过程时，风险的范围将大幅度扩展，其中不仅仅表现为企业面临的合规风险，还将对个人隐私安全形成挑战，甚或可能危害到一国的政治安全、经济发展。

---

1 周友军：《充分发挥司法审判职能作用，加强个人信息权保护》，载《人民法院报》2018年9月19日，第2版。

2 IDHub数字身份：《信任与流动创造繁荣，数据确权成为数据自由流动首要前提》，载链得得网，https：//www.chaindd.com/3101287.html，最后访问于2021年3月25日。

（一）政策风险——国际规则缺失导致的合规压力

随着大数据、云计算、互联网等手段的运用，数据跨境流动已经不存在技术层面的障碍，客观上数据处理与传输已经十分便利，同时网络环境下也并不存在现实生活中的地域划分，主要限制在于各国从法律层面以数据收集、存储的主体和地域作为划分主权的依据人为进行规制。由于当前不存在国际通行的跨境数据流动相关法律规则，各国分别基于其数据保护政策制定了相关网络和数据管理规定，呈现出“各自为政”的状态。数据跨境流动不仅需要符合国内监管要求，也必须关注国外的监管政策和动态，而完善我国关于数据输入和输出的法律规则，既是对等反制美国等国从我国进行数据输入的有力工具，也是保障数字经济有序发展的坚实基础。

同时，在跨境企业开展国际贸易过程中，监管机构根据执法、审查的需要，可能会要求企业提供收集、存储于境外的数据，即强制性的数据调取。由于历史因素和规制立场的不同，各国在数据跨境流动法律制度上存在显著差异，现在也未形成全球范围内有效的谈判协商机制，数据控制权俨然成了主权国家博弈的新战场，数据主权的争夺使得数据跨境流动全球治理的冲突和争端愈演愈烈。[3]例如，2013 年微软起诉美国司法部，认为司法部无权要求微软提供其在境外存储的数据。该案缘由在于美国司法部认为其有权向任何总部在美国的公司索取数据，无论该数据是收集、存储于境内还是境外，因而以案件调查为由，调取微软在爱尔兰数据中心存放的用户邮件数据。该案引发了美国司法机关是否有权调取企业在境外存储器上所存放数据的争议。其后美国通过“云法案”提出了“控制者标准”，授权美国法院取得受管辖科技公司所拥有、保管或控制的数据，而不论该数据存储于何处。[4]

（二）安全风险——个体和国家双重维度

首先，就数据主体个体信息安全层面而言，数据跨境流动可能加大数据的不当使用及数据泄露风险，从而对个人数据权利和个人隐私造成侵害。数据跨境传输具有体量大、速度快的特征，其中不可控制性更强。同时，在数据跨境流动中，涉及不同国家和地区主体，更加剧了数据不当使用以及泄露的空间。另外在现实中，众多公司为获取经济利益而向第三方出售消费者数据，尽管数

---

3 陈少威、贾开：《跨境数据流动的全球治理：历史变迁、制度困境与变革路径》，载《经济社会体制比较》2020 年第 2 期。

4 许可：《自由与安全：数据跨境流动的中国方案》，载《环球法律评论》2021 年第 1 期。

据控制主体大多数承诺并声称会对消费者数据进行匿名化处理以消除数据可识别至特定消费者的可能性和链接，但实际上，由于消费者天然所处的弱势地位，难以对数据匿名化过程和最终效果进行有效监督，因此极易出现数据的不当使用从而威胁到消费者的隐私安全[5]。

其次，就国家安全及国家数据主权的角度而言，单独的数据本身因与个体高度关联而具有隐私权的保护需求，而海量数据经整合、分析可产生具有战略意义的信息，其跨境传输成为事关国家安全的重要因素。随着大数据、算法等技术的发展，通过数据分析可以识别其中隐藏的主体行为模式、喜好偏向、健康情况等内容，数据的跨境流动则使得一国的社会状况被他国掌握，并有针对性地开展情报收集和研判。轰动一时的美国“棱镜门”事件，即揭示了美国国安局通过进入各种社交媒体网络服务器，非法获取境内外用户数据并进行跨境转移的秘密活动，无疑严重侵害和威胁到他国的国家安全。因此，在商业活动中收集、保存的数据跨境所涉及的国家安全问题日益受到各国的重视，需要将其纳入相关法律制度涉及的重要考虑因素范围内[6]。我国《国家安全法》中首次提出“网络主权”这一概念，而国务院颁布的《促进大数据发展行动纲要》中亦提出“数据主权”的概念。在数据跨境流动中既要从宏观层面考虑到关系国计民生的战略信息跨境传输带来的国家安全威胁，也应当警惕与国家经济、政治以及国民健康直接相关的部分敏感数据、重要数据的传输。

（三）经济风险——数字产业竞争压力

“数据就是石油”这一口号引发了各国对数据争相抢夺的热潮。虽然数据的性质能否与石油画等号存在疑问，但当前科技企业乃至国家科学技术的竞争，无疑在一定程度上体现出数据竞争的格局。企业通过广泛收集、处理和分析所形成的数据集合具有重要的商业价值，在此背景下，部分国家担忧，自由的跨境数据流动可能妨害本土企业的发展。数字产业较为发达的国家依赖本国市场已经形成了较为庞大的数据，若开放全球范围内的数据跨境流动，无疑将使数字产业较为发达并已积累起数据资源优势的国家竞争力减弱，从而影响本国数字产业的发展机会。保持数据保护措施的自主独立权力，有助于抵御发达国家对本国产业的侵蚀。因此，印度《保护隐私、赋能印度的自由公平数字经济》

---

5 翁国民、宋丽：《数据跨境传输的法律规制》，载《浙江工商大学学报（人文社会科学版）》2020年第2期。

6 马其家、李晓楠：《论我国数据跨境流动监管规则的构建》，载《法治研究》2021年第1期。

中，就提出限制数据跨境流动对外国投资、创造就业及专业人员具有促进作用，意图通过数据流动的控制推动本国数字经济产业发展。

二、国内外数据跨境流动政策比较研究

（一）国内外政策梳理

1. 国内法律规则

在我国现行有效的规范性文件中，对数据跨境流动的直接规制主要涉及法律层面的《网络安全法》《数据安全法》《个人信息保护法》，其他关于数据跨境流动的规则散见于各项法律、行政法规、部门规章及规范性文件中，尚未形成体系化、专门化、精细化的安排，规则的零散化、笼统化使得实践中跨部门、跨国家的监管协调难度较大，具有数据跨境需求的企业也缺乏规范的指引。

（1）在法律层面，《民法典》通过第111条确立了自然人个人信息受保护的基本立场，对于个人信息，任何组织或个人都应当依法获取并确保信息安全，不得非法传输、买卖、提供或公开他人个人信息。《网络安全法》第37条[7]首次对关键信息基础设施运营者作出关于数据本地化以及对数据进行安全评估的规定。但总体来说相关规定较为原则化和笼统，未明确关键基础设施的具体范围以及安全评估的标准和程序，对具体操作的指导不足。另外，《数据安全法》中涉及规制数据出境的部分措施，包括第2条扩展了我国有关数据安全法律保护的域外适用效力，[8]第24条确立了“数据安全审查制度”，规定对影响或可能影响国家安全的数据处理活动进行安全审查，第25条规定对属于管制物项的数据依法实施出口管制，将《出口管制法（草案）》中的管制物项从“货物、技术、服务”扩大到“数据”，其目的类似美国的《2018年出口管制法》和《出口管制条例》（EAR）项下对科技数据的出境限制。该法第26、36条还分别规定了对其他国家或地区在数据领域的歧视性措施可采取对等措施，以及境外机构跨境调取境内数据的审批制度。《个人信息保护法》第三章通过专章对个人信息的跨境流动规则进行安排，对一般性个人信息处理者、关键信息基础设施运营者以及处理个人信息达到一定规模的信息处理者向境外提供个人信息分别提出不

---

7 《网络安全法》第37条规定：关键信息基础设施的运营者在中华人民共和国境内运营中收集和产生的个人信息和重要数据应当在境内存储。因业务需要，确需向境外提供的，应当按照国家网信部门会同国务院有关部门制定的办法进行安全评估；法律、行政法规另有规定的，依照其规定。

8 《数据安全法》第2条规定：在中华人民共和国境内开展数据处理活动及其安全监管，适用本法。在中华人民共和国境外开展数据处理活动，损害中华人民共和国国家安全、公共利益或者公民、组织合法权益的，依法追究法律责任。

同要求。其中，对一般性个人信息处理者总体要求较为宽松，且法律提供了诸如安全评估、个人信息保护认证、签订标准合同等多种可选择的渠道，对后两种处理者收集与产生的个人信息本地化存储提出了要求，原则上向境外提供必须经过安全评估。

（2）在行政法规层面，主要涉及金融领域信息境内储存、处理、加工等内容，包括2011年1月21日中国人民银行发布的《中国人民银行关于银行业金融机构做好个人金融信息保护工作的通知》第6条，在中国境内收集的个人金融信息应当在中国境内进行储存、处理和分析，除法律法规规定以及人民银行另有专门规定外，不得向境外提供个人金融信息；2013年1月21日国务院发布的《征信业管理条例》第24条，要求征信机构在中国境内采集的信息应当在中国境内进行整理、保存和加工，向境外提供信息应当遵守法律法规的相关规定。

（3）在部门规章及规范性文件层面，国家互联网信息办公室于2019年5、6月先后公布三部征求意见稿，即《网络安全审查办法（征求意见稿）》（以下简称《审查办法》）《数据安全管理办法（征求意见稿）》（以下简称《管理办法》）及《个人信息出境安全评估办法（征求意见稿）》（以下简称《评估办法》）。目前，《审查办法》已公布实施。按照《审查办法》的要求，网络运营者采购网络产品和服务时，应当预判该产品和服务投入使用后可能带来的国家安全风险。影响或者可能影响国家安全的，应当向网络安全审查办公室申报网络安全审查；按照《管理办法》之要求，网络运营者向境外提供重要数据前，应当评估可能带来的安全风险，并报经主管部门批准同意。同时《管理办法》在附则中对重要数据的含义进一步作出解释。[9] 按照《评估办法》之规定[10]，网络运营者向境外提供个人信息，均应按要求进行安全评估，可能影响国家安全、公共利益和个人信息安全的，不得出境。

2. 其他国家和地区法律规则

（1）美国

出于促进本国企业在数字经济下良性发展的目的，美国政府坚定支持和拥趸数据跨境自由流动。早在奥巴马政府时期就颁布《开放政府指令》，确立了“透

9 《数据安全管理办法（征求意见稿）》第38条规定：……（五）重要数据，是指一旦泄露可能直接影响国家安全、经济安全、社会稳定、公共健康和安全的数据，如未公开的政府信息，大面积人口、基因健康、地理、矿产资源等。重要数据一般不包括企业生产经营和内部管理信息、个人信息等。

10 《个人信息出境安全评估办法（征求意见稿）》第2条规定：网络运营者向境外提供在中华人民共和国境内运营中收集的个人信息（以下称个人信息出境），应当按照本办法进行安全评估。经安全评估认定个人信息出境可能影响国家安全、损害公共利益，或者难以有效保障个人信息安全的，不得出境。国家关于个人信息出境另有规定的，从其规定。

明”“参与”“协作”的核心价值，随后在2013年6月签署的《开放数据宪章》中规定在本国实施数据开放的政策。另外，在其主导的多边条约，如《TPP协定》及《美墨加协定》（USMCA）中，均要求促进商业信息跨境自由传输，严格限制数据本地化措施。除了积极推动数据自由流动之外，美国还意图将其数据主权在全球范围内扩张。2018年3月28日，美国议会通过《澄清境外数据的合法使用法案》确立了“控制者标准”，该法案的适用使得美国执法机关有权对美国企业所控制海外数据进行调取，即规定美国法院可以向受管辖的科技公司发出法律命令，以取得该公司所拥有、保管或控制的数据，而不论数据存储于何处。

值得注意的是，美国政府对数据跨境传输也作出了一定限制。美国主导的经合组织于2013年制定的《隐私保护和个人数据跨境流动指南》（以下简称隐私指南），强调数据控制者应对个人数据负责，保证数据在传输过程中的安全，即规定了数据控制者“问责制”。对隐私数据、重要数据进行不同程度的管理和限制，“重要数据”的范围包括国家经济数据、政府管理数据、公共信息数据、敏感技术数据等。2016年9月更是发布了包含农业、受控技术信息、关键基础设施、应急管理、出口控制、金融等共计23类信息的受控非秘信息列表。另外，其他国家要调取存储于美国境内的数据，必须通过美国“适格外国政府”之审查，需要满足美国所设定的数据自由跨境流动的相关标准。

（2）欧盟

欧盟一直以来都注重对公民个人信息权利的保护，数据立法亦以个人权利保护为核心，因此对数据跨境流动采取严格限制的审慎态度。通过《一般数据保护条例》（GDPR）和《非个人数据在欧盟境内自由流动框架条例》，试图在欧盟区内“构筑单一数字市场”，并且按照“外严内松”原则，保障数据在欧盟范围内的自由流动，消除各成员国的数据本地化要求。而欧盟成员国以外的国家和地区，则需要达到其规定的标准方可进行数据的传输。根据《一般数据保护条例》，禁止成员国内个人数据传输至保护不充分、无适当安全维护措施、不符合特定例外情况的境外国家。欧盟要求依据“充分程度保护”（adequate level of protection）标准建立“白色清单制度”。按照“充分程度保护”标准要求，个人数据跨境传输必须保证输出的数据在数据接受方至少能够得到与数据输出国相同程度的保护。通过这一认定标准进行概括许可的方式，对个人数据跨境传输作出规定，建立“白色清单制度”，对数据输入目的国的数据保护水平进行判定，仅将符合标准的国家作为许可的数据输入地。[11]

11　齐湘泉、文媛怡：《构建“一带一路”个人数据跨境传输法律制度：分歧、共识与合作路径》，载《河南师范大学学报（哲学社会科学版）》2019年第6期。

（3）澳大利亚

澳大利亚对数据跨境流动的规制总体持中立态度，一方面，作为经合组织成员国，遵循隐私指南中规定的数据保护原则，在允许数据跨境自由流动基础上对特殊情况进行限制。同时基于隐私指南制定了国内的《隐私法》以及数据跨境流动规则。另一方面，其也按照欧盟“充分程度保护”标准积极完善国内的数据保护水平，系欧盟认可的具有适当资格的能够作为数据传输中的数据接受方。在澳大利亚联邦层面，数据跨境流动规制框架的法律制度包括 2014 年重新修订的《隐私法》第三章 16C 部分以及《澳大利亚隐私原则指南》第八项。按照这一框架要求，澳大利亚隐私原则实体（APP Entities，即机构或组织）应确保海外接受方按照隐私原则处理个人数据和信息，隐私原则实体应对接受方处理不当的行为承担责任。[13] 在禁止跨境流动的数据方面，《个人控制电子健康记录法》规定，一般情况下禁止个人健康数据向域外传输。

（4）印度

印度为典型的实施数据本地化并限制数据跨境流动的国家。最早追溯于 1993 年《公共记录法》中，即规定除“公共目的”外，任何人不得在未经中央政府批准的情况下，将公共记录向境外传输。随着数字产业的发展，印度进一步颁布《电子药房规则草案》《个人数据保护法草案 2018》《印度电子商务：国家政策框架草案》等规则对数据跨境传输作出诸多规定，并明确数据本地化要求。根据《电子药房规则草案》，通过电子药房门户网站形成的数据需要在印度本地进行维护，不得向境外传输或在境外存储；2018 年 7 月发布的《个人数据保护法草案 2018》总体上仿照欧盟 GDPR 的规定，通过被遗忘权、数据可携权等权利的引入，加强国内个人数据的保护水平。其中又将个人数据划分为一般个人数据、敏感个人数据以及关键个人数据，按数据性质不同分别采取不同的跨境传输机制以及数据本地化要求；《印度电子商务：国家政策框架草案》于 2018 年 8 月发布，通过建立数据中心、使用境内服务器等措施，推动数据本地化存储，同时也列举出不需要受数据跨境规则以及数据本地化限制的数据类型。[14]

（二）国内外政策比较分析

尽管各国家和地区均在不同程度上通过各种规则和标准的设立，加强了数据跨境流动的立法规制，但总的来说，国际上主要形成以欧盟和美国为两大标

---

13 黄鹂：《澳大利亚个人数据跨境流动监管经验及启示》，载《征信》2019 年第 11 期。

14 胡文华、孔华锋：《印度数据本地化与跨境流动立法实践研究》，载《计算机应用与软件》2019 年第 8 期。

杆的规制数据跨境流动的立场，一种是以数据自由流动为主的范式，另一种是数据主体权利保护为主的范式。

欧盟采取严格限制数据跨境流动的措施，人为提高了其市场准入的门槛，显著增加了其他企业进入市场的制度壁垒，无疑对数字经济的发展形成掣肘。另外，其依据“充分程度保护”标准建立的白名单制度尽管便利了部分范围内国家之间数据的流动，实际上却体现出较强的数据保护主义，系部分数据输出国用以主导全球数据流动规则体系的建构，从全球范围看容易形成少部分国家组成的经济利益集团，与世界数字经济公平协调发展的愿景背道而驰。与此类似，印度采取较为严格的数据本地化以及数据跨境流动限制措施，也是寄希望于通过本土庞大的数据量实现数据资源的原始积累，以期转换为数据价值的本土化，进而在全球数据经济竞争中占据优势地位。相反，美国一直致力于推动数据跨境自由流动，这一措施有助于企业积极融入国际化贸易，促进本国科技企业在数字经济发展中取得优势，同时也对政府治理能力提升具有裨益。这是因为在数据开放的基础上，政府以及企业均可能大规模开采数据形成数据集，用以开展公共管理和商业活动，从而为政府治理提供决策参考，促进经济增长[15]。但同时，美国在本国和他国进行数据调取采取宽严不同的限制措施，此举无疑体现出明显的差别和不公对待。

梳理我国数据跨境流动规则不难发现，总体而言相关制度较为零散而不系统，专门化且体系化的法律及相关实施办法尚在制定过程中。现有的《网络安全法》《数据安全法》《个人信息保护法》均确立了对关键信息基础设施的运营者收集的个人信息和重要数据出境采用“原则禁止，以经安全评估为例外”的监管模式。上述数据仅能在境内存储和传输，非经安全评估不得向境外提供，并且规定了系列数据本地化的措施，加强数据传输和存储的本地化。但上述规定过于简单，对“关键信息基础设施”“重要数据”“境内收集信息”“境外提供”等概念和活动如何进行认定尚不明确，缺乏具体的执行细则。《个人信息保护法》在关键信息基础设施运营者的基础上，增设了处理个人信息达一定数量的信息处理者，同样遵循“本地化限制 + 安全评估”这一出境限制的要求，但如何界定“达一定数量”，且该标准制定的科学性、合理性、灵活性如何把握也是亟待解决的难题。同时从《网络安全审查办法》及目前国家互联网信息办公室公布的征求意见稿来看，重点在于对个人信息和重要数据出境的审查评估制度的确立，体现出我国当前对数据跨境传输总体保持较为严格限制的审慎态度，

15 曹博：《跨境数据传输的立法模式与完善路径——从〈网络安全法〉第 37 条切入》，载《西南民族大学学报（人文社会科学版）》2018 年第 9 期。

与欧盟所持保守态度较为接近。但与欧盟相比而言，不同之处在于，我国各法律文件体现出立法者对数据跨境传输持较强的国家安全和公共利益、个人信息保护立场，在这一大的方针指导下兼顾数据主体的保护，而欧盟法律规制的出发点在于对个人信息权利的保护，我国法律规制的价值目标较为多元。

目前，我国关于跨境数据流动的法律制度尚不完备，难以为数据双向流动提供明确的行为准则和稳定预期，也难以对国外企业在国内开展的违规数据活动形成约束。一方面，非法收集数据、滥用数据的行为无法得到有效规制，另一方面，境内外企业不规范使用数据均会给国内市场竞争产生损害。国内跨境数据流动法律规则的缺位无疑对跨境贸易有序开展形成了一定的桎梏，因此，深入分析我国数据跨境流动法律规制中的重点问题，破除监管体制机制障碍，形成系统规范的规制框架，对进一步推进我国数字经济发展具有重要意义。

三、构建数据跨境流动规制框架的重点问题

（一）我国规制数据跨境流动的立场选择

1. 结合我国数字产业实际发展情况考量

2020年3月30日，中共中央、国务院发布的《关于构建更加完善的要素市场化配置体制机制的意见》提出“土地、劳动力、资本、技术和数据”五大生产要素理论，指出加快培育数据要素市场化配置。据统计，截至2020年，我国数字经济规模达5.4万亿美元，总量位于世界第二，[16]数字经济核心产业所占国内生产总值比重不断提升。当前，以“BAT”（百度、阿里巴巴、腾讯）为首的互联网企业业务遍布全球，初步形成了涉及跨境电商、跨境金融、信息科技等多行业、多领域和多样态的数字经济产业生态。与数字经济发展规模不相符的是，我国数据跨境流动的规模过小（美国2020年数字经济规模达13.6万亿美元，[17]因而我国数字经济规模接近于美国数字经济规模的40%，但根据统计，我国跨境数据流动的规模仅为美国流动量的20%，总量与新加坡相当[18]）。数据是数字经济时代重要的生产要素，其流动对全球贸易的开展和通信不可或缺，

---

16 《全球数字经济白皮书——疫情冲击下的复苏新曙光》，载中国信息通信研究院网站，http://www.caict.ac.cn/kxyj/qwfb/bps/202108/t20210802_381484.htm，最后访问于2021年12月10日。

17 《全球数字经济白皮书——疫情冲击下的复苏新曙光》，载中国信息通信研究院网站，http://www.caict.ac.cn/kxyj/qwfb/bps/202108/t20210802_381484.htm，最后访问于2021年12月10日。

18 麦肯锡全球研究院：《中国与世界：理解变化中的经济联系》，载“McKinsey&Company”，https://www.mckinsey.com.cn/中国与世界：理解变化中的经济联系，最后访问于2021年3月10日。

若我国对数据流动仍采取严格限制的策略，无疑将极大阻碍中国经济全方位与世界融合，也与我国当前数据强国的地位不相匹配。按照印度司法部专家所言，数据流动仅仅对美国等少数在数字经济具有先发优势的国家具有优势，发展中国家和欠发达国家应当专注于数字基础设施建设，数据本地化有利于本国数字经济发展，因此印度采取十分保守的数据保护措施。尽管我国仍处于发展中国家序列，但我国数字经济发展规模实际上已经居于世界领先地位，不应当过于拘泥于固有思维而固步自封，应当以更加开放的态度和积极的心态融入数字经济发展，通过不断提高风险管理水平并健全法律制度保障，促进数据跨境的有序流动。

2. 数据自由跨境流动原则下的安全保障

“数据即石油”引发了全球范围内争夺数据的浪潮，但实际上，数据的非稀缺性、非竞争性和价值的变化性决定了其并非真正意义上的“石油”，并不应当遵循与土地、矿产资源相同的管控逻辑。要真正在数字经济时代掌握获得可持续的竞争优势，关键在于不断提升数字技术，利用数据创新商业模式，提供更优质的产品和服务供给。[19] 根据欧洲国际政治经济研究中心的报告，数据的限制已经导致欧盟、印度和中国分别为 0.48%、0.25% 和 0.55% 的 GDP 损失。[20] 实际上，数据跨境传输已经成为客观需要，若对数据跨境传输通道人为设置制度障碍，无疑会使数据正常传输活动从地上转为地下，地下的数据跨境传输将导致更为严重的数据泄露和数据滥用情况。国内已经广泛存在数据黑灰产业平台和链条，对个人隐私、企业利益和国家安全均构成威胁。[21] 因此，对数据跨境传输“宜疏不宜堵”，应当以促进跨境贸易便利化的数据安全自由流动为目标，构建规范的法律规制体系，妥善化解数据跨境流动与国家安全、企业利益和个人权利的冲突。

在数据跨境流动规制的总体方向上，我国应积极促进数据安全、自由流动，进而提升数字产业国际竞争力和国际规则制定的话语权。实际上国际规则制定主导权往往掌握于经济实力更加强劲的国家手中，因此一国数字经济发展水平往往反向决定着其参与国际社会有关数据治理规则制定的话语权。目前若遵循欧盟数据保护标准和路径，希望通过制度标准的先进性寻求国际话语体系的主

---

19 Manne, Geoffrey and Sperry, Raymond, The Problems and Perils of Bootstrapping Privacy and Data into an Antitrust Framework, CPI Antitrust Chronicle, No. 2, 2015.

20 参见欧洲国际政治经济中心（ECIPE）2018 年 4 月发布的《全球数字贸易限制指数报告（DTRI）》。

21 薛亦飒：《多层次数据出境体系构建与数据流动自由的实现——以实质审查制变革为起点》，载《西北民族大学学报（哲学社会科学版）》2020 年第 6 期。

导权，则可能丧失数字经济时代借助科学技术发展“弯道超车”的机会。因此，相较而言应当将数字经济的发展摆在当前更重要的位置。数据又是数字经济发展的关键要素，数据的跨境传输无疑将为数字经济时代资源优化配置以及经济增长提供重要支撑和燃料。

但这并不意味对数据安全保护的放弃。当前，在《网络安全法》第12条提出“网络信息依法有序自由流动”的基础上，《数据安全法》第11条中，已经首次明确提出“数据跨境安全、自由流动”的基本原则，其中包含“数据自由流动”与“数据安全流动”两大要义，以平衡对外开放与数据安全双重价值目标。但在后续的立法及配套制度安排中，需要明确“安全”的范畴，以免该限定条件的滥用。结合目前数据流动中涉及的风险，安全应当既包括国家安全，也包括部分个人权利和公共秩序，在数据跨境流动立法中，首先应确立三重价值目标：一是个人数据权利保护；二是促进数字产业发展，提升企业国际竞争力；三是保护维护网络主权和国家安全，进而通过这三重价值目标的确立引导法律制度的制定完善。

（二）我国数据跨境流动监管体制的确立

科学合理的监管执法机制是保障法律制度得以有效落实的关键。目前我国并没有确立独立的数据保护执法机构，主要采取“分行业监管”的模式，由各行业部门具体负责其领域内数据监督管理职责。数据跨境流动监管执法涉及网信部门、安全部门、公安部门和各行业分管部门，现有法律法规并没有对各部门具体的监管分工和协调机制进行明确，导致实践中监管真空与监管冲突同时存在，既有的监管资源没有得到充分有效的发挥，造成监管资源的浪费和不合理配置。因而现阶段我国数据跨境流动中，相关主体的权利并未得到有效的保护，同时也难以为数据安全审查和评估提供有效的保障。从国际经验来看，欧盟建立了独立的国家数据保护机构，基于《一般数据保护法》第51条之要求，每个成员国必须建立一个或多个与数据保护监督相关的公共机构，并保持执法和权力行使的独立性。根据第45条之规定，在评估某非成员国是否达到对个人数据“充分性”保护要求时，也将该国是否具有有效运行的官方数据保护机构作为评判标准。新加坡早在2013年就设立了专门的个人数据保护委员会，作为个人数据保护事务的官方权威机构。据统计，世界范围内已经有75个国家设立了独立的个人数据保护机构，并对机构的独立性作出明确的法律规定。

监管部门针对数据跨境流动的监管方式主要在于数据审核和安全评估，部分学者从我国既有监管惯例出发，认为实行以行业主管部门为主的审核体制符合我国监管体制惯性，但是需要设立或由专门机构统筹不同行业主管部门的审核职能，代表我国统一处理数据跨境流动的对外合作事务。[22] 部分学者认为，无论是从执行能力还是保护效果来看，在我国设置独立的数据跨境监管机构更符合大数据时代的需要，有必要在制定跨境数据流动法框架内设立全国数据保护委员会，授予其行政调查权、建议权、登记备案权、处罚权等，或者在现有行政执法部门中确定一个有最终监督权限的部门，负责执法标准和执法权限的统筹协调。[23] 总体而言，可供选择的数据跨境流动的监管模式有二：一是通过设立专门的数据保护部门统一负责各类数据跨境流动的监管；二是在现有政府机构的基础上，采取将数据分行业进行多头监管的机制，但需要进一步明确各机构如何进行分工与协调，并确立专门的统筹协调部门和机制。接下来，我国应该提高立法技术，从我国数字产业发展的实际状况出发，积极借鉴国外相关先进经验，进行充分论证，选择适合我国既有监管体制的数据跨境流动监管体制，合理分配数据监管权并有效保护相关主体的权益。

四、数据跨境流动法律规制体系的构建

（一）基于数据类型的不同开展分类规制

不同类型的数据在跨境传输中具有不同的风险，其泄露或不当使用所涉及的利益主体、影响范围也不尽相同，针对不同类型的数据跨境流动的规制手段、审查严宽程度理应有所区别。应当以数据的重要程度、收集处理机构、利益主体的不同作为依据，对各种类型的数据进行明确划分，在各个领域采取分级分类的监管手段，即建立数据跨境的类型化规制模式。分类监管模式有助于在确保数据安全的情况下，最大限度地提升数据跨境流动的效率以及确保规制措施的适度性。其他国家亦针对其境内具有特殊性的数据进行特殊规制的监管方式，如法国对政府管理、商业开发、税收数据特别作出规定，要求这些数据进行本地存储；澳大利亚则明确禁止涉及健康、医疗等个人敏感信息的数据出境；美国不允许属于安全分类的数据存储在任何链接公共云数据中，特别是对于公民敏感数据，要求美国的安全审查标准不低于欧盟。[24]

我国法律法规应当进一步完善数据分级分类的详细标准及审核、评估等管理规则。从数据的重要程度和敏感程度考虑，可将数据分为重要数据、敏感数据、一般数据等。目前，我国《网络安全法》第 37 条明确关键信息基础设施运营者的重要数据境内存储和出境评估制度，《管理办法》第 28 条规定，网络运

---

22 马其家、李晓楠：《论我国数据跨境流动监管规则的构建》，载《法治研究》2021 年第 1 期。

23 许多奇：《论跨境数据流动规制企业双向合规的法治保障》，载《东方法学》2020 年第 2 期。

24 汤莉：《加快构建跨境数据流动治理体系》，载《国际商报》2020 年 8 月 3 日，第 3 版。

营商在向境外提供重要数据前，应当评估可能的安全风险，并报主管部门同意。但上述文件均未明确重要数据的范畴，尽管《数据出境安全评估办法（征求意见稿）》和《管理办法》对何为重要数据有所涉及，尝试明确该范围，但总体上仍较为宽泛，在定义时应当进一步缩限范围，应当将重要数据限定在其泄露或不当利用将对国家安全、领土完整、国家主权和经济发展产生重大影响的范围内。对于重要数据，数据主权除了防御性权力外，还表现为国家对境内数据的管控力和境外数据的控制力上。当他国存在威胁我国国家安全的事由时，基于国家安全，我国亦有权要求调取境外相关数据，但在数据调取中，也应当严格以“重要数据”的范围为限。相较于重要数据，将非重要数据按照所属行业、对于个人和企业敏感程度的不同，分为敏感数据和一般数据。另外，根据数据来源的不同，可将上述数据划分为个人数据、商业数据和行业数据，不同数据在权属分配上存在差异，对国家安全、个人权利和公共利益的影响程度不尽相同，应当据此区分数据控制者所遵循的数据保护措施和规则、责任承担和惩罚机制等。

（二）建立灵活丰富的数据跨境流动规则

按照我国现有法律法规体系和监管实践，数据跨境流动系采取较为严格的监管部门审核“许可”模式，包括事前申报批准、主管部门评估等。实践中，该模式难以适应高速发展的数字经济规模、多样化的数据传输形式以及极为快速的交易速度，存在适用空间的障碍。实际上，在建立较为详细的数据分类标准的基础上，对于并不涉及国家安全、社会秩序和特定行业的数据，可以建立相应的数据豁免审核制度，采取诸如数据主体间的合同协议规制、充分保障措施、“白名单制度”等多样化的数据跨境流动规则，以满足大规模数据跨境流动的需要和数据跨境流动效率的提升。例如，欧盟在2001年和2004年先后推出了两套标准合同条款（简称SCC），该格式条款的适用系通过合同规制的私法手段保障数据主体权利，可使数据跨境传输企业免于欧盟数据保护机构对其数据传输风险的审查和评估。同时，欧盟建立了较为完善的“充分保护程度”标准和“白色清单制度”，丰富并便利了数据跨境流动的渠道，值得我国借鉴。

首先，我国应当建立覆盖事前、事中、事后全流程的数据流动安全审查和评估制度。明确强制性安全审查的范围主要包括涉及重要数据、特定行业数据出境，可能影响国家安全和社会秩序的数据。同时，进一步明确重要数据和特定行业的范围，审查评估的主体、程序、申诉机制等。对于除上述范围之外的数据，数据控制主体可以依据其具体情况自愿申请安全审查评估，经监管部门评估通过后可以自由出境。其次，对于重要数据和特定行业数据之外的数据，建立“白名单机制”以及充分性保障措施的认定。根据一国数据保护法律制度完备情况、具体的数据保护环境、损害救济机制的有效性等进行认定，若是其经审查评估符合本国数据保护的最低要求，可将其纳入数据跨境流动“白名单”中，本国数据控制企业得以向其自由传输数据。对于向“白名单”之外的国家传输数据，则根据数据接受方是否满足充分性保障措施进行。充分性保障措施包括：数据控制者和接受方是否签订标准格式条款，该条款是否规定了数据主体保护具体措施，案件管辖以及责任分配是否充分保障我国数据主体权利；经官方认可的机构对数据控制者和接受方数据保护水平的认定，包括是否具有安全稳健的信息系统和工具、健全的数据安全风险预测、评估和处理机制及对应的人员和组织保障等。

（三）明确数据控制者的义务并健全责任追究机制

在放松数据跨境审核的环境下，数据控制者作为直接的行为主体，强化其义务和责任的规定，是保证其严格遵守数据跨境流动规则、建立完善的风险评估架构、保护数据主体权利的有效手段。上述欧盟第一套 SCC 条款要求数据控制人与境外数据接受方对数据主体遭受的损失承担连带责任。第二套 SCC 条款相较于第一套条款将数据控制人的义务从事后提前至事中，以对数据控制人的行为进行规范，取消数据控制人承担连带责任的设置，转而规定了数据控制人的信义义务。不仅要求数据控制人尽到审慎使用和保管数据的义务，还要求其对数据接受方的财务状况、经营状况和数据保护水平进行严格调查[25]。同时，在境外数据接受方具有侵权行为的情况下，数据主体有权要求数据控制人在一定期限内采取适当的措施阻止侵权行为，对数据进行保护。经过 SCC 条款适用的实践证明，在数据跨境传输中，通过加强数据控制者的责任和义务，可对数据主体权利起到重要的保护作用。因此，在 2018 年，欧盟根据 SCC 条款，进一步从六大方面明确规定了数据控制者的责任，包括处理时长、境外再传输的通知、保密条款，以及数据处理者的配合义务等内容。[26]澳大利亚建立了数据创始人制度（Originator），数据创始人即生产数据的主体，数据生成时创始人即需要对数据不当使用或非法访问带来的损害进行评估，若该损害将影响国家和他人利益，则需要对该数据进行标识保护，跨境前需要采取适当的保护措施。

欧盟及澳大利亚关于数据控制企业责任的规定值得我国借鉴。首先，应当

25 Aaronson, Susan Ariel。The Digital Trade Imbalance and Its Implications for Internet Governance, SSRN Electronic Journal, No. 25, 2016.

26 薛亦飒：《多层次数据出境体系构建与数据流动自由的实现——以实质审查制变革为起点》，载《西北民族大学学报（哲学社会科学版）》2020 年第 6 期。

明确数据控制企业的“信义义务”，以平衡数据跨境流动中数据主体与数据控制者的权利义务。欧盟通过《一般数据保护条例》赋予个人数据权利的路径构建了个体与企业之间的信任关系，但“个体授权—企业担责”这一单向路径难以实现用户和企业的共赢。可以通过“信义义务”的引入，承认用户和企业双方利益，但企业所享有的数据权益必须建立在用户利益保障的基础之上。一方面，数据控制企业可以对数据拥有开放性权利，在保障用户数据安全的前提下最大化实现数据价值；另一方面，数据控制者需要对用户数据尽到勤勉忠实的义务，即使在数据出境后，其仍然应当承担“信义义务”[27]。具体而言，凡业务中涉及数据收集、处理和传输的企业，均应建立专门的数据保护和风险控制体系，加强数据风险的内部控制，尤其对于数据出境业务，应当以数据主体的利益保护为基本原则，经过内部专门的合规审查和风险评估，确保数据传输的安全并符合各项监管要求。其次，完善数据控制者事后责任追究机制。对于“低风险、高需求”的一般数据，应降低或放开其跨境安全评估，通过合同规制的方式对主体设置数据保护的义务。与此同时，在放开一般数据审查评估的环境下，由于数据主体相较于数据控制者天然处于弱势地位，数据控制者的侵权行为难以被有效察觉，同时境外数据接受方处于司法管辖之外，数据主体对境外主体侵权行为的维权难度大幅增强。在此背景下，应当加重数据控制者的责任和义务，完善对数据控制者的事后追责机制，从而切实督促其在数据跨境中履行充分的审慎和注意义务。具体而言，可以参考欧盟所制定的第一套SCC条款，规定数据控制者和境外数据接受方的连带责任，即数据控制者需要对境外数据接受方造成的损害承担责任，以保障数据主体的损失得到有效的赔偿。

27 许可：《自由与安全：数据跨境流动的中国方案》，载《环球法律评论》2021年第1期。

人工智能刑事法律主体地位与归责判断

闻志强　梁小敏[*]

【内容提要】人工智能的发展引发了学界对其刑事法律主体地位的思考，主要有肯定说与否定说两种观点。虽然科技在不断发展，但是人工智能在刑法视野中仍是犯罪对象、犯罪工具，不具备刑事法律主体资格。人工智能本质上不具备自由意志，没有刑事责任承担能力，即使客观上造成了法益损害的结果，其行为无法被认定为刑法意义上的行为，也无法像自然人和法人（单位）犯罪一样被追究其刑事责任。即使刑法能够对人工智能进行规制，人工智能也不能适用既有刑罚。现有刑罚以及学界所谓重构的新刑罚体系对人工智能既无刑罚效果，也无法实现刑罚目的。刑法作为最后保障法应保持谦抑性，贸然将人工智能本身纳入刑法规制，不仅会引起刑事处罚过度前置，还会冲击和销蚀既有刑法体系。对人工智能致损涉罪案件应当区分不同情形，进行各自独立的刑事归责判断。

【关键词】人工智能　刑事法律主体地位　自由意志　刑事责任　刑罚目的

一、问题的提出

人工智能是近年来备受关注的新兴科技。伴随着人工智能技术跨越式的发展，人工智能产品已经走出实验室，从单纯的工具转变为帮助甚至替代人类进

* 闻志强——广州大学法学院讲师，广东省社会科学研究基地国内安全与社会稳定中心研究员，主要研究领域：刑法学；梁小敏——广州大学法学院研究助理，主要研究领域：刑法学。本文是闻志强主持的广东省哲学社会科学“十三五”规划项目“人脸识别的法律风险前瞻与刑法应对”（项目编号：GD20YFX01）的阶段性成果。

行决策或实施某些原本由人实施的行为的人工智能体。审视当前人工智能的杰作不胜枚举，亚马逊公司的个人助手 Alexa、谷歌公司的 AlphaGo、苹果公司的智能私人助理 Siri、特斯拉公司的自动驾驶汽车等人工智能系统都已经投入社会应用。[1] 人工智能的社会化应用得到了国家发展战略层面的大力支持。紧跟美国、英国等发达国家的脚步，我国提出了新一代人工智能发展战略，全力推动人工智能的技术发展和社会应用。人工智能的社会化应用不仅开启了智慧生活社会，也开启了技术风险社会。实践中，人工智能技术引发了一系列发人深省的风险问题。2015 年大众机器人“杀人事件”、2016 年 Twitter 聊天机器人“言论侮辱事件”、2016 年特斯拉自动驾驶汽车车祸致死事件[2] 以及 2018 年亚马逊智能音响 Alexa“恐怖怪笑”事件[3] 等人工智能脱离控制事件的发生，昭示人工智能技术的风险和担忧已经转化为现实。这些典型的人工智能机器人致损事件与案例具体情况如下。

案例一：2015 年大众机器人“杀人事件”。2015 年 6 月 29 日，德国汽车制造商大众公司称，该公司位于德国的一家工厂内，一个机器人杀死了一名外包员工。死者为一名 21 岁的工人，案发时正在安装和调制静止的机器人，机器人突然“出手”击中工人的胸部，并将其碾压在金属板上，导致工人当场死亡。

案例二：2016 年 Twitter 聊天机器人“言论侮辱事件”。2016 年，微软开发的 Twitter 人工智能聊天机器人 Tay 上线，首日就出现了问题。由于 Tay 会在对话中不断学习，在怀有不良居心的网友的引导下，Tay 学会了各种脏字以及阴谋论，不但辱骂用户，还发表了种族歧视和性别歧视言论。

案例三：2016 年特斯拉自动驾驶汽车车祸致死事件。2016 年 1 月 20 日，23 岁的高某宁驾驶一辆特斯拉汽车在京港澳高速邯郸段行驶时，与前方的道路清扫车发生追尾事故身亡。经交警认定，事故中，驾驶特斯拉的司机高某宁负主要责任。而后，特斯拉方面确认在车祸发生时，车辆处于“自动驾驶”状态。[4]

案例四：亚马逊智能音响 Alexa“恐怖怪笑”事件。2018 年 2 月，美国亚马逊公司的人工智能助手“Alexa”在没有被唤醒的情况下，毫无征兆地发出类似于年长女性大笑的声音，有不同的网友在社交媒体记录了此事。对此，亚马逊

---

1 皮勇：《人工智能刑事法治的基本问题》，载《比较法研究》2018 年第 5 期。

2 卢宇、邓文迪：《人工智能刑事责任主体否定——基于资格、行为、刑罚的检视》，载《华南理工大学学报（社会科学版）》2020 年第 5 期。

3 皮勇：《人工智能刑事法治的基本问题》，载《比较法研究》2018 年第 5 期。

4 卢宇、邓文迪：《人工智能刑事责任主体否定——基于资格、行为、刑罚的检视》，载《华南理工大学学报（社会科学版）》2020 年第 5 期。

给出的官方回应是，语音助手可能错误识别了某种关键词导致发出笑声。[5]

2017年《新一代人工智能发展规划》明确提出应对人工智能的保障措施在于开展与人工智能应用相关的民事与刑事责任确认等法律问题的研究。[6] 2019年第三届世界智能大会发布《关于"人工智能发展与法治保障"的天津共识》，人工智能问题在法学领域引发激烈讨论。刑法领域的诸多学者积极在刑法领域内关注人工智能致害事件的刑法问题。例如，人工智能在从事生产活动时对他人的生命健康安全造成危害，能否由人工智能承担刑事责任；再如，人工智能对他人造成了侮辱、诽谤，能否成立侮辱、诽谤罪；如果自动驾驶汽车在行驶的过程中发生交通事故，能否追究自动驾驶汽车本身的刑事责任，能否针对自动驾驶汽车本身单独施加刑罚处罚措施等。[7]

刑法要解决上述问题，应对人工智能带来的风险，最为前提和基础的问题就是人工智能的刑事法律主体地位，这是追究人工智能刑事责任的关键问题。

二、理论观点考察与梳理

人工智能的刑事法律主体地位问题引发了学术界的密切关注和诸多讨论，但目前仍然存在争议和分歧。概言之，主要存在肯定说和否定说两种对立观点。

肯定说立足于人类的利益，以前瞻性的目光看待人工智能问题，认为人工智能具有突破编程和设计的能力，能够脱离人类的控制并自主调整其行为。肯定说的代表学者有彭文华、刘宪权等。彭文华教授从人类哲学的角度证明了人工智能可以按照自己的意志实施犯罪行为，成为行为主体并承担刑事责任。彭文华教授认为"自由意志与理性，是人类取得犯罪主体资格的前提"，而"自由意志论之先验与拟制特点，为其拓展与扩张奠定了基础"。[8] 换言之，具有自由意志的主体不是一成不变的。在自由意志主体范围扩张的过程中，人工智能完全可能成为具有自由意志的主体，获得成为刑事主体的条件。刘宪权教授认为人工智能可以成为刑事责任主体，但是需要构建适用于人工智能犯罪的刑罚体系。随着科技的发展，人工智能不仅可以在程序设计和编程的范围内做出符合人类预期的行为，也有可能突破控制，通过自主、深度学习产生独立思想，脱

5 卢宇、邓文迪：《人工智能刑事责任主体否定——基于资格、行为、刑罚的检视》，载《华南理工大学学报（社会科学版）》2020年第5期。

6 《新一代人工智能发展规划》，载中华人民共和国中央人民政府网，http：//www. gov. cn/index. htm，最后访问于2020年11月30日。

7 时方：《人工智能刑事主体地位之否定》，载《法律科学》2018年第6期。

8 彭文华：《自由意志、道德代理与智能代理——兼论人工智能犯罪主体资格之生成》，载《法学》2019年第10期。

离程序设计和编制的控制，受自主意识和意志的支配实施超越人类智能的行为。随着人工智能技术的不断成熟，人工智能可能成为有意识、能思考的“第三类人”。[9]但是，鉴于死刑、自由刑、财产刑和资格刑均不能对人工智能予以适用，需要构建适用于智能机器人犯罪的刑罚体系，具体的刑罚体系设置为删除数据、修改程序、永久销毁等特殊的刑罚措施。[10]有论者提出将智能化程度作为衡量人工智能刑事责任的指标依据，高度智能化的人工智能是介于人与物之间的特殊刑事责任主体，具有刑事责任能力，可借鉴单位犯罪进行刑罚处罚。[11]总而言之，支撑肯定说的主要理由有：（1）自由意志是获取刑事主体资格的关键，未来人工智能具有辨认和控制自身行为的自由意志，应被视为与自然人、法人并列的刑事法律主体；（2）通过构建适用于人工智能的刑罚体系可以对人工智能实施刑罚制裁；（3）人工智能与法人具有相似的法律性质，可以类比法人拟制为刑事法律主体。

否定说立足于人工智能与人类之间的本质区别，认为人工智能不能成为刑事法律主体。否定说的代表学者有时方、黄京平、朱建华、皮勇、刘艳红、高铭暄等。学者时方认为当前人工智能本质上是辅助人类的工具，不具有法律上的人格属性。人工智能欠缺遵从法律规范的意志性，不管是依照预先设定的程序运行还是脱离程序设计自主运行，即使在客观上造成法益损害的后果，也无法进行刑事归责，适用刑罚处罚。[12]黄京平教授认为智能机器人在刑事法律领域不具备完全的刑事责任能力，不应具有主体资格。由智能机器人的自律能力所决定的自身活动的独立性是相对的，其需要、应当受人为控制。换言之，人工智能的认知和决定能力，是人类赋予机器的，是依附于人类的辨认能力和控制能力而存在的。因此，智能机器人的“意志”不是自由的，其行为不能视为刑法意义上的行为。[13]朱建华教授认为人工智能只能作为“犯罪工具”以及“犯罪对象”。根据认知科学的五个层级理论，结合塞尔“中文房间模型”研究，人工智能不具备“辨认能力”和“控制能力”，将人工智能等同于人类有损人之所以为人的尊严。除此之外，“删除数据、修改程序、永久销毁”等与刑

---

9 刘宪权、胡荷佳：《论人工智能时代智能机器人的刑事责任能力》，载《法学》2018 年第 1 期。

10 刘宪权：《人工智能时代刑事责任与刑罚体系的重构》，载《政治与法律》2018 年第 3 期。

11 马治国、田小楚：《论人工智能体刑法适用之可能性》，载《华中科技大学学报（社会科学版）》2018 年第 2 期。

12 时方：《人工智能刑事主体地位之否定》，载《法律科学》2018 年第 6 期。

13 庄永廉、黄京平、高艳东、钟福雄、刘传稿：《人工智能与刑事法治的未来》，载《人民检察》2018 年第 1 期。

罚异质的要素纳入刑法，会有适用于人类的危险。[14] 皮勇教授认为赋予人工智能犯罪主体地位与刑法体系不协调，而不受人类控制的人工智能也不可能接受刑法的规制。[15] 刘艳红教授认为人工智能刑事责任主体研究是一个“伪命题”，断言人工智能可以承担刑事责任的观点违背了人类制定刑法的目的理性。[16] 高铭暄教授也指出作为最后手段的刑法应当保持克制和冷静。[17] 总的来说，支撑否定说的主要理由有：（1）人工智能不可能具有自由意志，无法获得成为刑事法律主体的前提条件，不能成为刑事法律主体；（2）人工智能无法适用刑罚；（3）承认人工智能刑事法律主体地位会使得现有刑法体系崩溃；（4）在前置法对人工智能法律人格尚无定论的情况下，刑法应保持其谦抑性；（5）人工智能刑法主体研究是一个伪命题。

肯定说与否定说都是基于传统的犯罪主体理论进行人工智能刑事法律地位的研究，但结论却是截然相反的。认真梳理双方的争议点，可以发现双方在刑事法律主体范畴界定、人工智能能否产生自由意志、人工智能致损行为的法律后果及其刑罚适用等问题上存在较大分歧。

三、人工智能刑事法律主体资格否定论及其证成

针对人工智能刑事法律主体资格的理论争议，我们赞同否定论。我们认为肯定说的观点难以成立，这可以从四个角度展开分析：人工智能是否具有主体资格，应该进行全面的判断；人工智能的行为是否属于刑法意义上的行为，需要进行理论的验证；人工智能能否适用刑罚，应当接受刑罚体系的检验；人工智能能否类比法人拟制为刑事法律主体，须对人工智能与法人进行本质上的比较。

（一）人工智能法律主体资格之否定

1. 人工智能不具有自由意志

根据古典学派的意志自由论，犯罪是行为人具有避免恶的可能而没有避免，是行为人自由意志的选择，并借此奠定归责的基础。[18] 换言之，人之所以能够

---

14 朱建华、甄航：《人工智能刑法“主体性”否定：缘起、解构、反思——以认知科学的五个层级为基础》，载《重庆大学学报（社会科学版）》2019 年第 6 期。

15 皮勇：《人工智能刑事法治的基本问题》，载《比较法研究》2018 年第 5 期。

16 刘艳红：《人工智能法学研究的反智化批判》，载《东方法学》2019 年第 5 期。

17 高铭暄、王红：《互联网 + 人工智能全新时代的刑事风险与犯罪类型化分析》，载《暨南学报（哲学社会科学版）》2018 年第 9 期。

18 彭文华：《自由意志、道德代理与智能代理——兼论人工智能犯罪主体资格之生成》，载《法学》2019 年第 10 期。

成为犯罪主体是因为其具有自由意志。自由意志理论为犯罪主体理论的建构奠定了基础。根据我国《刑法》的规定，行为人具有辨认能力和控制能力是承担刑事责任的基础。刑事责任能力是行为人对自己的行为在刑法上的性质和后果的辨认能力以及对自己是否实施为刑法所禁止的行为的控制能力。刑事责任能力实质上是行为人实施犯罪行为时的自由意志。因此，人工智能体刑事法律主体地位的论证要以分析其是否具备意志自由为前提。

中国电子技术标准化研究院编制的《人工智能标准化白皮书（2018 版）》将人工智能分为弱人工智能和强人工智能。弱人工智能是指实现特定功能的专用智能，不能像人类智能一样，真正实现推理和解决问题。从本质上看，弱人工智能是适用于特定领域的辅助性工具，弱人工智能的行为逻辑高度依赖于人类所设定的编程和指令，其行为与结果不具有独立性，没有独立的自主意识。2017 年人工智能 AlphaGo 战胜了围棋冠军，其在围棋领域的“认知能力”让世界为之震惊。但是，AlphaGo 的智能仅限于围棋领域。弱人工智能无法产生自由意志的观点得到了学界普遍的认可，人工智能自由意志的争论主要是围绕处于更高发展阶段的强人工智能展开。

强人工智能是指真正能思维的智能机器。肯定说的学者认为具有高度学习能力的强人工智能除了能够运行制造者设计的程序，很有可能突破控制，进行自主、深度学习，形成独立的意识，并在自主意志的支配下实施行为。强人工智能完全有可能像自然人一样具备自由意志，具有刑事责任能力，成为刑事法律主体。我们认为强人工智能无法产生自由意志，不能成为刑事法律主体。

首先，强人工智能的研发缺乏强有力的科学理论支撑。理论是实践活动的指南，缺乏正确的理论基础，人工智能的研究很容易陷入盲目与被动。大脑是一个复杂而又精细的系统，现阶段，脑科学对人类智能的研究仍处于初级阶段。人类无法真正了解大脑思考的运行机制，无法理解智能的机理，也就不可能制造出强人工智能。大脑产生智能的机理是脑科学的终极性问题，绝大多数脑科学专家都认为这是一个数百年乃至数千年甚至永远都解决不了的问题。

其次，在实践中，人工智能的主流研究集中于弱人工智能领域，强人工智能的研究鲜有进展。美国私营部门的专家及国家科技委员会认为，至少在未来几十年内，关于强人工智能的研究是难以实现的。即使得到更高性能的计算程序和更大规模的大数据助力，具有自由意志的强人工智能的出现也不会成为可能。[19]

---

19 《人工智能标准化白皮书（2018 版）》，载中国电子技术标准化研究院网，http：//www. cesi. cn/201801/3545. html，最后访问于 2020 年 12 月 1 日。

最后，人工智能的社会角色是为人类服务的工具。人工智能的研发目的是使人类摆脱繁琐的工作，工具性是人工智能的属性之一。人工智能服务于人类社会的存在目的决定了服务价值是其根本价值，赋予人工智能与人类同等的自由意志与其存在目的和价值是冲突的。人类无法期待具有自由意志的强人工智能始终服从人类，任人差遣，在心理上更不会让人工智能做出利己的行为。人类希望享受人工智能带来的福利，但同时排斥人工智能带来的风险。21 世纪最伟大的物理学家霍金曾预言人类或毁于人工智能。科学研究是有底线的，基于风险等因素的综合考虑，很多技术成为科研工作者的禁区。正如克隆和基因编辑技术，关于人工智能自由意志的研究将会成为道德难题。

肯定论学者在研究强人工智能刑法主体问题时，首先论断了强人工智能可以在程序之外实现行为自由的观点，并在此基础上直接推定强人工智能具有刑事主体地位，进而展开了对强人工智能刑事责任与刑罚制度的进一步探讨。事实上，他们的推理的基础缺乏论证，断言不可证。诚然，理论研究应当具有一定的前瞻性，但作为以社会现实为导向的社会科学，刑法学不应该脱离特定时期的社会现实而独立存在和发展。对强人工智能犯罪主体地位的探讨也不应该离开现实基础。除此之外，从逻辑上看，前述推理存在逻辑倒置的问题。肯定论学者认为人工智能在执行编程以及指令之外的相关行为时即具有自由意志。但从二者的逻辑关系来看，自由意志是强人工智能超越编程和设计而实现行为自由的必要前提，而非充分条件。人工智能超出编程外实施的具有严重社会危害性的行为，原因不在于其拥有了独立的意志自由，更大的可能性在于系统的故障、系统运算错误、编程自身的漏洞和缺陷等。[20]

综上，基于现实的判断以及实质的论证，即使是强人工智能亦无法产生自由意志。

2. “人工智能主体”缺乏权利要素

肯定说学者在讨论人工智能刑事责任主体地位时，研究重心放在如何让人工智能承担刑事责任上。有学者虽然承认人工智能具有刑事责任主体地位，但基于科技社会防卫论，提出以“技术危险消除措施”来处罚人工智能从而保护人类。[21] 这些学者忽视了法律权利和法律义务是对立统一的。在刑事法律关系中，作为法律资格主体的人工智能在承担义务的同时，还应当享受法律主体所应当具有的权利。仅赋予人工智能责任承担的义务而不赋予其权利，不符合法

---

20 张成东：《强人工智能体刑事主体地位之否定》，载《时代法学》2019 年第 5 期。

21 黄云波：《论人工智能时代的刑事责任主体：误区、立场与类型》，载《中国应用法学》2019 年第 2 期。

律关系主体的基本原理。法律面前人人平等是宪法的基本要求，也是刑法基本原则的体现。既然承认人工智能与自然人、法人一致同属于刑事责任主体，那么人工智能就应当平等地与人类一样享有刑事法律主体的权利。也就是说，除人以外，一切可适用法律的主体在法律面前一律平等。如果赋予主体地位而不赋予其权利，就违背了主体平等的理念。因此，赋予人工智能刑事法律主体地位，必须回应人工智能的权利主体资格问题。

回答人工智能能否享有权利这一问题，首先需要明晰权利概念本身的内涵。所谓权利，是行为主体针对某项利益的一种有效性的要求。“要求”意味着行为主体不仅对相关权利拥有要求，而且能够提出该项要求。“有效性”意味着他人或者相关主管承担着对此要求必须认可、不得拒绝并且使之获得满足的义务。由此，权利主体与权利应答者通过应当行为相关联，权利应答者有义务使权利主体的要求得以实现。[22]从权利的概念来看，人工智能无法获取权利主体资格。首先，人工智能无法提出权利诉求。权利获得的主观基础便是诉求者抱有一种合理期望，亲自提出其对相关利益的拥有诉求。换言之，权利获得必须拥有自由意志基础。前文已经论证，基于人工智能的技术障碍和工具属性，人工智能的自主意识仅仅是一种虚幻的想象。其次，人工智能无法与人类签订契约而相互赋予权利。权利是人类为了合作而构建起来的想象秩序，人运用自身的能力签订有关权利的契约并且相互赋予权利，最后采取措施使权利要求得以保障。在契约社会，签订双方必须拥有自己的主观诉求，表达正确的意思表示。而人工智能没有自我意识，无法将自我与世界其他个体区分开来，不具备签订契约的能力，也就无法通过契约与人类构建权利。除此之外，权利获得需要赋予者可以为其权利的获得而承担相对应的义务。而当代法治社会是基于人类中心主义的社会，在人类作为主体的世界中，人类不会允许人类之外的物体为自己设置义务。人类创造人工智能的初衷是解放人类的劳动力，满足人类的生活需要。若是在法律伦理上被要求满足人工智能的需要，将违背人工智能的创造目的。因此，在人工智能缺失权利要素的情况下，单独赋予人工智能承担责任的义务是不切实际的。

综上所述，人工智能不具有自由意志，尚未获得权利，无法获得刑事法律主体资格。

（二）人工智能的行为不是刑法意义上的行为

关于刑法意义上的行为，理论上存在多种学说，主要包括因果行为论、目

22　甘绍平：《机器人怎么可能拥有权利》，载《伦理学研究》2017年第3期。

的行为论、人格行为论、社会行为论等。因果行为论包括身体动作说和有意行为说。身体动作说认为，行为是否由意志支配并不影响行为的认定。有意行为说认为行为是基于意思的身体动静。目的行为论者认为，刑法中的行为是对目的活动的执行，即为了达成某种目的而采取的有计划的行动。人格行为论者认为，刑法中的行为是行为人的人格基于有意性而体现出来的外在表现。社会行为论者认为，行为是具有社会意义的人的身体动静。[23]

尽管不同的行为理论对刑法意义上的行为有不同的表述，但它们都在一定程度上揭示了刑法行为的本质与特征。各行为理论对行为所需具备的基本要素存在共识，即行为要具有刑法评价的意义，需要具备有体性、危害性和有意性。

有体性要求危害行为是人的身体动静。刑法调整的是人的外部行为，并不处罚单纯的思想。任何犯罪意志必须外化为一定的不法行为才能受到刑法的规范。行为理论建立在以人为中心的思想之上，认为犯罪是自然人的活动。在现代人工智能技术的发展基础上，智能机器人在外形上与人无异是具有可能的。按照研究人员制定的指示，高度类人化的机器人可以作为人体的一种延伸，模仿人体的动作，实施有社会危害的行为。因此，事实上人工智能的行为存在具备有体性的可能。

危害性指的是刑法意义上的行为必须达到刑法所规定的危害程度。刑法作为最后保障法，它是民事法律规范和行政法律规范的补充法。没有任何危害性和危害性显著轻微的行为不会被纳入刑法规制的范围，只有其他法律规范无法规制的最严重的违法行为才能进入刑法调整的视野。刑法的性质决定了它对介入公民生活始终抱着谨慎的态度。实践中，对危害程度的判断取决于客观的危害结果。从客观结果的角度来看，不管是动物、自然人还是人工智能等都可以实施不同程度的危害行为。因此，人工智能的行为也能具备危害性。

人工智能的行为是否属于刑法意义上的行为，关键在于其有意性的判断，即行为是否在自由意志支配下所实施。从自由意志的角度来看，要把人工智能的行为归为刑法意义上的行为，存在两个待证的命题：其一，人工智能具有自由意志；其二，人工智能可以在自由意志的影响下自主决定是否实施某行为。首先，人工智能无法产生自由意志。前文已经论证，强人工智能产生自由意志既没有科学理论依据，也不具备现实可能性。其次，人工智能也不能被认定为在自由意志的影响下（假设人工智能具备一定程度的自由意志）实施某行为：一是人工智能的行为无法摆脱自然人目的的影响。与自然形成的自由意志不同，人工智能的自由意志是人类塑造的。因此，其行为的独立性是相对的。人工智

23 刘宪权：《人工智能时代刑法中行为的内涵新解》，载《中国刑事法杂志》2019 年第 4 期。

能实质上是在人类赋予的自由意志之下实施的行为。二是即使人工智能实施了设计和编程之外的行为也无法排除系统故障等因素影响，不能认定该行为是人工智能基于自由意志而实施的行为。

人工智能的行为虽然可以具备有体性和有害性，但是由于缺乏有意性而无法满足刑法意义上的行为应当具备的完整要素，故其行为不具有刑法评价的意义。故而，从行为理论来分析，人工智能的行为并非刑法意义上的行为。

（三）人工智能不具备刑事责任能力

1. 人工智能没有刑法意义上的辨认能力与控制能力

根据《刑法》第17、18条的规定，刑事责任能力划分的要素主要包括年龄和精神状况。具体言之，年龄在14周岁以下的自然人，无须承担刑事责任；精神病人在不能辨认或者控制自己行为的时候造成刑法意义上的危害结果，只要经由司法鉴定程序确认其行为处于不可辨认与控制的状态，就不负担刑事责任。因此，能否成为刑法意义上的承担刑事责任的主体取决于行为人对自己行为的辨认能力与控制能力。

刑法意义上的辨认能力与控制能力以自由意志为前提。人工智能能否进入刑法视野成为被规制的对象，其核心在于分析客观上造成法益侵害结果的人工智能是否具备可追究刑事责任的自由意志。刑事责任能力以具备自由意志为前提，即具备刑法意义上的控制能力与辨认能力。换言之，如果犯罪者在自由意志的支配下实施犯罪，那么就是通过其行为表明其愿意承担刑事责任，接受刑罚制裁。人工智能的智能属性依赖于计算机后台运行的程序，基于前文关于自由意志的实质分析，人工智能无法产生自由意志，不具备刑法意义上的辨认与控制能力，不具备刑事责任能力。

2. 无法认定人工智能的辨认与控制能力

刑法基于对不同年龄的人由于生理发育、成长经历以及社会阅历有着不同的辨认能力与控制能力的认识，将划分刑事责任的标准量化为年龄和精神状态。而人工智能缺乏衡量其辨认和控制能力的标准和依据。如果将人工智能类比为自然人，其刑事责任能力的判断应该以人工智能的智能发展成熟程度为标准。然而，我们无法判断人工智能什么时候发展成熟，何种特征标志着人工智能的成熟。在无法设定判断其发达成熟程度的标准的情况下，我们无法对人工智能的辨认与控制能力进行认定。

3. 肯定说者对人工智能刑事责任的论证不充分

首先，人工智能不能具备与人类同等的思维。肯定说者认为，当类脑智能发展到一定程度，人工智能将会获得与作为物质实体的“大脑”相类似的装置，人工智能的功能会逐渐接近甚至全面超越人脑的功能。人工智能运行所依赖的程序和算法将会替代人类大脑，替代的结果就是开展自然人才能具有的思维。[24] 我们不赞同这种说法：其一，与人类大脑相类似的物理装置的研发缺乏脑科学理论基础以及人工智能技术的支撑。其二，即使拥有了与人类大脑生理结构相类似的物理装置，人工智能也并不必然产生思维。黑猩猩的大脑与人类的大脑在生理结构上十分接近，在基因上的相似度高达96%以上，但黑猩猩不具有真正意义上的辨认能力和控制能力，其智力水平与人类智能也相差甚远。因此，即使人工智能具备与大脑运行机制相类似的物理结构，其功能也不能与人脑的功能媲美，更不能替代人脑的功能。其三，人工智能基于算法与程序的辨认与控制能力是对人类思维的模拟，并不等同于其具有人类思维，机器思维不可能与人类思维等同。人类能够思考，能够区别自身与其他事物的不同，能够形成自身与其他事物的稳定联结但又与这些事务相区别的主观感受，不仅是基于大脑的运行机制，更是来源于人类在成长过程中的社会生活经历以及感悟。[25]

其次，行为属于程序内还是程序外无法作为人工智能归责的依据。肯定说学者认为，人工智能产品在设计和编制程序范围内实施行为，其行为目的是研发者和使用者目的的延伸，刑事责任不应归责于人工智能。人工智能产品超出设计和编制的程序范围实施行为是其自主决策和自由意志的体现，该行为的危害结果归责于人工智能。以人工智能的行为属于设计和编制的程序内或外来判断该行为的危害结果的责任归属存在着逻辑错误。在假设人工智能具有自由意志的情况下：其一，把所有超出编制和设计范围内的危害行为都归为自由意志影响下的行为并对其进行刑事归责存在因果倒置。人工智能在自由意志影响下可以做出超出编制和设计程序范围内的危害行为，这并不意味着该行为必然是基于自由意志的独立行为。其二，此时无法辨别人工智能的行为是基于程序的设置、基于自由意志的影响还是由于出现了无法预料的故障。由此，不管是将无法预料的故障视为人工智能基于自由意志所做出的行为，还是将人工智能基于自由意志而做出的行为视为无法预料的故障，都会造成刑事归责的障碍和错误，甚至违背刑法的罪责刑相适应原则。

最后，不能单纯地从具有辨认与控制能力的路径来证明人工智能具有刑事责任。辨认和控制能力是刑事责任主体地位论证的必要条件，而非充要条件。辨认和控制能力是刑事责任主体的核心要素，而不是刑事责任主体的全部。换言之，

---

24 刘宪权：《对强人工智能刑事责任主体地位否定说的回应》，载《法学评论》2019 年第 5 期。

25 牛天宝：《否定与建构：人工智能时代的刑法应对——人工智能机器人侵害法益相关刑事责任分析》，载《西南政法大学学报》2020 年第 1 期。

其逻辑关系是因为不具有辨认和控制能力，而排除了人工智能承担刑事责任的可能性；而并非因具有辨认能力和控制能力，人工智能才具有刑事主体地位。[26]

（四）人工智能不能适用刑罚

刑事责任的存在是刑罚的前提，没有刑事责任就不必承受刑罚处罚。前文已经论述，人工智能不具备刑事责任能力，不能成为刑事责任主体。因此，没有对人工智能适用刑罚的必要性。但是，即使人工智能具有刑事责任能力，也没有适用刑罚的可能性。

1. 人工智能不能适用现有的刑罚

刑罚是依照刑法规定，由相关的国家机关对犯罪者进行强制性制裁的手段。我国目前刑法明文规定的刑罚种类主要有资格刑、罚金刑、自由刑和生命刑。资格刑是指以剥夺犯罪人作为公民所享有的权利为内容的刑罚方式。人工智能不具备公民身份，无法适用资格刑。下文主要针对罚金刑、自由刑和生命刑进行讨论。

首先，罚金刑不适用于人工智能。适用罚金刑的前提是行为人具有财产，没有独立财产的人工智能不具有适用罚金刑的可能性。有学者认为人工智能可以适用罚金刑，罚金来源于人工智能制造者和使用者为其购买的责任险。具体而言，就是在人工智能投入商用之前，强制其制造者或者使用者为其投保责任险，实现风险的共担。由此，对人工智能实施罚金刑具有了现实可能性。但是，这种方式实质上把对人工智能的处罚转嫁到了人类身上。此时，罚金来源于人类，而不是人工智能本身，人类才是真正的刑事责任主体。

其次，对人工智能实施自由刑无法达到处罚的效果，实现对人工智能的刑事制裁。从生物学的角度而言，人类的生命是有期限的，人类会慢慢衰老直至死亡。对生命有期限的人类来说，自由刑是极具威慑力的，除了对自然人的人身自由进行限制，还给自然人带来了不可磨灭的影响。随着时间的推移，自由刑的附带结果是犯罪人年龄变大、技能衰退、犯罪能力下降、与社会脱节等。久而久之，犯罪人回归社会成为一个难题。刑法意义上，人身自由权利的存在以生命权的存在为前提。而人工智能的生命没有时间的限制，不存在衰老的问题，自由刑对它们而言并无任何意义。自由刑不仅仅是限制犯罪人的人身自由，还对犯罪人有着教育和矫正的作用。然而，人工智能没有情绪机制，没有对行动自由的客观需求，更不能理解自由的真正意义。自由刑无法激发人工智能真

---

26 牛天宝：《否定与建构：人工智能时代的刑法应对——人工智能机器人侵害法益相关刑事责任分析》，载《西南政法大学学报》2020年第1期。

诚悔罪并进行自我反省，以求宽恕。人工智能在监狱里面不能得到改造，对其实施自由刑只会造成社会资源的浪费。

最后，生命刑于人工智能而言没有任何适用意义。人工智能没有生命，不具备生命权，传统的生命刑无法直接对人工智能适用。肯定说学者认为销毁程序在物理上可以达到生命刑的效果，销毁程序可以等同于生命刑。我们认为，对人工智能适用销毁程序与对自然人适用生命刑之间存在着本质的不同。自然人的身体是不可修复、不可替换的。而人工智能的记忆、数据和代码可以在被删除之前进行备份转移，其载体可以在流水线中被复制、生产。人工智能的生命不是唯一的，作为机器，它可以轻易地被技术复活。

不难看出，对人工智能判处现有的刑罚在刑法理论上是不科学的，在实践中也是不可行的。

2. 肯定论者提出的新刑罚难以适用于人工智能

为了弥补现有的刑罚制裁不能适用于人工智能的漏洞，刘宪权教授通过重构刑罚体系来实现对人工智能的刑罚制裁。对于具体的刑罚体系设计，刘教授认为适用于人工智能的刑罚可以有三种，即删除数据、修改程序、永久销毁。[27]探究由删除数据、修改程序、永久销毁构成的刑罚体系是否合理，必须从理论与实践两个角度对其进行考察。也就是说，针对人工智能刑罚的构想须在理论中是科学的，在实践中是可行的。对人工智能处以删除数据、修改程序和永久销毁在实践中是可操作的，问题在于其是否符合刑罚的理论，能否实现刑罚的目的。

刑罚制度自设立以来，经历了几千年的发展历史。“虽然不同时期人们对刑罚的功能定位与规制目标存在不同的认识与理解，刑罚在历史发展过程中的实践效果也存在侧重与差异，但现代刑罚所应包含的惩治、安抚、预防、矫正等基本功能为理论与实务界所认同。”[28]对人工智能实施刑罚制裁的构想必须符合刑罚的目的，而删除数据、修改程序和永久销毁对人工智能并无惩罚效果，无法实现刑罚的目的。

首先，肯定论者提出的新刑罚不能实现刑罚的惩治与安抚功能。对犯罪者判处刑罚实质上带有报应性打击、平复被害人心理的目的。在自然人的观念里面，生命的珍贵是至高无上的，而人工智能是没有独立生命的物品。对自然人适用最严厉的生命刑，剥夺了自然人唯一的生命，使得被害人因犯罪人得到应有的惩罚而获得了心理和情感上的抚慰；当犯罪者是人工智能时，对其处以与

---

27 刘宪权：《人工智能时代刑事责任与刑罚体系的重构》，载《政治与法律》2018 年第 3 期。

28 时方：《人工智能刑事主体地位之否定》，载《法律科学》2018 年第 6 期。

生命刑同等意义的永久销毁，被害人的心灵却难以得到同等的安慰。通过删除数据、修改程序和永久销毁的方式处罚人工智能，事实上与维修或报废电子故障产品的技术性措施没有区别。以新刑罚处罚人工智能，不仅无法安抚被害人的心理，相反极有可能动摇刑罚在公民心中的权威性和严厉性。事实上，在人类固有观念的影响下，对人工智能进行任何物理制裁都难以实现刑罚的惩治和安抚作用。

其次，新刑罚不能实现刑罚的预防功能。刑罚的预防包含对特定个体的特殊预防和对不定群体的一般预防。刑罚特殊预防的重要路径是通过对犯罪行为人施加刑罚，客观上限制或消除犯罪行为人实施犯罪的条件，使其在一段时间或永远不可能再次实施犯罪。新刑罚无法通过该路径预防人工智能再犯罪。其一，人工智能的行为是各种数据综合作用的结果，由于数据的可复制性，在承认人工智能具有辩控能力与自主意识的情况下，难以保证删除的“记忆”不留痕迹，也很难保证人工智能不会再次收集和输入相同或相似数据；其二，如果由于设计和程序本身存在的漏洞引起偏差导致危害行为，应追究程序设计者的刑事责任。

实现刑罚的预防功能的另一路径是威慑。刑罚的特殊威慑表现为施加给犯罪人的痛苦。当自然人感受到刑罚的痛苦且该痛苦大于犯罪所带来的快乐时，便会压抑内心犯罪的欲望。刑罚的一般威慑功能表现为通过确立罪与刑的联系，威慑具有潜在犯罪意图的人，从而迫使其在趋利避害的本性支配下，放弃实施犯罪的意图。但是，人工智能没有情感能力，不存在生成痛苦和愉悦情感的机制，更不会通过痛苦与快乐的差值来衡量犯罪成本，从而指引自身行为。由于共情和情绪的缺位，通过删除数据、修改程序、永久销毁等对人工智能个体的改造，并不能传播和影响到其他具有法益侵害可能性的人工智能。刑罚无法通过威慑实现其一般预防和特殊功能。

最后，该刑罚体系不能实现刑罚的矫正功能。矫正功能意味着刑罚能够对特定个体剥夺犯罪能力、予以积极教育改造，防止其再次犯罪。人工智能根据算法以及程序可以模仿人类大脑感知外界的过程，可以模拟人类的辨认能力与控制能力，但绝不可能模拟人类与生俱来的感情和伦理道德认知。没有感情以及道德伦理，删除数据、修改程序以及永久销毁只是强制施加给人工智能体的制裁。人工智能无法认识其行为的社会意义，也无法得到教育以及改造。即使对人工智能实施新刑罚，也难以达到刑罚的矫正效果。

通过论证可以看出，现有刑罚以及重构的刑罚体系均不能适用于人工智能，人工智能没有适用刑罚的可能性。

3. 无法对人工智能进行量刑

对犯罪主体施加刑罚处罚需要进行定罪量刑，而针对人工智能的定罪量刑面临着诸多难题。司法实务中，经常以犯罪人的客观行为来考察其主观罪过，从而区分故意犯罪以及过失犯罪。主观罪过是区分故意犯罪与过失犯罪的标准，也是量刑的重要标准之一，对犯罪人的量刑有着重要作用。犯罪人主观意志主要表现为主观恶性，主观恶性越强其危险性越大，施加的刑罚处罚措施也就越严苛。

我们认为人工智能没有主观意志，不能对其进行量刑。在对人工智能的主观意志进行判断时，需要判断其是否具备“主观意志”，需要辨认其“主观意志”的来源。首先，人工智能没有自由意志，并不具备“主观意志”。从理论和事实层面分析，人工智能产生自由意志仍然是一个需要论证的推测。其次，人工智能的意志并不是来源于生理上的大脑，而是来源于机械硬件和算法程序。人工智能无法通过自身程序运算而计算出自己和他人的主观意志。没有主观方面的善恶，无法区分故意与过失，也就无法对人工智能准确地量刑，更无法对人工智能适用相应的减刑情节。由此可见，对人工智能的刑法体系构想在理论层面和实践层面均是站不住脚的。

（五）人工智能不能类比法人

刑事法律主体包括自然人和法人。与自然人不同，单位并非天然的犯罪人，而是人为特设的犯罪主体。刑法例外地规定可以将公司、企业、事业单位、机关、团体等单位视为犯罪主体。人工智能与法人在形式上具有相似性，两者均不具备类似纯粹自然人的形态。支持肯定说的学者认为在可以承认法人的刑事法律主体资格的情况下，人工智能可以类比法人，成为除自然人、法人外的第三类刑事法律主体。实际上法人与人工智能并不具有类比相似性、本质共通性和现实可能性，不可以此证成人工智能第三类刑事法律主体的资格和地位。

一者，人工智能不具有本质类似于自然人集合体的法人特质。法人是自然人的集合体，其组成成员和主要责任人是自然人，其议事规则、犯罪组织体系运作等也是自然人在进行，法人的决定以及选择是自然人意志的体现。单位将自然人个别意志集合之后的意志视为单位意志，这种意志通过合法机构的正当程序得以正当化，在这种集合意志下实施的犯罪行为，视为单位意志下的犯罪行为。法人虽然属于拟制法律主体，不具有和自然人一样的自由意志，但其内在运行意志仍然符合自由意志的要求。但人工智能自身没有自由意识，也不存在这种意志单元，即便人工智能组成组织体，其基本单元仍然是人工智能本身，无法成为刑事法律主体。

二者，人工智能不具备拟制为法人的现实基础和法律经验。法人被拟制为刑事主体之前，有着充足的社会实践基础和法律经验。在列为刑事主体之前，单位已实质性地参与到社会经济关系之中，各国对企业有着充分的社会管理经验。单位有着在先的立法实践，为立法机关将单位新增为刑法主体积累了充分的立法实践基础和经验来源。

三者，对人工智能适用刑罚无法像处罚法人一样实现刑罚目的。单位接受刑罚处罚，可以通过利益的减损作用于自然人。我国刑法对单位犯罪规定了双罚制和单罚制的刑罚制度，原因是单位的犯罪意志是由单位的决策集体或者主管人员为了单位的利益做出，与自然人的意志紧密联系。具有自由意志的人工智能是独立的个体，与自然人的意志无关，无法达成与处罚法人一致的效果。而人工智能本身也不适用刑罚制度，根本无法适用刑罚。

据此，人工智能完全无法与法人类比和媲美，二者不具有质的相似性，类比无法成立。

（六）应对人工智能刑法应当保持谦抑性

随着人工智能的迅速发展，民法、商法、知识产权法等部门法理论开始密切关注人工智能的法律问题，对人工智能能否具有责任能力有较多争论。但是，是否赋予人工智能民事责任能力，依然没有形成一致建议，出现了电子人说、代理说、有限人格说等学说并存的局面。从行政法研究的角度看，行政法学者对人工智能的行政责任问题依然保持沉默，行政法也未对人工智能能否处以行政处罚进行明确。目前，其他部门法对强人工智能处于理论探讨阶段，相关社会管理经验和犯罪案件处于空白状态，更谈不上相关法律法规制度的建构和出台。从刑法与其他部门法的关系看，刑法是其他部门法的保障法，只有在部门法不能规制危害行为时才能做出适当反应。如果其他部门法对人工智能法律人格问题尚无定论，作为最后手段的刑法让人工智能承担刑事责任，将会导致刑罚前置。在部门法对某种危害行为是否需要承担责任还没有达致合意时，刑罚作为最后保障法，应该坚持刑法谦抑性，保持克制和谨慎。

在前置法尚存在较大争议而纷争不断，无法达成共识的现实基础上，贸然赋予人工智能刑事法律主体地位将使得刑法体系面临重大挑战甚至崩溃的危险。赋予人工智能系统犯罪主体地位与刑法体系不相协调，贸然将人工智能这一异质纳入刑罚体系内，会导致刑法体系的崩溃。刑法是规定犯罪、刑事责任和刑罚的法律，如果赋予人工智能系统犯罪主体或者刑事责任主体地位，应保持刑法体系的协调。而赋予人工智能主体地位带来的刑法体系的变动中，不仅仅包括分则条款中的具体罪名的新增，同时还会在刑法主体、累犯、共犯、刑事责任和刑罚等方面引起刑法总则内容的修改和变动，这些变动对刑法而言，不是刑法内容的部分修订，而是涉及刑法整体的变动。

综上所述，人工智能不具备刑事法律主体资格，不能成为与自然人、法人（单位）一样的独立刑事法律主体。

四、人工智能致损的刑事责任归属分析

随着人工智能技术的发展，人工智能侵犯法益的案件逐渐增多，同时也出现了针对人工智能的犯罪。在现今的刑法语境中，行为人可以针对人工智能实施犯罪行为，也可以利用人工智能进行犯罪行为。具体而言，人工智能既可以成为刑法中的犯罪对象，也可以成为犯罪行为中的犯罪工具。

对于针对人工智能的犯罪，当人工智能作为其制造者以及使用者的财物时，行为人对其进行盗窃以及损坏，可以构成相应的财产类犯罪。人工智能本身就是一件具有独创性含有智力成果的成果，行为人侵犯人工智能作品的知识产权同样可以构成侵犯知识产权的犯罪。此时，人工智能与其他可能成为犯罪对象的物品本质上没有任何区别。

对于人工智能带来法益侵害的案件，主要有人工智能作为犯罪工具以及人工智能超出人类的意志侵害法益两大类型。

（一）人工智能被作为犯罪工具的刑事责任归属

在人工智能被作为犯罪工具使用的情况下，人工智能的实际操控者实施了侵害法益的行为，应当由实际操控者承担刑事责任。此时，其操控者可能是人工智能的制造者，可能是人工智能的所有者，也可能是人工智能系统的非法入侵者。其一，人工智能的制造者故意利用人工智能实施侵害法益的行为，根据所涉及的罪名依法追究制作者的刑事责任。制造者在制造人工智能时，在程序中写进了实施犯罪的编码和程序，人工智能侵害法益的行为基于制作者的目的，视为制作者行为的延伸。其二，在人工智能交付所有者使用以后，所有者利用人工智能的特性从事违法犯罪活动，应对所有者依法追究相关责任。其三，非法用户入侵人工智能的操作系统，操控人工智能实施侵害法益的犯罪行为。对于将人工智能作为犯罪工具而从事犯罪活动的行为人，按其实际侵害的法益情况确定罪名，依法追究相应的刑事责任。

（二）人工智能机器人超出人类意志侵犯法益的刑事责任归属

基于程序的设置，人工智能一般都会在既有的编程或者使用范围内实施特定的行为，但是人工智能有可能因失控而做出超出人类的意志实施侵害法益的举动。基于现行的刑事法律规范体系，刑法首先考虑作为人工智能的制造者和所有者对人工智能引发的事故承担刑事责任。由于人工智能在人的意志以外实

施了侵害法益的行为，实质上排除了制造者和设计者的主观故意。因此，讨论人工智能机器人在人类操控以外侵害法益引发的刑事责任归属，需要厘清与此相关的主体对危害后果是否具有预见可能性，以及对危害后果的发生是否具有回避可能性。例如，自动驾驶汽车，当自动驾驶汽车因自身的系统缺陷出现故障引发危害结果，而其制造者没有尽到相关的注意义务时，则对该危害结果承担相应的过失责任；当人工智能因为操作不当或者运行中的失误造成危害结果，而其使用者没有尽到相关的监督和避免义务时，则对该危害结果承担相应的过失责任。但是，如果没有预见可能，或者根本无法避免，则不能追究制造者或者使用者的刑事责任。[29]

结语

人工智能不具备成为刑事法律主体的理论基础和实践条件。在可预见的未来中，人工智能只是人类辅助性的工具，不具备独立的自由意志，不具有独立承担刑事责任的能力和刑罚可罚性。人工智能在刑事法律中的地位是犯罪工具或者犯罪对象。随着人工智能的发展，利用人工智能实施犯罪行为，将会带来更大的危害。法律不仅要看到人工智能本身，还需要对人工智能背后的整个工业进行规范。人工智能时代是一个机遇与风险并存的时代，我们在享受人工智能带来的便利的同时，也要沉着应对人工智能带来的风险。

29　牛天宝：《否定与建构：人工智能时代的刑法应对——人工智能机器人侵害法益相关刑事责任分析》，载《西南政法大学学报》2020年第1期。

弱人工智能时代算法歧视的综合治理

闫文光*

【内容提要】 本文所讨论的歧视主要是法律歧视而非社会歧视，即在没有充分、合理的依据与理由的情况下对不同群体进行区别对待，是受歧视主体被限制、克减以及剥夺的法律权利。此外，数据与算法本身还存在诸多问题，如数据瑕疵、偏见代理、算法操纵以及算法黑箱等。同时，算法私权力打破了现有的权力体系平衡，大量侵蚀了个体私权利领域。我国算法歧视的治理应结合法律、政策、技术等手段，从顶层设计上，做好社会价值观念的引导与国家权力格局的平衡；在基本保障上，完善相关立法，优化监管机构，同时要做好个人信息保护；在具体手段上，则要从审查与问责切入，推动算法与数据的可解释性与可信赖性。

【关键词】 算法歧视　大数据　算法权力　综合治理

引言

经过算力提升、互联网普及、大数据积累等前期准备工作的陆续完成，未来必将是以算法为核心、通过数字化实现万物互联的时代，人工智能将更广泛地连接万物，更自主地捕捉数据，更智慧地挖掘信息，更精准地研判决策，更主动地提供服务。[1] 在此次新冠肺炎疫情中，健康码、机器人等人工智能产品广泛应用，为疫情防控带来了极大便利。截至 2020 年，全球范围内的企业已经投

---

* 闫文光——北京大学粤港澳大湾区知识产权发展研究院研究人员，工信部工业与信息化法治战略与管理重点实验室兼职研究员，中国人民大学法学博士研究生，主要研究领域：网络信息法、法理学。

1 杨元庆：《拥抱智能互联新时代》，载《通信世界》2017 年第 5 期。

资 501 亿美元用于人工智能解决方案研发，应用场景遍及医疗、商业、金融、教育、安防、社交、司法、制造、智慧城市、网络安全等领域，形成了计算机视觉、自然语言处理、机器人、数据挖掘等技术研究应用矩阵。

但是，科技是把双刃剑，在为社会带来巨大变革与进步的同时也会相应地产生许多新的社会问题，算法歧视作为人工智能负面效应的典型代表，已经广泛地出现在我们的生活中，给社会各方主体带来的不利影响也已不容忽视，如大数据杀熟、性别歧视、种族歧视等。

法律作为维护正常社会秩序、规范各类社会主体行为的主要依据，是疏解失望与救济公民权益的重要工具，具有规范作用与社会作用。因此，从法律领域对算法歧视问题进行研究，制定合理的应对解决方案，能够在一定程度上降低法律在人工智能时代的滞后性，降低人工智能的社会危害性，具有重要的现实意义。

一、相关概念界定

“人工智能”一词起源于 1956 年的达特茅斯会议，由图灵奖得主约翰·麦卡锡首次提出，用于概括一类具有人类认知与思维能力的计算机系统。随着人工智能科学的不断发展，学界按照其“智慧”程度作了进一步细分，主要分为以下三类：弱人工智能、强人工智能以及超人工智能。弱人工智能是指该水平的人工智能系统在智力上弱于人类，无法对世界产生认知，不具有抽象思维能力，也可以说不具备“智能”；强人工智能是指处于该水平的人工智能系统具有与人类相当的智力水平，能够全面地感知世界，可以进行抽象思维活动和产生意识；超人工智能是指该水平的人工智能系统已经远远超过人类的认知水平，在各类指标上都远高于人类，已经成为一种高等生物，因此将呈现出何种状态我们已经无法想象。在这个分类体系中，表征人工智能“智慧”水平的一个重要指标为“奇点”，即在未来的某个阶段，人工智能技术取得重大突破，由无意识的工具进步为有意识、有智慧的强人工智能。

由于目前人工智能主要以深度学习、神经网络为底层技术，只能从既有的数据中挖掘特征值之间的相互关系，根据发现的规律而做出预测和规划，在本质上属于数据分析工具，不具备意识以及抽象思维能力。因此，我们当前还处于弱人工智能时代，并且在底层技术取得革命性突破之前，我们将长期处于弱人工智能时代，现今出现的各类人工智能系统都属于这一范围，如自动驾驶、语音识别、智能投顾、机器翻译、人脸识别以及各类机器人等。

目前理论界对“算法歧视”还没有一个明确的界定，也无统一的描述性概念。笔者结合本文论述对其作如下定义：算法歧视是指由于运行算法、样本数据、政治资本内嵌以及权力异化等原因所形成的思维处理惯性，进而导致人工智能系统在真实运行的过程中出现有偏向性的举措或选择。

本文所讨论的歧视主要是法律歧视而非社会歧视，即在没有充分、合理的依据与理由的情况下对不同群体进行区别对待，对一般意义上的地域歧视和个人歧视等方面不作讨论。在来源上，歧视主要产生于公权力机关的算法以及企业平台所采用的算法。换言之，是受歧视主体被限制、克减以及剥夺的法律权利。

二、算法歧视的类别及其根源

（一）算法歧视的类别

1. 算法设计者或使用者的主观故意不同

（1）有意识歧视，即算法设计者为了追求自身利益最大化、优化人工智能系统设计、分析控制用户行为等目的而故意使算法产生区别对待的运算结果。（2）无意识歧视，是指算法设计者不存在歧视的故意，但由于设计者自身原有的价值观及认知水平的不足或合理的设计需求，抑或在后续的学习完善过程中受到数据资料等因素的影响，最终形成了歧视性的数学模型。

2. 歧视产生的阶段不同

（1）产生于设计端。这一类歧视与偏见萌芽于算法的设计之初，编程人员根据需求搭建算法的总体架构与核心思想，歧视便经编程人员而融入算法之中。（2）产生于学习端。当前算法主要通过无监督学习的卷积神经网络技术，对海量的数据进行聚类、分类，构建知识图谱，形成大量的卷积层，从而建立数字神经元与记忆模块，这一过程面对鱼龙混杂的大数据集和未知的算法黑箱等大量不可控因素，算法极易产生异化，形成算法歧视。（3）产生于应用端。应用端是学习端的一个延伸，由于算法在应用过程中所接触到的用户价值观迥异，适用的场景也千奇百怪，算法自身修正的方向也就难以预料，歧视和偏见产生的概率将大幅提高。

（二）算法歧视的根源

1. 算法歧视的本质

在奇点到来之前，弱人工智能时代的算法在本质和底层架构上都是以神经网络、深度学习为核心的学习型算法。算法的主要工作是对数据进行分类、聚类操作，[2] 从历史数据集中挖掘分析各特征值之间的相互关系并将其存储到记忆

2 张玉宏、秦志光、肖乐：《大数据算法的歧视本质》，载《自然辩证法研究》2017 年第 5 期。

模块中，基于此预测各变量下一步的状态，即“学习过去，预测未来”，与心理学上的社会范畴化理论大同小异。[3]

算法的本质决定了算法歧视的本质。首先，基于范畴化处理的分类聚类，算法无法做到全面掌握数据所承载的信息，更无法认清数据的本质，正如著名心理学家奥尔波特在《偏见的本质》中所述，这种范畴化必将导致偏见的出现。其次，基于大数据而形成和运行的算法必然会“继承”大数据的价值观。牛津大学数据伦理和算法领域研究人员桑德拉·沃彻（Sandra Wachter）说：“世界存在偏见，历史数据存在偏见，因此，我们得到带有偏见的结果，不足为奇。”[4] 大数据是人类社会的数字镜像，[5] 是人类观察社会的表征形式，直观地反映并放大了人类的世界观与价值观。数字人类学家托马斯·克伦普在其著作《数字人类学》中表明，数字的背后其实都是人，“数字系统以清晰的方式，和它们植根于其中的文化紧密地融合在一起”。[6] 算法歧视的本质是大数据歧视，更是人类自身所固有的偏见，这种偏见通过数字介质全息无损地传递到了同构属性的算法之上，“大数据与世界本身是对等的，也可以说是同构的”。[7]

2. 算法歧视的具体原因

作为自动化决策或辅助决策系统之两翼，算法与数据直接面向结果与用户，是二者的交互渠道。算法与数据包含大量的特征变量，通过各个特征值的变化组合实现功能，因此现实歧视产生的具体原因主要来源于算法与数据。

（1）数据原因

①数据瑕疵。第一，输入数据非公正客观。根据“GIGO”理论，当我们向计算机输入一个“垃圾”的数据时，计算机也会相应地得到一个“垃圾”的输出，即“偏见进，则偏见出”（Bias In，Bias Out）。[8] 第二，交互数据歧视。系统算法对所有信息都是来者不拒、不甄别地加以吸收学习，如果用户本身带有歧视性，那么算法也会逐渐学习到这一特性。第三，学习数据瑕疵。算法在学习过程中接触到的某一类数据信息越多，这一类数据的权重就会越大，而在算

---

3 高明华：《偏见的生成与消解：评奥尔波特〈偏见的本质〉》，载《社会》2015年第1期。

4 参见：《人工智能已出现种族和性别偏见：是人类教坏了它》，载搜狐网，https：//www.sohu.com/a/133958967_ 223764，最后访问于2019年9月23日。

5 ［美］布莱恩·阿瑟著：《技术的本质》，曹东溟、王健译，浙江人民出版社2014年版，第36页。

6 ［英］托马斯·克伦普著：《数字人类学》，郑元者译，中央编译出版社2007年版，第134页。

7 李德伟：《同构关系：大数据的数理哲学基础》，载《光明日报》2012年12月25日，第12版。

8 Editorial，More accountability for big-data algorithms，Nature，2016，p. 449.

法运行时，算法会为了追求高效而对某些小样本数据选择性忽视，将其排除在算法作用条件之外，[9]而非细细考究它是否属于某个少数族群。

②偏见代理。大数据之所以称为“大数据”，并不仅仅是因为其数据量巨大，更是因为其数据种类之多以及覆盖范围之广。基于如此全面的数据信息，即使设计者在算法形成到应用的全流程中使用的都是客观中立的基础数据，算法还是能够做到冗余编码，即通过一系列的预测、联想和重构，从大数据中挖掘出不可知的属性，对用户进行高精确率的画像，进而辨别不同个体，进行分类服务或产生歧视性偏见，从而使合法的、客观中立的数据组合在一起产生歧视性的后果。[10]

③正义属性存疑。在行政法学中，“公正”是必要的基本原则之一，公正原则要求行政行为的作出要合理考虑相关因素，避免考虑非相关因素。与此类似，数据集的正义性也需要结合具体情况来考量，如在体力劳动中，性别与年龄应当是考量的主要因素，而在脑力劳动中，如果以性别与年龄作为主要的考量因素则可能构成歧视。

（2）算法原因

①算法黑箱。图灵奖得主朱迪亚·珀尔指出：尽管深度学习算法具有大脑的灵感，但它们也可以算作另一种强大的数据分析工具，是“曲线的拟合”。[11]在这种运行机制下，人类无法对算法的每一步编译进行有效控制，无法明确各特征变量在系统中的作用，无法准确设置各变量的权重，也无法明白数以万计的衔接值如何发挥作用并构成决策树的工作机制。加之算法的运行具有动态性，各变量之间的关系与权重会随着输入数据的变化而不断变化，正如在智能投顾领域，没有人能够清楚了解机器人是否“作恶”，更无法控制机器人以防止“作恶”行为的产生。[12]深度学习算法的运行完全脱离了人类的理解与控制，不同主体是否受到区别对待完全是随机的，算法歧视的产生也就难以预料。

②算法操纵。在算法社会，随着算法研究的不断深入推进，算法拥有者获得了对资源、信息、技术等网络生产资料与生产工具的控制权与使用权，消费者和用户为了获取某些功能或者达到某些目的，必须在算法拥有者指定的代码

9　张玉宏、秦志光、肖乐：《大数据算法的歧视本质》，载《自然辩证法研究》2017年第5期。

10　Barocas, Solon and A. D. Selbst, Big Data's Disparate Impact, Social Science Electronic Publishing, 2016, p. 721.

11　《独家专访院士张钹：AI奇迹短期难再现 深度学习技术潜力已近天花板》，载搜狐网，https：//baijiahao. baidu. com/s? id = 1634428503892520094&wfr = spider&for = pc，最后访问于2019年12月22日。

12　参见刘元兴：《智能金融的“算法可解释性”问题》，载《金融科技观察》2018年第13期。

化的规则下进行活动。例如，在淘宝等电商平台中，消费者必须接受淘宝指定的规则与流程才能完成交易，获得商品；在微信等社交平台中，用户必须遵循微信官方的功能设置，才能成功实现信息的传递。在这些场景中，相对于用户而言，算法拥有者显然获得了一种不容置疑的权力，这种权力不属于传统的国家公权力，因而被称为“私权力”。通过算法的赋能，算法拥有者的私权力不断崛起，已经逐渐改变传统的“权力—权利”格局，形成了新兴的“公权力—私权力—私权利”态势。[13] 虽然算法权力呈现出一种新兴的权力形式，但在根本上还属于以往权力体系的范畴，即在其覆盖范围内，无论权力遇到何种抵抗都能将其意思表示执行下去，一以贯之。[14] 这种权力主要表现为普遍存在的社会关系，其所连接的各类主体都拥有着独特的能力与资源，并通过这些能力和资源来影响甚至控制其他主体，[15] 通过这种影响力与控制力，权力的主体可以实现自己的目的，获得目标利益。因此，即使算法可以呈现多种不同的文化内涵，它们最终仍然与定义和部署它们的人、机构以及它们所嵌入的权力关系紧密联系在一起，并为这些背后的因素服务。[16]

政治的内嵌与资本的驱动是算法产生与运行的重要动力，作为回报，算法技术必须成为政治与资本维护自身权力“统治”的重要手段，为自身带来溢价的利益，算法也就被政治与资本背后的人、机构以及价值观念所操纵。由于这种天生的目的属性，算法的诞生糅合了技术性与社会性，其所谓的“公平公正”描述的不是算法本身的价值理念，而是指算法实现这种价值理念的手段与方式“公平公正”。

（3）算法权力

综合算法歧视等一系列算法问题的形成过程来看，人类普遍很难抵抗此类现象的发生，任由算法来为我们的生活作出选择而无能为力，而事后救济也同样困难重重。究其根本，算法正在成为一种超越私权利、影响公权力的新型权力形态，逐步演变为一种“准公权力”，在这种情形下，即使个人能够发现并清晰认定算法所作出的选择带有偏见和歧视，也无法采取有效措施降低侵害。

①算法私权力。算法权力源于平台私权力的兴起，信息不对称所产生的数

---

13 参见周辉：《技术、平台与信息：网络空间中私权力的崛起》，载《网络信息法学研究》2017年第2期。

14 ［德］马克斯·韦伯著：《经济与社会》（下卷），林荣远译，商务印书馆1997年版，第81页。

15 郭道晖：《权力的特性及其要义》，载《山东科技大学学报（社会科学版）》2006年第2期。

16 郭小平、秦艺轩：《解构智能传播的数据神话：算法偏见的成因与风险治理路径》，载《现代传播（中国传媒大学学报）》2019年第9期。

字鸿沟是算法权力产生的主要原因。互联网 2.0 时代，网络社会由 1.0 时代的"去中心化"向"再中心化"转变，平台型企业和机构开始跑马圈地、互相割据。它们利用自身掌握的核心技术，不断侵入并改造传统的商业领域，随着体量的不断增大，它们逐渐建立起一个闭环的生态。通过为用户提供服务，平台获得了海量的用户数据，反过来，平台使用大数据、云计算、人工智能算法等技术对数据进行解构、清洗、分析，进一步获取用户消费习惯、偏好、性别、住址、经济实力等一系列个人信息，为以后的精准推送、差异化对待（算法歧视）提供了基础。这种"良性循环"使得用户被锁定在巨头平台之上，从而形成强大的用户黏性，平台成为国家公权力之外最具影响力和控制力的机构，即使用户提出质疑，最终的决定权和解释权也掌握在平台手中，使得平台相对于用户而言成为权力的象征，具有现实的影响力。

在人工智能时代，"智能技术将成为重要的'权力'元素，无论是政府还是公司、社会组织，只要掌握了大量的数据等智能技术，其权力就会得到强化"。[17] 从这个角度来说，算法主体拥有了在平台内的绝对权力，并且随着算法技术的不断发展，算法主体将会拥有其他人难以追及的优势，天然的逐利性表明算法主体会利用多种措施侵蚀公众权益空间以获得更大的利润，造成算法歧视、算法合谋、信息茧房、算法暴政等一系列社会问题，最终脱离人类的掌控并演化成人工智能对人类的霸权。[18]

②算法公权力。随着技术的进一步研发和应用，人工智能在社会治理、国家公权力实施等领域的优势得以显现。政府作为国家公权力的实施者，通过将人工智能与算法纳入行政行为的实施手段，实现政府管理服务以及监管规制的算法化，[19] 使得传统的国家公权力运行手段发生变化，运行效率、运行成本以及不利影响都得到了极大的改善。算法成为辅助决策甚至在一定程度上取代公权力作出决策的力量，算法权力开始向国家公权力领域扩张，逐步嵌入国家公权力行使的全过程，算法公权力开始形成。

相对于传统的决策方式，以人工智能为基础的自动化决策系统具有算力优势、规划优势以及嵌入优势。其中，算力优势是指良好的算法搭配相适应的算力能够轻松地处理大量数据，从中分析、清洗得到有助于决策的高价值信息；规划优势是指算法通过搭建复杂生态系统而获得的对人类行为的支配力量，对

---

17 刘波：《人工智能对现代政治的影响》，载《人民论坛》2018 年第 1 期。

18 陈鹏：《算法的权力：应用与规制》，载《浙江社会科学》2019 年第 4 期。

19 周辉：《算法权力及其规制》，载《法治社会与发展》2019 年第 6 期。

此恩格斯曾指出纺纱工厂的机器比任何资本家更为专制。[20] 例如，在当前全国各地推进的智慧城市建设中，人工智能技术需实时观测，科学、准确地判断事件的发生演变，当紧急事件发生后能够自动报警，实现工作任务的自动发包、人员力量的自动调配；在人员执行具体任务时，智能技术能够将中台的事件分析和后台的具体决策，实时传递给一线执法人员，保证基层执法的科学决策与科学部署。嵌入优势是指以算法为基础的自动化决策系统全面地覆盖到权力运行的各个领域，并在各个领域内都处于权力运行的核心，即算法在决策的广度和深度上都作出了极大的延伸。例如，通过物联网技术，社会能够实现万物互联，综合采集感知社会各个角落、各个领域内的实时信息，也实现了社会治理由宏观向微观的跨越，并且促进了宏观和微观的有机结合。[21]

在以上这两种背景下，算法“当仁不让”地成为政府行使公权力的有力“助手”，在决策制定与执行过程中的权重与地位日益上升，最终在越来越多的领域内完全承担起公权力的职责，获得决策权。对于算法权力借助公权力体系野蛮生长的现象，现有的权力规范与制约体系难以发挥作用，如正当法律程序原则、权力专属原则、行政公开原则等，[22] 而一旦缺少监督与制约，任何权力都会产生异化。

三、域外治理现状

（一）美国

美国是人工智能技术的发源地，拥有最强的人工智能综合实力，也是最早对人工智能及算法进行规制的国家，美国最具代表性的治理手段为“外部问责制”。美国文化强调和突出个体，注重保护个体权益与自由，除自身及家庭以外的任何机构，包括政府，都是侵犯权利的风险来源，[23] 这种对外部机构的天然“不信任感”“防备感”使得美国法律倾向于主动缩小各类公权力与私权力，并进行严格监督。以外部问责为主要特点的算法规制手段符合美国国情，契合美国公众的文化习惯，符合美国的文化价值。

2017 年 12 月，纽约出台了第一部算法问责法案——《政府部门自动决策系

---

20 参见中共中央马克思恩格斯列宁斯大林著作编译局：《马克思恩格斯选集》，人民出版社 2012 年版，第 97 页。

21 王旭：《物联网技术及在智慧城市建设中的应用》，载《通讯世界》2019 年第 3 期。

22 张凌寒：《算法权力的兴起、异化及法律规制》，载《法商研究》2019 年第 4 期。

23 Whitman, James, and Q, The Two Western Cultures of Privacy: Dignity Versus Liberty, Yale Law Journal , 2004, p. 1209.

统法案》(Algorithmic Accountability Bill),规定了自动化决策系统涉及违法后果时应接受外部机构的问责,明确了算法问责的适用情形、适用主体、实施主体以及程序要求。[24] 该法案是美国为解决算法问题而制定的首部法案,在相关概念的梳理界定、算法透明、算法审查、算法问责等方面初步建立了规制框架。[25] 该法的制定实施确立了美国以"外部问责"为核心的算法规制方向,形成了以问责为主要手段的算法规制策略。

此后,美国联邦及各州的立法与实施都强调算法的运行应完整地置身于现有法律政策框架内,适用现有的问责体系,如针对较为突出的算法歧视问题。为防止算法歧视的发生,旧金山于 2019 年 5 月颁布了《停止秘密监视条例》,规定公共机构不得使用人脸识别技术。此外,美国议员曾于 2019 年 4 月提出了算法问责建议,规定达到一定经营规模标准的机构和公司必须对自身算法进行检查评估,如果存在偏见等问题则要及时改正,否则将面临处罚。[26]

在外部问责制之外,美国也在个人信息保护方面做了探索性的尝试,以作为问责制的补充和完善。1961 年,美国设立银行保密业务,开始对隐私保护作出规定。发展至今,美国已经出台多部相关法规,取得了较为丰富的经验,构筑了较为完善合理的个人信息保护法律体系,[27] 如第一部为保护个人隐私权而专门立法的《隐私权法》、规范个人信息采集与处理的《个人数据通知和保护法案》《消费者隐私权法案》等,目前已经形成了以隐私权为基础,分散立法与行业自律相结合的治理模式。2016 年 12 月,奥巴马政府成立《联邦贸易委员会》(Federal Trade Commission,FTC),负责数据完整性与公民隐私保护。委员会包括来自国务院、财政部、国防部、司法部等 24 个联邦部门的成员,能够协调联邦首席信息官委员会(CIOC)、总统行政办公室内的其他机构理事会、委员会和办公室等机构,极大地提高了管理效率和管理质量。

(二)欧盟

以《通用数据保护条例》(GDPR)为典型代表的欧盟算法规制体系,突出

---

24 The New York City Council, Algorithmic Accountability Bill, https://legistar.council.nyc.gov/LegislationDetail.aspx? ID = 3137815& GUID = 437A6A6D - 62E1 - 47E2 - 9C42 - 461253F9C6D0, accessed on December 18, 2019.

25 参见腾讯研究院:《2017 年全球人工智能政策十大热点》,载微信公众号"腾讯研究院",2017 年 12 月 30 日。

26 Adi Robertson, "A New Bill Would Force Companies to Check Their Algorithms for Bias", https://www.theverge.com/2019/4/10/18304960/congress - algorithmic - accountability - act - wyden - clarke - booker - bill - introduced - house - senate, accessed on June 27, 2019.

27 郭俊丽:《我国个人金融信息保护立法的几点思考》,载《征信》2018 年第 7 期。

“个体赋权”的治理特色。作为具有丰富数据治理经验的组织，欧盟从数据治理着手，为个体赋予丰富全面的权利武器以对抗算法、平台以及自动化系统，突出用户在事前、事中、事后全流程中的地位与影响力，打破算法“一家独大”的垄断格局。以GDPR为核心框架，欧盟建立了当前世界上最为完善和严格的个人信息保护制度。该体系内容规范详尽，几乎覆盖个人信息保护的所有领域，在企业层面也具有较强的可操作性，规制范围从欧盟内部企业扩展到向欧盟用户提供互联网和商业服务的所有企业。[28]在GDPR实施的一年多以来，谷歌、Facebook、微软、苹果等科技巨头被欧盟多次处以巨额罚款，欧盟对个人信息保护的决心与力度可见一斑。这种方式同样符合欧洲传统的隐私与尊严观念，强调主体对数据所反映的个人形象的控制，[29]因而被称为欧盟数据保护法中最神秘、最具吸引力、最富有远见的权利之一。

作为数据保护立法的先行者，欧盟及其成员国对数据保护与治理的探索起源于20世纪70年代。1970年，德国黑森州颁布了世界上第一部专门针对个人数据保护的法律《数据保护法》，开创了通过立法进行数据保护的先河；1981年，欧洲委员会发布《个人数据自动化处理中的个人保护公约》；1995年，欧盟议会与理事会发布《个人数据保护指令》（95指令）、《关于设计个人数据处理的个人保护以及此类数据自由流通的第95/46/EC/号指令》；2001年，欧洲委员会出台《个人数据自动化处理中的个人保护公约有关监管机构和跨境数据流通的附加协定》；2012年，欧洲委员会发布《个人数据处理中的个人保护公约》。1995年出台的《个人数据保护指令》第10条、第11条为用户设置了一定的访问权，规定机构处理使用个人数据应告知数据处理的目的、数据处理者的身份、数据接收者等信息，初步奠定了欧盟自动化决策系统治理的主要方向。2018年5月25日，GDPR正式生效。GDPR第22条规定了数据所有者应履行数据脱敏、数据审核、事后救济等义务，数据主体则享有选择权、知情权、同意权等权利，为欧盟个体赋权的治理路径奠定了坚实基础。[30]该条成为欧盟关于算法规制思路的直接体现和关键条款。此外，GDPR第17条第1款、第2款在95指令的基础上，分别规定了删除权与被遗忘权，进一步完善了用户的私权利。

作为个体赋权制度的延伸，欧洲各国引入政府力量，建立了专业、统一的监管部门和机构。1998年，英国颁布新版《数据保护法》，设立“信息专员”

---

28 薛峰：《个人信息保护的国际比较及启示》，载《征信》2018年第8期。

29 Whitman, James, and Q, The Two Western Cultures of Privacy: Dignity Versus Liberty. Yale Law Journal, 2004, p. 1211.

30 程莹：《元规制模式下的数据保护与算法规制——以欧盟〈通用数据保护条例〉为研究样本》，载《法律科学（西北政法大学学报）》2019年第4期。

（Information Commissioner，IC）负责数据保护与行业监管。[31]《通用数据保护条例》生效后，信息专员办公室职能进一步扩大，被授予调查、出发和制裁的权力，同时该机构还负责制定《通用数据保护条例》的实施指南，确保《数据保护法》、《隐私与电子通信条例》、GDPR 的并行使用及有效实施。[32] 德国《联邦数据保护法》规定符合相关标准[33] 的各类机构都必须设立个人数据保护顾问，数据保护顾问在机构内部负责保证各类数据处理活动的合规，在遇到阻力时，国家数据保护监管局（Datenschutzaufsichtsbehörde）会及时以国家公权力作为保障为其提供支持与帮助。[34]

四、算法歧视的综合治理

党的十九大以来，我国越发重视对互联网领域的规范和引导，习近平总书记多次强调要建立完善、科学的网络综合治理体系，营造清朗的网络空间。目前，我国已经初步形成了“党委领导、政府管理、企业履责、社会监督、网民自律等多主体参与，经济、法律、技术等多手段相结合的综合治网格局”，网络空间不断净化，取得了显著成果。算法歧视作为人工智能技术发展应用所带来的负面效应，其治理体系可借鉴网络综合治理格局，从本质和具体原因出发，在吸收美国与欧盟先进经验的基础上，逐步完善顶层设计、优化中层体制法规保障、丰富底层治理手段，并不断探索总结，以求建立与弱人工智能发展相配套的综合治理体系。

（一）顶层设计：价值引导与权力平衡

1. 价值引导

解决算法歧视，需要从顶层设计出发，恢复和引导建立积极向善的价值观，为人工智能的发展提供良好的外部环境，如欧盟委员会于 2019 年 4 月 8 日发布《〈可信赖人工智能〉伦理指南》，指出人工智能系统的使用应当遵循多样性、

---

31 陈飞等译、张新宝审校：《个人数据保护：欧盟指令及各成员国法律、经合组织指导方针》，法律出版社 2006 年版，第 117 页。

32 李重照、黄璜：《英国政府数据治理的政策与治理结构》，载《电子政务》2019 年第 11 期。

33 参见德国《联邦数据保护法》（BDSG）第 4f 条第 1 款：自动收集、处理和使用个人数据的公共机构和私法主体（9 人以下的私人公司除外）；或以其他方法处理个人数据并且拥有至少 20 人的长期雇员的；或进行自动数据处理以进行前期检查，或在业务中传输或匿名传输个人数据，或为了市场或研究目的而自动处理数据的私主体，都必须书面任命常设的个人数据保护顾问。。

34 参见林洹民：《自动决策算法的法律规制：以数据活动顾问为核心的二元监管路径》，载《法律科学》2019 年第 3 期。

非歧视性和公平性原则，[35]因此，算法歧视治理所应树立的价值观可以包括以下三个方面：第一，不作恶；[36]第二，可信赖；[37]第三，以人类中心。

2. 权力规训

（1）包容审慎的规制态度

治理算法歧视与规制算法权力的出发点和落脚点是建立良好的算法生态，在保证算法服务社会的同时减少算法应用所带来的不平等对待、歧视、公民私权利减损等问题，而非限制甚至抑制算法等人工智能技术的发展与应用。2017年7月，国务院印发的《新一代人工智能发展规划》，明确提出到2030年，使我国在人工智能理论、技术与应用总体达到世界领先水平，成为世界主要人工智能创新中心。因此，坚持包容审慎的原则是算法权力规制的重要前提，正如"人工智能女王"卡塞尔教授所言："我们不能因为未来存在往坏的方向发展的可能，就放弃往好的方向创造未来的努力……人工智能的未来掌握在我们手中。我们决定怎么使用它，我们决定未来是光明的还是黑暗的。如果找错问题，就不可能找对解决方法。"[38]人工智能技术的爆发式发展已是大势所趋，算法的应用将会不可避免地给未来社会带来更多的法律问题，过去数次工业革命的发展历程已经印证了这一点，而历史的经验同样告诉我们，新技术带来的新问题往往能够在一段时间后得到明显改善。例如，汽车发明后所带来的安全问题，经过社会的共同努力，安全带、安全气囊、ABS等一系列措施得以采用，[39]极大地保障了乘客的安全。

（2）建立算法权力运行的基本原则

传统行政权体系得以良好运行的一个重要原因在于国家和公民设置了一系列的规则、原则以及基本原则来规范行政权的行使，而其中最重要的就是基本原则，如依法行政原则、信赖利益保护原则、比例原则等。基本原则是法的灵魂，是一种高度抽象并体现了基本价值观念的规范，它规范并指导了权力的运行主体、职责、程序以及标准，既能有效地发挥权力的积极作用，又能尽可能

35 曹建峰、方龄曼：《欧盟人工智能伦理与治理的路径及启示》，载《人工智能》2019年第4期。

36 Dawson, Artificial intelligence: Australia's ethics framework, Data 61 CSIRO Australia, 2019, p. 6, 57–63.

37 HLEG, AI, High-Level Expert Group on Artificial Intelligence, Ethics Guidelines for Trustworthy AI, 2019, p. 7.

38 顾学文：《人工智能的未来，我们决定——专访卡耐基梅隆大学计算机教授贾斯汀·卡塞尔》，载《解放日报》2019年9月27日，第17版。

39 参见［美］迈克斯·泰格马克著：《生命3.0：人工智能时代人类的进化与重生》，汪婕舒译，浙江教育出版社2018年版，第53页。

地抑制权力的消极作用，防止权力对人们权利、自由的侵害。[40]算法权力是一种区别于国家公权力的新型权力形式，传统公权力的基本原则规范在规制算法权力时难免会出现某些失效的情况，因此，我们应以传统基本原则为基础，适当调整和修改，建立相适应的基本原则体系。

首先，依法行使权力原则。在民主法治国家，任何权力都应回归到根本点，即权力来源于人民，人民通过民主制度与法律体系将权力授予相应的机关和部门。涉及重大利益的权力的行使应得到权力机关的授权，法无明文规定即禁止，算法权力的行使不应同现有法律制度相抵触。例如，《欧盟通用数据保护条例》第22条（1）规定，如果算法决策对数据主体有法律效力或者重大影响，那么这种决策不应纯粹由算法作出。

其次，权力制衡原则。算法的运行过程中应引入第三方仲裁和舆论机构，发挥监督与评估作用，合理制定裁判规则与裁判程序，保障相对人陈述、申辩以及申请救济的权利落到实处。[41]对于发现的线索，有关权力机关应当及时介入调查以平衡算法权力，自己不做自己的法官，打破算法权力主体“既当运动员又当裁判”的垄断格局。

最后，正当程序原则。正当程序原则起源于英国古老的自然正义原则，主要是指行政机关作出影响行政相对人权益的行政行为，必须遵循正当的法律程序，包括事先通知相对人，向相对人说明行为的依据和理由，听取相对人的陈述和申辩，事后为相对人提供相应的救济等。该原则对保障权力行使的公平公正具有重要作用，能够减小歧视及偏见的影响，但在用以规范算法权力时效果却大打折扣。算法的运行通常是公权力行使的一个手段和过程，这一过程由于技术的原因一般难以为相对人了解和掌握，决策结果直接告知相对人，甚至在很多情况下，算法基于其掌握的数据自动作出决策，相对人对事件的发生无从察觉，事先通知、说明理由、听取陈述、提供救济等过程更是严重缺失。因此，算法权力运行的正当程序应当增强算法的可见性，使得相对人能够知晓是否有算法对其作出决策以及算法决策的结果、对自身的影响程度等，合理优化知情同意条款的内容与通知方式，真正使公众掌握算法权力的行使流程。

（3）赋权公众私权利

国家公权力、算法权力、个体私权利共同构成了现代社会的权力格局，如果要规制算法权力，我们在对算法本身进行适当限制的同时，还应当适当扩大公众私权利，为个体赋权以对抗算法权力的滥用，同时增强个体的自我救济和

---

40 姜明安著：《行政法与行政诉讼法》，北京大学出版社2019年版，第68页。

41 参见周佑勇：《行政法的正当程序原则》，载《中国社会科学》2004年第4期。

事前预防法能力。

首先，在中短期内，我们可以借鉴欧盟算法治理的措施，赋予用户在面对自动化决策时的自主选择权与退出权，使其有充分的不适用算法决策的权利和自由，并且在拒绝适用算法决策后仍能获得一定的服务。GDPR 第22条直接赋予数据主体有权不受仅基于自动化处理得出决定制约的权利，我国《电子商务法》第18条第1款也有类似规定[42]。

其次，增加个体对自身数据信息的控制权。正如前文提到的，人工智能算法的主要生产资料是数据，没有了大数据的支撑，算法权力将会受到极大的抑制。增加个体对数据的控制权，首先要赋予用户知情同意权，算法主体要获得数据必须以用户的知情同意为前提，这一举措目前已经广泛地应用在各类平台APP中，但因条款过长、过于专业等原因而没有真正发挥实际的效果。

最后，应赋予用户被遗忘权，即允许用户抹去其在平台内留下的一切数据痕迹。被遗忘权包括两种方式：第一，用户使用完算法服务后即可要求算法主体删除其个人信息；第二，算法主体可以保留用户信息，但仅限于某一次服务过程，禁止用作他用。该权利在GDPR以及英国《数据保护法案（草案）》中都有所规定。

（二）基本保障：隐私保护与机构优化

1. 算法立法

一方面，我国应研究出台专门规制算法和数据的法律。目前我国在人工智能及算法领域的相关立法几乎处于空白状态，为接下来法律法规的出台留下了较大的发挥空间。《网络安全法》作为网络综合治理领域的基础性法律，其规定主要集中在根本性问题之上，在算法规制尤其是算法歧视的治理上显得过于笼统，不具备太大的操作性价值。《数据安全管理办法》虽然在征求意见阶段，但在位阶上属于部门规章，在适用范围上存在局限性。[43]其他有关算法与数据的法律法规多散见于各类规范与政策文件之中，没有体系性与系统性。《数据安全法》已公布实施，在接下来的立法中，应探索《个人信息保护法》《数据安全法》的相关配套法规立法，研究论证出台《算法安全法》的必要性，以将其作为算法规制领域的基础性法律，统一算法监管和企业合规，让监管者有法可依，产业发展有章可循。

---

42 《电子商务法》第18条第1款：电子商务经营者根据消费者的兴趣爱好、消费习惯等特征向其提供商品或者服务的搜索结果的，应当同时向该消费者提供不针对其个人特征的选项，尊重和平等保护消费者合法权益。

43 陈鹏：《算法时代的国家治理：在算法与法律之间》，载《法治社会》2019年第6期。

另一方面，在法律的内容设置上，应做谨慎且全面的考虑。首先，算法歧视以及算法规制的原则应当坚持包容审慎的态度，坚持科学立法的原则，尊重科学和自然规律与原理，在促进产业发展和维护公平公正之间寻找合理的平衡点，不可因噎废食。其次，法规应在法律层面对算法的设计和运行机制进行框架性约束，应以安全、可信赖、隐私保护等为准则，这需要技术专家、法律专家、伦理专家等各领域人员参与讨论，研究得出适应各类场景算法设计的最大公约数。再次，法规应当就目前已有的算法问题进行回应，作出具体、可操作的规范，如算法歧视造成不良后果时的责任分配、归责原则以及处置程序，受害人如何获得救济等。最后，法规也应当就未来一定时期内将要出现的问题作出合理的预判，并制定相应的应对方案。

2. 监管机构优化

在人工智能、大数据、云计算等新兴产业领域，我国当前的治理模式以网信办、工信部为主，市场监管总局、公安部、文旅部、交通部、教育部、商务部等部门在各自职权范围内进行监管。多部门共管的模式虽然可以整合各机构的资源，增强监管力量，但更容易导致部门配合不协调、各自为政的现象，留下监管真空的同时存在监管重复交叉，降低了监管效率。更为重要的是，面对如此多的部门机构，企业和消费者难以分清各部门之间的联系与区别，更无法明确各部门的职权范围，将导致企业合规成本的提高与消费者事后救济的不能。随着大数据总量急剧扩大、数据类型逐步丰富、数据管理主体更加多元，商业平台的私权力将会剧增，利用数字鸿沟、算法共谋等手段建立算法霸权，形成一座越来越封闭的算法监狱，损害公民权益。[44]

因此，我国应当未雨绸缪，加强对算法领域的监管与治理，建立统一且专业的算法监管机构与审慎合理的管理机制，从被动处理到主动监管，从事后救济到事前预防，逐步建立专业的政府监管机构，从分散执法走向统一行政。算法监管机构应负责统筹人工智能产业领域内相关问题的规范治理。一方面，在工作人员设置上，应注重吸收不同背景、不同行业的人才，提高人员算法素养，同时应加强与其他利益相关者的交流互动，做好公众意见的收集反馈，通过建立技术专家库、法律专家库、产业发展专家库的方式，为本机构的工作提供全面客观的方案与建议。另一方面，在具体体制设计上，应做好算法的审查与问责工作，保障数据的真实、客观，提高数据质量。我国可借鉴德国治理模式，建立算法管理顾问与算法监管局相互配合的二元治理机制，算法管理顾问在编制上隶属于企业，为企业员工，应赋予其如下职责：在数据自动处理前进行检

44 禹卫华：《大数据杀熟：如何看，怎么办》，载《上海法治报》2018 年 5 月 9 日，第 B06 版。

查，知悉数据处理活动并做详细记录，了解并备案算法的设计思路，保证算法所有者采用可解释的方式编译算法，监督数据与算法的处理活动以保证其符合相关法律规定、政策、伦理与积极的价值观等。[45] 算法管理顾问在行使职权的过程中如若受到阻碍及压力，算法监管局要及时以国家公权力作为保障为其提供支持与帮助。[46] 当然，算法管理顾问玩忽职守或者与该企业同流合污时应承担相应的责任。这种二元化的监管机构设置方式，能够将企业与政府连接起来，提高国家权力机关和监管部门对算法发展的认知能力，在保障企业核心利益的同时规范数据与算法，既有利于保护良好的产业发展环境和维护企业的商业秘密不被泄露，也有利于降低裁判门槛，避免算法歧视的发生。

3. 个人信息保护

正如凯文·凯利在对未来20年商业科技发展预测的一次讲演中提出的，在大数据时代，“所有生意都是数据生意”，“个人数据才是大未来”。[47] 为应对日益复杂的个人信息保护乱象与算法歧视逐步恶化的态势，我国应该完善个人信息保护的法治体系，理顺立法要求与信息控制者内在激励之间的关系，探索利用激励与保护激励相容的个人数据治理之道。[48] 首先，应强化公民安全防范意识，提高自我保护与尊重他人个人隐私的道德素养。其次，应科学化政府监管，明确各级各部门责任，建立分层监管机制，加强监管执法力度。最后，完善个人信息保护法律体系，以《个人信息保护法》为源头，民法、刑法、行政法等多部门法综合治理，[49] 同时还要兼顾企业发展与技术的进步，平衡好数据流动与权利保护之间的天平。

（三）具体手段：审查与问责

1. 算法审查

在互联网所“统治”的地方，代码就是法律。[50] 由于人工智能系统的速度

45　参见德国《联邦数据保护法》（BDSG）第4f-4g条。

46　参加林洹民：《自动决策算法的法律规制：以数据活动顾问为核心的二元监管路径》，载《法律科学》2019年第3期。

47　凯文·凯利：《大数据时代没有旁观者》，载人人都是产品经理网，http：//www.woshipm.com/it/405576.html，最后访问于2019年9月29日。

48　周汉华：《探索激励相容的个人数据治理之道——中国个人信息保护法的立法方向》，载《法学研究》2018年第2期。

49　孙宪忠：《个人信息保护立法要转变观念》，载中国法学网，载中国法学网，http：//iolaw.cssn.cn/jyxc/201805/t20180504_4658932.shtml，最后访问于2019年9月30日。

50　［美］劳伦斯·莱斯格著：《代码2.0：网络空间中的法律》，李旭、沈伟伟译，清华大学出版社2009年版，第26页。

与精度优势，人们逐渐地把决策权与选择权让渡给算法，由代码所实现的人工智能算法控制了社会，如同现实中的法律需要公布于众并接受专业人士和全体公民的共同审查一样，作为网络世界法律的算法同样需要接受专业人士以及所有利害关系人的共同审查、评估。如果算法脱离了公众的监督，呈现出完全的黑箱化，所有的自动化决策不接受质询、不提供解释，相对人无从知晓算法的运行原理与作用机制，既无法预防错误的产生，也无法在事后对算法进行完善、对受害人进行救济，那么我们将会落入一个由算法所建立的监狱之中，对算法所作出的所有决策都唯命是从，最终臣服在算法暴政之下。[51] 算法暴政概念的提出反映了人们对人工智能新技术的忧虑，而缓解算法时代人类对人工智能恐惧的途径之一就是建立算法信任，信任是支持新兴产业进步与发展的基本前提，正如三次工业革命的兴起都是建立在人类对新技术的信任之上，如果人类无法信任汽车的安全与速度，那么我们的交通方式还将停留在畜力水平上。因此，人工智能与算法的快速进步与应用离不开人类的信任，通过总结借鉴人类技术发展的历史规律可知，算法信任的建立需要满足两个条件：第一，人工智能技术内部的不断优化、进步与完善，人们需要在大量的测试、应用中分析技术的安全系数与各类后果的概率分布；第二，人类通过一系列外部规范与手段实现对技术的约束，建立人类对技术的掌控感。

针对上述两个前提条件，算法审查是行之有效的途径之一，“透明性”与“可解释性”便于监管机构等相关部门对算法进行阅读和审查，从而鉴定其合法性。算法审查可以通过行政的强制力保证实施，促使监管机关、行业协会以及普通用户等多元主体参与算法治理，给予算法设计者以震慑力，迫使其提供正当、合法的人工智能算法，保证算法的透明性与可解释性。此外，适量适度的监督与评估有利于发现并改进算法自身的缺陷，促进算法在更大场景下的调试优化，人类将从对人工智能的监督审查中获得掌控感，提高对技术的信任度。因此，当前阶段的算法规制都应该建立适当的算法审查法律制度，增加算法透明度，将其纳入法律与公众监督视野之下，美国学者考尔德等人（Calders、Zliobaite）认为，为了使计算机系统以规范的方式运作，算法审查必须从一开始就成为系统设计的一部分。

基于以上认识，算法审查成为当前学界对治理算法歧视所持的主流观点，也符合大多数人的认知与思维模式。但是理论上的必要性并不等于实践中的可行性，算法审查具体应如何实施才能既有效解决歧视、黑箱、暴政等问题，又避免带来新的不利后果？算法审查应如何平衡协调各方主体关系，充分保障其

---

51 张凌寒：《商业自动化决策的算法解释权研究》，载《法律科学》2018 年第 3 期。

合法权益？对于此类实践中无法回避的问题，目前的研究都没有作出明确的回应，这也造成了对于算法审查是否具有可实施性的争议，主要集中在以下两个方面：（1）算法不透明。算法审查得以实施的一个前提是算法公开，即算法透明，算法的所有者要将待审查的算法公之于众，并在必要的时候向公众逐一解释每一行代码、每一个功能模块的运行机制以及可能产生的结果，但这种做法在技术和商业秘密保护两方面都面临着巨大挑战。首先，在技术上难以透明。当前的人工智能技术还不足以使开发人员洞悉算法的每一个步骤背后所代表的逻辑关系，算法的可解释性较差，这种技术盲点也是当前学习型算法的巨大缺陷，极大地阻碍了人工智能技术质的飞跃。其次，即使在技术上公开透明，也可能会带来弊大于利的后果。算法作为人工智能技术的灵魂，是研究机构的商业秘密，代表了算法所有者的科技实力和综合竞争力，如果将算法代码开源，势必会引起其他竞争者的模仿、反向破解以及开发出针对性的靶向算法，这将会给算法所有者以及公众带来难以预估的损失。例如，将用于反恐的算法公开后，恐怖分子将会据此采取反向措施躲避追捕、突破国家安全防御而实施恐怖行动并逍遥法外。（2）技术壁垒。人工智能与算法是计算科学领域中专业性极高的学科，需要从业人员在数学、物理学、计算机等方面具备扎实的功底，这就使得其他学科的人士难以理解算法，更无法审查其中的缺陷。

因此，完善的算法审查制度的建立会面临许多已知的、未知的难题，但算法审查却是必不可少的，我们应做好有关算法审查的理论研究，不断地在实践中总结经验。本文结合其他学者观点，从解决算法透明度以及技术壁垒问题着手，提出如下建议：

第一，完善立法。我国应研究出台算法规制相关法律法规，关注算法歧视，对算法的公开透明进行充分论证、合理规定，厘清算法审查过程中各方主体的权利义务关系，明确算法透明的公开方式与程度，设置完善合理的审查程序。

第二，设置专门审查机构。算法所有者应主动向审查机构备案、注册相关技术人员的资历，配合审查机构对算法歧视的监督评估，主动就部分算法的功能提供技术资料和解释。专门的审查机构应保证成员的多样化，注重专业技术人员、政府监管部门、法律界专家、产业界代表以及公众消费者等不同利益者的协调配合，[52]从全场景、全流程出发，完整审查。专门审查机构通过吸收大量优秀技术专家的加入，能够补充技术壁垒的短板。同时，为专门审查机构设立保护商业秘密与知识产权的法定义务，规定违法泄密行为的法律责任，保障被审查机构的正当权益。

52 张凌寒：《商业自动化决策的算法解释权研究》，载《法律科学》2018年第3期。

第三，可解释算法。技术缺陷的问题交给技术更新来解决。首先，通过技术开发，建立 LIME（Local Interpretable Model-agnostic Explanations）机制，使人工智能算法逐步具备可解释性；其次，研发兼具算法作用质量和公平公正的辅助工具，如 MIT 研发的 DB-VAE 工具，可以降低算法在面部识别中产生歧视的概率，埃森哲研发的自动降低算法偏差的工具包等。[53]

2. 算法问责

弱人工智能时代的算法、大数据、智能系统等一切看似拥有智慧的技术，在本质上还只是属于工具的范畴，这就意味着人与算法的相互关系和人与汽车的关系在本质上没有太大区别。如同交通事故发生后我们会对相关人员进行问责一样，算法歧视的产生归根结底还是人的责任，我们无法对机器作出惩罚性措施以使其“痛改前非”，但我们可以通过问责与之相关的人来避免人为操纵情况下歧视的产生，激励算法所有者积极改进算法，提高公正性，也为被侵害的相对人提供救济。基于此种考虑，算法问责制遵循实害救济的矫正主义逻辑，即必须有人事后处理算法所造成的歧视性后果并为之承担责任。为了更好地平衡各方主体利益，保障公平正义，我们应综合考虑以下三个建议，探索建立算法问责制度。

（1）合理设置责任主体

算法责任有广义与狭义之分，广义的算法责任是指所有能影响到自动化决策系统结果公正性的责任因素，包括算法设计者所承担的方案设计、论证、选择等方面的责任，算法编译者所承担的编写、测试、优化等方面的责任，算法运维者所承担的运行、维护、校正、记录等方面的责任，以及能够操纵算法决策思想和决策方向的应用者的相关责任。狭义的算法责任主要指应用者责任，即治理主体的责任，主要表现为实现算法决策合理、合法以及决策过程公开公正而应承担的责任。[54]考虑到算法歧视出现环节的广泛性，本文认为算法责任的选定应落在广义责任为宜，即算法决策者、设计者、编译者、运维者、使用者都应纳入主体范围，厘清各阶段中责任主体的过错程度，以便真正地发挥问责制的设置目的，防止算法责任的转移。

（2）明确归责原则

人工智能技术目前正处于快速发展的起步阶段，它的每一个小进步都能给人类社会带来巨大的利益，对算法歧视的监管问责应采取审慎包容的原则，避

---

53 《算法该怎么设计才不会有偏见？麻省理工科学家给出了他们的答案》，载搜狐网，https：//www. sohu. com/a/291943131_ 114835，最后访问于 2019 年 11 月 20 日。

54 孙庆春、贾焕银：《算法治理与治理算法》，载《重庆大学学报（社会科学版）》2020 年第 1 期。

免阻碍技术的发展。[55]在此情况下，一般过错责任与无过错责任都因较为严厉而难以适用，过错推定责任更具有合理性。[56]当算法所有者的人工智能系统产生歧视等不良后果时，监管部门将审查该所有者的控制能力，如果算法所有者的行为存在过失，或者无法证明其对算法实施了应当采取的行为，则该所有者必须承担相应的责任；如果算法所有者可以证明自己已经采取了所有的措施，积极履行了义务，则监管部门可以认定为该所有者不存在主观故意或过失。基于以上前提，监管机构下一步会对运营者是否能够有效地识别和纠正有害结果进行分析，如果运营者未尽纠正义务，则将导致监管机构的处罚。[57]

（3）精细化问责标准

人工智能系统已经被广泛地用于各类场景和领域，不同场景下算法的应用方式与影响力具有较大的差异，所涉及的利益主体与形式也千差万别，算法问责的标准也应根据实际情况区分不同领域，设置精细化规定。劳伦斯·莱斯格认为，网络需要各种选择，有些选择应当由个人决定，例如作者是否要主张自己的版权或者公众通过何种方式保护自己的隐私，但当所规制的事项关涉价值理念的选择时就应当由集体决定。[58]这种思路反映到算法歧视的问责体系中来即为区分算法歧视所引发的社会风险与主体权益的侵犯程度不同，如用于刑事案件辅助裁判或者反恐中的人工智能系统产生种族歧视后果给当事人所带来的侵害将是巨大的，而用于电子商务的人工智能系统对当事人的侵害则相对较小，如果这两种情境下的算法问责标准相同，显然是不合理的。

3. 数据审查与问责

首先，数据来源、内容与处理过程可查。对于输入数据的来源应该明确记录并考核其合法性、合理性，数据内容应做相应的备份，保证原始数据的真实性。其次，周期复查。[59]根据算法系统在某一阶段的输入输出数据来校验算法的公正客观性，防止算法与数据的异变，同时应要求使用者定期自我复查，公布复查报告，将评估结果上传至国家企业信用公示系统。最后，建立数据问责

---

55 程莹：《元规制模式下的数据保护与算法规制——以欧盟〈通用数据保护条例〉为研究样本》，载《法律科学（西北政法大学学报）》2019年第4期。

56 吴太轩：《人工智能时代如何规制算法歧视》，载《人民法院报》2019年11月15日，第5版。

57 严少敏：《美国数据创新中心：算法的政府监管边界——创新原则下算法问责框架的构想》，载安全内参网，https：//www. secrss. com/articles/3724，最后访问于2020年1月11日。

58 参见［美］劳伦斯·莱斯格著：《代码2.0：网络空间中的法律》，李旭、沈伟伟译，清华大学出版社2009年版，第9页。

59 王夙：《人工智能发展中的"算法公开"能否解决"算法歧视"?》，载《视野》2019年第3期。

制。法律应是确保规范性期望实现，疏解和救济失望之工具。[60]应从法律层面明确各方主体的义务与责任，确定归责原则，对责任主体的行为进行规制，完善救济机制，对于算法歧视所造成的后果，企业、政府、自身三方如何进行事后的救济应当在法律层面作出明确的规定。

4. 数据多样性

客观来讲，在人类消除自身的偏见以及完善个人信息保护之前，算法歧视无法完全消失，我们只能通过对数据的后期修复来缓解此类问题的负面影响力。数据修复的主要途径为增加数据多样性。算法若要保证公平公正，则合理考虑所有的相关主体是应有之义。如果算法学习与训练的大数据集全部或者主要来自某一类主体，则算法在最终应用时会更多地考虑该类主体，也就造成了歧视。增加多样性就是要在算法链条的每一个环节提高数据的来源主体，增加数据的各类属性。例如在涉及学历特征变量时，应全面考量从无学历到博士学历的各类人群；在涉及民族特征变量时，应全面考量各个民族人群，包括国内与国外的。数据多样性的加入，可以在一定程度上缓解算法“选择性失明”，对提升边缘群体可见度、维护少数群体利益具有重要意义。

60 ［德］尼古拉斯·卢曼著：《法社会学》，赵春燕译，上海人民出版社 2013 年版，第 188 页。

人工智能对传统民事责任制度的挑战及对策

周　鑫*

【内容提要】人工智能的飞速发展令世界产生日新月异的变化，但时有发生的人工智能侵权却给人类出了道难题，如何建构新的人工智能侵权解决机制，给人工智能的可持续发展以制度保障，是破题的关键所在。本文汲取前人研究成果之精髓，以文献资料剖析解读为理论基础，辅以大数据新资料为佐证，论述了传统民事责任制度适用人工智能的困境及其应对策略。

【关键词】大数据　自动驾驶　侵权责任　人工智能

人工智能技术已越来越多地运用于教育、重工业、海关、医疗、顾客服务、金融等各个领域，在给生产、生活带来便利的同时，也不可避免地对人类造成了伤害。例如，1978年德国大众汽车公司一名技术员被机器人击中胸部，终因伤重不治身亡；2016年在第十八届中国国际高新技术成果交易会上，智能机器人“小胖”现场发飙打砸玻璃展台，并伤及参观者。可预见到，人工智能是把双刃剑，在方便人们生产生活的同时，也会带来许多困扰，甚至危及人类的生命健康和财产安全。随着人工智能的迅速推广，相关侵权事件有增无减，但此领域的法律相对滞后，引起有关民事责任认定与承担的一系列难题。鉴于此，笔者尝试在文献综述及实地调研的基础上，结合人工智能的技术特性及发展趋势，参考相关典型案例，剖析现阶段我国传统民事侵权责任制度适用于人工智

---

* 周鑫——贵州铜仁学院铜仁市文化科技产业创新研究中心与重庆大学法学院联合博士后，黔南民族师范学院法学副教授，主要研究领域：人工智能法学理论。本文为2019年贵州省社会科学界联合会-黔南民族师范学院哲学社会科学联合基金课题（项目编号：LHKT2019YB03）、中国博士后第63批科学基金面上资助项目（项目编号：2018M633635XB）的阶段性成果。

能侵权现象的困境与局限，汲取国外人工智能发展进程中的经验教训，提出我国人工智能民事责任制度构建的相关对策建议。

一、责任主体构成的疑惑

人工智能产品的应用，给传统的民法尤其是侵权法提出了新的课题。智能机器人是人类创造出来的，机器人与自然人有着本质的区别，不能把“机器思维”和人脑思维等同起来。智能机器人成为民事主体的条件尚不成熟。“但是，智能机器人进入民事主体范畴在未来或许是可行的，随着其不断‘进化’，不排除其将来具备与人类相当甚至超越人类的意识和思考能力，并可以在一定范围内独立地享有权利、承担义务。”[1]有基于此，未雨绸缪地探讨相关问题，实属必要。

根据《民法典》侵权责任编及相关单行法的规定，一般侵权责任包括四个构成要件：违法行为、损害事实、因果关系和主观过错。而在人工智能造成损害的情况下，通常缺乏上述构成要件，难以确定责任承担。人工智能能否以侵权责任主体的身份存在？这将涉及民法体系中，主客体两分法的基本问题。“民法意义上的人，须具有独立之人格（权利能力），该主体既包括具有自然属性的人（自然人），也包括法律拟制的人（法人）。”[2]具有自然属性的人与法律拟制的人被概称为主体意义上的人。

关于人工智能是否具有法律人格，专家学者众说不一。日本学者北川善太郎认为：“民事法律关系主体所提及的‘人格’是非常抽象的概念，评判可否取得人格的依据应为赋予其‘权利能力’的必要性，由此方能揭示法律关系主体及人格的内在实质，进而划分出法律关系主体与客体之间的清晰边界。”[3]对此，国内也有学者指出：“人工智能具有独立自主的行为能力，有资格享有法律权利并承担义务，人工智能应当具有法律人格。”[4]“凡是人以外的不具有精神、意思的生物归属于物，是为权利的客体。主客体之间这种不可逾越的鸿沟现在正发生动摇。”[5]如此看来，区分法律关系主客体的依据相比以前，发生了明显的变化，就像具有法人资格的企业享有独立主体的法律资格，公司法人能够以自己的名义享有民事权利、承担民事义务的资格一样，赋予人工智能产品以拟制

1 王利明：《人工智能时代对民法学的新挑战》，载《东方法学》2018 年第 3 期。

2 吴汉东：《人工智能时代的制度安排与法律规制》，载《法律科学（西北政法大学学报）》2017 年第 5 期。

3 ［日］北川善太郎著：《日本民法体系》，李毅多译，科学出版社 1995 年版，第 56 页。

4 袁曾：《人工智能有限法律人格审视》，载《东方法学》2017 年第 5 期。

5 梁慧星：《从近代民法到现代民法》，载《中外法学》1997 年第 2 期。

人格并非不可。人工智能可否成为民事主体，发生侵权事件后能否独立承担法律后果，并不取决于其是否具有独立人格或民事权利能力，而要综合人工智能的发展阶段、国情、智能产品的智能程度等诸多因素进行研判，取决于现实社会的需要和既存事实的强化。综上所述，关键是有无必要或理由赋予人工智能产品以承担侵权责任的独立人格？怎样就具体人工智能侵权案件锁定责任主体进行民事索赔？针对这些法律与道德交叉、亟待解决的前沿问题，无先例可循，有待我国学术界与立法、司法等部门共同努力研究应对之策。

二、过错责任原则的适用困境

基于人工智能是否适用过错责任原则及适用困境，四种比较有代表性的人工智能侵权归责的观点是：人工智能工具论——由使用者承担责任，人工智能产品论——由生产者承担责任，人工智能动物论——由管理者承担责任，人工智能主体论——由人工智能承担责任。《民法典》侵权责任编第1165条和第1166条确立了由过错责任原则和无过错责任原则组成的归责原则体系。第1165条规定："行为人因过错侵害他人民事权益造成损害的，应当承担侵权责任。依照法律规定推定行为人有过错，其不能证明自己没有过错的，应当承担侵权责任。"此条第1款规定了过错责任，第2款规定了推定过错责任。推定过错责任是指根据法律规定推定行为人有过错，行为人不能证明自己没有过错的，应当承担侵权责任。过错推定责任属于过错责任的一种特殊形态，过错推定责任的适用必须以法律的明文规定为前提。从以上规定可以看出：物件损害责任主要适用过错责任；建筑物及其他地上物致人损害责任、动物园饲养动物的损害责任、雇员、法人工作人员职务行为致人损害责任等适用推定过错责任。第1166条规定："行为人造成他人民事权益损害，不论行为人有无过错，法律规定应当承担侵权责任的，依照其规定。"无过错责任原则是作为过错责任原则的补充而存在的，因而其适用具有特殊性。

如前所述，机器人能否成为民事主体，既取决于立法态度，也取决于机器人的智能程度，还取决于社会伦理。当前的法律规定并未明晰智能机器人的民事权利能力，所以更谈不上其有无主观过错。当人工智能侵权发生时，如过错责任无法适用，则可结合具体情况援引无过错责任原则予以规制。例如，2016年联合国《关于机器人伦理的初步草案报告》指出，对智能产品及其技术造成的损害，可由产品责任的相关制度予以调整，但产品自身的财产损失不属于产品责任的"损害"。因而，"产品责任属于无过错的严格责任，只要产品存在缺陷，生产者就应当承担侵权责任，无须证明其存在过错”。[6]智能机器人的研发方向是，给机器人装上“大脑芯片”，从而使其智能性更强。就智能而言，机器人的智商相当于4岁儿童的智商。所以，考察智能机器人的过错与否的问题实质上要探索其本源上的善意与恶意，而不是高精尖的技术本身及其使用方式等诸多因素。

既然不宜追究使用者、人工智能产品的过错责任，那么受损者的权益该如何得到保障，可否追溯生产者、销售者等其他主体的责任？在责任的界定、划分与承担等问题上，有专家主张采用“技术中立”原则。“具体而言，针对人工智能技术自身引起的侵害，使用者除自身过失外均可豁免责任，生产者、销售者也均不承担责任，除非该技术的最初商业用途即是意图侵权或违法。”[7]技术中立原则常常被用来反对法律对技术的监管，或者为技术服务者免责。技术中立难题的核心在于价值中立，因此必须放置在法律与科技的关系之中进行界定。如果对人工智能产品的生产者给予过于严格的无过错责任，在保护受损者权益的同时没能很好地兼顾各方利益的话，无疑会打击生产者尤其是技术人员的研发积极性，导致原创发明到产业一体化的进程逐步放缓，最终可能妨碍人工智能的推广应用。

三、对策建议

时至今日，随着人工智能产品的广泛普及，人类大部分活动所涉及的数据均提交到人工智能创造的超强大脑，人工智能可以对人的意识、思维的信息过程进行模拟。“这一过程对于人类而言是非常隐蔽和难以理解的，由此导致人类被人工智能牵着鼻子走，此时，人类将脱离法律或道德的规制，陷入交由设计者所植入算法进行统治的怪圈。”[8]因此，针对人工智能引起的民事责任予以特殊规制已是大势所趋，也是人工智能可持续发展进程中无法规避的现实诉求。

（一）加强监管，降低风险

人工智能的生产与应用需要专门机构进行监管。基于监督管理机构重叠、权责不清、效率低下等问题和弊端，经过数次监督管理体制改革与完善，我国现有的监管体制实行分行业监督管理，如工商行政管理局是政府主管市场监管

6　胡元聪：《人工智能产品发展风险抗辩制度的理论冲突与平衡协调》，载《中南大学学报（社会科学版）》2020年第6期。

7　徐爱国著：《英美侵权行为法》，法律出版社1999年版，第247页。

8　张童：《人工智能产品致人损害民事责任研究》，载《社会科学》2018年第4期。

和行政执法的工作部门，保监会进行保险监管，海关进行进出口监管，这种监管方式更具针对性。但是，现有的监管体制不足以对人工智能进行有效监管，因此需要建立新的监管部门。例如美国“人工智能特别委员会”是由美国整个联邦政府中的最高级别研究部门官员组成的特别委员会，对人工智能及相关产品进行专业监管。人工智能对技术知识的要求比较高，可实现对人的意识、思维的信息过程的模拟，需要有专业技术人才及监管部门配合才可有力监管，我国在这方面还有很大的提升空间。另外，人工智能技术在疫情防控、机械制造、物流服务及其他领域中的扩张给政府带来了新的挑战，使政府不得不对这些行业进行监管。监管时也要具体问题具体分析，统一管理对于偏向于某一技术特长的专业技术人员而言不切实际。人才培养不可能一蹴而就，个个都是全才，需要将人工智能监管部门划分为多个片区进行精准化管理，科学论证，细化规划，形成机制。

（二）生产者、销售者和使用者差别化归责原则

人工智能在世界各地以人类看得见和看不见的方式持续着人工智能的“侵权”事件，生产者、销售者和使用者都应承担相应的责任。人工智能生产者在这里作广义的理解，包括研发、设计、生产人工智能的单位和个人。当人工智能从展台上“下来”，进入“寻常百姓家”的时候，销售者扮演的是产品交易的角色，使用者停留在人工智能产品应用层面，人工智能充当的只不过是一种工具，至于人工智能系统的工作原理、运行机制及核心技术，他们几乎一无所知。所以，笔者认为，人工智能侵权中生产者、销售者、使用者之间的责任划分也应判然有别。

生产者作为人工智能产品的“启蒙者”，理应适用严格责任。《民法典》第1202条规定：“因产品存在缺陷造成他人损害的，生产者应当承担侵权责任。”人工智能因为生产过程中存在的缺陷，而给他人造成损害，无论生产者主观上处于何种状态，都应该对受害者的损失承担赔偿责任。如前文提到的发生在深圳高新技术成果交易会上的事件，谁应当对“小胖”的“行为”负责呢？如果因为销售者的过错使人工智能产生缺陷，销售者应该为由此人工智能对他人所造成的损害承担侵权责任。如果使用者对人工智能产品进行不当利用，由使用者承担侵权责任。为了人工智能的快速普及及社会经济的可持续发展，销售者、使用者宜采用过错责任原则。

（三）强制登记，身份认证

为了便于追踪与管理，人工智能应当具有独一无二的产品编号。编号及数

据差异构成机器人身份识别的主要依据。即便机器人的数据遭受破坏，其编号也能提供机器人的身份信息，从而为确定各方权利义务关系、明晰法律责任提供证据。这既是机器人权责追溯的必要保证，也是确立个体机器人法律主体地位的基础。笔者建议每一台人工智能产品在投入市场前，都需到监管部门强制登记，获得“身份证”，类似于自然人报户口，此后方可流入市场。在登记时明确该人工智能产品的生产应用的目的或用途，进而将其民事行为能力限制于其目的范围内。在市场交易阶段完成后，应确立人工智能管理人是谁。

探讨人工智能产品对传统民事责任制度的挑战与对策，应考虑人工智能产品的法律地位。当涉及人工智能导致事故发生是由于其本身出现故障、错误的编程、粗制滥造、在配送过程中受损，或者由于与产品本身出错相关的任何原因，事故责任将按比例适当地分配给分销链中的人：设计者、生产者、销售者、使用者。为了消弭责任，必须建立人工智能产品的保险制度。人工智能产品责任保险的设计，应当以生产者和使用者作为主要被保险人。同时，强调维修者、使用者应具备一定的注意义务，对于由系统自主性造成的无过错方所导致的损害，建议建立保险库与赔偿基金进行社会性救济，如此方能消除对人工智能产品发展的阻碍。未来的我们，会无所察觉地享用人工智能。

实务研究

“两山理念”的理论价值及其私法制度保障

——以《民法典》绿色规则为分析框架

吴贤静　陈仁满*

【内容提要】“两山理念”即“绿水青山就是金山银山”理论是习近平生态文明思想之核心要义之一，“两山理念”蕴含的基本思想是经济社会和环境协同发展。“绿水青山”和“金山银山”的辩证关系在于：良好的“绿水青山”为创造“金山银山”提供自然资源和物质资料保障；良好的“绿水青山”具有“金山银山”的价值。“两山理念”的私法制度保障主要体现在如下几个方面：《民法典》绿色原则在司法过程中的规范适用兼顾经济效益和生态环境保护，《民法典》物权编贯彻自然资源有偿使用制度，以及生态环境损害赔偿在《民法典》侵权责任编的展开。

【关键词】习近平生态文明思想　“两山理念”　“绿水青山就是金山银山”　《民法典》绿色规则

一、习近平同志的“两山理念”的时代价值

习近平同志提出的“两山理念”，也即“绿水青山就是金山银山”理论，深刻地阐明了生态环境保护与经济社会发展的辩证关系，树立了可持续的发展理念，指明了经济发展和生态环境保护协同的路径。“两山理念”揭示的深刻内涵是：生态环境为经济社会发展提供物质基础，绿水青山既是自然财富和生态

---

*　吴贤静——广东外语外贸大学法学院教授，区域法治研究院研究员，主要研究领域：环境与资源保护法；陈仁满——广东外语外贸大学法学院2020级法律硕士研究生。本文系广东外语外贸大学广东法治研究院2020年度招标课题“《民法典》绿色原则适用研究”的研究成果。

财富，又可以转化为社会财富和经济财富；保护生态环境就是保护自然价值和增值自然资本，就是保护经济社会发展潜力和原动力，使绿水青山持续发挥生态效益和经济社会效益。[1]“绿水青山就是金山银山”是习近平生态文明思想的核心理论。习近平同志在全国生态环境保护大会上的讲话系统阐述生态文明法治理论，提出新时代推进生态文明建设必须坚持好六项原则，其中第二项原则是“绿水青山就是金山银山”。[2]习近平生态文明思想是马克思主义中国化的理论典范，是植根于中华传统文化、从中国法律传统中汲取智慧和力量的理论创造，是借鉴世界文明发展和国际可持续发展研究的新成果，并在中国生态文明建设实践中实现扩展与升级的理论贡献。[3]

生态文明是对工业文明的反思和超越。生态文明要求提高人们的生态环境保护意识和完善生态环境保护法律制度；生态文明的最深处要求人们对生态环境内在价值的认识和对人类自身生存的深度思考。生态环境保护的理念也从过去侧重污染控制转为自然资源节约、污染控制和生态保护三大领域的全方位保护。这三大领域正是生态文明的基本内涵。生态文明呈现出不同于工业文明的面貌。

生态文明的提出和发展并非一蹴而就，而是经历了一个历史过程。可以说，生态文明的提出和发展是我国当代社会经济发展的必然选择。自20世纪以来，各个国家都面临着日益严峻的环境污染、资源短缺和生态破坏问题，环境、资源和生态问题成为全球性的议题。

改革开放以来，我国在很短的时间内就实现了快速工业化和经济的显著增长。这些显著的经济发展和人民物质生活水平的提高是以资源高消耗和对生态环境破坏为代价的。然而，经济的增长是有限度的，全球性人口问题、粮食问题、资源问题、环境污染问题和生态破坏问题不断地提醒我们不要陶醉于经济高增长和高消费。恩格斯也曾经警示人们，“我们不要过分陶醉于我们对自然界的胜利，因为每一次我们对自然界的胜利自然界都报复了我们”。[4]高耗能的工业化道路非常不可取，人类应该走向可持续发展的道路。[5]人类文明发展至今，学科门类齐全，几乎每个学科都在本领域研究探讨应对环境、资源和生态问题的方法，探寻人类应该如何作为以遏止生态环境不断恶化的趋势，从深层思索

---

1 习近平：《加强生态文明建设必须坚持的原则》，载《习近平谈治国理政（第三卷）》，外文出版社2020年版，第361页。

2 习近平：《加强生态文明建设必须坚持的原则》（2018年5月18日），载《习近平谈治国理政（第三卷）》，外文出版社2020年版，第359页。

3 吕忠梅：《习近平法治思想的生态文明法治理论》，载《中国法学》2021年第1期。

4 ［德］恩格斯著：《自然辩证法》，人民出版社1971年版，第158－159页。

5 参见［美］丹尼斯·米都斯：《增长的极限》，李宝恒译，吉林人民出版社1997年版。

人类应当如何在当代可持续地存续和发展，法学领域亦是如此。经济高速发展的伴生物是生态环境被大肆破坏，自然资源被大量地消耗。频繁的环境公害和生态破坏事件带来的惨痛教训也促使人们的生态环境保护意识觉醒，整个社会逐渐认识到生态环境保护的重要性。在这样的问题背景下，我国提出了生态文明的治国方略。我们党历来高度重视生态环境保护，把节约资源和保护环境确立为基本国策，把可持续发展确立为国家战略。随着经济社会发展和实践深入，我们对中国特色社会主义总体布局的认识不断深化，从“两个文明”[6]到“三位一体”[7]“四位一体”[8]，再到今天的“五位一体”，这是重大理论和实践创新，更带来了发展理念和发展方式的深刻转变。[9]

生态环境问题的法律应对、生态文明问题对社会可持续发展的深远影响预设了生态文明理论的核心要义和规范治理路径，决定了生态文明法律制度的价值和实践导向。本文以习近平生态文明思想为研究对象，从时代背景和理论价值的维度对习近平生态文明思想中的“两山理念”加以阐释，解读“两山理念”蕴含的辩证关系；对《民法典》绿色规则加以规范分析，探究《民法典》的绿色规则体系如何为生态文明建设和“两山理念”实践提供私法制度供给和制度保障。

二、习近平同志“两山理念”的核心要义

（一）绿水青山和金山银山的辩证关系

绿水青山和金山银山的辩证关系，可以从两个层面加以理解。一方面，保持绿水青山的良好状况为创造金山银山提供基础的和可持续的物质资料保障。“两山理念”蕴含的基本思想是经济社会和生态环境协同发展的理念。[10]另一方面，绿水青山自身就具有金山银山的价值，也即绿水青山具有使用价值和交换价值，绿水青山的使用价值和交换价值可以换算为货币。绿水青山具有多元价值。从价值属性的视角而言，绿水青山同时具有经济价值和生态价值；从价值的本位而言，绿水青山具有内在价值。

早在2001年11月，中国财政部和国家林业局即宣布，将森林生态效益补助

6 “两个文明”，指社会主义物质文明和精神文明。

7 “三位一体”，指社会主义经济建设、政治建设与文化建设三位一体。

8 “四位一体”，指社会主义经济建设、政治建设、文化建设与社会建设四位一体。

9 习近平：《加强生态文明建设必须坚持的原则》，载《习近平谈治国理政（第三卷）》，外文出版社2020年版，第359页。

10 吕忠梅：《习近平新时代中国特色社会主义生态法治思想研究》，载《江汉论坛》2018年第1期。

资金纳入国家公共财政预算并正式付诸实施。该项补助资金将在全国11个省区658个县的24个国家级自然保护区进行试点，总投入10亿人民币，共涉及2亿亩森林；在试点取得成功的基础上，逐步向全国铺开并永久实施。国家设立森林生态效益补助资金，表明政府对森林生态价值的承认，标志着一直为社会无偿使用的森林资源生态价值不再是“免费的午餐”，从此我国将进入一个有偿使用森林生态价值的新阶段。[11] 当下，我国以《民法典》《环境保护法》等相关法律为规范基础构建生态环境损害赔偿制度体系，其理论前提便是对生态环境内在价值、经济价值和生态价值的认同。如何赔偿、移转和预防损害是当代损害赔偿法律的核心内容，也是构建生态损害赔偿法体系的三个任务。[12] 填补生态环境损害的主要形式是“金钱赔偿”，这也印证了生态环境换算为金钱的必要性和可能性。

在经济学中，环境被视为能够提供系列服务的综合资产。环境确实是一种非常特殊的资产，为我们提供了维持生存的生命保障系统。[13] 如同其他资产一样，为了避免环境这种资产不当贬值，为了环境的功能不断发生租用，使其可以持续地为我们提供美学上的愉悦和维持生命的服务，必须将环境质量维持在正当水平。良好的环境质量是人类生产、生活须臾不可或缺的。环境质量为企业生产提供原料，企业向环境中排污，利用的正是良好的环境质量。企业利用环境容量生产出来的产品可以作为人们日常的消费品。这些生产的原材料、产品和消费品最后又以废物的形式返回到环境之中。良好的环境还为我们提供维持一个人身体之所需的清洁水源、清新的空气。我们呼吸的空气来源于良好的环境质量，我们吃的食物来源于良好的环境质量。此外，良好的环境质量还能为我们提供美好的美学和精神享受，任何经历过水上冲浪的愉悦、享受过森林独步的宁静和欣赏过落日余晖的屏息之美的人都能够充分认识到优良的环境质量带给我们诸多无法替代的舒适性。随着气候变化和能源安全影响的不断扩大，这些问题促使人们重新评估自然资源和能源的需求和使用。不断变化的法律和政策环境为财产同能源和自然资源法之间的交互作用提供了新的空间。[14]

---

11 王立彬：《森林生态效益补助资金纳入我国公共财政框架》，载《中国环境报》2001年11月23日。

12 侯佳儒：《生态环境损害的赔偿、移转与预防：从私法到公法》，载《法学论坛》2017年第3期。

13 ［美］汤姆·蒂坦伯格、琳恩·刘易斯著：《环境与自然资源经济学》，王晓霞、杨鹏、石磊、安树民等译，中国人民大学出版社2011年版，第14页。

14 ［英］艾琳·麦克哈格、［新西兰］巴里·巴顿、［澳］阿德里安·布拉德布鲁克、［澳］李·戈登主编：《能源与自然资源中的财产与法律》，胡德胜、魏铁军等译，北京大学出版社2014年版，第4页。

（二）经济社会发展和环境保护协同

绿水青山和金山银山的关系如何协同，隐含的问题是生态环境保护与经济社会发展的关系如何协同，可以从如下几个方面加以考量：

其一，明晰我国经济发展的现状是由高速增长阶段转向高质量发展阶段，必须走可持续发展之路才足以保障高质量发展。改革开放以来，我国经济一直保持着快速发展，而经济的高速发展也伴随着日益紧迫的环境资源问题。环境资源对经济发展的约束趋紧，为了保持经济持续稳定的发展，可持续发展是必然选择。创新驱动和绿色低碳发展是经济转型升级、产业迈向中高端，最终促进经济社会可持续发展的根本途径。以强化污染治理解决环境问题为抓手，以绿色发展引领经济发展模式转型升级。如此，生态环境持续改善的同时，可持续发展的绿色发展方式逐步形成，经济转型升级步伐加快，发展质量与环境效益持续提升。

其二，构建高质量现代化经济体系。当前严重的污染状况无疑对经济高速发展形成了掣肘。除了加大污染治理力度之外，只有全面推动绿色发展，才是解决污染问题的根本之策，也是构建高质量现代化经济体系的必然要求。生态环境持续好转，产业转型升级，城市实现绿色发展，高质量持续发展的空间也会更为广阔。秉持绿水青山就是金山银山的理念，推动经济和社会高质量发展，加大污染防治和生态保护力度，创新绿色发展体制机制，着力解决突出环境问题。把经济社会发展同生态文明建设统筹起来，创新驱动和绿色发展是根本出路。党的十九大报告总结十八大以来的五年，我国经济保持中高速增长，在世界主要国家中名列前茅。报告同时指出，我国经济已由高速增长阶段转向高质量发展阶段，正处在转变发展方式、优化经济结构、转换增长动力的攻关期，建设现代化经济体系是跨越关口的迫切要求和我国发展的战略目标。我国经济由高速增长阶段转向高质量发展阶段，创新驱动和绿色发展是根本出路。

其三，摈弃过去高投入、高消耗、高排放、高污染的经济增长模式，以绿色产业促进产业转型升级，有助于高效和低消耗地解决经济和环境协调发展问题。我国已进入经济与环境协调发展的拐点期。以绿色金融、节能环保、低碳、能源等新兴产业发展和高新技术产业为主体的产业结构不断优化，也为实现经济高质量发展奠定了坚实基础。

三、习近平同志“两山理念”的私法制度保障

习近平总书记在中央全面依法治国工作会议上的重要讲话中强调，中国特色社会主义法治体系是推进全面依法治国的总抓手。要加快形成完备的法律规

范体系、高效的法治实施体系、严密的法治监督体系、有力的法治保障体系，形成完善的党内法规体系。生态文明法治作为中国特色社会主义法治体系的重要组成部分，理应把习近平法治思想更好地贯彻落实到生态环境治理的具体实践中去。[15]党的十九届四中全会将生态环境保护制度列入坚持和完善中国特色社会主义制度、推进国家治理体系和治理能力现代化的重要内容。这标志着党的十八大以来初步完成的生态文明建设制度设计是国家治理体系的重要组成部分。应实施最严密的制度和最严格的追责机制，用最严格的制度、最严密的法治保护生态环境。“保护生态环境必须依靠制度、依靠法治。”[16]

《民法典》在诸多领域也成功地反映了时代特色。作为为市场经济保驾护航的法典，《民法典》也应当体现出我国经济高质量发展的时代要求。《民法典》制度革新的时代维度重要体现之一便是“践行生态保护理念”。[17]以《民法典》绿色原则为核心，构建系统的绿色规则体系，为践行“绿水青山就是金山银山”的深刻理念提供私法制度保障。中国进入新时代，新时代包含社会生活的方方面面，从经济社会发展的角度而言新时代以建设高质量现代化经济体系为己任。“绿色发展”成为建设新时代和现代化强国的主要目标，对《民法典》提出了“绿色”需求，要求在物权制度、合同制度、侵权制度中回应生态环境保护问题，通过基本原则的贯彻实现生态环境保护功能。[18]

（一）绿色原则的司法适用

“绿色原则”属于限制性原则，它和公平原则、诚实信用原则、权利义务一致等原则从不同角度体现了《民法典》社会化的要求。实现民事主体经济利益与生态环境利益之间的利益平衡，是民法典社会化的新趋势和新动向。作为限制性基本原则的绿色原则，既具有民法基本原则的一般功能——指导立法和为司法提供解释空间，也有更为重要的协调环境保护利益诉求与民事权利之关系、平衡个人利益与公共利益的功能。[19]从司法适用的角度而言，绿色原则实施的核心问题是能否在审判实践中得到落实，即它如何影响法律适用、法律解释和

---

15 吕忠梅：《习近平法治思想的生态文明法治理论》，载《中国法学》2021年第1期。

16 习近平：《加强生态文明建设必须坚持的原则》，载《习近平谈治国理政（第三卷）》，外文出版社2020年版，第363页。

17 谢鸿飞：《〈民法典〉制度革新的三个维度：世界、中国和时代》，载《法制与社会发展》2020年第4期。

18 吕忠梅：《中国民法典的“绿色”需求及功能实现》，载《法律科学》2018年第6期。

19 吕忠梅：《“绿色原则”与民法分则编纂》，载吕忠梅主编：《环境资源法论丛》第11卷，法律出版社2019年版，第3-23页。

法律漏洞填补等难题。[20] 通常情况下，绿色原则在缺乏具体规则的情况下可以成为裁判的直接依据，在司法适用中发挥其价值指引的作用。绿色原则已经被广泛运用于合同解除、不可抗力、排除妨害请求权行使等领域。法官在裁判时需要结合具体案情，结合绿色原则和绿色条款的内在联系，充分发挥绿色原则的实践作用，使其具体化和规则化。

《民法典》绿色原则的适用应当兼顾经济效益和生态保护。既不能为经济效益而忽略绿色原则的时代意义，也不能一味为了追求生态价值而滥用绿色原则。同时也要不断完善相关司法解释，探索民法原则的效率价值，充分考量经济效益和生态效益的平衡性，使用法律经济学的分析理论，引导民事活动的“绿色化”。深圳市中级人民法院近日宣判了首例适用绿色原则的环境民事公益诉讼案，被告深某光电（深圳）有限公司多次被抽查到存在超标排放大气污染物、水污染物的情况。深圳市中级人民法院认为，被告未按《环境保护法》向社会公开其排放情况，导致其污染对环境造成的损害难以估量，法院将侵权事实的不利后果归于被告，综合其主观过错、污染范围、恢复难度等因素，根据《民法典》第9条的规定，民事主体从事民事活动，应当有利于节约资源、保护生态环境，判决被告立即停止侵害、消除危险；在中国环境报上向社会公开赔礼道歉；赔偿生态环境修复费用及服务功能的损失共计1000万元，兼顾了生态保护和经济方面的考量，以司法裁判彰显了国家保护生态环境的信心和决心。[21] 绿色原则的司法适用，应严格适用《民法典》《民事诉讼法》及司法解释的规定，对直接使用绿色原则作为裁判依据的情形进行法律论证，说明使用法律原则的必要性和正当性，表明该原则的适用符合立法者意愿而非法官的个人偏好。

（二）《民法典》物权编贯彻自然资源有偿使用制度

自然资源有偿使用制度可以更好地保障资源的利用效率，同时为开发新的资源提供充足资金支持，有利于经济社会和生态环境的可持续发展。目前，我国已经建立了一套较为完善的自然资源所有权和使用权分离制度。从1998年《土地管理法》开始，国家大力实行国有土地的有偿使用制度，到后来发布的相关矿业权、水权、海域和无居民海岛、集体林权、现行草原承包经营权等资源开发使用规范，逐步完善了自然资源的出让比例、自然资源转让、抵押、出租等权能内容。

20　郑少华、王慧：《绿色原则在物权限制中的司法适用》，载《清华法学》2020年第4期。

21　肖波、沈炬：《深圳中院宣判一起环境民事公益诉讼案：适用民法典绿色原则判定被告赔偿一千万元》，载《人民法院报》2021年2月11日，第3版。

第一，《民法典》物权编中多处体现了为保护生态环境而对所有权行使加以限制，从而协调经济活动与环境保护的关系。《民法典》第346条规定：“设立建设用地使用权，应当符合节约资源、保护生态环境的要求，遵守法律、行政法规关于土地用途的规定，不得损害已经设立的用益物权。”我国长期没有形成完备的自然资源市场，使用自然资源依然以行政许可为主，不利于对自然资源的保护性开发。在自然资源资产有偿使用的市场化方面，只有土地的有偿使用程度较高，矿业权市场发展迅猛，其他资源的市场化程度依然较低。在经济发展和生态文明建设过程中存在着自然资源权利不足、有偿使用制度不健全、缺乏监管等制度问题。运用私法规范确立自然资源权属和促进自然资源有偿交易，是实现自然资源充分开发利用和市场化交易的重要途径。特别是在自然资源管理和产权改革的时代背景下，私法成为促成资源监管权和所有权分离、完善自然资源产权体系的核心规范。

第二，《民法典》确立自然资源权利。权利既可以作为确立自然资源和环境价值的法律工具，也可以起到平衡自然资源公权和私权的作用。[22] 自然资源需要在私法保障下建立健全有偿使用制度，提高资源的保护性开发利用率，减少资源损耗，建成资源节约型和环境友好型社会。当前国家力推的生态环境损害赔偿、自然资源资产产权改革、国家公园体制建设等生态文明举措，本质上都是把生态环境、空间或系统拟制为“财产”而进行的制度创新。[23] 作为以“财产”为基础的法制创新，“其制度运行往往也须‘借用’部分民法规则或原理，故需在民法典中作概括规定，明确法律属性，指引适用规则，为特别法的特殊调整扫除法理障碍，奠定合法基础，形成制度‘接口’”。[24]

一方面，自然资源在宪法上具有总体性、抽象性和总括性，要想实现自然资源向私法制度的转化，就需要利用私法上的立法技术，将自然资源拆分为特定的物权客体，并且通过归类和命名的方式对自然资源进行特定化，从而实现私法层面的调整。另一方面，赋予自然资源物权的属性，自然资源物权化可以直接体现权利人对自然资源的支配关系。物权的对世效力强于债权，也有利于保护自然资源的使用。自然资源的物权化使征收制度更加透明，有利于约束侵权行为。

---

22 ［英］艾琳·麦克哈格、［新西兰］巴里·巴顿、［澳］阿德里安·布拉德布鲁克、［澳］李·戈登主编：《能源与自然资源中的财产与法律》，胡德胜、魏铁军等译，北京大学出版社2014年版，第5页。

23 巩固：《〈民法典〉物权编绿色制度解读：规范再造与理论新识》，载《法学杂志》2020年第10期。

24 巩固：《民法典物权编绿色化构想》，载《法律科学》2018年第6期。

第三，《民法典》构建统一的自然资源资产市场体系。目前，我国自然资源使用出现了产权主体和相关利益者扩大化态势，因此有必要完善有偿使用的规则，区分自然资源原始主体和新增产权主体的权利和义务，确保在全民所有和投资者获利基础上，尽可能减少行政规制，充分发挥市场的调节功能。根据不同自然资源的类型和特点有针对性地制定自然资源有偿使用制度。例如根据资源是否可再生以及产权特征，在产权设置和税费等方面设置合理差别。同时还要建立全国统一的自然资源交易平台，透明公开投标竞争制度，调动投资主体的积极性，接受社会的监管监督。有偿使用的核心是运用价格机制促进自然资源的保护性使用，体现了生态文明制度改革的内在要求，需要发挥经济手段，提高资源利用率，降低损耗，完善自然资源有偿使用体系，完善有偿使用法律法规，开展对全民所有的有偿使用不规范行为的审查。法律制度完善的，要及时纠正不规范行为和违法行为。法律存在缺位或不完善的，各地区、各部门要在发现问题、总结经验的基础上，按程序推动相关法律法规立改废释。[25]

（三）生态环境损害赔偿在《民法典》侵权责任编的展开

实施生态环境损害赔偿是实现“绿水青山”到“金山银山”的重要途径。《民法典》第1232条规定，侵权人违反法律规定故意污染环境、破坏生态造成严重后果的，被侵权人有权请求相应的惩罚性赔偿。《民法典》在侵权责任编中扩大了环境侵权责任的范围，衔接了环境私益诉讼、公益诉讼与生态环境损害赔偿诉讼制度，规定了惩罚性赔偿，提高了违法成本。《最高人民法院关于审理环境民事公益诉讼案件适用法律若干问题的解释》第19条规定，原告为防止生态环境损害的发生和扩大，请求被告停止侵害、排除妨碍、消除危险的，人民法院可以依法予以支持。2016年8月30日，中央深改组审议通过《关于在部分省份开展生态环境损害赔偿制度改革试点的报告》，随后，各级省份开始出现针对生态环境本身损害提起赔偿诉讼，云南省也在2017年出现了全国首例通过公证机关赋予生态环境损害赔偿协议强制执行力的案例。针对生态环境侵权行为，需要实施最严格的生态环境损害赔偿制度，以体现“环境有价、损害担责”的价值导向。

第一，以《民法典》侵权责任编规则为基础构建生态环境损害评估体系。我国以环境民事公益诉讼和生态环境损害赔偿诉讼为核心发展出了一套私法主导的生态损害救济体系。[26]2020年12月29日，生态环境部和国家市场监督管

25　参见2016年《国务院关于全民所有自然资源资产有偿使用制度改革的指导意见》。

26　刘静：《论生态损害救济的模式选择》，载《中国法学》2019年第5期。

理总局联合发布了《生态环境损害鉴定评估技术指南 总纲和关键环节 第1部分：总纲》（GB/T 39791.1－2020）等六项生态环境损害鉴定评估技术标准，明确生态环境损害鉴定评估的一般性原则、程序、内容、方法，并针对损害调查等重点环节和土壤、地下水、地表水、沉积物、大气等环境要素的特点，分别提出了规范性技术要求。[27]但是，需要指出的是，关于基线确定、因果关系判定、损害数额量化等损害鉴定关键环节依然存在问题，需要继续修订生态环境损害鉴定评估的技术规范，完善评估技术标准体系，为司法审判、环境管理等工作提供技术支持，为国家生态环境损害赔偿制度改革提供支撑。同时，生态环境损害鉴定评估操作流程依然存在一些疏漏。首先，缺乏评估鉴定相关资质机构的有效程序，导致选择鉴定机构经常容易出现混乱。其次，鉴定评估缺乏统一的收费标准，加重了各方完善和细化规则，制定鉴定机构资质门槛条件，行业要自律规范，就要形成一套科学权威高效的鉴定体系。

当下，《民法典》侵权责任编核心规范的生态环境损害弥补和救济趋势是从传统民事救济转向以生态环境修复为主的综合救济，也即强调对生态环境本身的损害进行救济和弥补。[28]

第二，生态环境损害领域适用惩罚性赔偿。《民法典》侵权责任编中增加了环境侵权惩罚性赔偿，第1232条规定："侵权人违反法律规定故意污染环境、破坏生态造成严重后果的，被侵权人有权请求相应的惩罚性赔偿。"惩罚性赔偿兼具公法与私法的特征，惩罚性赔偿是用私法手段来完成公法目的。在传统的侵权法思想中，惩罚性赔偿主要出现在食品安全以及产品安全责任方面。如果只是采用损害性赔偿，属于同质补偿，在生态补偿中不足以遏制再次类似的环境侵权行为。由于《民法典》调整的是平等民事主体之间的法律关系，因此不能过分背离侵权责任损害填平的原则，需要慎重使用惩罚性赔偿，判断侵权人是否存在故意或者重大过失的主观故意，是否造成严重损害程度。在赔偿金的数额确定上，要结合侵权人心理过错、侵权结果、侵权人的经济情况等多要素确定。美国现行的制定法及最高法院均没有对惩罚性赔偿金额的确定标准作出明确规定，但一般认为可以依据被告应受非难的程度、被告因其行为获得的财产、被告的财产状况等因素确定赔偿金额的范围。

第三，市场化的生态环境补偿机制。党的十八大以来，生态保护补偿机制建设顺利推进，重点领域、重点区域、流域上下游以及市场化补偿范围逐步扩

---

27 参见《生态环境损害鉴定评估技术指南 总纲和关键环节 第1部分：总纲》（GB/T 39791.1－2020）。

28 吴贤静、林镁佳：《从"环境之制"到"环境之治"：中国环境治理现代化的法治保障》，载《学习与实践》2020年第12期。

大，投入力度逐步加大，体制机制建设取得初步成效。[29] 市场化、多元化生态保护补偿机制建设要以习近平新时代中国特色社会主义思想为指导，全面贯彻党的十九大和十九届五中全会精神，坚持谁受益谁补偿、稳中求进的原则，加强顶层设计，创新体制机制，实现生态保护者和受益者良性互动，让生态保护者得到实实在在的利益；拓宽生态环境补偿融资渠道，发放关于生态保护补偿的绿色发展基金和债券，发挥财政资金的作用，吸引金融机构和社会资本的参与，提升区域生态服务的价值；发展市场化的生态产品，建立市场交易机制，使保护者获得足够的生态保护效益补偿金。

结语

我国通过修改《宪法》、修改《环境保护法》以及各单行环境资源法、编纂具有鲜明绿色元素的《民法典》、修改《刑法》、制定和修改相关行政法规等立改废释工作，确立了生态文明法律保护制度的“四梁八柱”，把生态文明和美丽中国建设纳入了制度化、法治化的轨道，有效地推进了生态治理和生态文明建设的现代化。[30] 运用法律制度保障生态文明理论基本要义之一的“两山理念”得到实施，既有公法制度的关照，也需要兼顾私法制度。《民法典》的绿色原则和绿色规则为实现环境资源的经济价值和对环境资源加以有效利用奠定法律规范基础，通过完备的权利制度、促进生态环境保护的市场交易制度和生态环境损害填补制度保障“绿水青山就是金山银山”理论的实施。

29　参见国家发展改革委等2018年印发的《建立市场化、多元化生态保护补偿机制行动计划》。

30　张文显：《习近平法治思想的理论体系》，载《法制与社会发展》2021年第1期。

粤港澳大湾区规则衔接的现状、困境与路径完善

朱最新*

【内容提要】规则衔接是实施大湾区市场高水平互联互通、各类资源要素高效便捷流动、区域协调发展的客观要求。改革开放以来，中央、大湾区三地政府、社会组织分别采取多种方式探索三地规则衔接，初步形成了“中央为主、地方为辅、社会补充”的规则衔接路径。然而，由于中央、大湾区三地政府、社会组织在规则衔接方面受到“一国两制三法域三个单独关税区”带来的诸多因素的限制，大湾区规则衔接存在诸多问题与困境，难以满足大湾区融合发展需要。从大湾区融合发展需要出发，优化现有规则衔接路径，形成一条中央主导、地方主体、社会组织参与、多元互动的规则衔接路径，并完善相关实施机制，是实现大湾区规则有效衔接、为大湾区融合发展提供良好法治保障的必由之路。

【关键词】粤港澳大湾区　一国两制　规则衔接

一、问题的提出

建设粤港澳大湾区，是习近平总书记亲自谋划、亲自部署、亲自推动的国家战略。大湾区建设的目标是建立市场高水平互联互通、各类资源要素高效便捷流动、区域协调发展、营商环境一流的富有活力和国际竞争力的一流湾区和

---

* 朱最新——广东外语外贸大学广东省地方立法研究评估与咨询服务基地主任、法学院教授，主要研究领域：行政法学、区域法治与地方立法。本文系教育部哲学社会科学研究重大课题攻关项目“粤港澳大湾区法律建设研究”（项目号：20JZD019）的阶段性成果。

世界级城市群。[1] 市场天然与法治相连，“有市场交易行为的人最需要法治，他们从自身权益的角度需要法治的保障，这也是市场发展的必然结果”。[2] 没有法治保障，市场难以互联互通、各类资源要素流动受阻，市场经济难以良性发展。从国外湾区经验来看，纽约湾区、旧金山湾区、东京湾区的成功，不仅在于天然区位优势，更在于良好的法治保障。[3] 因此，粤港澳大湾区作为首个国家层面确认的“湾区”，其发展必须法治先行，必须有统一、协调的法治保障。

然而，粤港澳大湾区发展战略是“一国两制”前提下的区域协调发展战略。粤港澳大湾区三地“法系不同，其法律理念、法律体系、法律解释以及立法和司法等诸多领域都呈现出一系列巨大差异”。[4] 这种差异构成了粤港澳大湾区市场互联互通、生产要素高效便捷流动、人员货物往来便利的潜在制度障碍。克服这些制度障碍，形成生产要素高效便捷流动的良好营商环境，必须“抓住粤港澳大湾区建设重大历史机遇，推动三地经济运行的规则衔接、机制对接”[5]。然而，粤港澳大湾区建设是一项前无古人的崭新事业，国内外没有规则衔接的完整经验可供借鉴。因此，探讨“一国两制”下，通过什么路径实现规则衔接，从而为粤港澳大湾区发展创造良好法治保障，既是实现粤港澳大湾区发展战略亟待解决的重大实践难题，也是法学回应粤港澳大湾区实践的重大理论课题。

二、多方探索：粤港澳大湾区规则衔接的现实路径

改革开放以来，港澳与珠三角九市的联系日益紧密。粤港澳大湾区战略实施必然促进“9+2”城市的快速融合，形成互相依存、不可分割的关系。原来以潜在的、非常态方式存在的三地规则冲突日益演化为经常性的规则冲突。“两地法律规则冲突的事实，已成为两地相互交流的最大障碍。”[6] 为解决规则冲突，促进区域协调发展，中央、地方、社会组织分别采取各种方式探索“一国两制”下三地规则的衔接之路。

1　参见《粤港澳大湾区发展规划纲要》，载中华人民共和国中央人民政府网站，http：//www.gov.cn/gongbao/content/2019/content_ 5370836.htm，最后访问于 2020 年 12 月 30 日。

2　孙笑侠：《局部法治的地域资源——转型期“先行法治化”现象解读》，载《法学》2009 年第 12 期。

3　参见滕宏庆、张亮：《粤港澳大湾区的法治环境研究》，华南理工大学出版社 2019 年版，第 99－100、112－113、128 页。

4　朱最新：《区域一体化法律治理模式初探》，载《广东行政学院学报》2011 年第 3 期。

5　习近平：《习近平在深圳经济特区建立 40 周年庆祝大会上的讲话》，载新华网，http：//www.xinhuanet.com/2020－10/14/c_ 1126611290.htm，最后访问于 2020 年 12 月 30 日。

6　王仲兴、郭天武主编：《内地与港澳法律体系的冲突与协调》，中山大学出版社 2009 年版，第 68 页。

（一）规则衔接的中央探索

我国是单一制国家。从法律规定和传统来看，粤港澳大湾区规则衔接，涉及三个省级行政区划的规则衔接，主要是中央职权。因此，中央先后采取法律的自我变革、央地行政协议、中央区域规划、司法协助等方式，对三地相关规则衔接进行了有益的创新性探索。

1. 法律的自我变革。法律的自我变革，是指国家通过立法实施高水平自我开放，与世界高标准商事规则接轨，从而实现粤港澳大湾区的规则衔接。如国家以《外商投资法》取代《中外合资经营企业法》《外资企业法》《中外合作经营企业法》，建立了“准入前国民待遇加负面清单”管理制度，以及投资保护和保障内外资平等竞争制度。这就“意味着中国外商投资体制从内外资‘双轨制’基本转向‘单轨制’的根本性变革”[7]，从而与港澳“单轨制”相衔接。因而，法律的自我变革，是粤港澳大湾区规则衔接的重要路径。但内地的许多法律制度是中国特色的，并不存在向世界高标准规则看齐问题。而且向世界高标准规则看齐并不等于完全一致，更不等于与港澳完全趋同。因而，法律自我变革并不能从根本上解决“一国两制”的规则衔接问题。

2. 央地行政协议。央地行政协议，是指以中央或者中央部委为一方主体与粤港澳三地政府签署的致力于推进区域协调发展的一种区域协议，主要有两个形式：一是中央与港澳直接签订协议，如CEPA。2003年，内地与港澳分别签订了CEPA（即《内地与香港关于建立更紧密经贸关系的安排》《内地与澳门关于建立更紧密经贸关系的安排》），并陆续签订了10个补充协议。2015年、2017年、2018年、2020年，内地与港澳分别签订了CEPA的升级版——《服务贸易协议》《投资协议》《经济技术合作协议》和《货物贸易协议》以及相关修订。2017年，香港与澳门也签订了CEPA。多个CEPA的签署不仅促进了三地间新型的、更紧密的经贸关系，而且使三地经贸规则在一定程度上实现了衔接。二是中央与粤港澳三地签订协议，如2017年，国家发改委与广东、香港、澳门三地政府在香港签署了《深化粤港澳合作推进大湾区建设框架协议》。这种方式与CEPA相比，在程序上尊重了广东和珠三角九市的参与权利。央地行政协议在一定程度上实现了商贸规则的有效衔接，但也带来了诸如货物贸易的原产地规则、服务提供者的条件和标准、保障措施和争端解决机制、与贸易有关的知识产权、

---

7 宁红玲：《粤港澳大湾区法制协调及其实现路径——以外商投资法制为视角》，载《华南理工大学学报（社会科学版）》2021年第1期。

公司定义等法律冲突问题[8]。

3. 中央区域规划。中央区域规划，是指国家对特定区域公共事务预先部署的一种规划。如2019年中共中央、国务院印发的《粤港澳大湾区发展规划纲要》。中央区域规划并不是直接的行为规范，并不必然实现规则衔接。然而，“规划是在对组织的共同目标通盘考虑和加以分解的前提下，对各个群体的活动内容、任务数量和质量标准、时限进行明确划分和规定，从而为各个群体设立具体目标”。[9]规划的实施使各群体在特定时间内只需关注自身具体目标的实现，就可以完成共同目标。这在一定意义上减少了相关的交易成本和制度冲突，有助于制度的衔接。而且“区域规划首要关注的对象依旧应该是拆除行政壁垒和藩篱”[10]。因此，中央区域规划在一定程度上可以实现规则衔接，是粤港澳大湾区规则衔接的一种特殊方式和特殊路径。

4. 司法协助。司法协助是粤港澳大湾区规则衔接的重要路径和方式。2006年，内地与香港签署了《关于内地与香港特区法院相互认可和执行当事人协议管辖的民商事判决的安排》，明确“内地人民法院和香港特别行政区法院在具有书面管辖协议的民商事案件中作出的须支付款项的具有执行力的终审判决，当事人可以根据本安排向内地人民法院或者香港特别行政区法院申请认可和执行”。2017年、2019年，内地与香港又分别签署了《关于内地与香港特别行政区法院相互认可和执行婚姻家庭民事案件判决的安排》和《关于内地与香港特别行政区法院相互认可和执行民商事判决的安排》。这两个安排生效后，“两地法院90%左右的民商事判决有望得到相互认可和执行”。[11]因此，通过深化司法互助，“可完成协调粤港澳不同法域间的民商事判决异地‘流通’，而无须进行上位法或国家层面的制度规则统一而达到法律制度体系协调的目的”，[12]实现规则的有效衔接。

5. 中央指令。中央指令，是指中央以决定、批复等形式直接决定粤港澳大湾区特定领域或特定区域具体规则适用的一种方式。中央指令一般主要限于两种情况：（1）涉及中央权限事务作出的决定。中央权限事务的范围主要包括两个方面：一是央港关系事项。如因两地间出入境管制属于央港关系事项，不属

---

8 参见慕亚平等著：《CEPA协议及其实施中的法律问题研究》，法律出版社2009年版，第187－305页。

9 李祚、孙航主编：《组织行为学》，辽宁大学出版社2006年版，第237页。

10 蔡国兆等：《“长三角尴尬”犹存，“制度悖论”亟待解决》，载《经济参考报》2018年2月26日。

11 文雅靖：《如何协调粤港澳大湾区法律制度体系》，载《开放导报》2019年第2期。

12 文雅靖：《如何协调粤港澳大湾区法律制度体系》，载《开放导报》2019年第2期。

于香港高度自治范围，2017年全国人大常委会关于批准《内地与香港特别行政区关于在广深港高铁西九龙站设立口岸实施“一地两检”的合作安排》的决定，在香港西九龙站实施“一地两检”，设立内地口岸区，由内地依照内地法律和《合作安排》实施管辖。二是内地对港澳单方开放中的中央事权。如2020年国务院办公厅印发的《香港法律执业者和澳门执业律师在粤港澳大湾区内地九市取得内地执业资质和从事律师职业试点办法》（国办发〔2020〕37号）规定，符合条件的香港法律执业者和澳门执业律师通过粤港澳大湾区律师执业考试，取得内地执业资质的，可以从事一定范围内的内地法律事务。（2）共同开发的内地特定区域作出的决定。如在珠澳跨境工业区开发建设中，国家发布了《国务院关于设立珠澳跨境工业区的批复》（国函〔2003〕123号）、《珠澳跨境工业区珠海园区管理办法》等决定，明确规定“珠海园区作为珠海保税区的延伸区，由海关监管，实行保税区政策。珠海园区生产的最终产品如在国内销售，按照保税区货物内销相关规定办理；澳门园区生产的最终产品输往内地，按照《内地与澳门关于建立更紧密经贸关系的安排》框架项下相关原产地规则确定其原产地；两个园区生产的产品出口到国外的，按进口国（地）的原产地规则确定原产地”，从而实现规则对接。

（二）规则衔接的地方探索

为推动区域协调发展，粤港澳三地政府非常重视规则衔接。三地采取了多种方式探索三地规则的有效衔接。

1. 地方行政协议。地方行政协议，“是政府间平等合作的一项法律机制”[13]，虽然不是粤港澳大湾区规则衔接最理想的选择，但却是最现实的选择。实践中，粤港澳大湾区政府常常通过区域政府联席会议制度或者区域部门协商的方式订立行政协议以解决合作中的难题，实现规则的有效衔接。前者如2018年第20次粤港合作联席会议签署的《粤港劳动监察交流及培训合作机制协议》《粤港科技创新交流合作安排》等七项协议；[14]后者如2017年广东省住建厅与香港发展局签署的《加强粤港建筑及相关工程服务合作意向书》等。

2. 地方区域规划。地方区域规划，是两个或两个以上行政主体通过平等协商、联合制定的对跨区域公共事务预先部署的一种规划。如2012年，粤港澳三地联合制定的《粤港澳基础设施建设合作专项计划》《共建优质生活圈专项规

---

13 叶必丰：《行政协议：区域政府间合作机制研究》，法律出版社2010年版，第1页。

14 香港特区政府新闻公报：《粤港合作联席会议第二十次会议在香港举行》，载香港特别行政区政制及内地事务局网站，https：//www. cmab. gov. hk/gb/press/press_ 3965_ print. htm，最后访问于2021年1月3日。

划》等专项规划，以及澳门与广州南沙合作规划、澳珠协同发展规划等。地方区域规划的价值关注点是区域利益的一致性以及区域主体的“共赢”，寻求主体间共同利益的最大化。[15]因此，与中央区域规划相比，地方区域规划在一定程度上更容易实现规则衔接，是粤港澳大湾区规则衔接的一种特殊方式和特殊路径。

3. 单方开放。单方开放，是指“开放主体（内地政府）制定对港澳法律规则的单方、自主行为，即不需要开放对象（港澳特区）做出相应承诺的制度开放行为”[16]。如深圳前海首创“港籍调解”与“港籍陪审”制度，成立全国首家粤港澳联营律师事务所；率先开展粤港澳联营律师事务所改革试点；借鉴香港廉政公署的体制，在全国率先探索建立“前海廉政监督局”，集纪检、监察、检察、公安和审计“五位一体”的廉政监督新体制等[17]。广州越秀区人民法院、南沙区人民法院积极探索涉外商事案件内地 + 外籍（港澳台）调解员“双调解”模式。这些具有独创性的法治创新成果，不仅完善了内地法治，而且减少了大量交易成本，已成为粤港澳大湾区规则衔接的重要路径探索。

4. 共建机构管理。粤港澳三地政府通过协议设立统一机构，由该机构依据统一的区域性规则进行管理，从而实现规则衔接。如在港珠澳大桥共建共管中，粤港澳三地政府签署了三地协议，设立了港珠澳大桥管理局，制定了《港珠澳大桥管理局章程》，有效地消弭了三方在港珠澳大桥管理上的分歧，为大桥的建设、管理提供了最基本的法律指引，实现了相关规则的有效衔接，是粤港澳大湾区规则衔接的创新性探索。

（三）规则衔接的社会组织探索

社会组织以其相对独立性、灵活性等优势，正在以区域民间协议形式推动三地规则衔接。所谓区域民间协议，是区域社会组织作为签约主体签署的致力于推进大湾区社会组织交流、合作的一种区域协议，是近年来粤港澳大湾区规则衔接的一种新路径。如 2018 年，广东省注册会计师协会与香港会计师公会签署了《粤港会计师事务所合作联盟协议》，发起成立粤港会计师事务所合作联盟，就信息互换、人员互派、优势互补、业务拓展等展开合作；2019 年，粤港澳大湾区研究院、香港一国两制研究中心、澳门发展策略研究中心三地智库签署《粤港澳大湾区智库联盟框架协议》，发起成立智库联盟，共同开展重大课题研究，促进理论创新和成果共享，为大湾区建设贡献智慧力量，等等。

---

15 参见李煜兴著：《区域行政规划研究》，法律出版社 2009 年版，第 46 页。

16 文雅靖：《如何协调粤港澳大湾区法律制度体系》，载《开放导报》2019 年第 2 期。

17 参见巴曙松等著：《粤港澳大湾区协同创新机制研究——基于自由贸易组合港模式》，厦门大学出版社 2019 年版，第 249 页。

三、多重限制：粤港澳大湾区规则衔接困境的原因分析

经过多年探索，粤港澳三地初步形成了“中央为主、地方为辅、社会补充”的规则衔接路径。其中，中央规则衔接，并非专门的规则衔接，而是在促进内地与港澳经济共同繁荣、发展，让港澳共享国家改革发展红利的政策推动中的附带产品，从而使中央规则衔接呈现出碎片化状态。地方规则衔接，因内地央地权限并不明晰，基本上是在中央宏观政策指引下展开的。中央宏观政策没有辐射的范围，规则衔接基本没有动静。社会组织规则衔接是近年来的新发展，但其规则衔接大都限于浅层次的交流合作层面，并未深入具体制度衔接层面。因而，粤港澳大湾区现行规则衔接路径虽然取得了一定成效，但从实践需求看，规则衔接远未完成，更谈不上体系化，规则冲突日常隐现。粤港澳大湾区规则衔接产生这些困境的原因，主要在于规则衔接受到诸多因素限制。

（一）中央规则衔接的多重限制

单一制国家中，“地方行政区从来不是一个政治实体，不具有任何主权特征”“国家只有一部宪法，其法律由中央立法机构统一制定，任何地方性的法规都不得与中央制定的法律冲突”。[18]因此，区域协调发展所需法律制度基本上由中央提供。然而，基于“一国两制三法域三个单独关税区”的特殊区情，中央能提供的统一法律非常有限，而且在规则衔接方面也受到多重限制。

1. WTO协议的限制。粤港澳大湾区分属三个单独关税区。香港、澳门作为单独关税区“意味着其需要维持关境的存在，有各自独立的贸易制度和关境措施，因此内地、香港和澳门相互间的经贸往来都要受到这些制度的约束”。[19]而且《中国加入世贸组织议定书》第4条规定明确规定：自加入时起，中国应取消与第三国和单独关税区之间的、与《WTO协定》不符的所有特殊贸易安排，包括易货贸易安排，或使其符合该协定。这就意味着WTO协议对中央衔接产生了国际法上的限制。

2. 港澳基本法的限制。“一国两制”是党领导人民进行的一项思想创新。港澳基本法将这一思想创新转化为具体法律制度，既明确了中央对港澳的全面管治权，又赋予了港澳高度自治权，是处理中央全面管治权与特区高度自治权关系的宪制性法律依据。因此，中央进行规则衔接必须遵循港澳基本法的约束。

---

18 董立坤著：《中央管治权与香港特区高度自主权》，法律出版社2014年版，第12页。

19 钟立国：《CEPA框架下粤港澳大湾区建设法律制度的协调与完善》，载《广东财经大学学报》2020年第5期。

港澳基本法对中央进行规则衔接的限制主要体现在两个方面：一是根据宪法和港澳基本法的规定，国家制定的全国性法律只有列入港澳基本法附件三的才能在港澳实施。二是大湾区建设中不少事务属于地方事务，并不涉及国防外交等中央事权，也不涉及中央与港澳的关系，属于港澳高度自治权范畴。

3. 形式取向的限制。规则衔接的形式取向，是指实现规则衔接所采用的表达形式。我国是一个单一制国家，地方权力来自中央授予，两者地位并不对等。“在一个讲究对等交流的文化传统里，只有相同或相似身份、相同行政级别才有平等的话语权，才能进行平等协商。”[20]“中央与地方协商管理模式主要存在于联邦制国家”，[21]在单一制国家中常常是一种例外。中央与港澳通过平等协商来实现规则衔接，如果成为一种常态，就会给世人一种港澳与中央是平等主体的错觉，从而影响规则衔接实现粤港澳大湾区融合发展之目标。同时，法律不是主观意志的产物，而是利益博弈的结果。“那些认为只要运用人的抽象的推理能力，便能够建构出普遍有效的和完善的法律制度及其所有细节的观点是错误的。”[22]中央与港澳进行规则衔接，作为当事者的广东却不在其中，其结果可能会与现实需求存在差距，从而影响规则衔接的实效。如2003年CEPA签订以来，内地与港澳间的经贸合作紧密度加强，但“大门开、小门不开”的问题仍未彻底解决[23]，就是一个例证。

（二）地方规则衔接的限制

现代社会，区域协调发展可以带来经济、社会等方面可持续性的收益。地方政府作为多方利益的代表者，具有推动区域规则衔接的天然动力。然而，在粤港澳大湾区，地方政府规则衔接却受到诸多因素的限制。

1. 理念差异。理念是行动的先导，是制度构建的前提。理念差异必然影响三地规则衔接。粤港澳大湾区三地的理念差异主要体现在两个方面：一是发展理念不同。粤港澳大湾区三地虽然都主张服务型政府，但香港特区政府强调“有限政府”，在经济干预方面实行“积极不干预政策”，“不能透过直接参与经济活动和干预市场来主导经济发展的方向”[24]。广东虽然市场经济日渐成熟，

20 王春业：《粤港澳大湾区法治建设论纲》，载《法治现代化研究》2020年第4期。

21 谢平著：《中国地方政府债券发行管理制度研究》，中国经济出版社2018年版，第49页。

22 ［美］E. 博登海默著：《法理学：法律哲学与法律方法》，邓正来译，中国政法大学出版社1999年版，第454页。

23 文雅靖：《如何协调粤港澳大湾区法律制度体系》，载《开放导报》2019年第2期。

24 刘云刚、侯璐璐、许志桦：《粤港澳大湾区跨境区域协调：现状、问题与展望》，载《城市观察》2018年第1期。

也已摒弃“唯GDP论”，但各级政府强调“有为政府”，通过宏观调控等对经济活动干预相对较多，对经济发展方向具有一定影响力。二是法治理念不同。港澳相对比较注重形式法治，强调法的规范价值和法的安定性；内地相对注重实质法治，强调法的正义性和合目的性。因而，在粤港澳大湾区很多规则衔接措施难以快速有效地得到落实。

2. 行政级别差异。在粤港澳大湾区11个城市中，港澳是依法享有“高度自治权”的特别行政区，广州是副省级的省会城市，深圳市是享有副省级城市行政地位、直辖市财政权的计划单列市，佛山、惠州、江门、肇庆四市则是设区的市，中山、东莞是不设区的地级市。另外，深圳和珠海是经济特区，享有经济特区权限。港澳在国家中的地位远远高于其他9个城市。“在一个讲究对等交流的文化传统里……不同身份和有差异的行政级别，很难有平等的协商和协作。”[25]“城市‘论资排辈’，政府交往强调级别对等，任何一方谋求主导地位的期望都将造成合作机制运作上的阻碍，致使其流于空谈。”[26]因此，行政级别差异对粤港澳大湾区规则衔接活动构成了非常微妙的障碍。

3. 权限差异。大湾区三地的权限差异很大：一是行政管理权限不同。依据港澳基本法规定，港澳享有行政管理权和中央授予的其他权力，可依法自行处理特别行政区行政事务。而依据《宪法》《地方各级人民代表大会和地方各级人民政府组织法》的规定，广东省和珠三角九市政府必须接受国务院的统一领导，不具有自行处理本地区行政事务的权力。二是立法权限不同。依据港澳基本法规定，港澳享有立法权，其立法虽须报备，但备案不影响法律生效，且只有法律涉及中央管理事务及中央和港澳关系时，全国人大常委会才有权将有关法律发回并使之立即失效。全国性法律除列于港澳基本法附件三者外，不在港澳实施。广东省的立法必须遵守法律保留和不抵触原则，而佛山、中山、东莞、惠州、江门、肇庆6市立法不仅要遵守法律保留和不抵触原则，而且仅限于“城乡建设与管理、环境保护、历史文化保护”等事项，且需经省级权力机关批准才能生效。珠海、深圳虽享有经济特区立法权，可变通法律，但与港澳相比，创新性空间仍然狭小。三是司法权不同。港澳依法享有独立司法权和终审权，除国防、外交等国家行为无管辖权外，所有案件均有审判权。而在广东，最高人民法院监督广东地方各级人民法院的审判工作，最高人民检察院领导广东地方各级人民检察院的工作。权限是规则衔接的权力基础，直接关系到规则衔接中所能起到的作用以及作用大小。

---

25 王春业：《粤港澳大湾区法治建设论纲》，载《法治现代化研究》2020年第4期。

26 朱孔武：《粤港澳大湾区跨域治理的法治实践》，载《地方立法研究》2018年第4期。

（三）社会组织规则衔接的限制

社会组织规则衔接是近年来大湾区规则衔接的一种新路径。然而，由于区情特殊，粤港澳大湾区社会组织规则衔接也受到诸多因素限制，难以有效有序深入推进，更不用说产生外溢效应了。

1. 组织发展不平衡。粤港澳大湾区社会组织发展很不平衡。截至2020年11月，广东省本级有社会组织3341个、广州有8114个、深圳有10866个、珠海有2445个、东莞有4668个、佛山有5159个、中山有2280个、江门有3489个、惠州有3360个、肇庆有2391个，粤港澳大湾区广东部分合计46113个。[27]澳门居民素有结社的传统，只有676100人口的澳门，截至2019年6月社团数目已超过9200个，涉及艺术文化、科学及科技等16种类型社团[28]，比人口14904400的广州社团数量还多，仅次于深圳。香港社团数量众多。截至2018年，人口7428887的香港，仅根据《社团条例》登记注册的社团就高达37170个[29]，是人口12528300的深圳市的三倍多。除此以外还有众多根据《公司条例》注册登记的社会组织。

2. 角色定位存在差异。由于制度差异，三地相应社会组织的角色定位也存在差异。以律师协会为例，三地律师协会都是律师的自律组织，享有律师会员登记、考核、纪律管辖以及律师权益保障等职权，但三地律师协会角色定位存在差异：一是机构的差异。内地一个行政区内只有一个律师协会，香港则分设香港律师会和香港大律师公会，澳门分设澳门律师公会和澳门律师业高等委员会。二是职责存在差异。内地律师执业许可由司法行政部门负责，相应惩处也主要由司法行政部门负责，律师协会并不负责律师执业许可；香港则由香港律师会和香港大律师公会分别受理律师和大律师的执业申请，经终审法院批准获得执业证书；澳门则由“澳门律师公会负责律师注册、制定律师执业规范等；澳门律师业高等委员会则专司律师纪律管辖，负责对违纪律师的惩罚事项”[30]。

27　根据相关数据整理而成。数据来源：《2020年11月广东省社会组织统计数据》，载广东社会组织网，https：//main. gdnpo. gov. cn/home/index/indexStatistics/2020－11－01，最后访问于2021年1月13日。

28　澳门基金会：《澳门记忆·社会组织》，https：//www. macaumemory. mo/category_ 55c32131ed86f568b3751d48，最后访问于2021年1月14日。

29　香港社会服务联合会：《香港社会指标》，载香港社会指标网，https：//www. socialindicators. org. hk/chi/indicators/strength_ of_ civil_ society/3. 1，最后访问于2021年1月14日。

30　齐延安主编：《当代中国律师管理概论》，山东大学出版社2014年版，第300页。

四、多元互动：粤港澳大湾区规则衔接的路径选择

粤港澳大湾区三地现有规则衔接路径虽已取得一定成效，但也存在诸多问题与困境，无法满足粤港澳大湾区深度融合发展的规则需求。从粤港澳大湾区深度融合发展实践需要出发，优化现有规则衔接路径，形成一条中央主导、地方主体、社会参与、多元互动的最优路径，是推动粤港澳大湾区规则有效衔接、实现粤港澳大湾区融合发展的时代要求。

（一）中央主导：粤港澳大湾区规则衔接的宪制要求

粤港澳大湾区发展战略是需要综合运用政治、经济、社会、科技、教育、文化等力量确保的一个国家发展战略。法治工程是粤港澳大湾区发展战略的“骨干工程”和保障机制。而规则衔接是构建粤港澳大湾区法治保障的关键内容。因而，粤港澳大湾区规则衔接需要中央统一领导。同时，宪法和港澳基本法共同构成了粤港澳大湾区规则衔接的宪制基础。中央主导也是粤港澳大湾区规则衔接的宪制要求。

1. 中央主导规则衔接是宪法要求。宪法明确规定中央与地方职权划分“遵循在中央的统一领导下充分发挥地方主动性、积极性的原则”；全国人大常委会有权“撤销省、自治区、直辖市国家权力机关制定的同宪法、法律和行政法规相抵触的地方性法规和决议”；国务院有权“改变或者撤销地方各级国家行政机关的不适当的决定和命令”；“最高人民检察院领导地方各级人民检察院和专门人民检察院的工作”；“最高人民法院监督地方各级人民法院和专门人民法院的审判工作”；“国家监察委员会领导地方各级监察委员会的工作”。从宪法规定可以看出，粤港澳大湾区规则衔接无论涉及立法、执法、监察，还是司法方面，中央都享有相应的决定权、监督权。

2. 中央主导规则衔接符合港澳基本法规定。根据宪法和港澳基本法规定，全国人大有权“决定特别行政区的设立及其制度”；全国人大常委会享有解释港澳基本法、监督港澳特别行政区立法，以及作出新授权等权力；国务院拥有依法管理与港澳特别行政区有关的外交事务、向行政长官发出指令等权力；中央军事委员会领导香港驻军，履行防务职责，等等。从港澳基本法规定可以看出，中央拥有对港澳的全面管治权，既包括中央直接行使的权力，也包括授权港澳依法实行高度自治。即使是授予港澳的高度自治权，中央也依法享有监督权。可见，中央依法享有宪法和港澳基本法赋予的全面管治权和宪制责任，中央主导粤港澳大湾区规则衔接，是推进粤港澳大湾区融合发展的宪制要求。

（二）地方主体：粤港澳大湾区规则衔接的现实选择

中央主导规则衔接，强调中央对规则衔接方向和目标的把控，并不意味着中央包揽规则衔接。实践中，“科层制必然存在的信息不对称和信息传递过程中的扭曲与失真，使中央政府很难拥有真实、全面、及时的跨区域公共事务的治理信息”[37]，而且中央规则衔接受到 WTO 协议、港澳基本法以及社会影响等多重因素限制，直接发挥作用有限，难以及时回应粤港澳大湾区融合发展的规则需求。地方政府是地方利益的代表，是区域利益最大化的追求者。粤港澳大湾区发展战略是国家战略，区域整体利益对每一个地方来说都有一种责任或约束，对每一个地方官员而言，也是其必须考量的晋升指标，是一种责任和义务。“共同体的每个成员所负有的一项义务就是使共同体的利益优先于他的自我利益，不论两者在什么时候发生冲突都一样。……社会责任并不要求人们放弃对个人自我利益的追求。但他们必须用与共同体利益相一致的方式去追求。”[38] 而且正如吉尔兹所言：“法学和民族志，一如航海术、园艺、政治和诗歌，都是具有地域性意义的技艺，因为他们的运作依凭的乃是地方性知识。”[39] 地方政府“接地气”，与社会接触密切，拥有真实、全面、及时的跨区域公共事务治理信息，从而其规则衔接具有充分的信息基础和社会基础。“在区域合作过程中，遇到哪些问题，需要什么样的法制，通过什么样的法制路径来解决，只有处于该地域范围内的立法主体更清楚。”[40] 在粤港澳大湾区，加强三地合作是提升三地治理体系和治理能力现代化的有机组成部分和重要体现。规则衔接是提升粤港澳大湾区国家治理体系和治理能力现代化的基础性工程。因而，中央不仅不能独揽粤港澳大湾区规则衔接，而且不应当成为规则衔接的主体。地方成为规则衔接主体是粤港澳大湾区规则衔接的现实选择。

（三）社会参与：粤港澳大湾区合作治理在规则衔接中的体现

“大量的公共池塘资源问题，既不能依赖国家也不能通过市场来解决，人类

---

37 刘亚平、颜昌武：《区域公共事务的治理逻辑：以清水江治理为例》，载《中山大学学报（社会科学版）》2006 年第 4 期。

38 ［英］米尔恩著：《人的权利与人的多样性——人权哲学》，夏勇等译，中国大百科全书出版社 1995 年版，第 52 页。

39 转引自杜新丽、宣增益主编：《国际私法》，中国政法大学出版社 2017 年版，第 302 页。

40 参见王春业：《论地方联合制定行政规章》，载《中国行政管理》2011 年第 4 期。

社会的自组织和自治，是公共事务管理更为有效的制度安排。”[41] 因而，现代社会治理是一种政府、社会组织、私人部门共同参与的合作治理。这种治理机制“既避免了完全市场化的不稳定和高额的交易费用，又因为没有组成纵向一体化的科层制组织而节省了组织成本”[42]；又有利于保障各种社会治理主体广泛有序、有效地参与各种社会治理活动，提高治理成效，促进社会公平、和谐，从而实现善治。因此，粤港澳大湾区建设中政府、社会组织、私人部门等各种社会治理主体以平等身份参与社会治理，提供公共服务，已成为粤港澳大湾区各种社会力量成长的必然结果。在粤港澳大湾区合作治理中，规则衔接涉及经济、社会、文化、科技等方方面面。据穗港澳三地规则对接课题组不完全统计，围绕人流、物流、资金流、信息流四个方面就梳理出了47个规则衔接问题[43]。面对众多规则衔接问题，政府规则衔接常常难以及时满足现实需要，而且“由于粤港澳大湾区三法域的特殊性，仅仅依靠政府推进，忽视社会和民间力量的推动以及其演进的自身规律和本土性，将会欲速则不达”。[44] 社会组织是现代国家治理体系不可或缺的有机组成部分，是建构粤港澳大湾区社会治理秩序的重要支撑力量。社会组织深知其相关领域发展的制度需求、制度缺失和制度冲突，能够及时找寻到最适合现实需要的规则衔接。而且社会组织主要是按各自章程规定进行合作，只要符合章程要求，不违反法律禁止性规定，其合作都是合法的。因此，在粤港澳大湾区建设中，三地社会组织规则衔接可以发挥软法的灵活性效应，有效克服法律障碍，突破法律对政府规则衔接的限制，找寻到最适合现实需要的规则，从而推动粤港澳大湾区法治的和谐。为此，《粤港澳大湾区发展规划纲要》也明确要求，“充分发挥行业协会商会在制定技术标准、规范行业秩序、开拓国际市场、应对贸易摩擦等方面的积极作用”。[45]

（四）互动机制：粤港澳大湾区多元规则衔接的制度保障

中央主导是粤港澳大湾区规则衔接的宪制要求，但中央规则衔接受到WTO协议、港澳基本法以及社会影响等诸多因素限制；地方主体是粤港澳大湾区规则衔接的现实选择，但粤港澳大湾区地方政府不仅存在理念、行政级别和权限

41　王兴广等：《社会组织参与区域合作治理进化博弈模型》，载《中国人口·资源与环境》2017年第8期。

42　张紧跟著：《当代中国地方政府间横向关系协调研究》，中国社会科学出版社2006年版，第126页。

43　参见邓世豹：《穗港澳三地规则对接促进生产要素便捷流动研究报告（2019）》，第7-21页。

44　荆洪文：《粤港澳大湾区法治一体化路径研究》，吉林大学2019年博士学位论文，第75页。

45　参见《粤港澳大湾区发展规划纲要》，载中华人民共和国中央人民政府网站，http://www.gov.cn/gongbao/content/2019/content_5370836.htm，最后访问于2020年12月30日。

的差异，而且其区域利益不受限制也会影响到国家整体利益；社会组织参与是粤港澳大湾区合作治理在规则衔接中的体现，但社会组织立命安身之本是“基于服务群体、受益主体的视角去考虑问题，满足特定群体的特定需求，突出自身特有的优势和功能”。[46]三者在粤港澳大湾区规则衔接中发挥着不同的效用，三者效用合起来是做加法，还是做减法，很大程度上取决于是否存在良性互动机制。三者之间只有在制度上形成良性互动，克服各自缺陷，粤港澳大湾区规则衔接才能取得事半功倍的效果。因此，必须构建中央主导、地方主体、社会组织参与三者相互促进、优势互补的良性互动机制，是粤港澳大湾区多元规则衔接的基础性制度保障。

五、多元保障：粤港澳大湾区规则衔接路径的实施机制完善

粤港澳大湾区规则衔接的实现路径，不仅需要中央、地方、社会组织等多元参与主体明确各自的角色定位，更需要强有力的实施机制提供支撑与保障。

（一）中央主导规则衔接的实施机制

中央主导，是指中央在粤港澳大湾区规则衔接中起着统领全局的规划者、监管者作用，各方面尊重中央的设计和决定。从制度改革入手，定目标、立规则、授权力、强监督，应当是今后实施中央主导规则衔接的努力方向。

1. 定目标，即中央根据不同阶段国家和粤港澳大湾区发展的需要，确定粤港澳大湾区的战略定位和发展目标。定目标虽然不是直接进行规则衔接，但目标是行动的指路明灯。粤港澳大湾区发展目标，是规则衔接的目的所在。目的明确在一定程度上明确了规则衔接的范畴。如，中共中央、国务院印发的《粤港澳大湾区发展规划纲要》对粤港澳大湾区战略定位以及到2035年发展目标的明确，无疑确定了今后一段时间内粤港澳大湾区规则衔接的目的与范畴。

2. 立规则，即中央制定规则予以制度衔接。基于粤港澳大湾区的特殊区情，中央通过制定规则予以制度衔接的方式有限，主要有两种方式：一是国家法自我变革，即国家通过高水平自我开放和与世界高标准商贸规则接轨，从而实现粤港澳大湾区相关制度的趋同。如，前述《外商投资法》及其配套法规的制定。二是CEPA。作为自由贸易协定，CEPA是打破WTO协议对粤港澳大湾区经贸往来束缚、突破三地之间关境障碍、有效衔接三地法律不可或缺的制度性工具。中央应当充分“利用CEPA平台，逐步将经济、社会、科教、环境等贸易与非

46 康晓强著：《社会建构的逻辑中国社会组织发展论纲》，中国政法大学出版社2017年版，第203页。

贸易议题纳入合并后的 CEPA 规范范围，制定必要的规则，从而达到协调三地法律的目的”[47]。

3. 授权力。以地方为主体是粤港澳大湾区规则衔接的现实选择，但广东省、市缺乏相应的立法权力。“法律是事实的公认。经济越活跃、发展程度越高的地区，对立法的需求也越强烈。”[48]粤港澳大湾区发展迫切需要破除市场互联互通、生产要素高效便捷流动的制度障碍。然而，“一国两制三法域”下的粤港澳大湾区建设是一项前无古人的崭新事业，规则衔接涉及社会的方方面面，中央主导规则衔接作用有限，必须对地方赋权与增能以发挥其主体作用。为此，全国人大应当通过决定授权广东省、广州市、深圳市、珠海市四地与《粤港澳大湾区发展规划纲要》相适应的权力，以便通过地方变通立法、区域立法等立法创新，有效实现规则衔接。

4. 强监督。有权力必须有监督，才能保证权力运行的秩序化、规范化、法治化。对以地方为主体的规则衔接，也必须有相应的监督机制，才能保证规则衔接有助于粤港澳大湾区战略定位和发展目标的实现，有助于国家整体利益的实现。对以地方为主体规则衔接的监督机制主要有两种：一是审批机制，即对涉及《立法法》规定的法律保留事项和宪法、组织法规定为国务院职权事项方面的规则衔接，应当报全国人大常委会或者国务院批准。二是备案审查机制，即对上述之外法律、行政法规以及中央政策变通的，应当报全国人大常委会或者国务院备案审查。

（二）地方主体规则衔接的实施机制

地方主体，是指粤港澳大湾区规则衔接活动应当以地方为中心。实现地方主体，除了上述全国人大授权广东省、广州市、深圳市、珠海市四地与《粤港澳大湾区发展规划纲要》相适应权力外，还应当从以下方面进行完善相关实施机制。

1. 建立健全珠三角一体化统筹协调机制。珠三角一体化是粤港澳大湾区融合发展的基础。一体化的珠三角在粤港澳大湾区中更具有话语权，更具有示范作用；珠三角一体化也会在一定程度上促进粤港澳大湾区规则的衔接。然而，珠三角一体化并不如意。因此，广东省应当建立健全省政府领导，珠三角九市参与的珠三角一体化统筹协调机制，制定《广东省珠江三角洲地区一体化条

---

47 钟立国：《CEPA 框架下粤港澳大湾区建设法律制度的协调与完善》，载《广东财经大学学报》2020 年第 5 期。

48 陈俊：《一国两制下法域法律冲突之协调》，载《国际经济合作》2007 年第 6 期。

例》，积极推进珠三角一体化，将珠三角一体化作为粤港澳大湾区融合发展的起点。

2. 建立健全广深珠先行示范机制。在粤港澳大湾区，广州是国家级中心城市，具有良好的法治创新经验，深圳是建设中国特色社会主义先行示范区，珠海是比邻澳门的经济特区，其他是一般的地级市。它们在粤港澳大湾区建设中作用各有不同，制度融合需求也有先有后。“如果各个船只为航行准备的充分程度并不相同，那么，就应当允许各个船只根据自身的准备情况而决定起航日期，不应该武断地确定一个统一日期而强行起航。”[49] 因此，应当建立健全广深珠先行示范机制，根据中央授权，让广州、深圳、珠海依据授权和自身需要先行进行规则衔接，从而为整个粤港澳大湾区规则衔接提供借鉴和示范。

3. 建立健全粤港澳大湾区规则衔接协商机制。协商机制是粤港澳大湾区地方主体规则衔接的基本制度，是粤港澳三地政府规则衔接的主要制度平台。粤港澳大湾区内规则衔接协商机制离不开各项具体运行机制，而具体运行机制的效果在很大程度上直接决定规则衔接协商机制的效果。粤港澳大湾区规则衔接协商机制作为一个子系统，至少应当包括以下内容：一是建立粤港澳大湾区协商委员会，由粤港澳大湾区 12 个立法机关或政府派出人数相等、表决权相同的代表组成。协商委员会下设立法、执法、司法三个小组，主要职责是对粤港澳大湾区规则冲突与矛盾进行协商形成决议报相应立法机关批准，开展区域立法协调、行政执法协助（调）、司法协助等。二是建立粤港澳大湾区区域信息交流共享机制。信息共享有助于实现区域资源协同，实现区域政府治理的最优化效果，也有助于减少规则冲突，实现规则衔接。为此，粤港澳大湾区应当“建立多渠道的、多层面的信息交流共享机制。各方可以通过签订信息共享合作协议及保密责任书，明确各方在信息资源互通共享方面的工作机制，打通行政地区壁垒和部门壁垒”[50]，充分发挥信息在规则衔接、政府治理中的作用。三是建立粤港澳大湾区区域利益补偿机制。利益是规则冲突背后的幽灵。规则衔接往往涉及利益的让渡。“集体行动是以理性计算为基础，不仅要计算实际收益，而且还会重视相对收益，前者要看成本收益比，后者关注的是集体行动成本在各参与者之间分担的公平性情况，两者对于地方政府来说同等重要。能否实现利益最大化，至少不损害自身利益是地方政府是否参与集体行动的内在动力和原因所在，而成本分担的公平与否影响着地方政府参与集体行动的积极性和主动

49 孙笑侠、钟瑞庆：《“先发”地区的先行法治化——以浙江省法治发展实践为例》，载《学习与探索》2010 年第 1 期。

50 柳建启：《粤港澳大湾区立法协调机制研究》，载《长春教育学院学报》2019 年第 7 期。

性。”[51] 要使规则衔接有序运行，粤港澳大湾区协商委员会应当协调三地各方利益，采取税收优惠、财政补贴、转移支付、人员培训或者技术服务等措施，构建公平合理的区域利益补偿机制。四是建立区域立法备案机制。粤港澳大湾区内某个立法机关制定的法规有可能涉及区域合作的，在生效前须向粤港澳大湾区协商委员会进行备案，避免产生新的规则冲突。若备案的规则可能损害另一方利益时，粤港澳大湾区协商委员会应当协调修改或者启动利益补偿机制予以解决。

（三）社会参与规则衔接的实施机制

社会组织参与粤港澳大湾区规则衔接是一种新的探索。为充分发挥其作用，应当构建相应的实施机制。

1. 健全珠三角社会组织培育机制。科学制定社会组织相关法律法规，明确政府与社会组织的权责分配，“分地域、分领域、分功能深化社会组织管理体制改革，降低社会组织的准入门槛，建立完善备案注册、登记认可和公益认定3级准入制度，以制度创新拓展社会组织的发展空间”，[52] 完善社会组织内部治理机制，健全政府扶持机制，规范、引导、培育、监督珠三角社会组织稳定健康发展，为社会组织参与粤港澳大湾区规则衔接提供组织保障。

2. 建立健全粤港澳大湾区社会组织协商机制。社会组织参与粤港澳大湾区规则衔接是社会共治与自治有机结合的产物。三地社会组织如何实现规则衔接是社会组织自主自觉的活动。政府作用主要在于四个方面：一是搭建粤港澳大湾区社会组织协商平台。由于三地法律制度差异，社会组织发展差异较大，加之信息不畅通，三地社会组织有时很难找到对应的社会组织。政府利用其优势搭建协商平台，无疑有助于三地社会组织的规则衔接。二是优化相关管理措施，实现三地社会组织规则衔接的便利化。由于“两制”原因，社会组织人员在出入境等方面受到诸多限制，无形中增加了规则衔接的交易成本。优化出入境等相关管理措施，将降低交易成本，促进三地社会组织的交流与合作。三是引导、推动跨区域商事纠纷解决机构的建立。政府应当放松相关规制，回应粤港澳大湾区融合发展带来的多元化快捷解决纠纷的诉求，有序引导、推动三地相关商事纠纷解决机构跨区域设立分支机构或者合作建立商事纠纷解决机构。这不仅有助于粤港澳大湾区建设专业化、国际化、体系化的跨区域商事纠纷解决机构，从而有效解决粤港澳大湾区的商事纠纷，而且在无形中化解了三地商事规则的

---

51 吴春华著：《当代中国行政管理》，天津教育出版社2010年版，第45页。

52 高红、张志勤：《备案制与我国基层社会组织发展创新》，载《中共青岛市委党校青岛行政学院学报》2012年第5期。

矛盾与冲突，实现相关规则有效衔接。四是赋予区域民间协议效力。区域民间协议是粤港澳大湾区规则衔接的新路径、新方式。国家应当在法律上赋予区域民间协议社会自治规范的同等效力[53]，从而促进这种规则衔接新方式有序有效发展。

（四）规则衔接互动的实施机制

大湾区规则衔接单纯依靠中央、地方或者社会组织的任何一方都难以完成。构建相应的规则衔接互动实施机制，是中央、地方或者社会良性互动、形成合力的关键一环。

1. 备案审查机制。备案审查机制是维护法制统一和尊严，减少粤港澳大湾区规则冲突，优化粤港澳大湾区营商环境的客观需要。粤港澳大湾区规则衔接备案审查机制除了广东省的立法机关依据《立法法》等相关法律规定进行立法备案外，还应当包括以下内容：一是粤港澳大湾区所有地方协议［包括地方行政协议、地方人大（议会）协议等，下同］都应当报全国人大常委会和国务院备案审查；二是珠三角九市所有地方协议都应当报广东省人大常委会和省政府备案审查；三是所有区域民间协议都应当报所在地的省政府或者市政府备案审查。

2. 多元参与机制。科学、合理的规则衔接过程，是粤港澳大湾区规则衔接功能和作用得以发挥的重要保障。在规则衔接过程中，多元参与机制是兼顾各方需求，凝聚共识的制度保障：一是建立健全中央规则衔接的地方参与机制，积极引导港澳、广东省、珠三角九市参与中央规则衔接的研究、协商、起草过程，在沟通与交流中把中央规则衔接过程与地方利益诉求表达过程有机结合起来。二是建立健全地方规则衔接的社会参与机制，积极引导粤港澳大湾区社会组织、企业等参与地方规则衔接的研究、协商、起草过程，在沟通与交流中把地方规则衔接过程与社会公众利益诉求表达过程有机结合起来。三是建立健全社会组织规则衔接的公众参与机制，积极引导粤港澳大湾区社会组织成员、社会公众参与规则衔接的研究、协商、起草过程，在沟通与交流中把社会组织规则衔接过程与成员利益诉求表达过程有机结合起来。

3. 开放协调的示范法机制。开放协调的示范法机制是欧盟、美国构建区域性规则、实现规则衔接的主要路径。他山之石，可以攻玉。粤港澳大湾区可以借鉴美国、欧盟经验，结合粤港澳大湾区的实际情况，建立健全开放协调的示

---

53 参见朱最新：《法律多元与府际合作治理双重视角下的自治范研究——兼论自治规范与国家法的关系》，载《法治社会》2017年第1期。

范法机制，以实现规则的有效衔接：一是粤港澳大湾区协商委员会就共同关心的议题邀请相关法律专家以及商会、行业协会等社会组织拟定示范法。在这一过程中，要特别强调公开和公众参与，以保证运作过程透明和示范法的科学性，从而有助于粤港澳大湾区立法机关及时获取示范法真实有效的信息，有助于示范法获得公众的认可，推动示范法的实现。二是粤港澳大湾区立法机关以示范法作为立法时的指南，借鉴或采纳示范法，在各自制度框架下寻求适合自己市情、区情的立法，以便更好地实现示范法的目标。三是由粤港澳大湾区协商委员会对立法机关借鉴或采纳示范法进行过程监督并作出相应评估，评出最佳立法实践，倡导其他立法机关共同学习。如果有必要，粤港澳大湾区协商委员会可以对示范法作出适当调整，并对立法机关提出相应政策建议，形成立法机关之间互相学习、相互借鉴和积极创新的良好氛围，形成示范法与粤港澳大湾区地方立法的良性循环互动，从而实现粤港澳大湾区规则的有效衔接。

结语

“一国两制”的伟大构想指引了港澳管治权的平稳交接。“一国两制”的实践也带来了粤港澳大湾区的制度差异和制度冲突。粤港澳大湾区融合发展不是三地制度差异的消失，而是三地制度规则的有效衔接，达致和谐。融合发展是粤港澳大湾区规则衔接的起点和归宿。中央主导、地方主体、社会组织参与三者良性互动，是新时代推进三地规则有效衔接、实现粤港澳大湾区融合发展的新路径。这种规则衔接新路径从理论走向实践是需要众人共同努力探索的实践性难题，需要在未来探索中不断完善。

论粤港澳大湾区食品安全合作法律机制的构建

韩永红　李炎炎*

【内容提要】 基于粤港澳三地紧密的食品贸易关系及食品安全问题的公共性、跨区域性和低政治性特点，粤港澳三地需要先行构建食品安全合作法律机制，以促进粤港澳大湾区的区域一体化发展。在现有的粤港澳三地食品安全合作法律基础和机制之上，可以通过建立常设性食品安全专责机构，构建粤港澳大湾区区域性食品安全标准，提升粤港澳大湾区食品通关便利化，发展粤港澳大湾区食品安全社会共治，来构建、完善粤港澳大湾区食品安全合作法律机制。

【关键词】 粤港澳大湾区　食品安全　法律机制

引言

2017 年 7 月 1 日，《深化粤港澳合作 推进大湾区建设框架协议》在香港签署，标志着粤港澳合作开始进入世界级湾区经济共建时代。不同于此前单纯的经贸合作，此次合作要求粤港澳三地开展全方位的合作，旨在追求三地的区域一体化发展，力图将粤港澳大湾区打造成我国与国际接轨的最便捷连接地带。在经济层面，旨在将粤港澳三地打造成经济共同体，建立开放、共同的商品和

---

* 韩永红——广东外语外贸大学法学院教授，主要研究领域：国际经济法；李炎炎——广东外语外贸大学法学院 2018 级法律硕士研究生，研究方向：国际经济法。本文为韩永红主持的广东省哲学社会科学基金项目“食品安全社会共治实施研究——美国历史经验与本土化方案”（项目编号：GD16CFX05）的阶段性成果。

要素市场，成为各种生产要素自由流通最顺畅、最活跃的地区。[1] 基于粤港澳三地紧密的食品贸易关系，促进事关民生、经济的食品要素安全、高效流通无疑是三地需重点发展的合作领域之一。根据国家统计局的数据，港澳市场95%以上的蔬菜通过内地17个省区供应，而港澳市场七成的食品皆由毗邻的广东省供应。[2] 深圳海关的数据也显示，从该口岸出境的新鲜蔬菜、水产活禽等占到香港生鲜蔬果市场份额的五分之四。[3] 即使在2020年初新冠肺炎疫情防控的关键时期，内地仍采取多种措施保障三地食品贸易关系不中断，为港澳食品的稳定供应提供保障。粤港澳三地紧密的食品贸易关系使得促进大湾区食品贸易便利化、保障食品的安全性成为粤港澳大湾区建设的迫切需要。另外，粤港澳大湾区食品安全合作法律机制的构建也有助于通过粤港澳大湾区的示范作用，将区域成功经验辐射全国。在内地食品安全环境不甚良好的情况下带动全国食品安全监管体制的改善，推动我国食品安全标准与国际食品安全标准接轨，促进内销食品质量与外销食品质量的同步提升。更为重要的是，食品安全问题具有公共性、跨区域性和低政治性特点，构建粤港澳大湾区食品安全合作法律机制的理论探索和实践操作将为粤港澳大湾区其他问题领域合作机制的建立提供必要的经验积累。

目前学界就粤港澳三地的食品贸易及合作机制已有一些相关研究。有学者对供港食品模式作出梳理，认为基地模式是保障食品安全的重要基础，监管是重要保证，市场是内在驱动。[4] 认为供港农产品质量安全水平较高得益于技术的创新、指定基地的供应、信息传递的畅通、法律法规的完善。[5] 但也有学者认为供港澳农产品的质量安全虽然总体乐观，但仍存在质量安全追溯困难、“水客”现象严重及缺乏统一的质量安全标准等风险隐患。[6] 上述研究成果分析了供港澳食品的质量安全问题，提出了完善内地食品安全生产模式的建议，但并未涉及粤港澳三地食品安全合作机制的构建。还有学者就粤澳三地的农产品安全合作

1 参见粤港澳大湾区研究院：《粤港澳大湾区研究报告之一：创新合作方式 促进共同繁荣》，载粤港澳大湾区网站，http://www.dawanqu.org/2017/7-17/3MMDE0MTRfMTQxMzc3Mg.html，最后访问于2020年3月25日。

2 《广东确保春节期间供港澳蔬菜优质供应》，载新华网，http://www.xinhuanet.com/2018-02/15/c_1122421588.htm，最后访问于2020年7月25日。

3 卢劲松、齐暄：《粤港澳大湾区背景下广东农产品国际竞争力现状及提升策略》，载《南方农村》2019年第4期。

4 刘杨、张建方：《供港食品模式探究》，载《世界农业》2013年第11期。

5 李琳：《粤港农产品供应链质量安全监管技术研究》，载《科技管理研究》2016年第16期。

6 文晓巍、张蓓：《粤澳农产品供应链质量安全风险控制研究》，载《农业现代化研究》2012年第2期。

或农业合作机制做出探讨，认为粤澳农产品安全合作机制包括单方面的供应承诺机制、信息交流与联系机制、技术交流与合作机制、产品原产地监控合作机制。[7]认为粤港澳大湾区农业合作应当加强农业原产地建设，健全监管体系，完善相关法律政策协议等。[8]上述观点具有启发性，但并未就粤港澳三地食品安全合作机制的建设作出专门论述或提供建议。因此，本文将在分析当前粤港澳大湾区食品安全合作存在的问题和已有制度的基础上，系统性探讨并提出构建粤港澳大湾区食品安全合作法律机制的建议。

一、粤港澳大湾区食品安全合作的现状

（一）粤港澳食品安全合作的政策和法律基础

自改革开放以来，粤港澳三地之间的合作日益紧密。改革开放初期，广东珠三角地区凭借紧邻港澳的地理优势、劳动力成本较低优势以及改革开放的政策优势承接港澳地区制造业，逐步与港澳两地形成了对接国际市场的“前店后厂”式的产业分工体系，这也使得珠三角地区成为名副其实的世界工厂。随着我国加入 WTO，内地市场全面开放，香港地区从制造业城市转型为国际金融以及商贸服务中心，广东经济也开始转型。改革开放 40 余年来，粤港澳三地互补性的合作交流为大湾区建设奠定了基础。为了促进三地之间的合作交流，内地与港澳特区政府签订了多份协议，国家也出台了多份官方文件（具体请见下页表）。2003 年，内地与香港、澳门特区政府分别签署了内地与香港、内地与澳门《关于建立更紧密经贸关系的安排》，2004 年、2005 年、2006 年又分别签署了《补充协议》《补充协议二》和《补充协议三》（以下简称 CEPA）。CEPA 成为三地合作交流的基础性文件，也是三地食品安全合作的直接法律依据。对于食品安全合作的机制和内容，CEPA 附件六有详细的规定。2008 年，国务院出台《珠江三角洲地区改革发展规划纲要》，突出强调要本着互惠互补的原则，加强三地之间的协调合作，充分发挥彼此的优势，使珠江三角洲地区得以在多方面与港澳对接。此后基于粤港澳三地发展的需要，2010 年和 2011 年广东省人民政府先后和香港、澳门特别行政区政府签署《粤港合作框架协议》《粤澳合作框架协议》，上述协议在第五章中对食品安全合作作出了规定。2016 年，国务院印发《关于深化泛珠三角区域合作的指导意见》，要求泛珠江三角洲地区开展多层次、

7　罗必良、罗明忠：《粤澳农产品安全之合作：现状、关键与改进》，载《当代港澳研究》2011 年第 2 期。

8　参见古小东：《粤港澳大湾区农业合作发展：现状、问题与对策》，载《政法学刊》2019 年第 4 期。

多方位的合作。2017 年，国家发改委、广东省政府、香港特区政府、澳门特区政府协商一致，签署《深化粤港澳合作 推进大湾区建设框架协议》，首次将香港和澳门纳入国家区域发展规划战略中，为三地整体性的合作交流提供了宏观政策框架。2019 年，《粤港澳大湾区发展规划纲要》发布，显示我国开始重视区域食品安全的重要性，而不仅仅是关于供港、供澳食品的安全保障。

三地食品安全合作法律基础

年份	文件名称	文件内容
2003 年	《内地与香港关于建立更紧密经贸关系的安排》（以下简称 CEPA） 《内地与澳门关于建立更紧密经贸关系的安排》（以下简称 CEPA）	CEPA 明确规定双方将在商品检验、动植物检验检疫、食品安全、卫生检疫、认证认可及标准化管理领域加强合作。[9] 附件六则明确规定三地在商品检验检疫、食品安全、质量标准领域内合作机制为“利用双方有关部门现有的合作渠道，通过互访、磋商和各种形式的信息沟通，推动该领域合作的开展”。
2008 年	《珠江三角洲地区改革发展规划纲要》（2008—2020 年）	《珠江三角洲地区改革发展规划纲要》第 11 章规定，粤港澳区域应当构建开放合作新格局，大力推进对内对外开放新格局，成为中国与国际主要经济体加强经贸关系的便捷领域，同时推进广东地区与港澳地区更深层次的合作交流。[10]
2010 年	《粤港合作框架协议》	《粤港合作框架协议》第 5 章详细规定粤港两地应当在供港食品检验检疫方面加深合作交流，包括加强食品安全信息方面的交流沟通，在内地供港食品方面加强源头检验检疫和监督，探讨建立检验检疫新模式等。[11]
2011 年	《粤澳合作框架协议》	《粤澳合作框架协议》第6 章第3 条“卫生及食品安全”规定：“二、完善动植物、食品、农产品卫生信息通报、协查和安全溯源机制，提高共同应对食品安全风险和突发事件能力。建立食品安全技术标准沟通及协调机制。加强双方食品安全标准的交流合作。”
2016 年	《关于深化泛珠三角区域合作的指导意见》	《关于深化泛珠三角区域合作的指导意见》第 6 章明确规定，在泛珠三角区域应当加强食药监管能力建设，着重加强区域食品可溯源制度建设对于重大食品安全事故跨区域处理的应急机制建设等。[12]

9 参见 CEPA 第 5 章第 17 条。

10 参见《珠江三角洲地区改革发展规划纲要》第 11 章。

11 参见《粤港合作框架协议》第 5 章第 3 条。

12 参见《关于深化泛珠三角区域合作的指导意见》第 6 章。

续表

年份	文件名称	文件内容
2017 年	《深化粤港澳合作 推进大湾区建设框架协议》	《深化粤港澳合作 推进大湾区建设框架协议》第 2 条明确了大湾区粤港澳三地重点合作领域，同时在第 5 款和第 8 款突出加强与食品交流有关的通关便利化，增强优质食物供给等部分领域的合作。[13]
2019 年	《粤港澳大湾区发展规划纲要》	《粤港澳大湾区发展规划纲要》第 8 章明确要求粤港澳大湾区的发展应当加强粤港澳三地食品安全合作，保障内地供港澳食品安全，打造粤港澳大湾区绿色农产品生产供应基地，农副产品集散基地。

综合分析三地已签订的上述协议，我们不难发现随着内地与港澳之间合作的广度和深度拓展，粤港澳三地之间的食品安全合作已渐趋紧密，已从单纯关注供港澳食品的安全保障问题发展至关注粤港澳整体区域性的食品安全问题。在这一过程中，粤港澳三地尤为注重信息交流、食品风险防范、事故应急处理机制的建设。

（二）粤港澳食品安全合作机制的进展

在上述政策文件和法律文件的指引下，内地与香港、澳门已建立部分食品安全合作机制。首先，内地与港澳之间已逐步建立起较为完善的供港澳食品安全监管机制。在监管机构方面，2018 年之前供港澳食品各项监督管理工作由国家质检总局及各地直属检验检疫局进行监管，2018 年之后由海关总署统一管理全国供港澳食品的检验检疫工作和监督管理工作。各地海关负责各自辖区内的供港澳食品生产加工企业和种植及养殖基地注册备案管理工作、辖区内相关疫情监测、启运地检验检疫等方面的食品监督管理工作。出境口岸海关负责关口供港澳活禽、果蔬出境前的复检、装运车辆及笼具的卫生状况等相关监督管理工作。在粤港两地签订 CEPA 之后，广东省质检局就逐步采取一套较为完善的溯源监管机制：对家禽牲畜类采用电子监管模式，将可追溯性放在首位；就蔬菜类食品，建立供港澳蔬菜基地，全面按照基地化标准种植蔬菜，从源头开始把控蔬菜安全质量。在食品安全标准方面，供港澳食品相较于内地销售的食品来说类似于一个单独的食品种类，其检验检疫标准与内地食品标准不同，更为严格。在监管规范方面，根据《进出口食品安全管理办法》《供港澳蔬菜检验检疫监督管理办法》《供港澳活禽检验检疫管理办法》，供港澳食品已实现从“农田到餐桌”的全程监管。整个过程皆由检验检疫部门整体负责，因此可以避

13　参见《推进大湾区建设框架协议》第 2 条。

免在多部门负责的情况下出现权责不一、推诿责任的情况。一旦供港澳食品出现安全问题，也能够明确地找到相关责任部门进行责任追究，从而提高追责效率。

其次，内地与港澳主要通过区域行政协议的路径来推进三地食品安全合作机制的发展。我国自改革开放以来，大力推进区域协调发展战略，先后提出并实施西部大开发、振兴东北老工业基地、京津冀协调发展、长三角区域协调发展等区域发展战略。目前学者们对区域治理中的区域行政协议已有较多研究。有学者认为区域经济一体化仅通过市场自发解决会面临行政区划的障碍问题，而在区域经济一体化下出现的区域行政协议则是区域政府克服行政区划障碍进行合作的有效法律机制，区域行政协议应当以区域平等为法治基础，且不仅适用于区域政府间的合作，还应当适用于所有行政机关之间纠纷的解决与合作，但是区域行政协议的运用与发展需要以行政协议法为制度平台。[14] 还有学者提出作为区域地方政府间为达到区域一体化目的而缔结的协议，区域行政协议是区域一体化的一项治理工具，是区域地方政府间“强意愿”下采用的“弱联合”形式，具有区域性、自愿性、协商性和制度性的特点。[15] 针对区域行政协议的运行效果，有学者提出在区域一体化过程中，区域地方政府间通过缔结行政协议形成一体化发展，但评估行政协议的运行效果并不能仅局限于地方政府之间，还需要在多元主体即上级政府、区域地方政府以及非官方力量形成的政策网络中进行分析。[16] 在区域协调发展的综合考虑下，有学者更是给出了区域行政协议的新定义，认为政府间行政协议为在特定行政区划范围内，为实现经济、文化、人才等领域的交流与发展，互不具有隶属关系的行政机关或非行政机关，在平等自愿的基础上商讨后确定的合意行为。[17]

而在粤港澳大湾区的发展中，区域主体为广东省、香港和澳门特别行政区，较之一般的区域发展主体来说，这三者之间不具有平等的行政地位，三地立法权限也不相同。香港、澳门的立法权属于特区自治范围的特别立法授权，而广东省的立法权力是制定地方性法规和地方政府规章的一般性权限。粤港澳三地

---

14 叶必丰：《我国区域经济一体化背景下的行政协议》，载《法学研究》2006 年第 2 期。

15 汪建昌：《区域行政协议：概念、类型及其性质定位》，载《华东经济管理》2012 年第 6 期。

16 汪建昌：《政策网络视角下的区域行政协议运行研究》，载《南京师大学报（社会科学版）》2016 年第 4 期。

17 吴伟达：《政府间行政协议：一种长三角区域主要治理机制的选择和完善》，载《宏观经济研究》2020 年第 7 期。

在立法层面上的冲突属于区域间的横向冲突，[18] 这一现实为区域间硬法的制定带来更加复杂的情况。同时，在港澳行政特区的法制框架中似乎也可看出其充分强调政治协商和友好谈判的特征，目的是避免使用纯粹的法律办法来解决问题。[19] 正因如此，有学者提出随着利益结构急剧变迁以及受“一国两制”基本国策和单一制国家结构形式影响，传统法律规范体系难以有效回应粤港澳区域公共问题，粤港澳大湾区治理应主要适用以协商性、柔性、便捷性为主要特征的非正式制度——或称之为软法，并以其规则体系的创新和扩容及时回应治理过程中产生的新问题。[20] 同样的，粤港澳三地在加强食品安全合作方面所面临的立法问题也难以在短时间内解决，共同制定法律规范即“硬法”存在立法权限障碍。因此，为满足深化三地合作交流的现实需要，由粤港澳三地政府先进行磋商，签订软法性行政协议的路径会更加便捷有效。三地政府协商之后签订的各项行政协议，虽然不具有强制性法律约束力，但是在政府的推动下，可以产生实际效力。《粤港合作框架协议》《粤澳合作框架协议》《深化粤港澳合作推进大湾区建设框架协议》在法律性质上均可归为此类软法性行政协议。

最后，内地与香港、澳门之间现存的食品安全合作磋商机制主要是三地政府官员、技术人员之间定期进行的对话、协商、沟通。例如，通过“粤港澳深珠”五地会议等合作平台，建立了人员互信互通、技术互助和突发事件联合处置等全方位多层次的协作机制。另外，香港特区食品安全监管相关部门官员会定期到内地，与内地检验检疫人员一起对供港澳食品农产品种植养殖场及生产加工企业一起进行联合动态巡查，巡查范围覆盖所有供港澳食品农产品种类。[21] 通过一年多次不定期的动态巡查，三地轮流召开食品安全会议以随时掌握内地供港食品的安全状况，及时和内地检验检疫人员交换信息，保持两地食品安全监管的同步性。

---

18 李贺巾：《粤港澳大湾区建设进程中的法律冲突及路径选择》，载《中共珠海市委党校珠海市行政学院学报》2019 年第 6 期。

19 See Wei Dan, “Macao’s Legal System under Globalization and Regional Integration: BetweenTradition and Evolution”, “Frontiers of Law in China 9”, No. 2 (June 2014).

20 石佑启、陈可翔：《粤港澳大湾区治理创新的法治进路》，载《中国社会科学》2019 年第 11 期。

21 例如，仅在 2017 年，香港食物环境卫生署官员就先后多次到访内地进行动态巡查：2017 年 5 月，检查供港冰鲜猪肉生产加工企业；2017 年 6 月，检查供港肉类生产加工企业；2017 年 8 月，检查供港清真食品生产加工企业；2017 年 9 月，检查供港水产品生产加工企业；2017 年 10 月，检查供港糕点生产加工企业。

二、当前粤港澳食品安全合作机制中存在的主要问题

内地检验检疫机构与港澳特区政府进行密切协作，形成监管合力，有力地保障了供港澳的食品安全。但是，粤港澳大湾区建设对区域食品贸易的便利化和食品安全保障提出了更高要求，已有的三地食品安全合作机制中尚存在不足，难以满足现实需求。当前粤港澳食品安全合作机制中存在的主要问题包括：内地与香港、澳门之间并没有常设性的食品安全组织机构，三地的食品安全标准不一，供港澳食品通关不够便利，内地非政府主体对食品安全治理的参与度不高等。本文以下将逐一作出分析。

第一，粤港澳大湾区食品安全合作缺乏正式的、常设性的组织机构。为了促进粤港澳大湾区的建设，中央设立了粤港澳大湾区建设领导小组，广东省设立了省、市推进粤港澳大湾区建设领导小组，香港成立了粤港澳大湾区建设督导委员会，澳门设立了粤港澳大湾区工作委员会，由此可见，从中央政府到地方政府已逐渐形成了一种纵向联动式的政府间关系。[22]尽管如此，我们还是不难看出此种政府间关系仍缺乏大湾区发展所需要的整体性规划和互动。现有的组织机构由三地自主设立、自主运作，并不是常设性的不同地方政府间的组织机构。具体到食品安全问题领域，正如前文分析，粤港澳三地食品安全合作主要是依靠有关政府官员、技术人员之间举行的联席会议及定期互访进行信息互换交流、动态监管。由于三地分属于不同的关税区，处于不同的法律制度、社会制度之下，三地行政事务无法由一个政府来统一管理，只能通过碎片化的方式进行管理。然而，粤港澳大湾区的发展需要整体协调一致，事关民生的食品安全治理更是需要整体规划和把控，此种松散的会议制度、互访模式并不能保证三地食品安全信息交流和处理的及时性和可持续性。当发生重大食品安全事故时，此种松散的机制无法及时制定并快速执行解决方案，可能会造成食品安全事故的进一步恶化。[23]

第二，粤港澳食品安全标准不一致。内地和港澳的食品安全标准并不一致，而此种不一致不仅导致监管的复杂性，而且严重影响食品贸易的便利性。香港的食品安全技术法规主要参考国际食品法典委员会（CAC）标准，在CAC没有相应标准的情况下，采纳产品来源地的相关标准、内地及其他主要进口国的最

22 方木欢：《纵横联动：粤港澳大湾区政府间关系的理论分析》，载《学术论坛》2020年第1期。

23 石佑启、韩永红：《论内地与香港食品安全合作法律机制的构建》，载《国际经贸探索》2011年第5期。

新标准，同时也考虑公众咨询期间所收集到的意见。[24] 而我国虽早在 1986 年就已经成为 CAC 成员国，但是内地食品安全法规所规定的食品安全标准很多仍低于 CAC 国际标准。例如，我国食品添加剂含量标准、农药残留标准、污染物含量标准等都不同程度地低于 CAC 国际标准，相应的也低于香港和澳门所采用的食品安全标准。

粤港澳大湾区食品安全标准的设置属于大湾区区域法治发展的一部分，而区域法治发展的任务之一就是要致力于建构一套有利于区域经济社会健康发展的规则体系，从而为区域内社会主体提供积极的引导，调节社会主体的行为预期，引导社会主体为区域社会提供能促进区域社会发展的产品。[25] 那么三地食品安全标准的不一致势必会为粤港澳大湾区区域法治发展带来障碍，使内地的食品生产企业只有在完全按照供港澳食品安全标准来进行生产时才有资格将食品输入港澳。这也使粤港澳大湾区食品贸易的产品种类整体单一化，市场准入门槛过高，食品贸易成本过高，因而严重限制了粤港澳大湾区在食品贸易和食品安全方面的协调性。

第三，供港澳食品通关不够便利。广东海关在近几年采取了包括优化口岸营商环境、提升跨境贸易便利水平在内的多项措施对供港澳食品通关进行针对性整改，也取得了相应的成效，主要体现在压缩过关时间、提高通关时效性、降低通关成本、简化报关单证手续、优化通关流程等方面。虽然海关具有针对性的整改为通关便利化作出了相应的贡献，但是在供港澳食品通关方面仍存在多个问题需要解决：（1）开放口岸过少。以香港为例，从陆路进入香港的内地新鲜蔬菜必须经过文锦渡关口进港，即只有指定的口岸才可以进行食品通关。（2）重复检验。当入境运菜车抵达文锦渡食品安全中心后，检验检疫人员会先检查运菜车的铅封是否完整，再从运菜车上收集蔬菜样本，之后检查样本残留的农药。鲜活牲畜也需要在文锦渡关口进行检查，即使批发市场和屠宰房已进行鲜活牲口的检查。这种繁杂的通关检查手续，可以降低食品安全风险，但是对新鲜食物的运输来说通关并不够便利。（3）相关食品供应企业在通关时需要企业人员全程跟进检验检疫过程。企业人员需要在多个窗口之间跑动来完成相关通关手续，对企业来说人力成本过高，通关手续复杂，通关不够便利。

第四，非政府主体参与度不足。粤港澳大湾区的食品安全监管需要社会共治。食品安全监管理论和实践均表明单纯依靠政府的力量很难解决一地的食品

---

24 李林等：《香港与内地蔬菜农药残留限量标准比对研究及大湾区食品标准体系建设思考》，载《中国质量与标准导报》2019 年第 10 期。

25 公丕祥：《法治中国进程中的区域法治发展》，载《法学》2015 年第 1 期。

安全问题。何况粤港澳三地分属于不同的政治体制之中，难以建立统一的政府监管机构，单纯依靠政府的力量推进粤港澳大湾区的区域一体化建设是不够的。

在社会治理方面，香港和澳门拥有较为丰富的社会协同治理经验，高度自治的行业协会、社会组织成为社会治理的重要组成部分，行业自律的同时也为社会提供了很多的公共服务。[26] 在食品监管方面，香港政府部门会不定时主动邀请行业协会参与食品安全监管，与非政府组织进行信息互换，而非政府组织也会在获得政府信息的第一时间自发组织多种活动与公众进行互动，传递最新的食品安全信息。在这些活动中，众多食品行业的企业和消费者会积极参与其中。通过政府与非政府主体的互动合作，香港食品经营、生产主体逐渐增强自律意识，缓解政府有限资源的监管压力，得以可持续地应对复杂的食品安全问题。相对而言，虽然2015年修订的《食品安全法》已经确立了社会共治原则，但在具体食品安全监管活动中，内地的非政府主体在食品安全治理活动中的参与度仍不高。食品安全社会共治过程中仍存在共治主体权责不够明确、食品安全非政府组织登记程序复杂、便利公民食品安全监管的渠道不足等问题。

三、完善粤港澳大湾区食品安全合作法律机制的建议

（一）设立粤港澳大湾区常设性食品安全机构

目前，粤港和粤澳之间的协作机制主要是“行政协议＋联席会议＋专责小组”的松散机制，且重在粤港、粤澳双方的协调，对三方的协调较为薄弱。但直接建立负责粤港澳大湾区区域一体化事宜的一级行政机关会涉及法制的改革。在现行法律框架下，恐怕没有设立一级行政机关的制度空间。在此种情况下，促进粤港澳大湾区的区域一体化需要另辟路径来构建协调性管理机构。借鉴旧金山湾区等国外湾区建设的经验，本文认为可通过建立以解决特定问题为目标的专门性地区组织来启动协调性管理机构的构建。具体到食品安全问题领域，为有效促进粤港澳三地的食品贸易，保障食品安全，本文建议建立粤港澳大湾区常设性食品安全机构。该常设性食品安全机构应嵌入粤港澳大湾区的整体性机构安排之中。首先，应当构建粤港澳大湾区发展委员会，且将其设置为常设机构，委员会成员由粤港澳三地政府选派。其次，在粤港澳大湾区发展委员会之下设置多个专责部门，分别负责大湾区不同领域的合作交流，以推进大湾区的整体协调发展，其中包括设置常设性食品安全专责部门。最后，常设性食品安全专责部门的成员除包括三方食品安全监管机构代表外，应主要由三方遴选、

26　姬超：《策略融合下的粤港澳大湾区及其协作机制》，载《当代经济管理》2020年第2期。

推荐的食品安全专家组成。由于我国尚处于建设粤港澳大湾区的摸索阶段，专家及专业知识的提供既有助于弥补行政监管在资源和信息方面的不足，也有利于协调三地之间可能出现的制度冲突。粤港澳大湾区常设性食品安全专责部门主要负责大湾区食品安全信息交流、大湾区食品安全标准的协调、大湾区食品安全风险预防、大湾区食品安全危机事件处理以及大湾区食品安全教育等。

为保证粤港澳大湾区发展委员会和常设性食品安全专责部门成立的正当性和合法性，建议粤港澳三地在《深化粤港澳合作 推进大湾区建设框架协议》的基础上，着手起草、签订若干《粤港澳大湾区建设实施协议》来对粤港澳大湾区发展委员会和常设性食品安全专责部门的职能作出具体规定。

（二）建立粤港澳大湾区区域性食品安全标准

协调食品安全标准是粤港澳大湾区常设性食品安全专责部门的一项重要职能。在该机构未成立之前，应该在保证人体健康的前提下，由广东省食药监督管理局、香港食卫署、澳门民政总署三方食品安全监管机构进行食品安全标准的协调。由于我国早已加入 CAC，且港澳两地食品安全标准主要依据 CAC 标准制定，三方机构在协调食品安全标准时应当首先采用 CAC 标准。在粤港澳大湾区常设性食品安全专责部门成立之后，应当考虑建立区域性的食品安全标准体系。首先，通过食品安全信息交流活动，对三地食品安全标准差异及差异原因进行精确梳理、对比，筛选出对三地食品安全贸易和食品安全影响显著的食品安全标准类别，作出食品安全标准协调的优先级排列。其次，由粤港澳大湾区发展委员相关专责部门，如食品安全、立法专责部门协商拟定区域性食品安全标准的具体制定程序，其中至少应包含风险评估、起草、公众意见征求、论证、公开等几个阶段。整个区域性食品安全标准的制定过程应当以科学为基础，以法规作为实施的保证和途径。[27] 区域性食品安全标准不只是依据 CAC 标准，而是致力于开发符合大湾区发展需求的食品安全标准，以此来带动粤港澳大湾区区域性食品贸易的高质量发展，打造粤港澳大湾区食品品牌。同时将区域成功经验辐射全国，推动我国食品安全标准与国际食品安全标准的进一步接轨，提升安全食品的整体供给水平。

建设粤港澳大湾区区域性食品安全标准体系，可以有效地降低食品生产和销售企业为满足不同食品安全标准所投入的相应成本，有利于三地食品贸易的便利性和多样性发展，有利于推进粤港澳大湾区食品安全治理一体化的进程。

---

27 韩永红：《欧盟食品安全法评析——兼议我国食品安全立法》，载《延边大学学报（哲学社会科学版）》2008 年第 3 期。

同时，制定统一的区域性食品安全标准也是推进粤港澳大湾区一体化建设的重要组成部分，可为推进其他问题领域的区域一体化建设积累经验。

（三）促进粤港澳大湾区食品通关便利化

在防控新冠肺炎疫情的情况下，我国海关采取多种措施保障供港澳食品的及时供应，包括：开通快速通关专用通道和绿色通道使得生鲜食物快速通关；实行24小时预约报关，快速核验放行；通过无纸化、网上办理等方式进行无接触通关。[28]在疫情之后，这些通关便利化措施也应予以制度化并得到持续实施。建议三地海关监管机构通过签订合作备忘录等形式协调、固定通关便利化制度，实现三地检验检疫结果互认，以此来逐步统一三地通关程序。具体包括：（1）三地各海关关口全面建立网上24小时预约机制。根据食品运输方每天的预约情况，针对不同的食物种类智能分布过关的时间段，安排运输生鲜食品的车辆优先过关，同时根据每天预约过关的车辆数量来相应地增加或者是减少监管人员、检疫人员，防止不必要的人力浪费。（2）全面推进无纸化过关。对检验检疫的证明材料等全面采用电子信息化记录，防止纸质化信息出现模糊或者遗漏现象，同时也方便在信息互换平台上与港澳两地的关口工作部门进行信息交流。（3）将相关业务环节人员按组别分配，每个组别形成一条完整的通关检验检疫链，形成“一条龙”通关检验模式，以此来提高通关效率，减少企业不必要的等待时间以及在多个手续窗口之间来回切换的繁琐步骤。

（四）促进粤港澳大湾区食品安全社会共治

粤港澳大湾区食品安全社会共治是大湾区社会管理模式的创新。首先，建议依托粤港澳大湾区常设性食品安全专责部门，在食品安全信息交流、食品安全标准制定、食品安全教育等活动中，向三地公众、食品安全行业协会、消费者非政府组织、食品企业等广泛征求意见。其次，建议粤港澳大湾区常设性食品安全专责部门创建食品安全APP，借助技术手段提高公众对食品安全治理的参与度。该食品安全APP应具备宣传食品安全科普知识，解读三地食品安全相关立法、政策、标准，发布食品安全预警，接收食品安全问题举报，组织开展食品安全教育活动等功能。此外，为强化生产、销售食品企业的危机意识，粤港澳大湾区常设性食品安全专责部门还可依托食品安全APP创建问题企业黑名单，一旦某个企业发生严重的食品安全违法行为，就将其纳入黑名单，对其作

28 参见《澳门生鲜食材需求增长 海关“零延时”保绿色通道畅顺》，载中国新闻网，http://news.workercn.cn/32844/202002/21/200221174225655.shtml，最后访问于2020年7月21日。

出相应的惩戒措施，利用声誉机制约束企业遵守食品安全法规、标准。最后，建议充分发挥食品行业协会等非政府组织的作用。行业协会是介于政府和市场主体之间的第三方主体，可以经过授权行使部分监管职权，也可以代表企业与政府沟通。[29] 为更好地发挥食品行业协会等非政府组织的作用，政府应通过邀请其参加食品安全相关会议、参与食品安全标准制定、参加食品安全消费者教育活动等途径加强食品安全信息的互动与分享，以促进企业对食品安全法规、标准的自愿遵守。同时，政府还应当适当放权，授权食品行业协会等非政府组织进行自我监管活动，在企业利益维护和守法之间寻求最大公约数。借助食品行业协会的作用，可以补充政府监管在信息和人力资源方面的不足，同时有助于以利益诱导等柔性手段促进食品生产、销售企业的法律遵守行为。

结语

要实现粤港澳大湾区的发展目标，将其打造为具有国际竞争力和影响力的世界级湾区，必须跨越法律制度藩篱，实现区域协调和区域一体化。《粤港澳大湾区发展规划纲要》对粤港澳大湾区的战略定位、发展目标、空间布局等方面作了全面规划，但尚需进一步明确具体制度的实施路径。虽然建立粤港湾大湾区一级行政管理机构或许最为高效却并非现阶段的可行性实施方案。本文认为开启粤港澳区域一体化治理的一种可行性选择是建立和运行以解决特定问题为目标的专门性地区组织。粤港澳三地食品贸易关系密切，且食品安全问题具有公共性、跨区域性和低政治性的特点，因而率先在食品安全领域建立常设性专责机构并构建食品安全合作法律机制具有优先的可行性。粤港澳大湾区食品安全合作法律机制构建的直接目的是便利大湾区的食品贸易，提高大湾区的食品安全水平，打造大湾区食品品牌。深一层目的是将该成功经验辐射全国，全面提高国内的食品安全水平。更深层次的目的则是以三地食品安全合作法律机制的构建为制度试验，探索和推进粤港澳大湾区整体性协调机制的建立。

29　黄颖丽：《论社会共治下食品安全的有效治理》，载《经济研究导刊》2019 年第 23 期。

法典化：我国公益诉讼制度体系化最优路径选择

颜运秋*

【内容提要】在传统诉讼法上提及公益诉讼以及在实体法上规定公益诉权的立法模式和频繁的立法举措，并不代表公益诉讼制度建设的科学性和繁荣程度，反而加剧了公益诉讼制度的非体系化现象。从公共利益司法保护的客观需要来看，在立法目的、基本原则、基本制度和具体规则等方面，公益诉讼制度与民事诉讼法和行政诉讼法并不兼容。各类公益诉讼案件尽管有较大差异，但也存在较多共性，可以统合在一部专门的公益诉讼法律文本里面，这样可以节约立法成本，也可以克服学者学科的狭隘局限，以开放的眼光寻求公益诉讼体系化立法的合力。公益诉讼制度体系化是良法渐进性的客观体现，是确保立法严肃性的必然要求，符合诉讼类型化的发展规律，也符合诉讼规则系统性要求。《公益诉讼法》的体系结构可以设计为逻辑自恰的“总则”“行政公益诉讼”“民事公益诉讼”“附带公益诉讼”和“附则”五大部分。相对于多年来我国公益诉讼立法的频繁举措而言，公益诉讼法典化是公益诉讼制度体系化的最优路径选择。我们需要从包括立法预测技术、立法结构技术、立法表达技术以及立法清理与编纂技术等在内的立法技术层面入手，开展深入细致的公益诉讼法典化工作。

* 颜运秋——广东财经大学南岭学者，法治与经济发展研究所教授，公益诉讼与公益法研究中心主任，主要研究领域：公益诉讼、经济法和环境法。本文系广东省2020年度哲学社会科学规划一般项目“中国特色公益诉讼案件范围研究”（项目编号：GD20CFX06）、广东省普通高校2019年度省级重点科学研究应用研究重大项目“粤港澳大湾区营商环境与生态环境法治协同机制研究”（项目编号：2019－GDXK－0006）和湖南省2018年度智库专项课题“建立湖南知识产权公益诉讼制度的对策与建议”（项目编号：18ZWC10）的阶段性成果。

【关键词】公益诉讼　非体系化现象　制度体系化　法典化　立法建议

从2012年以来，全国公益诉讼政策呼吁紧锣密鼓，立法举措非常频繁，几乎每年都有涉及公益诉讼立法和司法解释的举动[1]。我国公益诉讼立法呈现出“一般法＋特别法”的态势，主要靠司法解释解决燃眉之急，公益诉讼的法条内容，或者作为特别规定机械地嵌入民事诉讼法和行政诉讼法之中，或者作为实体法诉权条款的宣示性规定而无具体内容，再辅以一定的司法解释。这种状况必然会造成公益诉讼条文数量非常少、立法规定非常分散、内容非常不一致，甚至存在冲突、可操作性很差等问题，已经很难满足公益诉讼司法实践对规则供给客观的迫切需求。全国共出台了20多个省级有关检察公益诉讼的专项或者综合性法规性文件，这与《立法法》不吻合。因为区域差异与办案能力存在层级差异，这些位阶和效力低于法律的法规性文件有时必然会造成公益诉讼严重变形和混乱。[2]现有公益诉讼规则还不完备，推动公益诉讼单独立法，完善公益诉讼法律制度，已经刻不容缓。[3]公益诉讼立法无法回避以下问题：公益诉讼与私益诉讼在法理和制度上是“一般法”和“特别法”关系吗？公益诉讼与私益诉讼的理念、原则和制度是否具有兼容性？在现行诉讼法中提及公益诉讼和在实体法上规定公益诉权的立法模式，能不能完全取代公益诉讼立法专门化？公益诉讼立法模式是分立式还是统合式？我国公益诉讼法典化的主要理由有哪些？我国公益诉讼法典应有框架体系如何？我国公益诉讼法典化的技术方案有哪些？等等。只有科学、合理地回答这些问题，公益诉讼法律制度才能日趋完善，公益诉讼司法实践才能于法有据。

1　从全国性立法层面看，2012年《民事诉讼法》首次宣示性确立了公益诉讼条款；2013年《消费者权益保护法》和2014年《环境保护法》分别修改，进一步确立了消费民事公益诉讼和生态环境民事公益诉讼的有关规定；2015年国家出台有关公益诉讼的司法解释和检察公益诉讼试点办法；2017年国家再次专门修改《民事诉讼法》和《行政诉讼法》，专门规定检察公益诉讼；前后还多次出台公益诉讼司法解释和立法。

2　以刑事附带民事公益诉讼应否履行诉前公告程序问题为例，2019年11月，最高人民法院和最高人民检察院以联合批复的方式作出肯定性表态，而2020年8月通过的《深圳经济特区生态环境公益诉讼规定》则规定，检察院对生态环境刑事附带民事公益诉讼案件可不经诉前公告程序而直接起诉。

3　参见2021年1月10日中共中央印发的《法治中国建设规划（2020—2025年）》，明确强调要“完善公益诉讼法律制度”，载新华网，http：//www. xinhuanet. com/politics/zywj/2021－01/10/c_1126966552. htm，最后访问于2021年3月31日。

一、我国公益诉讼专门化立法的逻辑前提

归纳起来，我国立法和学理上对公益诉讼立法模式的选择，主要有五种方案：第一种方案是，修改我国现行诉讼法，使其诉讼程序规定合乎公益诉讼的要求。现有立法基本上是这样做的，但是属于移花接木、蜻蜓点水式的强行嵌入，并没有也无法确保诉讼程序合乎公益诉讼要求。公益诉讼内容过多，必然会破坏原有诉讼法的固有体系。第二种方案是，修改现行实体法，即将公益诉权条款体现在现行有效的实体法中。现有立法也采用过这种做法，但是这种做法充其量只能规定特定主体的公益诉权，没有也无法明确细化公益诉讼程序规则，公益诉讼的制度设计毕竟不是实体法的立法重点。第三种方案是，通过司法解释解司法实务中的燃眉之急。近年来，最高人民法院和最高人民检察院在公益诉讼司法解释做出了很大努力，频繁出台了相关司法解释。该方案专业性和可行性最强，可以解决司法实务中的一些应景问题，但是只能是应急性和应景性的权宜之计。第四种方案是，从案例到立法的方式。近年来，最高人民法院和最高人民检察院频繁发布了与公益诉讼相关的典型案件和指导性案件，对各级法院和检察院有很强的示范效力，对后续立法必将产生一定影响，但该方案其实不是一种独立的方案。第五种方案是，制定专门的公益诉讼法。该方案可以有效化解现行诉讼法与公益诉讼的脱节、矛盾和不兼容问题，在尊重传统诉讼法理论与制度的固有框架下实现对传统诉讼法理论与制度的必要改良。但是该方案依然需要小心求证，这也是本文需要论证来达到的目标。我们在探讨为什么需要对我国公益诉讼制度予以法典化之前，有必要明确以下几个前提性命题。

（一）公益诉讼法律制度与私益诉讼法律制度不是“一般法”和“特别法”关系

有学者认为，公益诉讼单独立法的成果可定名为“中华人民共和国公益诉讼特别程序法”，该法和民事诉讼法与行政诉讼法是“一般法”和“特别法”的关系。[4] 其实，“公益诉讼特别程序法”的表达不科学，至少可能产生以下歧义：第一，有“公益诉讼特别程序法”就必然有“公益诉讼普通程序法”，但是，至今为止，我国还没有“公益诉讼普通程序法”，这样的话，何谈“公益诉讼特别程序法”？第二，从该学者前后文的推理来看，他所说的“公益诉讼特别

4　刘加良：《公益诉讼单独立法的必要性与可能方案》，载《检察日报》2020年11月12日，第7版。

程序法”应该是公益诉讼作为民事诉讼法与行政诉讼法的特别程序法。这样就更值得商榷了。公益诉讼法和民事诉讼法与行政诉讼法，到底哪个是“一般法”，哪个是“特别法”？我们不能按照传统诉讼法的习惯性思维，不假思索地认为，民事诉讼法与行政诉讼法就是“一般法”，公益诉讼法就是“特别法”，正如我们肯定不能认为私法就是“一般法”，公法就是“特别法”。从诸法合体到刑民二分，再到民行细分，从实体法和程序法合体到分立，进而民事诉讼和刑事诉讼分立，再到行政诉讼从民事诉中分立出来，我们从来没有认为刑事诉讼法、民事诉讼法和行政诉讼法，哪个是“一般法”，哪个是“特别法”。我认为，公益诉讼是私益诉讼的对应概念，是诉讼的“半边天”，与私益诉讼是并列关系，而不是包含和被包含的种属概念，公益诉讼与私益诉讼具有很多根本性区别。我赞同将公益诉讼制度从传统私益诉讼法中独立出来，构建具有独特目的及程序机理的公益诉讼制度体系具有重要的理论意义和现实意义，也有利于确保形成结构合理、分工明确、有机配合、科学合理、严谨自洽的诉讼体系[5]的观点。

（二）公益诉讼与私益诉讼的理念与规则不具有兼容性

从本质和立法目的来看，民事诉讼法和行政诉讼法属于典型的私益诉讼，在民事诉讼法和行政诉讼法中机械地嵌入公益诉讼制度，必然造成公益诉讼条款在目标、宗旨、原则和具体制度等方面与民事诉讼法和行政诉讼法出现严重的不协同，形成规则抵牾。“无论一个给定的规则是多么地符合后果主义的考虑，只要它与一些生效的和具有拘束力的制度规则相抵触的话，就不能被采纳。”[6]所以，有学者认为，在民事诉讼法中设置公益诉讼制度，不仅立法体例上有欠科学，而且不符合各国民事诉讼程序设置的历史发展趋势，这种将公益诉讼程序制度与私益诉讼程序制度混合编纂在一起的立法体例，世界其他国家还绝无仅有。[7]而且，很多情况是行政公益违法在先，只要处理好行政公益违法，民事公益违法一般没有滋生的土壤。但是，我国公益诉讼制度在立法理念上没有理顺行政权和司法权的关系，而是从构建民事公益诉讼制度开始，起初并没有关注行政公益诉讼制度的构建，存在严重的方向性错误。如果既可以提起行政公益诉讼，也可以提起民事公益诉讼，到底优先提起哪个诉讼？民事诉

---

5 郭颂彬、刘显鹏：《公益诉讼规则独立化探析》，载《南昌大学学报（人文社会科学版）》2016年第6期。

6 ［英］尼尔·麦考密克著：《法律推理与法律理论》，姜峰译，法律出版社2005年版，第100页。

7 廖中洪：《对我国〈民诉法〉确立公益诉讼制度的质疑》，载《法学评论》2012年第1期。

讼法和行政诉讼法对这些问题无法单独作出回应。再说，无论是修改行政诉讼法还是民事诉讼法，都只能对公益诉讼进行原则性规定。所以，有学者呼吁，全国人大常委会宜制定《公益诉讼法》，具体规定公益诉讼的目的、原则、适用范围、对象、条件、诉讼权利、诉讼义务、程序、时效、判决的效力和执行，从而形成统一、高效的公益诉讼法律制度。[8]

（三）在实体法上规定公益诉权的立法模式不能取代公益诉讼专门立法

立法者倾向于在部门法分立格局之外区分不同行业领域，制定诸多碎片化的“拼盘式单行立法”[9]。公益诉讼立法在这方面表现得尤为突出，有实体法与程序法合流之势。大家知道，在我国，公益诉讼制度已经深刻影响了人民法院组织法、人民检察院组织法、法官法、检察官法、人民陪审员法等司法制度；公益诉权条款已经像毛细血管一样深入我国很多实体法，如民法典、消费者权益保护法、环境保护法、英烈保护法、未成年人保护法、个人信息保护法等。世界上其他国家和地区，也只是在很多实体法上规定了公益诉权条款，没有出台专门的公益诉讼法。例如，美国密歇根州环境保护法首倡，美国清洁空气法等16部环境保护法律都有关于公民诉讼的规定。又如，德国不来梅州自然保护法赋予了环境团体公益诉权，受其影响，黑森州、汉堡州等诸州也先后建立了这一制度。但是，这种立法现象只是表明司法制度和有关实体法与公益诉讼存在紧密联系而已，并不表明这样的立法现象解决了公益诉讼的具体而完备制度和规则问题。我们不能被这种立法现象所蒙蔽，公益诉讼和公益诉权条款在许多司法制度和实体法上只作轻描淡写的表述，无法缓解公益诉讼规则系统化的制度难题。其实，实体法上公益诉权条款的频繁出现，正说明了公益诉讼制度建设具有极大的实体法依据。

（四）公益诉讼立法模式不应当是分立式而应当是统合式

分立式和统合式具体包括主体与案件类型的分立式和统合式两个方面。从国家探索、试点和正式确立公益诉讼制度，并最后立法确认检察公益诉讼制度的立法实践与具体的司法实践来看，检察公益诉讼案件数量不断攀升而且多为胜诉，而社会组织提起的公益诉讼案件急剧下降而且多以败诉告终。2017年6月，通过立法检察公益诉讼而专门修改行政诉讼法和民事诉讼法的现象，在立法史上绝无仅有。于是，有人极力建议，我国应当尽快出台“人民检察院公益

---

8 蔡守秋：《关于处理环境纠纷和追究环境责任的政策框架》，载《科技与法律》2005年第1期。

9 宋亚辉：《社会基础变迁与部门法分立格局的现代发展》，载《法学家》2021年第1期。

诉讼法”[10]。如果公益诉讼立法采纳因起诉主体的多元化而分散立法的做法，那么这种分立式立法由于既无法节约立法资源，也无法顾及不同起诉主体的共性和个性，无法确保检察权对行政权和民事私权利适度的谦抑性，不利于形成逻辑自洽、统一高效、内容有机协调的公益诉讼法律制度，不能促进多元主体相互借力、共同合力有序保护公益，所以不具有合理性。检察机关和社会组织在公益诉讼的制度设计上具有一定的共性，如诉讼目的是一致的；当然也有明显的差异，如管辖、举证责任、诉讼费用、激励措施等。此外，由于各类公益诉讼案件的差异性和学者专业的局限性，对公益诉讼的立法模式出现了分立式和统合式的广泛理论争论和实践做法。民事诉讼法学界强调民事公益诉讼制度建设；环境法学呼吁加强生态环境公益诉讼制度建设；经济法学者呼吁加强消费者公益诉讼、反垄断公益诉讼、财税公益诉讼、国有资产保护公益诉讼等方面的制度建设；行政法和行政诉讼法学者呼吁加强行政公益诉讼制度建设。我认为，各类公益诉讼案件即使有较大的差异性，也存在较大的共性，统合在一部专门的公益诉讼法律文本里面很有必要和可能，这样做既可以节约立法成本，也可以克服学者学科和专业背景的狭隘局限，凝聚合力推动公益诉讼制度的专门化和体系化建设。

二、我国公益诉讼制度为什么要走向法典化

法典化是将某个法律部门的全部规范按照一定的逻辑和体系编纂成一个法律的过程。上文分析只是说明我国公益诉讼专门立法已经成为客观必要，但是公益诉讼专门立法并不必然表达要进行公益诉讼法典化。为了避免多元主体立法、重复立法、矛盾立法等现象的出现，公益诉讼法典化很有必要。

（一）公益诉讼法典化是良法渐进的客观体现

良法善制是良法善治的基本前提。而良法的衡量标准主要有：是否符合本国基本国情；是否符合社会经济客观发展规律；是否符合普遍民意；是否符合可操作要求。自 20 世纪初以来，西方国家出现了“立法狂欢”现象，陷入了立法膨胀与立法紧缩的怪圈：成文立法数量快速增长而立法质量却越来越差，经常达不到预期的立法目的。[11] 当下我国公益诉讼立法频次急速增长但立法质量不高的矛盾非常明显。我国公益诉讼实践在 20 世纪 90 年代就已经开始，但公益诉讼系统化的理论研究是从 2000 年前后开始的，立法相对比较滞后。但是，

10 田凯等：《人民检察院提起公益诉讼立法研究》，中国检察出版社 2017 年版，第 1-299 页。

11 王保民主编：《立法法理学》，法律出版社 2019 年版，序第 1 页。

公益诉讼立法从无到有，从地方立法到国家立法，从简单立法到相对不断完善的过程，无不说明公益诉讼制度的渐进性和日趋成熟程度。2005 年全国政协委员梁从诫先生牵头，与其他 27 位全国政协委员联名向全国政协提交《关于尽快建立健全环保公益诉讼法的提案》，[12] 开启了倡导全国性公益诉讼立法的先河，也开启了很多地方进行公益诉讼地方立法的新局面。次年 3 月吕忠梅等 30 位全国人大代表向全国人大提交《关于建立环境公益诉讼制度的议案》。[13] 2012 年 3 月第十一届全国政协五次会议上，九三学社向中央提交了《关于尽快建立环境公益诉讼制度的提案》。2021 年全国两会又有很多代表提出检察公益诉讼要搞专门化立法。这些立法建议尽管是偏重于环境公益诉讼或者检察公益诉讼的提案，但是直接推动了公益诉讼制度的确立。

（二）公益诉讼法典化是确保立法严肃性的必然要求

在《民事诉讼法》修订确立公益诉讼制度之前，贵阳、无锡、昆明、广州和湖州等市以及海南和浙江等省已经在地方性法规或者法院发布的规范性文件中对公益诉讼问题作出了探索性规定。[14] 此外，还有市县区法院、检察院及环

12 别涛：《中国环境公益诉讼的立法建议》，载《中国地质大学学报（社会科学版）》2006 年第 11 期。

13 吕忠梅：《环境公益诉讼辨析》，载《法商研究》2008 年第 6 期。

14 如，2007 年贵阳市中级人民法院出台《关于环境保护法庭案件受理范围的规定》；2009 年贵阳市人大通过《贵阳市促进生态文明建设条例》；2010 年贵阳市中级人民法院出台《关于大力推进环境公益诉讼、促进生态文明建设的实施意见》，形成了环境公益诉讼的“贵阳模式”。又如，2008 年无锡市中级人民法院出台《关于环境保护审判庭审理案件管辖的若干规定》；同年 9 月无锡市中级人民法院和市人民检察院联合发布《关于办理环境民事公益诉讼案件的试行规定》《关于在环境民事公益诉讼中具有环保行政职能的部门向检察机关提供证据的意见》；2009 年广州市人民检察院制定《广州市检察机关开展民事公益诉讼的指导意见》；2010 年浙江省人民检察院、环保厅出台《关于积极运用民事、行政检察职能加强环境保护的意见》；2010 年湖州市中级人民法院、市人民检察院出台《关于建立环境保护公益诉讼制度的若干意见》；2012 年无锡市中级人民法院发布《环境公益民事诉讼的审理规则（试行）》和《关于环境民事案件证据若干问题的实施意见（试行）》。再如，2010 年 9 月昆明市政府通过了《环境公益诉讼救济专项资金管理暂行办法》；同年 10 月昆明市中级人民法院、人民检察院联合发布《关于办理环境民事公益诉讼案件若干问题的意见（试行）》；同年 12 月昆明市中级人民法院制定《关于在环境民事公益诉讼中适用环保禁止令的若干意见（试行）》。2011 年 7 月海南省高级人民法院发布《关于开展环境资源民事公益诉讼试点的实施意见》；同年 9 月海南省财政厅、省高级人民法院联合出台《环境公益诉讼资金管理暂行办法》。

保部门也制定了有关公益诉讼的规范性文件。[15]虽然这些地方立法对《民事诉讼法》修订并确立公益诉讼制度产生了积极影响，但是，根据《立法法》第8条的规定，有关诉讼制度等事项，只能由全国人民代表大会和全国人民代表大会常务委员会制定法律。如果对在公益诉讼全国性立法之前的地方先行先试可以予以谅解的话，那么在公益诉讼全国性立法之后，还出现类似深圳特区成立40年贺礼之一——《深圳经济特区生态环境公益诉讼规定》，就是值得探讨的。所以，有学者认为，从捍卫《立法法》的严肃性和补强公益诉讼实践的合法性的角度而言，公益诉讼单独立法也很有必要。[16]这里的“单独立法”实际上就是希望由全国人民代表大会和全国人民代表大会常务委员会制定专门的公益诉讼法律。很多中级人民法院和市人民检察院，甚至有些县区行政机关本身就没有立法权限，特别是一些从地方保护、部门利益出发出台的一些“土规范”成为公益诉讼运行的障碍。各地不同的立案标准和程序规定带来了实践中的困境，而且法律和司法解释之间还存在相互矛盾和冲突，这显然有损司法的公信力。有必要集中清理上述法律法规和司法解释中关于公益诉讼规定的内容，出台专门的《公益诉讼法》。

（三）公益诉讼法典化符合诉讼类型化的发展规律

按照诉讼原理，特定诉讼程序的设立须具备五项基本标准：（1）有特定的受案范围；（2）具备特有的程序价值取向；（3）有强烈的社会现实需求，但是已有诉讼程序规则无法满足新型案件的司法需求；（4）新型诉讼程序规则与已有诉讼程序规则的不同点达到三分之一以上；（5）对司法组织（专门法院或者法庭）和司法人员（专业法官或者专业检察官）有特殊的专业要求。“案件决定程序”是一个颠扑不破的真理。基于公益诉讼案件在法益保护、起诉主体、管辖、启动机制、前置程序、举证责任、诉讼处分权行使、诉讼费用、激励约束机制等方面的特殊性，审理公益诉讼案件需要采用与传统私益诉讼不同的特别规则。有学者认为，公益诉讼程序规则有三分之二以上规定有别于传统私益

15　如，2005年宁波北仑区人民法院、区人民检察院联合发布《刑事附带民事公益诉讼的暂行规定》；2010年上饶市信州区人民检察院、区环保局发布《关于共同开展环境保护公益诉讼制度的若干意见》；2011年广元市青川县人民检察院和环保局发布《关于环境保护公益诉讼的意见》；2011年三明市泰宁县人民法院和人民检察院发布《关于办理生态环境民事公益诉讼案件若干问题的意见》；2011年赤壁市人民检察院和环保局发布《赤壁市环境保护公益诉讼制度实施办法（试行）》等。参见陶蕾：《我国环境公益诉讼制度进程及其展望》，载中华环保联合会主办：《中国环境法治》2013年卷（上），法律出版社2013年版，第102页。

16　刘加良：《公益诉讼单独立法的必要性与可能方案》，载《检察日报》2020年11月12日，第7版。

诉讼程序规则，[17]此言确有道理。因为，公益诉讼案件必然涉及不特定多数人的利益，如生态环境利益、消费安全利益、公平竞争利益、国家安全利益、国家经济利益等；公益诉讼案件的起诉主体具有法定性，一般由与案件没有直接的利害关系的机关和组织行使起诉权；一般由级别较高的法院管辖，有些还会适用异地管辖和巡回管辖；起诉前需要向有关行政部门履行告知义务，等待一定期限后才可以对行政处理作出司法请求的回应；公益诉讼案件的撤诉、和解与调解受到严格的限制和监督，防止对公益的不当处分；由于原告一般对案件无直接利害关系，故被告反诉几乎不可能；受诉讼成本的限制，私主体起诉和参与诉讼的积极性一般会不足，需要在诉讼费用制度和激励约束制度等方面作出与民事诉讼和行政诉讼具有根本区别的专门程序规定。

（四）公益诉讼法典化符合诉讼规则系统性要求

诉讼规则应当系统化，成龙配套，做到上下紧密配合，以构成一个有机整体。作为系统的诉讼规则应当具有整体性、目的性和层次性。整体性，一方面表现为诉讼规则的体系整体是由有机的部分、要素所构成；另一方面表现为诉讼规则的体系在整体上具有不同于各组成部分、要素的新的功能，并不是各组成部分、要素孤立状态下的简单相加，而是大于其各个组成部分、要素相加之总和。目的性是说，诉讼规则体系的各个组成部分之间需要保持一种相互适应的协调性，这种目的性是为人的主观能动所意识到的，并处在立法主体和其他社会主体的深层意识中的自觉、明确的目的。层次性是说，各种诉讼规则虽然纷繁杂陈、各种各样、功能有异，但彼此都有严格的等级秩序。诉讼规则的体系内部应当协调一致，不能彼此重复，相互矛盾。这种内部协调一致集中表现在：（1）诉讼原则与诉讼目的和精神是一致的，也就是说，组成诉讼体系的各种原则虽然具有各自的规定性，但它们同时必须按照在诉讼体系中的角色发挥自身的功能和作用，体现在各原则中的诉讼精神是一致的，在诉讼体系内部包含着的若干层次的法律原则彼此之间是内在统一的。（2）诉讼规则之间有着密切的联系，有一些诉讼规则具有共同的评价结论，有一些诉讼规则具有相同的适用前提条件。

三、我国公益诉讼法典应有的框架结构

在性质上，公益诉讼制度作为维护和救济公共利益的司法程序，诉讼法理、

17　甘力等：《环境民事公益诉讼程序定位及立法模式选择研究》，载《重庆大学学报（社会科学版）》2018 年第 4 期。

诉讼目的、案件类型、案件性质、原告资格、证据规则、调解与和解、撤诉与反诉、诉讼时效、诉讼费用等方面与民事诉讼和行政诉讼存在重大差异，甚至完全不同。公益诉讼本质属于宪法的实施，我国需要在宪法的框架下制定专门的完整的《公益诉讼法》，开展真正意义上的公益诉讼。[18]一部较为完整的《公益诉讼法》具体应当包括：公益诉讼的基本原则、诉前程序、诉讼主体、案件范围、调查取证、诉讼请求、起诉条件、诉讼竞合、既判力、诉讼费用、激励约束机制等。根据《立法法》的规定并结合大多数立法文本结构来看，法律文本的正文部分一般分为：总则、分则与附则，各部分内容构造有所不同，内容结构一般为先总后分，先粗后细，先原则后具体。在《公益诉讼法》的布局上可以考虑设计为五章，即“总则”“行政公益诉讼”“民事公益诉讼”“附带公益诉讼”和“附则”。“行政公益诉讼”“民事公益诉讼”和“附带公益诉讼”合称为“分则”。只有这样，才能将许许多多的公益诉讼法律规范通过一系列规则的有机排列组合在一起，才能使公益诉讼法律规范条理清楚，便于检索引用。

（一）《公益诉讼法》的“总则”

有学者认为，公益诉讼法的“总则”应当重点规定案件范围、起诉主体、管辖、证据的收集、证据保全、举证责任分配、审理组织、执行等问题。[19]我认为，《公益诉讼法》的“总则”规定这些内容，过于具体，其实有些内容应该是“分则”规定的内容。因为法的总则规定一些“与法典的所有部分都有关系的概念和原则”[20]，是对法律具有纲领性和统率性的法的条文的总称，对全法具有统领性，主要规定立法目的、立法根据、法的原则、法的效力、概念定义、基本制度等内容，对分则有概括、指导、规范和约束的作用，是一部法的精神的体现。下面主要就公益诉讼的立法目的条款、立法根据条款、定义条款、基本原则条款和基本制度条款做论证说明。

1. 立法目的。从实质上看，立法目的反映一个国家立法机关的价值观，是对一个国家政治、经济、社会和文化发展基本走向的指引。在功能上，它指导部门法律制度的构建，是法律解释的依据或方法，补充法律的漏洞。如果把一部法律比作一座金字塔，那么立法目的就是塔尖，具体制度只不过是塔尖的辐

---

18 郭锦勇、苏喆：《检察机关在环境公益诉讼中的职能研究——以公益诉讼专门制度的构建与实施为视角》，载《河北法学》2015 年第 11 期。

19 刘加良：《公益诉讼单独立法的必要性与可能方案》，载《检察日报》2020 年 11 月 12 日，第 7 版。

20 ［英］戴维·M. 沃克著：《牛津法律大词典》，李双元等译，光明日报出版社 1989 年版，第 370 页。

射物罢了。从立法目的可以俯瞰、统合、解释具体制度。立法活动始终围绕立法目的，而且立法目的控制和引领立法活动。既然立法以立法目的为中心而展开，其结果就应该以立法目的来评判，只有符合立法目的的立法才能给予肯定性评价。为使人民初步了解立法精神、宗旨及所依据之法理，通常于总则之首条中规定立法目的。通常格式为“为（了）……制定（特制定）本法”。当立法目的为多层含义句式时，必须按照一定的逻辑顺序层层递进，切忌逻辑混乱或者排列不当。立法目的既可以按照由近及远、由微观到宏观、由直接到间接、由具体到抽象的顺序排列，也可以按照相反的顺序排列。当然只能选择一种排列方式。公益诉讼作为维护“公共利益”而专门设置的诉讼类型，保护“公共利益”不仅是设置这种诉讼程序制度的根本目的和本质特征，以及这种诉讼与一般民事诉讼和行政诉讼的基本区别，也是设置公益诉讼相关规则的理论指引。

2. 立法根据。立法要于法有据。立法根据（法源基础）是立法者制定某一法的根据或者基础问题，包括立法的法律根据与立法的事实根据。通常格式为“依（根）据……结合……实际（具体情况），制定（特制定）本法”。法依何而立，为什么而立，是任何一部法律应当首先明确的问题。因此，立法目的和立法根据理所当然地位于法的开端，列为首条，即为“开宗明义”的立法宗旨。每一法规只可依循一种法律，不可同时以两种以上法律作为立法依据，以免无法决定其位阶或不生效果。[21] 据此，公益诉讼法的法源只能源于宪法，不能源于其他法，特别是不能源于民事诉讼法和行政诉讼法。此外，立法要针对本国、本地的实际情况，否则立法缺乏现实必要性、针对性以及可操作性。事实根据强调立法者在立法时一定要进行调查研究，明确立法的现实必要性与可行性问题。法律虽然透过立法程序制定出来，但是真正的法源乃在于国民精神。[22] 因此，立法必须注重民族习惯与传统，而非模仿外国法例，以求发现法律真谛。尽管诉讼模式的选择是一个相当复杂的过程，但更为复杂的是我们在选择诉讼模式中的自我创造。这种创造是我们选择的诉讼模式能否在本土生根、发芽并开花结果的关键所在。[23] 公益诉讼立法必须结合我国的具体国情。尽管西方国家公益诉讼制度及理论成果，为我们提供了借鉴意义，但是，缺乏强有力的道德根基和文化认同感，机械移植无从获得本地沃土和持续成长的养分，只有根植于强有力的道德根基和文化认同感的沃土的法律之树，才有可能结出希望之

---

21 罗传贤著：《立法程序与技术》，五南图书出版公司2009年版，第248页。

22 罗传贤著：《立法程序与技术》，五南图书出版公司2009年版，第38－40页。

23 谢晖著：《价值重建与规范选择——中国法制现代化沉思》，山东人民出版社1998年版，第476页。

果。[24]我国的社会主义制度本质和核心价值观为我们构建和实施公益诉讼制度指明了方向，必然会结出丰硕的果实。

3. 定义条款。“定义是表明事物本质的短语”，[25]定义应当尽可能标准化、规范化、统一化。定义条款“是指立法时根据需要对某个专有的名词或概念所作的阐释”[26]的条款。“法律概念都不再是日常用语意义上的概念，因此……必须根据法律确定的保护目的进行解释。这种‘规范的’解释可能会明显地背离日常使用的词语意思。”[27]比如，公益诉讼立法中最难界定的最模糊最不确定的概念就是“公共利益”（“公益”），日常使用的“公益”语词具有多义性，既包括国家利益、社会公共利益，也包括“免费”的意思，但是，公益诉讼上的“公益”语词其实与“免费”的意思关系不大。公益诉讼不是“免费”诉讼。因此，为了能够将公益诉讼上的“公益”语词与日常使用的“公益”语词加以区分，防止在理解上产生分歧，有效的方式就是在法律文本中通过“定义条款”明确确立“公益”的含义。在总则中规定定义条款，便于读者先了解一些基本的法律术语含义，再阅读整个法律文本，适合人的思维习惯和阅读习惯，便于检索和查找，便于立法主体安排整个法案，避免歧义、模糊性以及不必要的重复，也与国际上很多国家的通行做法一致。在法律文本中使用的定义主要有描述性定义、规定性定义以及这两种定义类型的结合三种模式。[28]比如，对于“公益诉讼”“民事公益诉讼”“行政公益诉讼”“附带益诉讼”“初始证据”“举证责任倒置”等概念应当是描述性的；对于“社会组织”“专属管辖”“诉讼请求”等概念应当是规定性；对于“公共利益”等概念应当是描述性和规定性这两种定义类型的结合。

4. 基本原则。大哲学家康德说过：“任何一种学说，如果它可以……成为一个按照原则而整理好的知识整体的话，就叫作科学。”[29]按照成文法习惯做法，每一部法律都应当是在一定的原则指导下形成的结构合理、逻辑自洽、层次分明、排列有序、内容详实的制度体系。公益诉讼的基本原则构成了公益诉讼法规则的基础本源准则或者原理，其意义在于确保公益诉讼规则的正当性，指导法律解释，填补规则漏洞。当然，只有在规则不能的情况下，才能通过将原则

---

24 安守廉、沈远远：《法律是我的明神：吴经熊及法律与信仰在中国现代化中的作用》，季美君译，载胡旭晟主编：《湘江法律评论》第2卷，湖南人民出版社1998年版，第201－215页。

25 苗力田主编：《亚里士多德全集》（第1卷），中国人民大学出版社1990年版，第440页。

26 曹海晶：《中外立法制度比较》，商务印书馆2004年版，第333页。

27 ［德］伯恩·魏德士著：《法理学》，丁小春、吴越译，法律出版社2003年版，第94－95页。

28 汪全胜著：《法的结构规范化研究》，中国政法大学出版社2015年版，第55－56页。

29 ［德］伊曼努尔·康德著：《自然科学的形而上学基础》，邓晓芒译，上海人民出版社2003年版，第2页。

具体化而满足裁判案件的实际需要。只对公益诉讼某个部分有统领和指导作用的下位原则不能写入总则中。如果有多个并列关系（而不是隶属或者派生关系）的基本原则，要注意按照各原则的重要性及其相互之间内在的逻辑顺序予以排列。公益诉讼基本原则条款应当置于立法宗旨、适用范围和定义条款之后，其他内容之前。公益诉讼的基本原则到底有哪些原则，是值得探讨和颇具争议的问题，值得专题研究。我认为，行政优先司法谦抑原则、有限处分（和解、调解、撤诉受限制）原则、被告不得反诉原则、检察机关支持起诉原则和合议原则等应当是公益诉讼的基本原则。公益诉讼制度需要确立行政优先司法谦抑原则。通观西方国家公益诉讼制度及其实践做法，我们发现，多数国家都设立了必要的公益诉讼前置程序，这体现了司法的谦抑性和对行政权的基本尊重，有助于行政机关获得自查自纠的机会，也有利于节约诉讼成本。但是，从已经发生的案件来看，民事公益诉讼实际上成了检察机关和社会组织联合法院对付损害公益的企业或者个体工商业者的一种手段。这些案件的背后呈现出一种荒谬的情况，司法权与行政权的关系被扭曲，地方政府或其职能部门成了旁观者或至多提供专业协助。[30] 其实，公益诉讼应当以行政公益诉讼制度为重点，而非以民事公益诉讼制度为重点。再说，和解、调解、撤诉等处分行为，是以原告对案件实体内容具有处分权为前提的，但是公益诉讼案件的起诉主体无论是检察机关还是社会组织，都没有实体性处分权，所以从原则上来说，不得行使和解、调解、撤诉等行为，即使认为被告已经完成诉讼请求全部内容，而且不损害公共利益，也要受到限制，而不是任由起诉主体主观“认为”。比如，对和解、调解、撤诉决定予以公告，便于接受社会的广泛监督。支持起诉无论作为原则还是作为制度，在我国民事诉讼法中一直保留着，然而，在实践中并没有发挥很大作用。如果将其合理移植到公益诉讼中来，特别是确立检察机关支持起诉原则，必将意义重大。由于我国社会组织相对不发达，而且能力比较弱，起诉能力和应诉能力受到很大限制，如果检察机关能够支持其起诉和应诉，不仅可以提高社会组织的诉讼积极性，而且便于摆正检察机关在民事公益诉讼中的应有诉讼地位。公益诉讼案件一般具有诉讼利益扩散性、影响较大、案件专业化程度较高等特点，所以确立合议原则十分必要，必须由法官和专业陪审员组成合议庭而不是由一个法官独任审理公益诉讼案件。

5. 基本制度。总则中的基本制度应当是基本原则指导下的对全法具有统领性的内容，只对法案的某一部分或者某一方面起统领作用的制度，不能在总则中加以规定。有些基本制度是所有诉讼法通用的，如回避制度、公开审判制度、

---

30 王曦：《论环境公益诉讼制度的立法顺序》，载《清华法学》2016 年第 6 期。

两审终审制度等。但是，在此应当重点关注的是公益诉讼的特有制度。当事人制度和受案范围制度应该是公益诉讼最基本的特有制度。公益诉讼原告资格的非直接利害关系属性，是区别于传统私益诉讼的最本质特征。基于检察机关和社会组织在诉讼能力和专业水平的优势，立法和司法实践已经确立了它们的诉讼主体地位；但是对公民个人的公益诉讼，我国立法一直持否定态度。公益诉讼为什么需要对私人开放？公民可以通过诉讼来推动公益法的实施和执行，简称私人执行，这在国外是常态。我国立法机关对公益诉讼原告资格的严苛限制，表面上是为了防止滥诉，实际上只是一种臆想的恐慌和担忧，这客观上造成了许多公益诉讼案件无法被提起的现实问题。此外，受案范围到底如何拓展，拓展到哪些方面，是公益诉讼无法回避的基本制度。由于公益诉讼直接涉及的“公共利益”具有多重性、不确定性、内在含义抽象模糊以及外在范围复杂广泛性，所以具有难以确定的特征，从立法技术的角度要对公益诉讼的受案范围及其受案条件予以明确，可以说几乎没有可能性。[31] 但是，在诉讼案件的受理上，为了保证司法救济的公平与公正，公益诉讼的受案范围与受案条件不仅理应在立法上予以明确，而且在形式上还应当公开、明了。如果立法上不予明确而完全交由法院自行决定，由于各地以及各级法官素质上的参差不齐和认识上的不尽相同，易于导致同类案件在不同地区诉讼受理上的差异，这样有失法律的严肃性与统一性。此外，需要强调的是，公益诉讼制度与律师风险代理制度、陪审制度、诉讼费用制度、胜诉私人原告奖励制度、公益基金管理制度、公益案件执行制度以及法律援助制度等密不可分，只有这些制度犬牙交错地耦合在一起，公益诉讼制度才能有效发挥作用。我们不能孤立地就公益诉讼谈公益诉讼，必须和相关实体制度结合起来研究。

（二）公益诉讼法的“分则”

不论从公益诉讼法的结构内容上还是公益诉讼法的条文数量上来看，分则都是公益诉讼法律文本的主体和核心，其构建技术决定了公益诉讼法律文本的质量。“如果对分则的结构处理不好，将给执法者、司法人员和公民带来认识上的模糊，最终影响到法的施行效果。”[32] 我国现行法律文本关于分则的设置有两种类型，一种是明示的分则，另一种是非明示的分则。明示的分则就是在法律文本中直接标识“分则”字样的规则内容，这种形式的法律文本不多，在我国

---

31 廖中洪：《对我国〈民诉法〉确立公益诉讼制度的质疑》，载《法学评论》2012 年第 1 期。

32 王腊生主编：《地方立法技术的理论与实践》，中国民主法制出版社 2007 年版，第 104－105 页。

目前只有《刑法》和《民法典》明示规定分则。在法律文本中不标识“分则”字样的分则内容，就是“非明示分则”或者“默示分则”。从现行司法解释的结构来看，“行政公益诉讼”“民事公益诉讼”和“附带公益诉讼”合称为公益诉讼制度的“分则”，所以公益诉讼分则的形式表现为“非明示分则”或者“默示分则”。但是，随着人们对公益诉讼认识的提高和公益诉讼制度内容的进一步丰富，在完善《公益诉讼法》分则的过程中，应当尽量增加明示分则形式而减少非明示分则形式，这样可以进一步厚实和细化分则的具体内容。分则的结构安排，一般会遵循事物的发展规律以及人的认识规律，基本上按照递进式或者平行式逻辑排列。从《公益诉讼法》分则结构来看，应当是递进式的结构，按照整个公益诉讼的过程来考察，首先调查、起诉、立案；其次进入审判环节；最后进入案件的执行环节。这反映了我国公益诉讼的整个运行过程，符合公益诉讼的基本运行规律。关于公益诉讼案件的起诉条件、管辖、诉前公告、立案、证明责任、证明标准、反诉禁止、法官释明权、诉讼费用、诉讼请求、和解、调解、原告申请撤诉、判决效力的扩张、上诉、裁判执行、公益诉讼与私益诉讼的协调与转化、交叉诉讼等，在公益诉讼立法中不得不提及并作出详细的规定，这些内容属于公益诉讼制度“分则”的核心内容，只有这样，才能从制度上确保检察院、法院和诉讼当事人极大的实际司法难题得以于法有据地解决。

（三）公益诉讼法的“附则”

附则作为总则和分则的辅助性内容而存在，虽然不是法的核心内容，但是对法的适用具有重要的指引作用。从内容与形式结合的角度来看，附则一般应当包括解释权条款、过渡条款、生效条款、废止条款。有学者认为，对“公共利益”“社会组织”与“检察一体化”等用语的含义作出界定，应当是“附则”的任务[33]。但是，根据我国立法通例，一般都是把定义条款放在总则的做法为多，而且符合成文法认识事物本质的思维习惯。所以，定义条款不合适放在附则。有学者认为，“附则”部分主要规定诉讼费用等内容。[34]我认为不妥，诉讼费用制度不属于总则和分则的辅助性内容，要么属于总则中的基本制度，要么属于分则中社会组织起诉上诉时的特有配套制度。考虑到司法解释在我国长期存在的现实情况，对公益诉讼案件具体裁判规则的解释，依然有必要，所以在公益诉讼法的“附则”中需要规定解释权条款。鉴于公益诉讼涉及很多实体法

---

33 刘加良：《公益诉讼单独立法的必要性与可能方案》，载《检察日报》2020年11月12日，第7版。

34 张峰等：《人民检察院提起公益诉讼的立法模式》，载《学术前沿》2018年第8期。

内容和相关配套制度，在公益诉讼法中过多规定实体法内容和相关配套制度又不合适，很多实体法已经或者未来必然会确立公益诉权条款，所以，在公益诉讼法的“附则”中需要规定过渡条款，便于程序规定和实体内容有机结合。鉴于现行公益诉讼的多层次性和多元主体立法而导致规则混乱的现象，有必要在公益诉讼法的“附则”中规定废止条款，明确废除过时的和与上位法冲突的公益诉讼立法。

（四）公益诉讼法的“总则”与“分则”“附则”的关系

总则规定分则共同性的内容，是一般原理及指导思想，对分则有概括、指导、规范、约束、解释与补充作用，分则是总则规定的具体化，是总则精神的贯彻、体现、丰富和发展，与总则要保持协调一致。总则内容制约着分则内容，分则的具体规定不能与总则的精神相违背。总则规定应有相应的分则内容的体现；同样，分则内容在总则中也能找到对应的条款予以指导。当然，总则与分则在内容上应该有明确界限和差异，总则仅规定立法目的、立法根据、基本原则、适用范围、概念定义等内容，而分则是构建具体法律范。一般不允许分则内容突破总则的规定，在总则中可以设立“但书”条款，以保障分则内容设计符合总则。总则中不作非常具体的规定，不写入具体的行为规则，也不规定具体的法律后果。

四、我国公益诉讼法典化的技术方案

为了制定出科学合理、具体翔实的公益诉讼法典，必须合理运用有效的立法技术。立法技术主要包括法的形式结构技术、内容结构技术以及语言表达技术三个方面。[35]公益诉讼立法近年来非常频繁，不同时间、不同部门作出的立法出入和差异比较明显，实际上与缺乏较好的立法技术有关。如果立法技术科学合理，那么法的内容就会完整、准确、明确，法的结构就会完整、严谨。否则，法律文本体现的就会是结构混乱、逻辑不清、语言模糊的状况。从立法技术角度来看，为了达到“万事皆归于一，百度皆准于法”的境界，公益诉讼制度应当结构完整、规范、有序，内容要明确具体，不要太抽象、太原则、缺乏可操作性，结构与内容要符合逻辑，条文之间要前后保持一致、连贯，概念术语确定统一，避免出现同一概念术语在不同公益诉讼法律文本中，甚至同一法律文本中，出现不同的意思，避免执法者曲解误用和守法者误解。

35　汪全胜：《立法技术评估的探讨》，载《西南民族大学学报（人文社科版）》2009 年第 5 期。

（一）公益诉讼法典化的预测技术

立法预测是20世纪初开始出现、20世纪50年代以后快速发展起来的未来学新兴学科在立法领域中运用的产物。[36] 凡事预则立不预则废，我们需要结合我国的具体国情和司法实践的实际情况，对公益诉讼立法的发展趋势予以考察与测算。分析研究获取公益诉讼立法的相关信息资料，考察和揭示公益诉讼立法的发展规律；客观把握公益诉讼立法的社会与时代需求以及立法的合理时机；确保公益诉讼的制度规定与所规制社会矛盾的特殊性保持适应性和准确度。公益诉讼立法长期处于试点探索的阶段，我们以前实际上是比较缺乏对公益诉讼立法的事前预测的，公益诉讼的制度内容非常粗泛。如，诉前公告、和解调解及撤诉公告，如何保障社会组织切实行使公告异议权，实际上有很多的细节工作要做，而现有的公告多是走过场，流于形式。公益诉讼过多借用民事诉讼规范，然而，民事诉讼规范不仅与公益司法保护的基本诉讼法理不合，而且易于引起民事诉讼体系的混乱，故而是不科学、不合理也是不恰当的，[37] 这也是缺乏立法预测的突出表现。所以，需要开展规范深入的公益诉讼立法预测工作，调查分析公益诉讼立法相关统计资料和信息，不能一时头脑发热，仅从个别方面或者局限在较小的范围内进行调查研究，而是要从整体出发，用系统的方法对预测对象进行全局把握，进行科学充分的论证，确保公益诉讼制度的设计符合法理和宪法。

（二）公益诉讼法典化的结构技术

立法结构技术是形式结构技术与实质结构技术的有机统一体。依据一定方式对各种不同法律规范进行合理配置，使得各个相对独立的法律规范达到整合而联结在一起并形成特定的结构，使各法律规范的功能输出和它们之间的联系当然地指向该法的总体目标和价值取向。如果一个法律规范可以被另一个法律规范随意排除或者代替，就是法律规范尚未明晰、细致的表现；如果一个法律规范所指示的一个行为模式能够导致不同的评价结论，或者在相同的适用前提下，会导致不同的评价结论等，则是法律规范内部冲突与矛盾之病态，势必导致法的整体功能的输出受到损害。[38] 在我国《民事诉讼法》的修改过程中，不顾公益诉讼程序的类型与性质，将其机械地嵌入民事诉讼程序立法的做法，不

36 孙敢、侯淑雯主编：《立法学教程》，中国政法大学出版社2000年版，第156页。

37 廖中洪：《对我国〈民诉法〉确立公益诉讼制度的质疑》，载《法学评论》2012年第1期。

38 李道军著：《法的应然与实然》，山东人民出版社2001年版，第207－208页。

仅在立法观念上与“分别设置、单独立法”的程序设置方式及其现代程序立法意识与指导思想不相吻合，而且从现代民事程序立法体例的角度上看，显然也是一种倒退。[39] 从民事诉讼法中各种程序以及各个部分的规定之间应当具有关联性、逻辑性的角度上看，这种将一些与民事诉讼法的基本特征缺乏内在逻辑联系的程序纳入我国民事诉讼法的立法体例或曰法典编纂方式，显然是不科学的也是缺乏技术性的。这样做不仅不符合民事诉讼法典各个程序制度相互之间应当具有同质性与相关性的要求，而且客观上必然致使我国民事诉讼法的内容体系变得非常庞杂和臃肿。[40] 独立出来之后的《公益诉讼法》必将在形式结构与实质结构达成有效的逻辑自洽。上文论及的“我国公益诉讼法典应有的框架结构”，实际上就是在公益诉讼法典化的结构技术指导下的一种尝试。

（三）公益诉讼法典化的表达技术

马克思说过，立法者不是在制造和发明法律，而只是在表述法律。[41] 立法表述技术是指以特定的语言文字（通说法言法语）为符号工具，准确完整地表述立法政策和立法意志，进而形成相应的法律文本的技能和方法。首先，应当是法律名称的准确表达，法律名称应当能够正确反映法内容，既要对法内容进行高度概括，又要对法所包含的具体内容进行真实反映，还要反映该法的效力范围与立法层次，做到名实相副。《公益诉讼法》从名称上就能够清楚地认识该法的内容是规范公益诉讼行为，而不是规范刑事诉讼行为和传统私益诉讼行为的，与传统三大诉讼法是并列的关系，都源于宪法，都是有关特定诉讼的基本法，都在全国范围内普遍适用。将公益诉讼法视为传统诉讼法的特别法和下位法，有违法理。虽然法言法语的基本要求是准确无误，但是准确性并非绝对的，法律有时不得不使用模糊词语，而且有条件地使用模糊词语，可以增加法的涵盖力。比如，在公益诉讼立法上，公共利益的内涵和外延就是一个最典型的非常模糊的法律概念，既有主体的模糊性，也有内容的模糊性。又如，在公益诉讼立法上多处出现“等”的表述，“等”本身就是一个非常含糊的字词，具有很大的解释空间。模糊性表达是立法者不得已而为之的策略，然而，有些含糊性的表达，却进一步模糊了公益诉讼与私益诉讼的关系，如，“众多消费者”的表述，到底多少数量的消费者为“众多”，是可数还是不可数？是确定多数还是不确定多数？存在多种解释，如果是可数的确定多数，那么那样的诉讼就不是

39 廖中洪：《对我国〈民诉法〉确立公益诉讼制度的质疑》，载《法学评论》2012 年第 1 期。
40 廖中洪：《对我国〈民诉法〉确立公益诉讼制度的质疑》，载《法学评论》2012 年第 1 期。
41 《马克思恩格斯全集（第 1 卷）》，人民出版社 1956 年版，第 183 页。

公益诉讼，而是传统的私益民事诉讼。如果是不可数的不确定多数，那么那样的诉讼才可能是公益诉讼。再如，关于公益诉讼起诉主体的表述，立法上多为“法律规定的机关和有关组织”，但是，到底哪些机关是“法律规定的机关”，哪些组织又是“有关组织”？如果没有法律作出明确细化规定，那么必然导致理解和适用上的歧义。义务主体能够特定的应该予以明确，尽量不要使用“有关部门”与“各级组织”之类的模糊词。如果要求义务人尽可能迅速履行某项义务，防止延迟履行可能造成的损失，义务履行具体期限就应予确定，而不宜采用“及时”“按时”“定期”之类的模糊词。

（四）公益诉讼法典化的清理与编纂技术

法律应当是内在和谐一致的有约束力的行为规范。由于我国目前公益诉讼立法主体具有广泛性，由不同的立法机关制定的公益诉讼规范性法律文件多种多样。随着时间的推移，积累的公益诉讼规范性法律文件越来越多。不同国家机关在不同时期制定的公益诉讼规范，在内容和形式等方面往往存在不统一、不一致、矛盾、抵触、重复、混乱和庞杂等现象。立法清理是消除这种现象的主要途径，肯定该肯定的，修改该修改的，补充该补充的，废止该废止的，实现公益诉讼制度的系统化和体系化。有必要由全国人大及其常务委员会对公益诉讼规范性法律文件进行系统整理，搞清楚现存公益诉讼规范性法律文件的基本情况，确认哪些可以继续适用，哪些需要修改、补充，哪些需要废止，确认公益诉讼规范性法律文件的效力，对公益诉讼规范性法律文件进行修改、补充或者编纂，等等。经过清理后，应当按照下列原则处理：第一，下位法的主要内容与上位法律相抵触的，或者已被新的法律所代替的，需要明令废止。第二，在全国性公益诉讼制度出台以后，地方的公益诉讼规范性文件实际上已经失效，地方不得再出台有关公益诉讼的地方性规范性文件。第三，在法律清理中发现同位法之间的规定不一致的，按照特别法优于普通法、新法优于旧法的原则处理。为了使在不同时期和由不同机关颁布的公益诉讼法律、法规中各种具有不同法律效力的法律规范统一起来，形成形式统一的、法理逻辑上完整的、内容上一致的公益诉讼法律文本，有必要强化公益诉讼法律文本的编纂工作。公益诉讼法律文本编纂的意义主要在于：实现公益诉讼法律体系上的科学化和系统化；消除原有公益诉讼规范性法律文件中的矛盾、庞杂和不完善；为社会提供一个统一完善、便于适用的公益诉讼法律文本，方便人们了解和掌握。公益诉讼法律文本编纂的技术要求：掌握和了解所有公益诉讼规范性法律文件，在此基础上进行删改和补充；总结关于调整公益诉讼法律关系的相关理论，在此基础上对公益诉讼法律制度经增、删、改后加以编纂。

结语

公益诉讼制度是中国特色社会主义法治体系的重要组成部分，公益诉讼制度随着中国特色社会主义法治体系的完善而不断成熟。2021 年 1 月中共中央印发《法治中国建设规划（2020—2025 年）》强调：针对法律规定之间不一致、不协调、不适应问题，及时组织清理；对某一领域有多部法律的，条件成熟时进行法典编纂；加强立法的协同配套工作，实行法律草案与配套规定同步研究、同步起草，增强法律规范整体功效。[42] 作为中国特色社会主义法治体系重要组成部分的公益诉讼制度，规定交叉重复、不衔接不协调的问题尤其突出。《法治中国建设规划（2020—2025 年）》提出：完善民事、行政检察监督和检察公益诉讼案件办理机制；拓展公益诉讼案件范围；完善公益诉讼法律制度；探索建立民事公益诉讼惩罚性赔偿制度；完善检察建议制度。[43] 对在民事公益诉讼中是否适用惩罚性赔偿制度，本人持否定态度，将在日后专门撰文详细论述；而对拓展公益诉讼案件范围[44]、完善公益诉讼法律制度和完善检察建议制度，本人历来持积极肯定态度，并持之以恒地积极推动公益诉讼制度更加成熟、更加定型，逐步实现公益诉讼制度体系化、规范化、程序化、法治化，着力提升公益诉讼制度促进国家治理体系和治理能力现代化的效能。我们要对公益诉讼单项法律按照类别进行统一整合，废除过时的规定，修改相互抵触的规定，弥补缺陷或者空白，形成体例科学、内容协调、有机联系的综合性的公益诉讼法律制度，这本身就是公益诉讼法律制度不断走向法典化的过程。

---

42 《法治中国建设规划（2020—2025 年）》，载新华网，http：//www. xinhuanet. com/politics/zywj/2021 – 01/10/c_ 1126966552. htm，最后访问于 2021 年 1 月 11 日。

43 《法治中国建设规划（2020—2025 年）》，载新华网，http：//www. xinhuanet. com/politics/zywj/2021 – 01/10/c_ 1126966552. htm，最后访问于 2021 年 1 月 11 日。

44 颜运秋：《中国特色公益诉讼案件范围拓展的理由与方法》，载《深圳社会科学》2021 年第 1 期。

抗拒疫情防控措施犯罪从严政策的反思与调控

陈　伟　霍俊阁*

【内容提要】在全国抗击新冠肺炎疫情的非常时期，为了调整宽严相济刑事政策的宽严对象，从严惩治具有更为严重的社会危害性和人身危险性的抗拒疫情防控措施犯罪，《关于依法惩治妨害新型冠状病毒感染肺炎疫情防控违法犯罪的意见》实施了以主观故意的刑事推定、客观行为类型的兜底规制为内容的从严惩治的刑事政策。但是，这也诱发了对抗拒疫情防控措施犯罪的双重从重，以及过失妨害传染病防治行为犯罪化的运行风险。为了规范抗拒疫情防控措施犯罪从严惩治政策的实践运行，应当遵循以精准定罪为基础、以量刑从重为主线的运行方式。

【关键词】疫情防控　从严惩治　精准定罪　量刑从重

在抗击新冠肺炎疫情期间，我国出现了多起拒不接受治疗、隔离、检疫等抗拒疫情防控措施事件，严重影响了我国抗击新冠肺炎疫情的整体秩序和成效取得。为了保障顺利抗击新冠肺炎疫情，维护社会公共秩序和广大人民群众利益，最高人民法院、最高人民检察院、公安部、司法部联合发布了《关于依法

---

*　陈伟——西南政法大学教授，博士生导师，主要研究领域：刑法学、刑事政策学；霍俊阁——西南政法大学讲师，西南政法大学最高人民法院应用法学研究基地研究人员，主要研究领域：刑法学、刑事政策学。本文系2020年度最高人民检察院理论研究重点课题“疫情防控背景下的司法政策研究”（项目编号：GJ2020B01）、2020年度四川社会治安与社会管理创新研究中心资助项目“公安机关处置妨碍‘新冠’疫情防控案件研究”（项目编号：SCZA20B03）、四川省犯罪防控研究中心项目“‘新冠肺炎’诊疗中人工智能医疗犯罪防控研究”（项目编号：FZFK20－06）的阶段性研究成果。

惩治妨害新型冠状病毒感染肺炎疫情防控违法犯罪的意见》[1]（以下简称《意见》），将抗拒疫情防控措施犯罪作为依法从严惩治对象。对于抗拒疫情防控措施犯罪的从严政策，学界从刑法教义学角度、司法适用角度对该政策的内涵、与宽严相济刑事政策关系、罪名适用等内容进行了阐述，并提出了诸多创新性观点。但是，抗拒疫情防控措施犯罪从严政策指导下的个别典型案例及热点案例所引发的争论，提示我们有必要从刑事政策运行角度对之加以阐释，以明晰其运行机理和风险节点，推动抗拒疫情防控措施犯罪从严政策的规范化运行。

一、抗拒疫情防控措施犯罪从严政策的确立依据

当前，新冠肺炎疫情所引起的社会客观情势变化，不仅使抗拒疫情防控措施犯罪成为新的犯罪类型，也使此类犯罪呈现出有别于其他犯罪类型的新特征。应对抗拒疫情防控措施犯罪这一新的犯罪类型，需要细化我国长期以来的宽严相济刑事政策，调整从宽、从严治理的对象，实现惩治和预防的规范化。对抗拒疫情防控措施行为所采取的从严惩治刑事政策，正是建立在这一基础之上。

一方面，在新冠肺炎疫情防控期间，抗拒疫情防控措施行为具有更为严重的社会危害性，需要采取从严惩治的刑事政策。“这次新冠肺炎疫情，是新中国成立以来在我国发生的传播速度最快、感染范围最广、防控难度最大的一次重大突发公共卫生事件。”[2]面对来源未知、防控难度大但传播范围广、危害结果严重的新型冠状病毒，社会个体难以从以往的疫情防控经验中获取作出防控决策的关键信息，难以基于既有知识储备采取有效的应对措施。在对新冠肺炎疫情防控信息知之甚少的情形下，社会个体所能采取的保护自身生命健康的最优手段，就是尽可能地执行官方实施的新冠肺炎疫情防控措施，维护好现行的新冠肺炎疫情防控秩序。而借助新闻媒体和非正式的人际网络这两个主要的风险事件信息流通方式，[3]这一基于个体立场选择的最优疫情防控手段会逐渐向整个社会流通、蔓延，成为社会主流文化群体的共识性应对选择。基于此，社会公众在新冠肺炎疫情期间会更加厌恶、反对抗拒疫情防控措施。因为，新冠肺炎疫情期间的抗拒疫情防控措施，不仅损害了通常情形下的公共安全、疫情防控

1　最高人民法院、最高人民检察院、公安部、司法部在2020年2月6日联合发布了《关于依法惩治妨害新型冠状病毒感染肺炎疫情防控违法犯罪的意见》。

2　习近平：《在统筹推进新冠肺炎疫情防控和经济社会发展工作部署会议上的讲话》，载《人民日报》2020年2月24日，第2版。

3　［美］罗杰·E. 卡斯帕森、奥特文·雷恩、保罗·斯洛维奇等：《风险的社会放大：一个概念框架》，载［美］珍妮·X. 卡斯帕森、罗杰·E. 卡斯帕森编著：《风险的社会视野（上）》，童蕴芝译，中国劳动社会保障出版社2010年版，第89页。

活动、国家机关正常秩序等法益，更威胁着每一个社会个体的生命健康法益，会普遍增加社会公众对未知新型冠状病毒的恐惧。在社会意义上，受未知恐惧增加的影响，社会公众极易增加对抗拒疫情防控措施行为的社会危害性评价，力求对其予以严厉打击以满足自身的安全需要。由于“法律意义上，社会危害性的判断标准从根本上说，就是社会主文化群的需要和利益”[4]，那么，对抗拒疫情防控措施行为社会危害性升高的这一社会评价，则会被转化为法律评价。从社会意义上的社会危害性升高到法律意义上的社会危害性升高的转化过程，就推动了从严惩治抗拒疫情防控措施行为刑事政策的出台。

另一方面，在新冠肺炎疫情防控期间，抗拒疫情防控措施行为人具有更大程度的人身危险性，需要以从严惩治的刑事政策应对。“中外历史上，大疫大灾往往导致社会失序，社会失序又使抗疫抗灾雪上加霜。”[5]二者始终处于一种相互触发的循环当中，一旦社会秩序尤其是疫情防控秩序难以维护，就会使抗疫工作陷入难以开展的艰难境地，而一旦疫情持续恶化又会加重社会秩序的混乱。因而，在新冠肺炎疫情防控期间，必须同时做好疫情防控和社会秩序维护工作，为抗击新冠肺炎疫情提供良好的外部环境。在这一特定的时空背景下，如果行为人实施抗拒疫情防控措施行为，则表明其比通常社会情形下实施此类行为的行为人以及此时实施非涉及疫情犯罪的行为人，具有更大程度的人身危险性，应当被视为刑事政策的从严惩治对象。因为，抗拒疫情防控措施行为人明知新冠肺炎疫情正大肆扩散，且抗击新冠肺炎疫情关乎国家发展稳定的大局，却依然实施抗拒疫情防控措施行为，不仅表明其破坏疫情防控秩序的反社会倾向，更表明其对他人生命健康法益的漠视态度，以及对国家发展稳定大局的排斥心态。因此，在新冠肺炎疫情防控期间，对抗拒疫情防控措施行为采取从严惩治的刑事政策，才能做到罪责刑相适应，也才能实现刑罚的犯罪预防目的。

二、抗拒疫情防控措施犯罪从严政策的运行机理

《意见》就抗拒疫情防控措施犯罪规定的从严惩治刑事政策，是指导此类行为刑事司法处置的直接政策导向，既影响着犯罪构成要件的认定、案件事实的证明，也影响着刑事诉讼程序的推进。《意见》所规定的从严政策既贯穿于犯罪构成要件认定、案件事实证明和刑罚裁量的整个过程中，也蕴含于案件处理的

---

4 冯亚东著：《理性主义与刑法模式：犯罪概念研究》，中国政法大学出版社2019年版，第83－84页。

5 习近平：《在统筹推进新冠肺炎疫情防控和经济社会发展工作部署会议上的讲话》，载《人民日报》2020年2月24日，第2版。

刑事程序中。除通常意义上的量刑从重外，抗拒疫情防控措施犯罪从严政策的运行，主要依托于以下两点。

（一）抗拒疫情防控措施行为主观故意的刑事推定

《意见》第2条“依法严惩抗拒疫情防控措施犯罪”部分规定，要依法从严惩治“已经确诊的新型冠状病毒感染肺炎病人、病原携带者，拒绝隔离治疗或者隔离期未满擅自脱离隔离治疗，并进入公共场所或者公共交通工具的”抗拒疫情防控措施行为，以及“新型冠状病毒感染肺炎疑似病人拒绝隔离治疗或者隔离期未满擅自脱离隔离治疗，并进入公共场所或者公共交通工具，造成新型冠状病毒传播的”抗拒疫情防控措施行为，在以上行为达到危害公共安全的情形下，以危险方法危害公共安全罪定罪处罚。换言之，只要上述三类人员拒绝隔离治疗或者擅自脱离隔离治疗，且进入公共场所或者公共交通工具，从而引发公共安全威胁，就构成以危险方法危害公共安全罪。按照《意见》的上述认定逻辑，无论确诊的新冠肺炎病人、新冠病原携带者、疑似的新冠肺炎病人是否尽到了防止传染他人的义务，是否积极采取了避免病毒传播的措施，只要进入公共场所或者公共交通工具，就可以认定其主观上存在危害公共安全的故意。可见，《意见》对确诊新冠肺炎病人、新冠病原携带者和疑似新冠肺炎病人所实施的抗拒疫情防控措施行为的刑事证明，该意见实际上采取了刑事推定的证明方式。

而对抗拒疫情防控措施行为人的主观故意所采用的从严刑事推定方式，无疑会推动对抗拒疫情防控措施犯罪的从严惩治。因为，在《意见》就抗拒疫情防控措施行为主观故意作出推定的情形下，办案人员无须证实行为人具有抗拒疫情防控措施的主观故意，而只需证实行为人实施了拒绝隔离治疗或者擅自脱离隔离治疗，且进入公共场所或者公共交通工具的行为即可。这就把查明行为人是否具有故意这一事实的举证责任转移给了行为人，让行为人承担了无法证明时的不利后果，使得主观罪过证据存疑的抗拒疫情防控措施行为被纳入刑法处罚范围。在刑事司法实践中，对证据存疑的抗拒疫情防控措施行为的刑法处罚，明显迎合了对抗拒疫情防控措施行为的从严惩治政策。

（二）抗拒疫情防控措施行为客观类型的兜底规制

由于实践中出现的抗拒疫情防控措施行为多种多样，并不限于《意见》第2条中“依法严惩抗拒疫情防控措施犯罪”部分所列举的构成以危险方法危害公共安全罪的两类典型情形。所以，《意见》在列举典型情形之后又进一步作出了“其他拒绝执行卫生防疫机构依照传染病防治法提出的防控措施，引起新型冠状病毒传播或者有传播严重危险的，依照刑法第三百三十条的规定，以妨害传染病防治罪定罪处罚”的兜底性规定。这意味着，除了《意见》第2条的“依法严惩抗拒疫情防控措施犯罪”部分列举的两类典型的抗拒疫情防控措施行为，按照以危险方法危害公共安全罪处置之外，其他类型的抗拒疫情防控措施行为均以妨害传染病防治罪予以兜底规制，将抗拒疫情防控措施行为的全部类型纳入了刑法处罚范围。

《意见》对抗拒疫情防控措施行为客观类型的兜底规制，同样推动了抗拒疫情防控措施行为从严政策的实践运行。原因在于，《意见》对抗拒疫情防控措施行为客观情形的兜底规制，在规范层面严密了打击抗拒疫情防控措施行为的刑事法网。在原初意义上，刑法兜底条款存在的价值即在于弥补刑法对犯罪行为规定的不周延性和不完整性，以便于严密法网。[6]在此基础上，《意见》对抗拒疫情防控措施行为客观情形的兜底规制，通过司法解释的扩张将抗拒疫情防控措施行为的全部情形，涵摄到了妨害传染病防治罪的构成要件之中。这就在规范层面再度织密了打击抗拒疫情防控措施行为的刑事法网，有力推动了抗拒疫情防控措施犯罪从严政策的实践运行。

与之相呼应，在刑事司法实践中，《意见》对抗拒疫情防控措施行为客观类型的兜底规制，会使办案人员对抗拒疫情防控措施行为产生入罪倾向。因为，《意见》对妨害传染病防治罪的解释性规定呈现出“违反防疫措施、并造成一定风险即成立本罪”的模式，在文义上与其他违反防控措施但不属于犯罪的行为并无明显差别。[7]这就导致在解释适用妨害传染病防治罪时，很难依据客观标准区分抗拒疫情防控措施行为中的行政违法行为与刑事犯罪行为。而《意见》对抗拒疫情防控措施行为予以兜底规制，所隐含的全范围、全类型处罚立场和积极的法益保护目的，必然会增强办案人员将性质不明的抗拒疫情防控措施行为解释为具备刑事犯罪的倾向。而妨害传染病防治罪的解释适用上的积极入罪倾向，将推动抗拒疫情防控措施行为从严惩治政策的司法运行。

三、抗拒疫情防控措施犯罪从严政策的理论反思

（一）刑事推定诱发抗拒疫情防控措施犯罪的双重从重

在新冠肺炎疫情发生之前，最高人民法院《关于常见犯罪的量刑指导意见》

6　万邵鹏、马荣春：《认真对待刑法的“兜底条款”——基于刑法扩张化风险的考量》，载《南海法学》2018年第4期。

7　朱笑延：《突发公共卫生事件刑法介入的特别模式——从妨害传染病防治罪切入》，载《中国政法大学学报》2020年第4期。

（现已失效）就曾规定，“14. 对于在重大自然灾害、预防、控制突发传染病疫情等灾害期间犯罪的，根据案件的具体情况，可以增加基准刑的20%以下。”[8]从这一规定的内容来看，《关于常见犯罪的量刑指导意见》明确将疫情防控期间实施抗拒疫情防控措施犯罪作为从重处罚的量刑情节，在量刑中应当对防控突发传染病疫情期间的抗拒疫情防控措施犯罪予以从重处罚。在新冠肺炎疫情发生后，《意见》又重申了将疫情防控期间实施抗拒疫情防控措施犯罪作为从重处罚情节的立场，明确规定“对于在疫情防控期间实施有关违法犯罪的，要作为从重情节予以考量”。因而，按照《关于常见犯罪的量刑指导意见》和《意见》的上述规定，应当将疫情防控期间实施抗拒疫情防控措施犯罪作为从重处罚情节予以司法适用，以实现对抗拒疫情防控措施犯罪的量刑从重。

就此而言，《意见》就抗拒疫情防控措施行为主观故意规定的刑事推定，会给确诊新冠肺炎病人、新冠病原携带者和疑似新冠肺炎病人所实施的抗拒疫情防控措施犯罪带来双重从重。因为，正是“基于疫情防控背景下对妨害疫情防治相关犯罪的严厉打击，《意见》对犯罪定罪要件的主观方面、因果关系论证上均表现出合理运用刑事推定的处理倾向”。[9]换言之，《意见》在对上述三类行为人实施的抗拒疫情防控措施犯罪主观罪过设置刑事推定模式时，已经将疫情防控期间实施抗拒疫情防控措施犯罪这一情节，作为从重认定此类犯罪的考虑因素。那么，在此前提下，再基于疫情防控期间实施抗拒疫情防控措施犯罪这一情节，对抗拒疫情防控措施行为的主观罪过进行刑事推定，则明显构成了对抗拒疫情防控措施犯罪的双重从重。

（二）兜底规制引发过失妨害传染病防治行为犯罪化

鉴于《意见》已将其他抗拒疫情防控措施行为兜底规定为妨害传染病防治行为，那么，长期存在的有关妨害传染病防治罪的主观罪过是故意还是过失的争论，势必会影响到过失妨害传染病防治行为的罪名适用，从而关乎从严惩治抗拒疫情防控措施犯罪政策的实践运行。在此应当明确的是，“刑法第三百三十条没有明确规定为过失犯罪，也无‘事故、不负责任’等过失犯罪的表述”。[10]虽然在新冠肺炎疫情肆虐、社会公众充满恐慌的情形下，司法实践中必然会出现具有刑法处罚必要性的过失妨害传染病防治行为，社会公众基于劣势最优原

---

8 《关于常见犯罪的量刑指导意见（试行）》于2021年6月16日发布，并已于2021年7月1日实施。相关内容已改为第18条。

9 李翔：《“两高两部”〈意见〉司法适用解析》，载微信公众号“刑事疑案与刑法解释”，2020年2月12日。

10 聂慧苹：《抗拒疫情防控措施行为的定性》，载《人民法院报》2020年4月2日，第6版。

则的考虑也会赞同对某些过失妨害传染病防治行为的刑法处罚；但是，在《刑法》立法修正妨害传染病防治行为的相关罪名之前，并不能据此就认为妨害传染病防治罪的主观罪过是过失，不能将过失妨害传染病防治行为作为刑事犯罪处理。

因为，“针对刑法立法的体系设置与罪名安排，立法者不可能在妨害传染病防治行为的故意犯罪欠缺的情形下，仅仅只把过失妨害行为作为犯罪论处”。[11]并且，根据2017年发布的《关于常见犯罪的量刑指导意见》（现已失效）对常见量刑情节适用的规定，在新冠肺炎疫情期间只能对故意犯罪进行从重处罚，不能对过失犯罪进行从重处罚，这也是《意见》没有将过失以危险方法危害公共安全罪作为从严惩治对象的原因所在。如果认为妨害传染病防治罪属于过失犯罪，则无法将之作为从严惩治对象，无法实现对此类抗拒疫情防控措施行为的从严惩治，否则将引发《意见》与《关于常见犯罪的量刑指导意见》的冲突。所以，基于刑法罪名的体系解读和司法解释的适用协调，应认为妨害传染病防治罪的主观罪过是故意，应当避免将过失妨害传染防治行为认定为犯罪。

但是，《意见》为实现从严惩治政策而对抗拒疫情防控措施行为作出的兜底规制，却会将过失妨害传染病防治行为犯罪化。《意见》对抗拒疫情防控行为的兜底规制，明确将其他拒绝执行卫生防疫机构防控措施的抗拒疫情防控行为，一律规定为妨害传染病防治行为，纳入了妨害传染病防治罪的处罚范围。而这一规定在妨害传染病防治罪的司法适用中，就容易被解读为《意见》对妨害传染病防治行为的行为方式和主观罪过作出了双重兜底规定，可以将妨害传染病防治罪的主观罪过确定为过失。例如，最高人民法院、最高人民检察院相关部门负责人在联合答记者问时就认为，妨害传染病防治罪与过失以危险方法危害公共安全罪是法条竞合关系，[12]即认为妨害传染病防治罪的主观罪过是过失。然而，笔者认为，对兜底性规制的这一解读，显然会将过失妨害传染病防治行为纳入妨害传染病防治罪的处罚范围，导致过失妨害传染防治行为的司法犯罪化。

四、抗拒疫情防控措施犯罪从严政策的运行调控

抗拒疫情防控措施犯罪从严惩治政策在刑事司法运行中存在的上述风险，

11　陈伟：《妨害传染病防治罪的主观罪过及其适用》，载《安徽师范大学学报（人文社会科学版）》2020年第3期。

12　周斌：《依法惩治妨害疫情防控违法犯罪，切实保障人民群众生命健康安全》，载《法制日报》2020年2月28日，第3版。

其实是刑法与刑事政策之间关系错位的一种体现，源于刑法与刑事政策在体系机能、价值目标上的差异。要消除抗拒疫情防控措施犯罪从严惩治政策的运行风险，需要调控其由刑事政策向刑事司法规范的转化方式，从而使抗拒疫情防控措施犯罪从严惩治政策对刑事司法的指导能够沿着规范化路径展开。而推动抗拒疫情防控措施犯罪从严惩治政策的规范运行，除全面理解和贯彻宽严相济刑事政策外，还需遵循如下运行规则。

（一）应以罪名的精准适用为运行基础

欲使抗拒疫情防控措施犯罪从严政策规范运行于《刑法》及其司法解释的体系框架内，首要的就是准确评价此类行为的规范属性，精准适用抗拒疫情防控措施犯罪的相关罪名。只有明晰特定抗拒疫情防控措施行为是否构成犯罪、构成何种犯罪之后，才能在相关罪名的法定刑幅度内予以从严惩治。如果脱离精准的罪名认定，将难以妥当实现抗拒疫情防控措施犯罪的从严惩治。从实践情况来看，精准适用抗拒疫情防控措施犯罪所涉相关罪名的核心，在于妨害传染病防治罪与以危险方法危害公共安全罪的区分适用。因为，虽然抗拒疫情防控措施犯罪所涉罪名包括妨害传染病防治罪、以危险方法危害公共安全罪和妨害公务罪，但同样刻意隐瞒往来疫区以及与重点疫区人员、确诊患者接触史，拒不执行新冠肺炎疫情防控措施，致使传染病病毒传播扩散的案件，有的涉嫌罪名是以危险方法危害公共安全罪，有的涉嫌罪名是妨害传染病防治罪。[13] 因此，在《刑法》及其司法解释的体系框架内，对抗拒疫情防控措施犯罪所涉罪名的精准适用，应着重把握妨害传染病防治罪与以危险方法危害公共安全罪的成立与否，以及二者的区分适用。具体而言：

第一，事后考察判断行为人是否危害了公共安全或者引起了新型冠状病毒传播或者有传播严重危险，排除社会污名对危险评价的不当影响。“正如重大事故和污染/辐射案例显示的，风险事件具有标记其发生地（和该地居民）的巨大可能性”；[14] 新冠肺炎疫情事件也会给新型冠状病毒感染肺炎病人、病原携带者、疑似病人等群体带来标记效果。而从已经发生的新型冠状病毒感染肺炎病人、病原携带者、疑似病人等群体所遭遇的社会排斥事件中，可以发现，这种经由新冠肺炎疫情事件带来的风险标记效果，会在一定程度上使上述群体被冠以新型冠状病毒传染者的社会污名。在新型冠状病毒传染者这一社会污名的影

---

13 冯军：《以罪名适用精准化促进涉疫犯罪治理》，载《检察日报》2020 年 3 月 8 日，第 3 版。

14 ［美］罗杰・E. 卡斯帕森、尼亚娜・加维立、珍妮・X. 卡斯帕森：《污名和风险的社会放大：用于分析的框架》，载［美］珍妮・X. 卡斯帕森、罗杰・E. 卡斯帕森编著：《风险的社会视野（上）》，童蕴芝译，中国劳动社会保障出版社 2010 年版，第 158 页。

响下，如果对此类行为人所实施的抗拒疫情防控措施行为，是否达到了危害公共安全、是否引起了新型冠状病毒传播、是否具有引起新型关注病毒传播的严重危险进行事前评价，则极易因对新型冠状病毒的恐惧而陷入危险想象和危险扩大的误区。这必然导致抗拒疫情防控措施行为的罪名适用有失精准。因而，为了精准适用抗拒疫情防控措施犯罪所涉罪名，应当将评价抗拒疫情防控措施行为是否危害了公共安全、是否引起了新型冠状病毒传播或者有传播严重危险的时间节点由事前转向事后。即根据事后查明的客观事实，认定行为人实施的抗拒疫情防控措施行为，是否危害了公共安全或者引起了新型冠状病毒传播或者有传播严重危险，从而精准适用相关罪名。

第二，客观判断行为人是否具有危害公共安全、引起新型冠状病毒传播或者有传播严重危险的主观故意，排除从严政策带来的入罪倾向。“对于犯罪构成要件事实中主观要件事实的认定，情理推断担负着主要的证明性作用”，[15]情理推断很大程度上影响着抗拒疫情防控措施行为人有无主观故意的认定。也有论者经过对实践的考察与反思发现，法庭或法官在证据不足时一般会使用各种情理推断技术，通过对各种情理的考量与权衡，从而使刑事政策的要求、办案压力、被害人的压力、检察院的压力等案外因素以情理的身份渗透到案件中，最终影响实体裁决的结果。[16]换言之，如果犯罪证据难以确实、充分地证明抗拒疫情防控措施行为人具有或者不具有主观故意，抗拒疫情防控措施犯罪的从严惩治政策将以情理的身份影响到行为人主观故意的认定。如此一来，就可能使抗拒疫情防控措施行为人是否具有主观故意的认定掺入入罪因素，妨碍相关罪名的精准适用。因为，“当犯罪证据对案情的呈现并非明白昭然而需要情理判断时，裁判者可能（并不必然）会作出这样一些刑事政策选择：如果被告人（品行）所表征的（再）犯罪危险性较大，则倾向于选择作出有罪判决（主要是减轻惩罚）”。[17]因此，为了防止抗拒疫情防控措施犯罪的罪名适用有失精准，认定抗拒疫情防控措施行为人是否具有犯罪故意时，应当予以严格的客观判断，排除从严惩治政策以情理身份所促发的可能的入罪倾向。

第三，根据行为人是否属于已确诊的新型冠状病毒感染肺炎病人、病原携带者以及新型冠状病毒感染肺炎疑似病人，区分适用妨害传染病防治罪与以危险方法危害公共安全罪。从《意见》第2条“依法严惩抗拒疫情防控措施犯罪”

---

15 李滨：《情理推断及其在我国刑事诉讼中的运用检讨》，载《中国刑事法杂志》2015年第1期。

16 成凯：《在情理推断与证据裁量之间：论中国疑罪从无的实现》，载《河北大学学报（哲学社会科学版）》2007年第6期。

17 左卫民、周洪波：《证明标准与刑事政策》，载《比较法研究》2006年第2期。

部分的规定来看，在抗拒疫情防控措施行为的刑法评价中，妨害传染病防治罪与以危险方法危害公共安全罪的主要区别在于行为人状态的不同。因为，即使在行为人构成以危险方法危害公共安全罪的情形下，其行为所引起的危害公共安全状态也主要表现为引起新型冠状病毒传播或者有传播的严重危险。如果抗拒疫情防控措施行为人的行为，不会引起新型冠状病毒传播甚至不具有引起新型冠状病毒传播的严重危险，就很难认为其危害了公共安全。因此，在行为人均实施了抗拒疫情防控措施行为，且引起了新型冠状病毒传播或者有传播的严重危险的情形下，属于已经确诊的新型冠状病毒感染肺炎病人、病原携带者以及新型冠状病毒感染肺炎疑似病人的行为人，应当构成以危险方法危害公共安全罪，而不属于上述人群范围的行为人应构成妨害传染病防治罪。

（二）应以精准定罪下的量刑从重为运行主线

为了规范抗拒疫情防控措施犯罪从严惩治政策的运行，防范该政策运行风险的现实化，在精准适用抗拒疫情防控措施犯罪相关罪名的基础上，还应当将量刑从重作为从严惩治政策的运行主线。这不仅呼应《关于常见犯罪的量刑指导意见》中有关预防、控制突发传染病疫情期间故意犯罪从重量刑的规定，而且符合抗拒疫情防控措施犯罪从严惩治政策的内在要求。

第一，将量刑从重作为从严惩治政策的运行主线，符合抗拒疫情防控措施犯罪从严惩治政策的目的设定。刑事政策的目的是打击犯罪、预防犯罪，其中主要目的是预防犯罪。[18]抗拒疫情防控措施犯罪从严政策也不例外，该政策主要目的即在于预防抗拒疫情防控措施犯罪的发生。而无论从犯罪的一般预防还是特殊预防机制而言，刑罚轻重较之于是否采取刑事推定更能够取得预防犯罪的效果。因为，刑事推定直接关联的是罪名是否成立，这难以使人们感受、感知到犯罪所带来的剥夺性痛苦，刑罚轻重则直观呈现出作为犯罪对价的剥夺性痛苦。所以，在抗拒疫情防控措施行为构成犯罪的情形下，采取量刑上的从重处罚方式较之于定罪上的刑事推定，更能够起到预防犯罪的效果，应当将量刑从重作为从严惩治政策的主要运行方式。相反，由于不正义的刑法处罚无法促进人们对刑法规范的普遍认同，那么，在抗拒疫情防控措施行为不构成犯罪的情形下，无论是刑事推定还是量刑从重都无法实现从严惩治政策的犯罪预防目的。

第二，将量刑从重作为从严惩治政策的运行主线，符合抗拒疫情防控措施犯罪从严惩治政策的总体要求。在对象范围上，抗拒疫情防控措施犯罪的从严

18　焦俊峰著：《刑事政策运行的社会基础研究》，中山大学出版社 2017 年版，第 4 页。

惩治对象，包括确诊新冠肺炎病人、新冠肺炎病原携带者、疑似新冠肺炎病人以及其他一般人员四类。但通常意义上，《意见》规定的刑事推定这一从严惩治方式，仅限于确诊新冠肺炎病人、新冠肺炎病原携带者、疑似新冠肺炎病人三类人员，而通过量刑从重的从严惩治方式则适用上述四类人员。那么，在确诊新冠肺炎病人、新冠肺炎病原携带者、疑似新冠肺炎病人人数明显少于一般人员的情形下，刑事推定的适用范围必然小于量刑从重的适用范围，难以成为从严惩治政策的主要运行方式。同时，在行为类型上，通过刑事推定的从严惩治仅适用于涉嫌以危险方法危害公共安全罪的抗拒疫情防控措施行为，而量刑从重方式则适用于全部的抗拒疫情防控措施行为。因此，运行抗拒疫情防控措施犯罪的从严惩治政策时，应当将量刑从重作为运行主线。

第三，将量刑从重作为从严惩治政策的运行主线，符合对抗拒疫情防控措施犯罪从严惩治政策的实践认知。最高人民法院、最高人民检察院相关负责人在就《意见》规定答记者问时指出，“实践中，适用以危险方法危害公共安全罪应当依法从严把握”；[19] 但并没有突出强调适用更轻的过失以危险方法危害公共安全罪时也应当从严把握。在抗拒疫情防控措施案件中，之所以强调对较重的以危险方法危害公共安全罪从严适用，而没有特别强调对较轻的过失以危险方法危害公共安全罪从严适用，显然并非基于客观行为方式、危害结果的考量，而是与行为人的主观罪过内容有关，是为了实现对以危险方法危害公共安全罪主观故意的从严适用。因为，《意见》对抗拒疫情防控措施行为人主观上是否具有危害公共安全的故意，采取了刑事推定的方式。有鉴于此，司法机关在从严惩治妨害疫情防控措施犯罪的同时，也严格限制着对抗拒疫情防控措施行为人主观故意的刑事推定，并没有将刑事推定作为落实从严惩治政策的主要方式。

结语

在全国抗击新冠肺炎疫情的关键时期，行为人实施的抗拒疫情防控措施行为无疑具有较平时更为严重的社会危害性，也更加鲜明地征表了实施危害社会行为的人身危险性。在宽严相济刑事政策的总体框架内，《意见》通过设定刑事推定、兜底规制条款，对新冠肺炎疫情防控期间发生的抗拒疫情防控措施犯罪予以从严惩治，完成了刑事政策宽严对象的动态调整。但是，《意见》据以推动抗拒疫情防控措施犯罪从严政策实施的上述三种措施，内含着扩张刑事政策运行范围的冲动，容易在追求抑制、预防抗拒疫情防控措施犯罪的功利性目标中，

19 孙航：《依法惩治妨害疫情防控违法犯罪，切实保障人民群众生命健康安全》，载《人民法院报》2020 年 2 月 28 日，第 3 版。

滋生双重从重、过失行为犯罪化、治安案件刑事化等风险。因此，“在刑事政策运用中，也要考虑人性化的操作，不是一味地强调从严从重，还要结合案件具体情况进行分析，总体上为打赢这场‘防疫阻击战’提供中央到地方性各级政策法律保障”。[20] 而为了推动抗拒疫情防控措施犯罪从严政策的规范运行，必须使之运行于《刑法》及其司法解释的既有范围内，并严格遵循刑事处罚的内在规律。

20 李翔：《重大疫情防治中刑法罪名适用研究》，载《上海政法学院学报》2020年第2期。

低度戒备监狱检察监督新机制探究

广州市人民检察院课题组*

【内容提要】 低度戒备监狱作为近几年来试点建设的一种新型功能监狱，侧重考虑监狱与社会衔接、罪犯回归社会的现实需要。检察机关的监狱检察职能由来已久，是中国特色社会主义检察制度的重要组成部分。本文立足检察机关法律监督职能，通过分析低度戒备监狱样态特征及功能、意义，结合检察机关监狱检察的历史发展与工作实践，以“促进把罪犯改造成为守法公民”的监狱检察新目标为指引，探索构建低度戒备监狱检察监督的新规则、新方式、新激励与新要求，为更好地适应监狱检察工作新发展提供参考。

【关键词】 低度戒备监狱　监狱检察监督　罪犯改造质效

一、低度戒备监狱概述

（一）低度戒备监狱的发展历程

2005年6月全国监狱局长会议明确提出：“依据监狱警戒设备、监管技术装备、警力配备、管理方法、活动范围、劳动方式等因素，将监狱分为高度戒备、中度戒备和低度戒备三个等级，分别关押相应危险程度的罪犯。”2007年司法部等五部委《关于进一步推进监狱布局调整工作的意见》及2009年全国监狱布局调整工作会议均提到“要针对罪犯的不同危险程度，按照高、中、低不同戒备要求对监狱或监区进行分类建设”。此后，各省（市、区）新建或者改建了一批中度戒备、高度戒备监狱（监区），分别关押不同危险程度的罪犯，进一步推进

---

* 课题组成员：蔡世葵——广州市人民检察院副检察长、二级高级检察官；彭冬松——广州市人民检察院驻广东省未成年犯管教所检察室主任、三级高级检察官；郭赛雄——广州市人民检察院一级检察官。本文系2020年度广州市检察机关检察理论研究课题的阶段性成果。

了老残犯、病犯、涉毒犯、职务犯、新收犯、出监监狱或者监区建设和管理。但目前为止，全国尚没有统一的监狱（监区）分类标准，各省（市、区）都在探索中前进。从公开的资料与报道可以得知，目前全面开展低度戒备监狱试点的监狱并不多，主要包括四川省锦江监狱、江苏省南京江宁监狱、江苏省洪泽湖监狱以及广东省还在内部筹备试点的韶关武江监狱、东莞监狱和省未成年犯管教所等。

（二）低度戒备监狱的概念与内涵

按照司法部提出来的监狱建设分类标准，并结合实践中的做法，本文认为，低度戒备监狱是指专门关押刑期较短，所犯罪行主观恶性不深、经评估认定为危险性较低的罪犯，在监管安全警戒、监管硬件、管理等方面戒备等级与高度、中度戒备监狱相比相对较低，在日常监管中实行较宽松管理运行机制的新型功能监狱。

低度戒备监狱主要侧重考虑监狱与社会衔接、罪犯回归社会的现实需要，在安全戒备等级较低的监狱内部设立模拟社区模式，形成与社会上生活社区相近的“矫正机构”，构筑能够影响罪犯进行适应社会性行为选择的情境，处于“监狱监禁矫正—‘矫正社区’矫正—社区矫正”不同梯次配置体系的中间样态和类型。[1] 低度戒备监狱本质属性仍是监狱，各项监管改造活动必须按照国家法律法规进行。

（三）低度戒备监狱的样态与特征

1. 关押对象危险等级较低

低度戒备监狱的关押对象主要是对社会没有危险或危险较小的罪犯，如非暴力性犯罪的短刑期罪犯、即将期满释放的长刑犯等。[2] 罪犯是否适合在低度戒备监狱服刑，必须经过罪犯危险性评估。通过设置严格的标准、条件和科学规范的评估操作及动态调整程序，经过评估确定没有危险或者危险程度较小的罪犯，才能被关押于低度戒备监狱。[3] 除此之外，低度戒备关押对象一般选择余刑期较短的罪犯，这些罪犯或是所犯罪行主观恶性不深，原判刑期不长，或是经过了较长时间的服刑改造即将刑满，很快面临回归社会的问题。

---

1 杨飞：《我国设立低度戒备监狱的法律研究》，南京师范大学 2016 年硕士学位论文，第 9 页。

2 邵雷著：《中英监狱管理交流手册》，吉林人民出版社 2014 年版，第 229 页。

3 杨飞：《我国设立低度戒备监狱的法律研究》，南京师范大学 2016 年硕士学位论文，第 25 页。

2. 样态更具开放性

低度戒备监狱在建筑上更具模拟社区功能，从强调“防逃”转变为凸显“开放”特征。通过配备较低限度的警戒设施，最大限度减少罪犯监禁的痛苦。通过设置各类社会化模拟场景，以相对宽松的改造环境充分满足“模拟社区”的功能要求。另外，在功能配置上更加注重开放文明。在设施配置上，生活设施更贴近家居需求，矫正设施更贴近回归需求。

3. 管理模式上体现自觉自律

低度戒备监狱采用以干警管理、引导下的罪犯自觉改造为主要形式，强化罪犯个体的自律和群体的监督约束。通过将非“涉法”事务的管理交由罪犯集体组织、评议和裁量，促使罪犯从被动改造转向主动改造，促进罪犯自我提高，完善人格。

4. 更注重社会化的处遇安排

低度戒备监狱的功能设置由传统类型监狱对“犯罪行为”的关注转变为对“犯罪行为人”的关注，[4]强化将罪犯由监禁人向社会人“过渡衔接”的融合功能。其突出特征在于为罪犯提供生活、经济、对外联系、教育等较为丰富的处遇内容，为罪犯安排宽泛的居住、通信、通讯、会见、请假离监等与社会保持密切接触和维持持续交流的制度，使罪犯获得广泛的与社会接触交流的渠道和途径，进行充分的再社会化。

5. 以回归社会作为基本的价值导向和追求

低度戒备监狱以实现预防犯罪的刑罚目的为主，更加注重罪犯行为规范的养成、强化适应性教育和技能培训，以便使其出狱后能更快地适应社会生活，努力成为一个遵纪守法、自食其力的公民，而不至于重新走向犯罪之路。

（四）低度戒备监狱的功能与意义

近年来，我国罪犯脱逃数量极少，这与全国监狱系统干警的努力有关，更与“严+密”同型化管理架构搭建有关。但是随着监狱管理模式的趋同化，也带来了监狱各种投入持续增长、警力紧张、罪犯难以重新适应回归社会后的生活等一系列问题。设置低度戒备监狱是监狱分类管理的需要，这有利于解决上述问题，并具有重要的意义。

1. 适应国家治理体系和治理能力现代化

党的十九届四中全会审议通过了《中共中央关于坚持和完善中国特色社会

---

4 江苏省监狱管理局课题组：《半开放型监狱可行性研究——以行刑社会化为视角推进低度戒备监狱建设》，载《中国监狱学刊》2015年第3期。

主义制度、推进国家治理体系和治理能力现代化若干问题的决定》，监狱是国家社会治理体系的重要组成部分，在推进法治建设、推进社会治理创新方面发挥着重要作用。近20年来，我国刑事犯罪出现了一些新的特点，判处有期徒刑三年以上刑罚的比例不断下降，从1999年的占比45%到2020年占比下降到21%左右。刑事犯罪特点的变化意味着对传统监狱建设趋同于高度戒备监狱现状的改变，使低度戒备监狱建设成为适应新形势下对惩罚、改造罪犯新的现实需求。

2. 适应刑罚发展理念的需要

监禁刑具有实现惩罚、预防犯罪、发挥刑罚的一般教育功能、剥夺犯罪人的再犯能力等价值。[5]但是，犯罪学研究成果显示，期望通过监狱里的处遇实现犯罪人的重新社会化并不理想，传统监禁刑的缺陷日益显现：行刑成本昂贵，监狱矫正的效果不理想，监狱亚文化现象带来的负面效应越来越多。建设低度戒备监狱是监狱切实坚守安全底线，践行改造宗旨，统筹推进五大改造的重要措施，符合当代刑事执行制度发展的必然趋势，是完善监狱功能形态，加强监狱分级分类建设的必要举措。

3. 促进监狱多元化发展

从我国监狱分类建设的现状来看，对低度戒备监狱建设尚无详细的规划，监狱形态尚不够完备。在高度、中度戒备监狱形态日益完备的基础上，加快推进低度戒备监狱建设，是进一步完善我国监狱等级体系和行刑模式的重要举措。2021年1月中央印发的《法治中国建设规划（2020—2025年）》中，明确提出"深化监狱体制改革，实行罪犯分类、监狱分级制度"。

4. 优化行刑资源的分配

低度戒备监狱主要集中关押安全风险较小的罪犯，可以减少警戒设施投入，降低警力成本，节省大量监内矫正教育资源，有利于解决行刑资源使用平均用力现状。[6]同时将节省出来的资源投入较高戒备监狱建设和危险罪犯改造上，以获得最大的社会效益，从而实现监狱矫正效能的整体提升。

二、监狱检察监督工作的发展与实践

（一）监狱检察监督工作的历史与发展

监狱检察制度是中国特色社会主义检察制度的重要组成部分。自新中国成立70多年来，监狱检察业务不断发展、逐步完善，始终服务于国家法治建设和

---

5 廖斌著：《监禁刑现代化研究》，法律出版社2008年版，第70－96页。

6 江苏省监狱管理局课题组：《半开放型监狱可行性研究——以行刑社会化为视角推进低度戒备监狱建设》，载《中国监狱学刊》2015年第3期。

国家治理体系及能力现代化。

1949年12月，新中国检察制度建立伊始，《中央人民政府最高人民检察署试行组织条例》明确规定检察机关的重要职权之一是："检察全国司法、公安机关犯人改造所及监所之违法措施。"[7]1954年9月，我国第一部《人民检察院组织法》规定，"人民检察院对于刑事案件判决的执行和劳动改造机关的活动是否合法，实行监督"。20世纪50年代到60年代，各省陆续在大型监狱建立专门劳改检察机构，在性质上属于派驻检察机构。1987年，最高人民检察院制定了《人民检察院劳改检察工作细则（试行）》，比较系统地规定了监狱检察工作的职责、任务和行使程序和方法。[8]2008年3月，最高人民检察院下发《人民检察院监狱检察办法》，全面规范了监狱检察各项业务。2011年，最高人民检察院制定《关于加强人民检察院派驻监管场所检察室建设的意见》，解决了长期以来影响和制约派驻检察室建设和职能发挥的一些关键和难点问题，对监狱实行同级派驻作出明确规定，大力提升了派驻检察室的规范化水平与法律监督实效。2014年底，全国检察机关监所检察部门更名为刑事执行检察部门，开始了刑事执行检察新阶段。2018年6月，最高人民检察院提出新时期刑事执行检察"标本兼治与人权保障并重、规范监督与改革创新并重、效果之上与共赢监督并重"的六大工作理念。同样是2018年6月，最高人民检察院实行派驻检察和巡回检察相结合的监狱检察工作机制改革，这一改革成果写入了《人民检察院组织法》，以法律制度的形式得以确立。在监督理念上，由传统的注重对监管场所监管执法和监管安全等方面的监督，拓展至注重提升罪犯教育改造效果，确保罪犯刑满释放后成为守法公民，降低罪犯重新犯罪率，确保社会的安全稳定等更高层次。

（二）监狱检察监督工作的内容与方法

监狱检察制度作为国家法律赋予检察机关的一项重要的法律监督职能，由人民检察院依照法律规定的权限和程序，对监狱执行刑罚和管理教育罪犯的活动是否合法实行法律监督。

检察内容上，通过对罪犯入监、出监管理活动进行监督，确保程序或手续合法合规；通过对监狱监管执法活动的监督，确保监管改造工作的依法有序；通过对监狱罪犯教育改造罪犯活动的监督，使改造后的罪犯不致再危害社会，保障刑罚根本目的的实现；通过对减刑、假释、暂予监外执行等案件监督，确

7 白泉民、刘继国：《监所检察权的优化配置和立法完善》，载《人民检察》2009年第13期。

8 侯国云著：《刑罚执行问题研究》，中国人民公安大学出版社2005年版，第337页。

保刑罚变更执行的公平、公正、公开；通过对服刑人员提出控告、申诉、检举是否得到公正的处理进行监督，保障罪犯合法权益的实现。此外，监狱检察还包括对监狱侦查的罪犯又犯罪案件审查逮捕、审查起诉和出庭支持公诉。国家监察体制改革后，修改后的《刑事诉讼法》第 19 条第 2 款保留了人民检察院对司法工作人员 14 种职务犯罪的侦查职能，因此，纠正违法行为和错误决定与侦查监狱特定职务犯罪同属监狱检察工作内容。

检察方法上，包括对监狱履责所依据的判决、裁定、罪犯改造成绩、考核奖惩等材料进行文证审查；对劳动、生活、学习现场实地巡视和通过信息化平台进行监督；受理罪犯对执法行为包括对判决、裁定提出的控告、举报和申诉；开展检察谈话、实行检务公开、进行宣传教育等。在重点事项上，对监管场所事故、罪犯减刑、假释、暂予监外执行案件违法违规办理等影响刑罚执行、刑事诉讼进行或者监管安全问题进行案件化办理，通过审查、调查等方式对监督事项进行核实，确定执法活动是否合法，并以纠正违法通知书、检察建议、检察监督意见等方式提出纠正意见；[9] 可依据《刑事诉讼法》规定的侦查职能，以查办司法人员特定职务犯罪这一方式开展监督，作为提升监督成效抓手。此外，检察机关与监管单位之间通过建立情况通报、联席会议等各项工作联系制度，共同研究解决监管活动和检察监督中存在的问题。[10]

（三）监狱检察监督工作的形式

1. 派驻检察

派驻检察是指人民检察院依法在监管场所设立专门派驻机构，按照同级派驻、属地派驻原则对监管机关执行刑罚和监管执法活动是否合法实行法律监督。在监狱检察工作形式中，派驻检察是最基本的形式，担负着监狱检察主要的日常监督任务。

2. 巡回检察

巡回检察是指检察机关成立巡回检察组，采用不定期检察等方式对监管场所执行法律情况、执行刑罚和监管安全活动实行法律监督。巡回检察的优势在于机动性和灵活性强，可提高监督灵敏度，从而有效避免检察人员因熟生腐、因熟生懒等问题。2018 年 10 月 26 日，随着《人民检察院组织法》的修订通过，巡回检察在立法层面得以确认，并与派驻检察日常监督、同步监督有机结合，共同成为检察机关监狱检察工作的主要模式。

9　王守安：《论刑事执行检察办案模式》，载《人民检察》2018 年 19 期。

10　袁其国著：《刑事执行检察业务培训教程》，中国检察出版社 2016 年版，第 99 页。

3. 巡视检察

巡视检察是指上级人民检察院刑事执行检察部门对辖区内由下级刑事执行检察部门派驻检察的监管机关执行刑罚和监管执法活动是否合法进行检察，同时对该派驻检察机构履行法律监督职责情况进行检察的一种检察制度。巡视检察于2012年2月由最高人民检察院首次提出，主要解决上级人民检察院刑事执行检察部门不能及时发现和纠正的下级检察院刑事执行检察部门工作中存在的问题。[11]

4. 专项检察

专项检察是指检察机关针对监管场所一个时期存在的突出问题，集中一定的时间和力量，组织开展专题性法律监督活动。专项检察主要结合阶段性工作重点、难点问题而开展，目的是解决一些日常顽症问题。

三、对低度戒备监狱开展检察监督的新机制

（一）监狱检察监督的新目标

长期以来，人民检察院监狱检察工作的任务主要是"保障国家法律法规在刑罚执行活动中的正确实施，维护罪犯合法权益、维护监狱监管秩序稳定，保障惩罚与改造罪犯工作的顺利进行"。在深入贯彻落实习近平新时代中国特色社会主义思想和党的十九大精神背景下，面对新时代下对检察工作提出的新要求，最高人民检察院检察长于2018年8月大检察官研讨班上明确提出将"促进把罪犯改造成为守法公民"作为检察机关监狱检察工作新的根本任务。相对其他一般性监狱而言，低度戒备监狱关押罪犯主观恶性较低的特殊性以及半开放式和社会融合式管理新模式，为检察机关有效贯彻落实上述指示精神提供了更为有利的客观条件。对于低度戒备监狱检察工作，应在做好日常监督的同时，突出低度戒备监狱检察工作特点，进一步优化检察资源配置，将"深化检察工作，以提升罪犯改造质效，促进回归社会为价值追求，督促监狱把罪犯改造成为守法公民"作为监狱检察监督的新目标。通过重视监狱对罪犯的改造工作，聚焦如何科学、有效地改造罪犯，切实查办监狱发生的违纪违法问题，有效减低罪犯改造后的重新犯罪率等方面进行精准施策，努力实现向社会提供合格"法治产品"。

（二）监狱检察监督的新规则

1. 修订出、入监检察的条件，将真正低度危险罪犯关押到低度戒备监狱

罪犯是否适合在低度戒备监狱服刑，必须符合严格的标准、条件，并经过

11 袁其国：《我国刑事执行检察的回顾与展望》，载《人民检察》2016年第12期。

科学规范的罪犯危险性评估操作，根据罪犯的改造表现及危险性评估进行动态调整。因此，在准入机制上，严格准入条件和程序，准确把握关押罪犯的低度风险性，是展开低度戒备各项管理工作和防范安全隐患的必要前提和基础。

在罪犯筛选上，应从实质性条件、选择性条件和禁止性条件三个方面筛选低度戒备监狱关押对象。以某省为例，目前成立的低度戒备监狱收押罪犯基本条件为经危险性评估为低度危险等级、处遇级别为宽管级、改造表现一贯良好，并符合原判3年以下有期徒刑的罪犯，或者原判5年以下有期徒刑的过失犯，或者其他经省监狱管理局批准，适宜在低度戒备监狱关押的罪犯。同时规定将原判死缓、无期的罪犯，危害国家安全类罪犯，邪教类罪犯，涉恐类罪犯，涉黑涉恶罪犯，破坏金融管理秩序和金融诈骗犯罪等18类罪犯列为禁止性收押条件。检察机关驻监检察室应对照上述规定监督监狱严把收押关口，做好收监检察。在收押检察内容上，还需检察收押罪犯是否符合规定条件、范围，以及是否存在危险性评估为中度以上危险性情形。

除传统意义上的“三书一表”外，对低度戒备监狱检察还需核对省监狱管理局罪犯调动通知书或批文、危险性评估意见、罪犯档案、体检报告等。检察机关制定针对性的配套检察措施，严密防范错误收押后，因不符合条件罪犯传导造成罪犯之间主观恶性与改造表现上的交叉感染。

2. 按照“严进宽出”新要求，注重入监和出监的动态调整监督

对关押罪犯实行动态调整制度是低度戒备监狱的一大特点，其中对罪犯进行科学精确的危险性评估是确保低度戒备监狱有效运行的根本前提和基础，同时也提出了较高的要求。需指出的是，目前全国尚无统一权威的罪犯危险性评估工具和操作规程，部分省市正在积极探索研究罪犯危险性评估工具和操作规程，在组织架构上成立了由监狱领导、相关职能部门组成的罪犯动态调整评估工作领导小组，下设罪犯动态评估工作办公室等机构，力求建立一个高准确性的评估体系。但因未经过长期的实践检验，评估的精准度、科学性到底如何还没有一个明确的结论。因此，在遴选低度戒备监狱罪犯时，安全隐患理论上不能完全排除。

在上述情形下，为确保评估工作依法、有序、公正进行，落实“严进宽出”机制，同时保障罪犯合法权益，有必要赋予检察机关驻监检察室列席罪犯动态评估领导小组会议权限，对罪犯危险性评估过程及结果进行全程监督。在出监检察内容上，对因罪犯具备高度以上危险调出低度戒备监狱的情形，对危险性评估过程及结果是否合法要重点监督。

3. 更改监管场所硬件建设的监督标准，注重设施的安全性与开放性相结合

在硬件设施上，检察机关驻监检察室应支持低度戒备监狱为提升罪犯改造

效果进行的安防设施和配套硬件设施设备建设，同时监督安全风险防控设施及措施落实。对监管硬件设施的检察内容，除是否满足安全防范的常规要求外，还需涵盖监狱内部的改造环境是否相对宽松，以减少罪犯监禁痛苦；是否设置阅览、文娱等满足半开放式与社会化、有助于提升罪犯改造效果的功能设施；各项硬件设施配备标准是否与低度戒备监狱功能相契合等方面。

低度戒备监狱对罪犯的监管方式着重构建半开放式管理模式，强化罪犯自律和自觉改造，使罪犯在警察管控下实现自我管理、监督、约束。在检察内容上，驻监检察室注重监督在监狱采用罪犯群体互助共同改造模式下是否存在拉帮结伙及牢头狱霸，罪犯监舍自我监督约束委员会管理模式是否存在牢头狱霸或滥用岗位权限；针对低度戒备监狱严重违规违纪罪犯，警察是否依法查处等监管、执法安全风险问题。

4. 改变教育改造监督的思路，注重社会化的处遇安排

社会化处遇上，低度戒备监狱主要通过“模拟积分制”，让罪犯通过自身努力获取相应处遇。检察机关对相关程序进行监督，确保对罪犯处遇公平、公开、公正。

在教育改造上，检察机关驻监检察室需构建监检合作工作体系，做到监督与配合并重，积极推动低度戒备监狱教育改造工作水平的提升。一方面，监督内容应当包括入监教育、入监适应性教育、出监适应性教育、回归性教育和日常文化教育等方面。重点监督入监教育及入监适应性教育是否包含政治教育、法律常识教育、认罪悔罪教育、监规纪律教育、行为规范教育、心理健康、社会主义核心价值观等内容；出监教育是否包含形势、政策、必要就业指导的职业技能培训等；回归性教育是否帮助罪犯实现从服刑人员到合格社会人的角色转变；日常、文化教育方面是否开展扫盲等文化教育，对于参加自学考试、技能资格考试的罪犯，相关部门是否发放相应证书等。另一方面，检察机关驻监检察室应融入监狱教育改造平台，推进法治教育工作。同时，充分发挥检察职能，整合检察资源与法律专家、社会志愿者等专业力量，监检合力引进社会力量共同参与推进社会化矫正工作。

5. 细化低度戒备监狱减刑假释具体适用办法，注重加大假释案件的办理

低度戒备监狱收押罪犯的种类具备刑期短、罪名轻、危险性低的特点，普遍满足适用假释的客观条件，这也为切实解决当前假释案件办理比例普遍偏低的难题提供了突破途径。因此，在严格适用法定条件的情况下，低度戒备监狱假释案件的办理比例理应达到省监狱管理局规定的要求之上，实现高于全国、全省监狱平均水平，并根据短刑犯的刑期特点增加减刑、假释案件办理批次。

针对减刑假释案件的办理工作，一方面，检察机关驻监检察室在罪犯危险

控制框架下，根据大量短刑期罪犯的状况及低度危险性特点与改造要求，协同法院、监狱在法定政策框架内，细化低度戒备监狱减刑假释具体适用办法等配套机制。在此，本文提出两个可借鉴主张：一是联络官制度。每个低度戒备监狱设置社区矫正联络官的岗位，联络官负责沟通罪犯假释中监狱与社区矫正机构之间的事务，使得被假释罪犯的危险评估与罪犯安置有机结合。驻监检察室通过联络官组织做好罪犯监狱刑罚执行和社区法律监督工作的衔接，继续加强对假释的罪犯社区矫正活动的法律监督。通过督促社区矫正机构对罪犯进行法治、道德等方面的教育，帮助其融入社会，预防和减少犯罪。二是建立对被害人的悔罪制度。[12]倡导对被害人多源救济，通过罪犯积极履行财产性判项，写悔罪书，由监狱召开罪犯与被害人在监狱的见面会，鼓励罪犯真实悔罪、获得谅解，落实假释效果的同时重新构建社区中的生活关系。[13]另一方面，驻监检察室对减刑、假释案件的办理批次及假释案件办理及比例进行监督。低度戒备监狱每年度减刑、假释案件办理批次应多于本省其他监狱。罪犯既符合减刑条件又符合假释条件的，建议监狱优先适用假释，推动低度戒备监狱罪犯顺利回归社会。对拟假释或者暂予监外执行的罪犯，驻监检察室协同监狱及时与地方社区矫正部门沟通联系，实现无缝对接。

6. 扩大监狱检察监督的视野，注重出监人员的安置帮教监督

检察机关驻监检察室适当拓宽检察监督范围，协同并监督低度戒备监狱开展对罪犯的帮教安置。在监督内容上，驻监检察室需要监督监狱是否对在押罪犯评估、名单筛选、提出帮教安置意见；是否适时邀请有关单位和人士来监狱开展帮教工作，并建立一支相对稳定的帮教志愿者队伍；是否与罪犯原所在地政府、单位（学校）、亲属联系或社会有关部门签订帮教协议；监狱开展帮教活动的审批手续是否符合规定。在帮教内容上，是否有益于罪犯改造，是否包括政治、文化、心理、法律、就业、社会适应等必要内容。对有需要的罪犯，监督监狱是否联系当地法律援助机构为其提供法律援助服务。在安置帮教上，针对低度戒备监狱刑满释放罪犯较为集中的状况，是否对家庭关系复杂、释放后无人监管的罪犯实施一对一的安置帮教。

除依法履行监督职能外，驻监检察室可发挥自身优势，整合部门资源，主动联合监狱、机关团体、企事业单位及社会力量有针对性地开展帮教，并对接媒体向社会宣传，实现政治效果、法律效果、社会效果相统一。

12　翟中东、孙霞：《设置低度戒备监狱与开放监狱的探索》，载《犯罪与改造研究》2019年第10期。

13　王安琪：《短期自由刑的减刑问题研究——以S市监狱近五年实证调研为依据》，山东大学2020年硕士学位论文，第33页。

（三）监狱检察监督的新方式

我国低度戒备监狱尚属一项创新性工作，作为一种新的管理模式，在建设和管理运行中仍然面临一些困难和问题。如在配套制度上，低度危险罪犯的自由幅度、日常管控等制度尚未正式出台，实践中如何做到既不突破安全底线，又与其他普通罪犯管控有所区别，更好体现回归矫正的特点，目前仍然没有明确的标准，需在探索和实践中进一步研究和完善。在此背景下，检察机关同样需要探索与实践，因此，采用何种检察监督方式需要充分结合实际情况。对此，笔者认为，应当充分发挥派驻检察“对监管场所执行刑罚和监管活动进行直接、现场、即时、连续监督”之长，及“能较好进行沟通协调，及时掌握在发现监狱建设与监管执法过程中新情况、新问题”之便，承担落实好监督监狱建设与特色管理，以及罪犯出入监、教育改造安全防范、办理控告检举申诉案件等日常“事务性”检察工作。并注重对监狱监管执法与刑罚执行情况的排查掌握，及时监督纠正违规、不当执法，协同监狱化解监管安全风险，确保低度戒备监狱建设及执法中的监管秩序稳定与安全。

同时，我们应深刻认识到，对监狱巡回检察作为检察机关深入贯彻落实十九大精神和全面深化司法体制改革的重大举措，是检察机关积极适应新时代、新要求，补齐派驻检察工作“熟人熟面”短板，提升检察监督总体实效的一项重大改革和制度创新。检察机关可以通过机动式巡回检察，突出以“办案”为中心，灵活确定监督重点。其中，查办司法渎职侵权案件作为《刑事诉讼法》修改后检察机关行使的一项重要职能，理应作为巡回检察工作的重点之一，以案释法促进监狱监管执法工作规范，有力体现检察监督的刚性。针对减刑、假释案件任务中案多人少，导致分散派驻检察力量，影响监督质效的问题，需要将派驻检察和巡回检察有效结合。如由派驻检察人员着重检察罪犯的计分考核、立功奖惩等情况，列席减刑、假释评审委员会，并实时关注重点罪犯的改造情况。巡回检察人员可以针对减刑、假释案件办理中发现的问题，在派驻检察所核查的信息基础上采取常规或机动巡回检察的方式，对罪犯悔改表现及财产刑履行情况等进行实质审查与调查。由此，将案件审查贯穿于派驻检察和巡回检察中，实现二者在内容上的结合，既能提高减刑、假释案件办理的效率，又能促进监狱刑罚变更执行提请活动的规范化。此外，对于警察执法及监管安全上出现的疑难问题，在派驻检察掌握线索的基础上，发挥巡回检察的拳头优势，与派驻检察一道肯下“硬骨头”。

通过派驻检察和巡回检察相结合，以派驻检察为主的同时强化巡回检察的配合，能够更好地发挥派驻检察的“便利”与巡回检察的“优势”，使检察机关与低度戒备监狱在监督工作目标上形成合力，实现双赢共赢。

（四）监狱检察监督的新激励

提高罪犯改造质效作为检察工作的新任务，要切实防止“只提口号，不求实效”的情况发生，需要建立对监督数量与改造质量进行定性与定量相结合的监狱检察监督工作评价体系。罪犯改造质量评估体系在监狱系统中最先提出，并开展了大量有益的探索研究，如江苏、浙江、上海等省份开发了问卷体系及评估方法，但截至目前，全国统一、规范、系统的罪犯改造质量评估体系尚未构建。检察机关要建立监督数量与改造质量的定性与定量相结合的评价体系，同样面对改造质量如何评估的问题。在此，本文综合部分省份监狱系统关于改造质量评估概念的界定思路，认为应从三个方面入手选择和确定罪犯改造质量评估指标指标：[14]

一是评估罪犯的重新犯罪可能性。罪犯重新犯罪的可能性对评价罪犯是否可改造为守法公民在一定程度上具有一票否决权，可以说是衡量罪犯改造质量的首要标准，也是评估检察机关监督罪犯改造工作的重要标准。当然，我们也应认识到重新犯罪原因的现实多样性。除服刑因素外，社会外部原因如社会不正之风、就业安置不落实、社会歧视、家庭因素、身心缺陷等也可能成为重新犯罪的诱因。因此，在罪犯改造质量评价上，对重新犯罪比例应多加分析，对服刑改造以外的因素应予排除。[15]

二是罪犯服刑改造表现。2018 年，司法部提出了“以政治改造为统领，统筹推进监管改造、教育改造、文化改造、劳动改造”的五大改造新格局，对罪犯爱党爱国、认罪悔罪、遵纪守法、服从管教、认真学习、积极劳动、心理健康等方面提出了明确要求。检察机关在借鉴以上评价内容的同时也应认识到，罪犯接受监狱的管理教育与自身悔改密切相关，但并非绝对必然。监狱受自身资源、队伍、理念等因素影响，采取的监管教育措施并不一定能够完全符合罪犯的改造需求，如与罪因性相关的问题需要有针对性地采取个性化的方式进行评价。

三是罪犯个人素质的变化。罪犯个人素质的提高，外在体现为文化知识水平的提高、生活生存能力的增强等，内在则是思想品德和个性心理的完善等。由于个人素质界定是多元化的，因此针对罪犯群体个人素质提升的质量界定问题，需要对与犯罪相关的核心素质加以甄别，体现符合法律与社会要求的改造

---

14 司法部预防犯罪研究所课题组：《中国监狱罪犯分类理论与实务研究——罪犯动态风险评估的“智能平台”》，载《中国监狱学刊》2015 年第 3 期。

15 周勇：《构建罪犯改造质量评估体系的几个基本理论问题》，载《中国司法》2015 年第 11 期。

质量特征。

检察机关对低度戒备监狱检察监督工作评价体系应着重依据上述三点，加快研究制定低度戒备监狱检察工作定位的差别化目标体系和考核方法，既保持指标体系的适度前瞻性，也保证可预期、能实现，促进监督成效的提升。

（五）监狱检察监督的新要求

1. 机构人员方面的要求

（1）以“同级派驻，对等监督”为原则，对驻监机构定编定级。当前，部分省市的低度戒备监狱的设置，是在旧有监狱（如未成年犯管教所）的基础上充分利用现有闲置场地及执法资源成立组建的，采用的是“一套班子人马，两套组织架构”的运作形式。根据最高人民检察院的文件要求，由检察机关对监狱实行“同级派驻、对等监督”，但在检力配备上普遍存在人员编制偏少、满负荷运转的现状。对于部分监狱“一套班子人马，两套组织架构”的运作模式，检察机关驻监检察机构是否可以效仿的问题，笔者认为，在现有业务已无暇分身的情况下附加承担并满足一座新型监狱的检察监督职能是不切实际的，也易造成监督覆盖面的漏洞。因此，针对新成立的低度戒备监狱，承担派驻检察职能的机构与人员需要独立的定编定级。

（2）以法律监督能力建设为核心，打造专业化队伍。在队伍结构上，作为一项新领域，对低度戒备监狱检察工作，需要围绕关押罪犯的特点，建立、健全与之相适应的低度戒备监狱检察工作体系。因此，需要配备一支勇于进取，敢于创新，具备较高政治素质、业务素质、文化素质、身体素质的队伍，善于在对监狱刑罚执行和监管活动的日常检察监督和重点检察监督过程及环节中，及时发现问题并依法提出检察建议或纠正违法意见，确保监管场所安全稳定和保障刑事诉讼的顺利进行。[16] 此外，对于检察工作中的重点、难点、弱点、热点以及改革重点问题，要求低度戒备监狱检察人员能够攻坚克难开展理论与实证研究，推动检察工作不断向前发展。

（3）坚持科学持续发展，落实定期轮岗制度。在对低度戒备监狱检察机构的建设上，需要建立一支廉洁、高效、创新型的检察队伍，为高质量地实现检察职能目标提供保障。2014 年 7 月，最高人民检察院推出派驻检察人员定期轮岗制度，规定在同一派驻检察室连续工作 5 年以上的检察人员，一般应实行岗位轮换，在同一派驻检察室担任主任 5 年以上的应当进行交流。但在实际情况中，各地在落实上述定期轮岗制度不彻底，在一定程度上造成了派驻检察队伍

16 袁其国著：《刑事执行检察业务培训教程》，中国检察出版社 2016 年版，第 558 页。

年龄结构失衡、老龄化严重、队伍活力不够等问题。大量的科学研究也表明，一个人从事某项工作，在一定时间内进展比较迅速，到了一定时候就很难出新招，也很难开拓工作新局面，一旦换了工作环境，仍然可以进行能力发掘，增强创新意识。[17]同时，落实干警定期轮岗交流制度是从严治检的需要，对于防范长期派驻检察中“熟人熟面”导致的执法不严风险具有重要意义。

2. 规范化建设方面的要求

（1）统一标准，强化硬件设备规范化设置。检察机关派驻监狱检察室是检察机关长期派驻在外的办公的机构和形象窗口。加强驻监检察室规范化建设，强化规范化等级管理，有助于规范监狱检察行为，提升执法公信力和检察权威。根据《最高人民检察院关于加强派驻监管场所检察室规范化建设的意见》要求，派驻低度戒备监狱检察室在建设中应注重加强与有关部门的沟通，有效解决派驻检察室用房场地和装备建设。在驻监检察室场地的设置上，还需重视统一标准的问题：一是检察室大厅需统一规范字样，展示图案及理念内容。二是明确工作制度与工作流程，统一印制，规范上墙。三是统一设置检务公开宣传栏、明确公开内容。四是设立规格统一的控告申诉举报信箱，统一印制检察室宣传册。五是借鉴统一业务应用软件的推广经验，统一全国各地派驻检察室管理工作软件。[18]在标准化设置与管理的前提下，再结合各地实际形成特色。

（2）优化流程，强化办案模式程序规范。在驻监检察工作理念上，传统的“办事模式”缺乏程序性、规范性，欠缺证据意识，且随意性大，导致监督虚化等问题。实现“由办事模式”向“办案模式”的转变，是刑事执行检察工作的新要求。由于受“办事模式”惯性思维的影响，对于何为“办案模式”以及办事与办案模式有何区别等问题，在对低度戒备监狱检察工作流程设置上需明确体现。一是严格检察官负责制。按照“谁办案，谁负责”的原则，不断强化办案意识和责任意识。[19]二是注重程序性严谨化。依照《最高人民检察院关于全面加强和规范刑事执行检察工作的决定》的要求，通过部门领导把关、检察官承办、检察辅助人员协办的方式，注重证据收集、调查留痕、记录齐全、层层把关、系统报备等程序处理。三是做好材料卷宗归档，做到规范整理、方便查询。

（3）规范制度，强化内外工作无缝对接。针对司法部及各省司法行政部门对监管执法规章及制度的不断更新，派驻低度戒备监狱检察部门应及时做好相

17　周建平：《对检察干警实行定期轮岗交流制度的探讨》，载《中央检察官学员学报》1996年第3期。

18　梁田：《加强派驻检察室业务建设的几点思考》，载《法律与监督》2015年第4期。

19　征汉年、刘加尧：《刑罚变更执行同步监督——由“办事模式”向“办案模式”转变》，载《检察日报》2017年9月3日，第3版。

关法律法规制度的整理汇编工作，使监督工作做到精准依法，监督到位。在驻监检察队伍更新的情况下，保证新进检察人员尽快学习、掌握对低度戒备监狱检察工作特点，实现新老工作的无缝衔接。

3. 信息化建设方面的要求

（1）深化共享平台建设，实现对监管执法动态监督及各级检察机关互联互通。在最高人民检察院的部署下，各地驻监检察室逐步落实派驻检察室与监狱的信息联网、监控联网以及派驻检察室与检察专线连接的“两网一线”要求，实现了工作效率及监督实效的全面提升，但仍存在不足。如在驻监检察室对监狱监控信息独立存储的问题上，目前部分省市主管部门仍未就相关问题达成共识，该项工作在全国范围内尚未实现全面推行。在发现和查处监管事故和违规执法案件线索时，提取和固定证据需要依赖于监狱提供，存在被动受阻的风险。在低度戒备监狱半开放和社会融合的新模式下，激励罪犯改造的处遇奖励、功能设施使用及社会性正面影响教育开展情况将纳入检察监督范围，需要尽可能地全面、及时掌握，该项工作信息化建设同样依靠科技支撑。因此，在派驻低度戒备监狱检察室信息化建设上，需要补齐对监控数据独立、规范存储的短板，推进建设并主动对接罪犯社会化处遇及开放性教育信息化平台。此外，有必要统一开发刑事执行检察管理系统，实现检察机关与监管场所的数据交换和对监督工作信息的深层次利用，以及上下级检察机关对监狱检察信息网上流转、交换与共享，辅助决策与业务指导。

（2）加快推进智慧执检，助力罪犯改造质效监督。在对监狱监管信息、罪犯改造信息实现共享的基础上，关于对相关数据如何充分有效地分析这一问题，各地驻监检察室尚未开发智能化分析软件，相关能力尚欠缺中。自 2018 年开始，最高人民检察院印发《最高人民检察院关于深化智慧检务建设的意见》，大力推进大数据、人工智能等现代科技在检察工作中的应用，建立智慧检务体系。为契合对低度戒备监狱检察工作特点，本文提出打造“罪犯人物画像”的设想，即通过创建智慧检察平台与监狱监管信息系统、罪犯计分考核管理系统、减刑假释网上办案平台等外部系统进行对接，获取罪犯全量信息数据。通过可视化、数据化等方式展示罪犯从入监、改造期间、改造结束期等全量、全轨迹改造情况。通过对罪犯的心理测评、劳动技能掌握、社会适应能力、再犯罪可能性等内容进行综合评分，实现从罪犯个人、群体和狱内关系出发全方位展示罪犯情况。

（3）向信息科技要检力，实现对减、假案件的监督前置。2012 年修改后的《刑事诉讼法》第 262 条正式确立了对减刑、假释的启动、提请和裁定活动是否合法实施的事前、事中和事后的全程同步监督。这里的事前监督是指检察机关在刑罚执行机关启动提请减刑、假释程序前，通过各种渠道事先掌握与罪犯减刑、假释直接相关的罪犯改造情况、悔改、立功表现等基本情况，以及对罪犯计分考核、奖惩情况进行监督核实。[20] 实践中，检察机关对减刑、假释案件的同步监督往往受制于被动接收监区报送的人员名单，对于可能存在的符合减刑、假释条件但未被提请的“漏报”情形存在监督盲点。对于“可以优先适用假释”的罪犯，因未能提前掌握相关情况而导致因现实危险性评估不及时而未能获得假释，制约了低度戒备监狱罪犯假释适用比例提高目标的实现，也造成了罪犯改造成绩难以查实的难题。对此，本文建议，一是要加强日常监管执法系统的信息联通，使驻监检察室能够通过日常监管执法系统及时掌握罪犯改造的真实情况。二是完善现有减刑假释信息化平台，开发有助于调查核实的智能辅助系统。三是对接监狱监管信息系统，开发减刑假释资格智能检索分析，自动生成符合减刑、假释资格人员名单列表，在掌握底数的同时将监区“漏报”纳入监督视野，有效提升减刑、假释案件办理的精准度与公正性。

20　袁其国著：《刑事执行检察业务培训教程》，中国检察出版社 2016 年版，第 144 页。

过错解雇的规范与限制

——以“两个严重”为重点

李　静*

【内容提要】我国《劳动法》第25条和《劳动合同法》第39条都规定了用人单位因劳动者过错而单方面解除劳动合同的权利，其要义是“两个严重”。有关“两个严重”的争论和分歧从立法伊始从未停止，实践中更是各行其是。本文通过追溯我国“过错解雇”的立法沿革，探讨“两个严重”在解读中的困惑，进而对其中起决定性作用的“规章制度”进行分析和界定。在此基础上，对用人单位劳动合同解除权提出了限制性规则和制度，即“概况性用语”解释规则和“不公正解雇”制度，以期寻求用人单位过错解除权的规范之道和限制之策。

【关键词】劳动合同　两个严重　规章制度　解雇

引言

1995年实施的《劳动法》第25条和2008年实施的《劳动合同法》第39条规定，劳动者严重违反劳动纪律或用人单位规章制度的；严重失职，营私舞弊，对用人单位利益造成重大损害的（业界习称为“两个严重”），用人单位可以解除劳动合同。一般认为，这是一项用人单位以劳动者过错为由直接行使单方解除权的法定条款，而且是用人单位单方解除劳动合同最为便利和最为直接的法律依据。依据法定的条款和条件，用人单位可以单方面作出决定，而不必征求劳动者的意见；用人单位可随时作出决定，无须事先通知劳动者；用人单位解雇后劳动者可以全身而退，不需要给劳动者支付经济补偿金。因此，这是一个

---

* 李静——中国劳动关系学院法学院讲师，主要研究领域：劳动法与社会保障法。

对劳动关系产生重大影响的条款，它在劳动立法和司法中具有的特别重要性是不言而喻的。[1]

从《劳动法》实施的第一天起，包含在第25条中的这“两个严重”就引发了实际适用与理论方面的争论和分歧，有关问题悬而未决。13年后的《劳动合同法》第39条几乎原封不动地移植了这“两个严重”。由此，从《劳动法》实施以来该条款所存在的全部问题也为现行的劳动法制度所继受，并在实践中更为突出。“两个严重”引发诸多争议的主要原因之一，是我国劳动法律制度中解雇制度的单一化。一是标准的单一化，二是手法的单一化，因此，有必要引入适用于英美法系的“不公正解雇”（unfair dismissal）制度作为过渡和补充。这项法律制度的重要意义在于：当雇主或者用人单位在劳动者没有与履行劳动合同相关的违法及过错的情形下解雇劳动者，即为“不公正解雇”。将“不公正解雇”制度引入我国现行的法律制度中，或可促进我国劳动法律制度中解雇制度的多元化、立体化。本文以《劳动法》《劳动合同法》中的“两个严重”来探讨我国用人单位的过错解除权，寻求其中的规范之道；引入英美法系“不公正解雇”制度，认定其中的限制之策。

一、“过错解雇”的立法沿革

（一）《企业职工奖惩条例》第11条

我国的《企业职工奖惩条例》是国务院常务会议于1982年3月20日通过，1982年4月10日国务院以国发〔1982〕59号文件发布的，自发布之日起施行。这是我国在计划经济体制下订立，在计划经济向市场经济转轨时期施行的，关于劳动者（职工）奖励和惩罚的规范性文件，也是这一时期由用人单位奖励和惩罚劳动者唯一有效的法律文件。[2]

《企业职工奖惩条例》第11条具体列举了应当予以处分的职工行为：“对于有下列行为之一的职工，经批评教育不改的，应分别情况给予行政处分或经济处罚：（一）违反劳动纪律，经常迟到、早退，旷工，消极怠工，没有完成生产任务或者工作任务的；（二）无正当理由不服从工作分配和调动、指挥，或者无理取闹，聚众闹事，打架斗殴，影响生产秩序、工作秩序和社会秩序的；（三）

1 黎建飞著：《中华人民共和国劳动法讲解》，中国政法大学出版社1994年版，第95－96页。

2 在《国务院关于废止部分行政法规的决定》（国务院令第516号，2008年1月15日公布）附件1中，国务院决定废止的行政法规目录（49件）序号“17”即为《企业职工奖惩条例》。废止的主要理由是：《劳动法》（1994年7月5日中华人民共和国主席令第28号公布）和《劳动合同法》（2007年6月29日中华人民共和国主席令第65号公布）已经代替了该条例。

玩忽职守，违反技术操作规程和安全规程，或者违章指挥，造成事故，使人民生命、财产遭受损失的；（四）工作不负责任，经常产生废品，损坏设备工具，浪费原材料、能源，造成经济损失的；（五）滥用职权，违反政策法令，违反财经纪律，偷税漏税，截留上缴利润，滥发奖金，挥霍浪费国家资财，损公肥私，使国家和企业在经济上遭受损失的；（六）有贪污盗窃、投机倒把、走私贩私、行贿受贿、敲诈勒索以及其他违法乱纪行为的；（七）犯有其他严重错误的。”

立法者在详细列举了6种情况以后，还是担心挂一漏万，所以特别加上了第7种“犯有其他严重错误的”作为兜底条款。紧接着，第11条在第2款规定：“职工有上述行为，情节严重，触犯刑律的，由司法机关依法惩处。”这是我国首次在劳动立法中引入“严重”条款，开启了我国劳动立法在劳动者过错解雇中使用“严重”条款的先例。

虽然《企业职工奖惩条例》第11条的规定非常广泛，并且设有兜底条款，但是在企业解除劳动关系问题上，即当时的“除名”或者“开除”这一事项上，《企业职工奖惩条例》还是慎之又慎的。《企业职工奖惩条例》在第3条的指导思想里强调“对违反纪律的职工，要坚持以思想教育为主、惩罚为辅的原则”。第18条规定：对职工无正当理由经常旷工的行为，且经批评教育拒不改正的，用人单位才可以除名。而且，对旷工的时间进行了细化规定，连续旷工超过15天，或者一年以内累计旷工时间超过30天的，企业才可以除名。从立法技术角度来看，这一规定更加具体，便于企业掌握运用。据此，企业负责人不难意识到：要将一名职工除名或者开除必须满足特定的法定要件，即便是“旷工”这样严重的违纪行为，也必须达到相当严重的程度。

紧接着，《企业职工奖惩条例》从第19条到第21条对企业处分职工，尤其是开除职工在程序上作出了严格的规定。给予职工行政处分和经济处罚，必须弄清事实，取得证据，经过一定会议讨论，征求工会意见，允许受处分者本人进行申辩，慎重决定。工作人员审查从发生工人被解雇的错误之日起不超过5个月，其他处罚不能超过3个月。受到行政处罚、经济处罚或开除的，用人单位应当书面通知，并记录在个人档案。不服处罚的，可以在处罚公布之日起10天以内，向上级机关提出书面方式的申诉。[3]

在《企业职工奖惩条例》实施半年后的1983年1月24日，针对该条例中有些规定不够明确的情况，劳动人事部又印发了《关于〈企业职工奖惩条例〉若干问题的解答意见》，对“处分”尤其是“开除”相关的规定进行了从严解

3 谢增毅：《用人单位惩戒权的法理基础与法律规》，载《比较法研究》2016年第1期。

释。例如，问：如遇职工代表大会闭会期间，如何决定职工的开除处分？答：职工代表大会闭会期间，需要临时解决的重要问题，可由常任主席团召集职工代表团（组）长和有关职工代表参加会议，进行处理。再如，节假日的天数不能计算到旷工时间内，应该扣除计算。又如，职工在公布处分以后，可以10日内提出申诉。其时效期限在一般情况下，受处分的职工在场的，应从公布处分之日起计算，但是，如果公布处分时该职工不在现场，则应从其受到处分之日起计算。上述意见表明，对劳动者的处分无论是在事实上还是程序上都要从严掌握，都要尽最大可能保障劳动者的权益，尤其是劳动者保有工作岗位的权利。

（二）《国营企业辞退违纪职工暂行规定》第2条

1988年7月12日，国务院发布了《国营企业辞退违纪职工暂行规定》，规定了七种可辞退的情形。此规定首次规定了“严重违反劳动纪律，影响生产、工作秩序的”，可以辞退；并且沿用了“犯有其他严重错误的”的兜底条款。但是，该暂行规定设置了前提条件，有上述行为之一者，必须是经过单位教育或者给予行政处分后，仍然不思悔改的职工才可以采取辞退的处理。上述“两个严重”的措辞，表明立法者一以贯之地以“严重”作为企业处罚职工的标准，而不只是因职工的一般不当行为就行使处罚权。[4]

如果回顾此前的“严打”，国家对劳动者的工作保留权慎之又慎的态势更加明显。在1983年下半年开展的全国严厉打击刑事犯罪活动中，公安部、司法部、劳动人事部于1983年12月23日发布了《关于对职工中被收容劳动教养并注销城市户口的人员是否开除公职问题的答复》，明确指出“对于一般有轻微违法犯罪行为决定劳动教养，没有注销城市户口的，其公职问题仍按一九八二年一月二十一日国务院批转公安部《劳动教养试行办法》的规定执行，一般应保留公职”。紧接着，1984年3月1日，公安部、司法部、劳动人事部明确确认，前述文件适用于1981年6月10日《全国人民代表大会常务委员会关于处理逃跑或者重新犯罪的劳改犯和劳教人员的决定》公布以后被注销城市户口的劳动教养人员。少数表现好，已恢复城市户口、原单位给予保留公职的，可回原单位工作。[5]这些规定表明，在涉及劳动者劳动权的事项上，我国的法律规范和政策规定都是慎之又慎，而且都是从严解释、从严掌握，尽最大可能保障劳动者

4　2001年10月6日，《国务院关于废止2000年底以前发布的部分行政法规的决定》附件一中序号“53”即为《国营企业辞退违纪职工暂行规定》，废止的主要理由是，该规定被《劳动法》（全国人大常委会1994年7月5日通过并公布）和《失业保险条例》（国务院1999年1月22日发布）代替。

5　《关于〔83〕公发（研）37号文件是否适用于这次打击行动以前问题的答复》。

的工作权，保留职工的工作岗位，保留工人的公职身份。即便职工“有轻微违法犯罪行为”也应“保留公职”，也可“回原单位工作”。

（三）从《劳动法》第25条到《劳动合同法》第39条

《劳动法》第25条第2、3项规定，“（二）严重违反劳动纪律或用人单位规章制度的；（三）严重失职、营私舞弊，对用人单位利益造成重大损害的”，用人单位可以解除劳动合同。

对这“两个严重”的解读从一开始就莫衷一是，“劳动纪律”和“规章制度”成为解读法条的出发点和依据。“劳动纪律”是组织社会劳动的先决条件，是人们从事社会生产组织必要条件。为保证社会生产活动顺利进行，劳动法律法规要求劳动者在工作场所遵守一定的规则和秩序，服从统一的指挥和调度，这也是安全生产的需要。“规章制度”是规范用人单位全体劳动者统一进行工作的行为准则，它是根据我国法律和法规制定的企业员工的行为规则和操作规程。如前所述，按照《国营企业辞退违纪职工暂行规定》，单位员工严重违反劳动纪律和操作性规程，影响生产和工作秩序，损坏了生产设备、工具，给用人单位造成原材料、能源的浪费等经济损失的，或者是因为工作态度不佳等影响用人单位整体形象的，或者寻衅滋事、扰乱生产经营，严重影响社会秩序的、犯有其他严重错误的，用人单位都有权依法解除其劳动合同。

至于“严重失职、营私舞弊，对用人单位利益造成重大损害的”，是从劳动者的职业操守和忠诚义务出发的。认真工作是劳动者应有的本分，劳动者有义务按照劳动合同的规定完成任务。劳动者违背忠诚义务，工作失职，损公肥私，给用人单位对经济造成巨大的损失，用人单位在征得工会同意后，可以解除劳动合同。[6]

1995年8月4日，劳动部公布了《关于贯彻执行〈中华人民共和国劳动法〉若干问题的意见》，其中第四部分是关于“劳动合同的解除和无效劳动合同”。该意见第28条规定：“劳动者涉嫌违法犯罪被有关机关收容审查、拘留或逮捕的，用人单位在劳动者被限制人身自由期间，可与其暂时停止劳动合同的履行。暂时停止履行劳动合同期间，用人单位不承担劳动合同规定的相应义务……”对依法被追究刑事责任或者被劳动教养的，用人单位可以依法解除劳动关系。这些意见对《劳动法》第25条的实施和适用有积极的意义，但对“两个严重”的规定依然缺乏明确而具体的说法。[7]

---

6 杜文雅等：《不当解雇的缺陷分析及规制完善》，载《人民论坛》2011年第8期。

7 牛维、宋芳：《“严重违反用人单位规章制度”的司法认定问题》，载重庆法院网，http://cqfy.chinacourt.org/article/detail/2013/11/id/1143043.shtml，最后访问于2021年5月3日。

在《劳动合同法》的制定过程中，“两个严重”的问题再次被诟病，但仍然被保留在了《劳动合同法》第39条中。因此也同样留下了理解和解读的困惑。

二、“两个严重”解读的困惑

（一）“两个严重”在实践中的困惑

《劳动合同法》第39条的“两个严重”为用人单位实施惩罚性解雇提供了依据，用人单位可以在其规章制度和惩处制度中详尽规定“严重违反规章制度”的具体标准和“严重失职、营私舞弊”的判断基准。在多数情况下，劳动仲裁和人民法院对用人单位因员工行为严重违纪而作出解除劳动合同的决定也大多持肯定态度，这也在一定程度上助推了用人单位在这方面的权利。[8]

实践中存在两个方面的问题。第一，什么样的企业规章制度可以作为解雇的标准和依据，企业制定规章制度的权利是否应当受到合理限制？第二，何种程度之违反构成“严重”，构成合法解雇之理由？具体来说，用人单位规章制度并不能成为确定劳动者违反规章制度是否达到“严重”程度的准绳，劳动者的行为是否达到了“严重”程度，包括是否故意作为、多次作为、劝阻无效、严重影响用人单位的正常管理秩序，以及用人单位作出“开除”决定前有无给予劳动者申辩、纠正的机会都是应当考量的因素。

（二）劳动仲裁机构和人民法院的理解分歧

审视劳动仲裁委员会和人民法院审理的劳动案件，可以清楚地看到司法审判中对“两个严重”在理解上的分歧和由此导致的执法偏差。

比如，在一案例中，张某等9人与某公司签订的是无固定期限劳动合同。2013年8月，张某等人下班后在宿舍以1元为赌注打麻将被告发，公司于2013年9月29日下发了张某等人的违规事件处理通报：根据公司的《职工手册》，在宿舍打麻将属于严重违纪，据此解除与张某等人的劳动合同。张某等人向某市劳动仲裁机关提请劳动仲裁，其诉求被驳回。遂向法院提起诉讼，法院一、二审均以用人单位的经营管理享有自治权，公司的行为合法有效为由予以驳回。[9]

在另一案例中，喜某是公共汽车公司的售票员。2009年6月29日，喜某将在上一个行程中已售出的价值6元的车票在下一个行程中再次出售给乘客。该重复售票行为被公共汽车公司稽查员暗访时现场查获。第二天，公司以喜某违

---

8 重庆市第一中级人民法院曾经从审管系统中随机抽取了20件用人单位违法解除劳动合同的案件，近一半（9件）都是用人单位以劳动者严重违反规章制度为由解除劳动合同的纠纷。

9 焦法：《职工下班打麻将被开除合法吗?》，载《民主与法制》2015年第4期。

反《乘务员工作要求与违章处理》b27条“乘务员收款不给票，少给票或给废旧票及其他公司车票，均属贪污票款行为”为由，对喜某作出扣罚600元、扣除300元文明服务奖并予以辞退的处罚。喜某向某市劳动争议仲裁委员会提起劳动仲裁，仲裁委员会裁决确认公司与喜某之间的劳动合同解除。喜某向法院提起诉讼，一、二审法院均予以驳回。法院认为，双方争议的焦点是公共汽车公司以喜某行为严重违反该公司规章制度为由解除劳动合同是否合法，喜某的工作性质决定了他应对公司承担更高程度的注意义务和忠实义务，在车票款代收事项上不能有任何过错行为。

无独有偶，同样是在该案发生地四川宜宾，同样是该案所涉及的公共汽车，同样是车上售票，十多年前因1.5元的钱票不符，一位售票员被解雇。在对案件的评述中，偷逃票款（公司的规章制度和解雇理由）无疑是违反规章制度的，但1.5元钱无论如何都算不上“严重”，即便放在“偷逃票款”项下。如同打人是违法犯罪的，但打人一耳光无论如何也不构成刑事犯罪一样（后文讨论“同类规则”还会回到这个话题上）。

在上述分歧中，“规章制度”是问题的焦点。既有如何界定“规章制度”的问题，也有如何限定“规章制度”的问题。当“规章制度”与“严重”相关联时，又有了立法中使用“概括性用语”的问题，有“严重”与“严厉”的区别问题，也有法律解释中应当遵循的众多相关规则的问题。[10]

（三）“规章制度”的理解与争议

规章制度是用人单位组织劳动和管理劳动的规则，被称为用人单位的“小宪法”。1959年，国际劳工组特别委员会的报告书将其定义为：“适用于企业的全部或大部分员工，一般适用于雇用员工行为的各项规章制度。”[11] 雇主的规章

10　典型案例：被告桂某华于1989年11月入职原告南某公司处，现工作岗位是市场部销售人员。2016年8月22日，原告以被告擅自离岗、连续旷工12天、严重违反规章制度为由作出解除劳动合同的决定。2016年12月6日，被告诉至南昌市劳动人事争议仲裁委员会，请求裁决原告支付被告解除劳动关系经济补偿金、未休年假工资。该仲裁委裁决原告支付被告经济补偿金71400元，未休年假工资4689元。原、被告对关于未休年假工资的裁决均无异议，但原告尚未向被告支付该款项。现原告不服关于经济补偿金的裁决，诉至法院。法院判决：用人单位以劳动者违反单位规章制度为由解雇劳动者不合法。原告未提供涉案《员工手册》通过民主程序产生的证据，亦未提供将《员工手册》予以公示或者告知劳动者的证据。原告以《员工手册》作为解除与被告的劳动关系的依据不具有合法性。原告已构成违法解除劳动合同。参见《劳动合同纠纷一审法律文书》，载天眼查，https：//susong.tianyancha. com/a2abbfceec0b4c9fad6c966f0671e391，最后访问于2021年10月30日。

11　工作规则在劳动法发展初期被称为工厂规则，也就是说，是工厂、矿场等工作场所的纪律性约束。在1920年以前，德国的劳动法上除工厂规则外，还有企业规程或服务规则等名称。参见张伟著：《外国劳动法和劳动行政管理》，中国劳动出版社1991年版，第60页。

制度是其基于债权人的地位，对劳动者履行劳动合同义务的具体指示。在双方已经有劳动契约的情形下，双方理应按照契约履行各自的义务，规章制度并没有规范效果，而只具有事实上的通知的效力。[12]

在我国，先前称规章制度为“企业内部劳动规则”，见于国务院 1954 年 5 月 6 日通过、7 月 14 日颁布的《国营企业内部劳动规则纲要》。该纲要根据中华全国总工会的建议制定，内容涉及招聘、调动和解聘、企业高管和员工的基本职责、工作时间和处罚。调整范围既包括职工，也包括企业领导。在内容上，规范职工的行为，如“十一、上工时，员工一定从工牌箱上拿走其工牌，或者要把其出入证交给出入证保管处保存；下工时，一定把工牌挂在工牌箱上，或者拿回其出入证。上班前和下班后各半小时，工牌箱或出入证保管处应开放。并且计工员会在工牌箱旁或出入证保管处监督办理上下班手续。准确的时钟也应该备在工牌箱旁或出入证保管处”。在程序上，除突出“双决制”外，还附加了“报批制”，如第 4 条规定，企业的厂长、经理需要根据纲要和内部已有的劳动规则，结合各自单位或部门的具体情况，制定本单位或者部门的劳动规则，取得工会组织的同意（这是双决制），报当地劳动主管部门审核通过后，报送直属的上级管理机关批准后实施（这是报批制）。同时，规定了“公示”为重要的形式要件，如“二十四、内部劳动规则应公布在车间（科、室）中的显目地方”。[13]

我国规章制度的现行立法集中表述于《劳动合同法》的第 4 条。在立法过程中，《劳动合同法》从草案到正式法条，第 4 条就争论不断。但这个阶段的争议是更要紧的“规章制度”制定权归属之争，还不是“规章制度”的内容和范畴之争。现行《劳动合同法》第 4 条的表述和该条的前身《劳动合同法（草案）》第 4 条是大相径庭的，《劳动合同法（草案）》第 4 条要求按照工会和职工代表大会或职工代表大会提出的方法实行。[14] 这两种不同的立法表述在社会中引起强烈的反响，被直接地表述为用人单位的规章制度是资方“单决”还是

12 张伟著：《外国劳动法和劳动行政管理》，中国劳动出版社 1991 年版，第 19 页。

13 肖小勇：《最高院民一庭意见：如何认定劳动者严重违反用人单位规章制度》，载中国劳动争议网，http：//www. btophr. com/v2/b_ mart/22716. shtml，最后访问于 2021 年 5 月 3 日。

14 立法过程中，在全国人大常委会向全社会公布的《劳动合同法》草案中，从一审稿到三审稿的第 4 条规定一经公布，就引起了雇主或者用人单位一方的强烈情绪，其中最夸张的是一家跨国公司经理的说法：“我们一看到这个条文，就感到公司不再是自己的了！”更有甚者惊呼这部法案是“将丧失用人自主权的惶恐笼罩着企业……这将是一部造就刁民的法律”。正是由于这些具有话语权者的话语，这些字眼在最终审议的法律草案和最后通过的法律文本中不复存在。

劳资“共决”。[15] 这一分歧，既说明了规章制度对双方劳动关系的重要性，也说明了双方对劳动合同规则的重要意义的充分认识。到底是“讨论通过”，还是“协商确定”，最终立法采用了惯常的妥协，即协商确定。但何为“协商确定”，怎样“协商确定”，尤其是“协商确定”不成或者说“协商”却不能“确定”该怎么办，立法并未给出答案。[16]

用人单位制定规章制度应该以保障劳动者权利和明确劳动者义务为主要内容，而不是作为管理手段和惩戒依据。1994 年 9 月 5 日，原劳动部《关于〈中华人民共和国劳动法〉若干条文的说明》第 4 条解释了用人单位制定“规章制度”所依之法，包括所有的法律、行政法规和规章、自治条例和单行条例。并对《劳动法》第 25 条作了迄今为止最为详细的直接说明：所谓“严重”违反劳动纪律可以按照《企业职工奖惩条例》和《国营企业辞退违纪职工暂行规定》中的有关规定确定，对劳动者进行奖励或者处罚，甚至辞退。所谓“重大损害”也应当遵守企业的内部规则，根据企业类型的不同，损害程度的衡量也应该有所差异，对损害不应也不能作出统一的解释。劳动争议仲裁委员会在劳动争议发生时，可以确定劳动争议的主要规定。“被依法追究刑事责任的”在实践中具体可以分为以下几种情形：（1）人民法院判处刑罚处罚的。处罚包括：罚款、拘役、有期徒刑、无期徒刑或死刑；还有附加刑：罚金、剥夺政治权利、没收财产的；（2）人民检察院作出不予起诉决定的；（3）人民法院作出免予刑事处罚决定的。

2006 年 8 月，《最高人民法院关于审理劳动争议案件适用法律若干问题的解释（二）》再一次对规章制度作出解释，这一司法解释的前半部分是确定的，即明确了集体合同效力高于用人单位规章制度这一国际惯例。但该规定的后半部分，关于劳动合同与规章制度效力的高下则需要具体情况具体分析。在形式上，劳动合同的双方当事人可以修改经过职工代表大会通过的规章制度。在具体内容上，用人单位的规章制度是劳动合同的组成部分，当劳动合同约定内容与劳动合同构成内容不一致时，劳动合同的内容应当优先适用。[17]

15　有一种观点认为，企业重大事项决定权和制定规章制度是用人单位的“自决权”范围内的事情，事关企业的经营管理自主权；另一种观点认为，涉及职工切身利益的规章制度应该充分尊重劳动者的参与权，属于劳资“共决”事项，应该由劳方和资方共同决定。对此，全国总工会民主管理部部长接受媒体采访时曾表示，《劳动合同法》对企业规章制度的制定有明确具体的规定，规章制度属于劳资共决事项，经职工代表大会通过才有效，如果在职工代表大会上产生争议，要通过工会协商确定。

16　黄越钦著：《劳动法新论》，中国政法大学出版社，第 136 页。

17　肖华：《劳动合同法：越来越大的冲击波》，载《南方周末》2007 年。

三、用“概况性用语”解释规则限制用人单位的解雇行为

在劳动法中，“两个严重”属于概括性用语。在《现代汉语词典》中，“概括”一词被解释为将某些事物的共同特点找出来并归结在一起，还有一种解释为“简明扼要”，都是从某类事物或者对象具有的特点推测出该种事物或者所有对象都有这种属性。这是一种形成普遍性认识的思维方法，却是立法应当尽可能避免使用的方式方法。因为“规范性文件的语言，应该明确、简洁、通俗易懂”，“文件的提法和某些术语的含义要确定、准确”。这是一切立法技术的规则都有的共同原则。[18]

20 世纪初，史尚宽先生在《劳动法原论》中就援引德国《劳动合同法》作了这样的表述：“特别通知谓即时之解约，即不问当事人定有劳动契约之期间与否，于有重大事由时，当事人得不经预告即时解约。何谓重大事由，依德国劳动契约法第一百五十六条之规定，如于契约之目的，善良风俗革信义上，对于当事人一方（解约通知人）有不能强其继续劳动关系的情形，即有重大事由之存在。”[19] 时至今日，我国台湾地区的“劳动基准法”在相关条文中，依然使用“使雇主误信而有受损害之虞者”“对于雇主、雇主家属、雇主代理人或者其他一起工作的劳工，实施暴行或有重大侮辱的行为者”“违反劳动契约或工作规则，情节重大者”的表述，而正是这些概括性文字的表述，带给台湾劳动法理论界和司法实践诸多困惑与不便。[20]

在荷兰，无须通知的解雇归结为基于“紧急事由”的解雇，规定在《民法典》第 7 编第 687 条和第 688 条。法律将“紧急事由”规定为雇主难以接受的雇员行为，并进行了列举。意大利规定雇主只有在具有“合理诉因”和“正当原因”时才能解雇员工。相关的解释是“严重违背雇员的合同义务”（称为主

---

18 “一切立法技术的规则都有共同的原则，这个共同原则就是：为找出必要的法律规定和正确地理解和适用这些规定，创立最佳条件、提供最大方便，保证全面、准确、严谨、易懂地表述法律规范。”参见杨景宇：《我国的立法体制、法律体系和立法原则》，载中国人大网，http：//www. npc. gov. cn/npc/c541/200304/c08031d2346c445f8cd4f8dd75f96458. shtml，最后访问于 2021 年 10 月 31 日。

19 此时的“重大事由”及其引发的即时解约权是雇主和雇工双方共有的，不同于现在仅归属雇主或者用人单位一方。考虑到劳动者解除劳动合同本来就不需要特别的理由，这样的变化也就是可以接受的，是社会发展所必然的。

20 “劳工因违反劳动契约或工作规则且情节重大而被解雇，是上列 6 项解雇事由中最具有争议的一项，争议的焦点主要是在于如何认定‘情节重大’？‘劳基法’并未就情节重大做出定义。”“本款规定，劳工有违反劳动契约情节重大，或违反工作规则情节重大两种情形之一者，雇主得依同条第 2 项规定应于知悉情形之日起三十日内不经预告终止契约。其中所谓‘情节重大’，仍属不确定之法律概念。”参见黄越钦著：《劳动法新论》，中国政法大学出版社，第 50 页。

观原因），其严重性包括“多次不合理旷工”“因过失对雇主财产或物质造成严重损失”等。在德国，只有当下列三个条件都同时具备时，劳动法院才会认可雇员失职可以作为解雇的正当理由：“雇员有严重失职的嫌疑；这种嫌疑很大；必要的调查不能证明嫌疑没有根据。在调查期间，雇主可以暂停雇员的工作，但他仍然有义务支付酬劳。”[21]

各国都不约而同地在同一事项上使用概括性用语，表明相关事项既难以一一列举，又难以明确具体。这类法律用语留下的空间和麻烦，就只能留给学术研究和司法实践了。要在概括性用语中寻求确定性答案无异于缘木求鱼，我们能够做的是找到并遵循一些共同的规则或者准则，解释和适用这些概括性用语。[22]

在司法实践中，确立了一系列“概括性用语”解释规则：（1）在立法意图的考虑方面，在注意到上下文的前提下，要承认其一般适合的效力。“立法用语，即便不是像有特指词在先的‘诸若此类’或‘其他’的概括词，也易于受它们相联系的其他词的影响。”[23]所以，要坚持以立法意图为依归的解释原则，坚持从法律条文中找出立法者的真实意图，坚持劳动法以保护劳动者为出发点和归宿。对单一条文的解释，要参照相近和相关条文的表述；在个别文字的歧义中，选择最适合条文宗旨和立法意图的准确含义。（2）在解释结论的考量中，要对解释范围进行限制，以避免明显不利于劳动者的结果。例如，在考虑劳动者因过错承担违约金等处罚时，用人单位必须严格遵守立法中的排他性规定，即除《劳动合同法》明确的情形外，用人单位不得与劳动者约定由劳动者承担违约金。由此避免将违约金扩大至凡是用人单位的规章制度中有规定的均可得到支持的荒谬结论。同样，对劳动者违反服务期协议等的解雇及其他处罚，也必须受到“用人单位为劳动者提供专项培训费用，对其进行专业技术培训的”立法限制，而不能听任用人单位的单方规定或者当事人双方不合法的事先约定。

---

21 ［德］曼弗雷德·魏斯等著：《德国劳动法与劳资关系》，倪斐译，商务印书馆2012版，第138－139页。

22 ［意］T. 特雷乌著：《意大利劳动法与劳资关系法》，刘艺工等译，商务印书馆2012年版，第118页。

23 “概而言之，‘从上下文求字义’和级别规则可分别看作是‘同类’规则的扩充和限制说法。这些规则或准则过分集中于判例法，因为它们既不是法律原则，也不是法律规则。把它们称作语言规则几乎是不正确的，因为它们只涉及了人们说某些话的方法，它们不过大致地表明了说话者或书写者的意图。E. A. 赖德基尔先生在一篇文章中说：通常，一位丈夫同意妻子买帽子、女上装、鞋子和‘你所需要的其他一切’，并不是希望她买除了衣服以外的其他东西。再次摘引德赖基尔先生对同类规则全面而系统的阐述：‘如果概括词只是在把某一种或类的人或物归类，而不是概括所有种类而得的，它们的解释应限制在事物的那种类上。除非立法的上下文或立法的总范围与权限清楚表明，国会有意要扩大它的含义。’”参见［意］T. 特雷乌著：《意大利劳动法与劳资关系法》，刘艺工等译，商务印书馆2012年版，第148页。

(3) 坚持“一般法不得损坏特别法”的准则，法律中涵盖性文字不能替代涉及特定事项的前面的法律。例如，《劳动争议调解仲裁法》规定了劳动争议案件的具体受理范围，在有关解雇案件的受理和审理中，尤其是涉及“两个严重”和由这“两个严重”产生的歧义和的案件中，相关的法律适用和解释应当首先选择专门性法律，如选择《劳动争议调解仲裁法》而不是《民事诉讼法》，选择《劳动合同法》而不是《合同法》，选择《劳动法》而不是《民法典》。[24]

四、引入“不公正解雇”制度限制用人单位的解雇权

“两个严重”出现诸多弊端的另一个原因是，我国劳动法律制度中解雇制度的单一化。一是标准的单一化，依法或者依据合同；二是手法的单一化，即直接解雇，没有过渡。因此，有必要引入“不公正解雇”制度作为调节和补充。

“不公正解雇”（unfair dismissal）通常包括三个方面的内容，即雇主给予雇员“严厉的”（harsh）、“不公平的”（unjust）和“不合理的”（unreasonable）解雇。麦休和古茂法官在伯恩诉澳航空公司案中的判词阐明了这一点：“雇工的不当行为并未违法而被雇主解雇是不公正的解雇，因为雇主的解雇决定是从其得到的信息中不合理推断出来的，这一决定可能对雇员的经济状况导致过于严重的后果，或者这一严重后果与雇员不当行为的严重程度是不相称的。”“严厉的”或者说“苛刻的”解雇关注的是惩罚的不相称性，即雇员的不当行为招致的处罚后果过于严厉，如一个面包店的工人拒绝在下班前的最后一分钟给客户送货，尽管该送货点就在他回家的路上，因此而被解雇。“严格地说，雇员拒绝服从雇主的这一指令是违反其服从义务的，但在这种情况下作出的解雇处罚过于严厉了。”同样，在阿格纽诉全国新闻私人有限公司案中，雇员被解雇是因为在午餐时间饮酒，违反了雇主公示的在工作期间禁止饮酒的奖惩制度。法官同样判定该项解雇属于过于“严厉的”解雇。尽管该项解雇是以一个合理且有效的规章制度为基础，但该雇员是一个在该公司长期供职的员工，法官认为他的一次不当行为并不是一个“严重的”事由。[25]

不难看出，劳动法中的“不公正解雇”制度是具有特殊意义和价值的制度。“不公正解雇”制度介入劳动者的不当行为与雇主的解雇决定之间，起到了延缓、抵销和降低劳资冲突的作用。这项制度的独特价值在于：不是劳动者没有

---

24 ［英］史蒂芬·哈迪著：《英国劳动法与劳资关系》，陈融译，商务印书馆 2012 年版，第 210 页。

25 Rosemary Owens, etc., The Law of Work, 2ed, Australia & New Zealand: Oxford University Press, 2011, p. 491.

不当行为，而是劳动者的不当行为不能直接导致雇主的解雇决定。在劳动力市场供大于求的现代社会，劳动者不仅一职难求而且一职难保，雇主的解雇不仅直接剥夺了劳动者当前的劳动并获得报酬的权利，而且把劳动者再次找到工作的可能性也降低了。“解雇”或许是雇主手中的“撒手锏”，但现代社会的法律却不得不设置障碍，尽可能地阻止雇主对劳动者的不公正解雇。

对此，我国应当在立法中明确规定“不公正解雇”制度，在过错解雇中要明确判别是否构成“严厉的”“不公平的”和“不合理的”解雇。在劳动案件审理中，下列因素是应当纳入考量的：（1）解雇的正当理由是否与被解雇员工个人的能力或者行为直接相关（包括在安全和福利方面对其他雇员的效应）。（2）被解雇的员工是否被告知了该项解雇理由。（3）被解雇的员工是否有机会回应与其能力和行为相关的解雇理由。（4）是否无理拒绝一个能够为被解雇员工提供帮助的人到场参与有关其解雇的讨论。（5）如果解雇是因为被解雇员工的工作欠佳，此前是否就其欠佳的工作表现提出过警告。（6）雇主的企业规模在多大程度上可能对该项解雇在程序上产生影响。（7）缺乏专门的人力资源管理专家或专业知识会在何种程度上对该项解雇在程序上产生影响。

同样，对于有关女职工怀孕、分娩或其他事假，有关员工请假的申请时间、税收优惠、保底工资等，有关与企业转让相关的解雇，都要严格考量是否具有明显而且充分的理由，否则就构成“不公正的解雇”。

结语

在劳动者不当行为与解雇之间有很长的距离，在劳动者违反规章制度与被雇主解雇之间有“严重”这一条件作为前提。换言之，雇主应当以一种通情达理的方式行使解雇权，而非专断或者肆意。[26]如果劳动者违反规章制度的行为没有达到“严重”的程度，没有满足从法律条文中解读出的“严重”条件，雇主的解雇就应当被认为过于“严厉”，因而不符合法律规定而不应当得到立法和司法的支持与肯定。

在我国劳动立法和劳动司法中能够引入“不公正解雇”制度，将在很大程度上缓解劳动关系中劳动者与用人单位之间的矛盾，切实有效地在劳动者的不当行为与用人单位的解雇决定之间设置一堵防火墙，阻止用人单位把有不当行为的劳动者直接等同于可以解雇的劳动者，充分体现出劳动法“招聘容易解雇难”的基本理论和根本原则，把《劳动法》第25条、《劳动合同法》第39条中的“两个严重”落到实处。

---

26 英国劳动法评判雇主行使解雇权的一个核心标准即是否合理（reasonable）。

认罪认罚从宽制度中被害人角色的合理定位

段陆平　温靖瑜*

【内容提要】被害人角色的合理定位是认罪认罚从宽制度有效运作不可回避的问题。实证研究发现，被害人在认罪认罚从宽制度的文本与实践中均处于边缘化地位，甚至被一些办案机关视为认罪认罚从宽制度的对立面。过于忽视被害人会带来滋生司法腐败、架空刑事和解程序、被追诉人从宽处理不当适用以及纠纷不彻底解决等问题。导致被害人角色边缘化的原因包括刑事诉讼法中被追诉人权利保障优先的基本立场，认罪认罚从宽制度“效率优先”的价值取向，检察机关考核认罪认罚适用率的政策导向等。未来应在秉持被害人“相对独立”的角色定位的基础上，从赋予被害人充分的知情权、保障被害人的意见发表权、明确被害人提出异议的权利和方式等方面完善认罪认罚从宽制度。

【关键词】认罪认罚　从宽制度　被害人　实证研究

一、问题的提出

毫无疑义，作为当事人之列的被害人在任何刑事诉讼具体制度中都不应被忽视。而认罪认罚从宽制度作为我国刑事诉讼法当前最为重要和最具关注度的制度，伴随着司法实践的不断推展适用，被害人在其间的合理、恰当的角色定位显然也应成为该制度有效运作与未来发展不可回避的问题。

---

* 段陆平——广州大学法学院讲师，广东省法学会诉讼法学研究会理事，广州市法学会诉讼法学研究会理事，主要研究领域：刑事诉讼法学、司法制度；温靖瑜——广州大学公法研究中心研究助理。本文系2020年度国家社科基金青年项目“基于司法大数据的中国特色轻罪诉讼制度体系完善研究”（批准号：20CFX032）的阶段性成果。

综观域外法治国家，被害人在辩诉交易等认罪协商制度中的角色定位问题得到了部分学者一定程度的关注。例如，托马斯·魏根特教授指出，德国协商一致处理案件的方式没有改变被害人的边缘性地位，被害人在协商程序中仍处于十分脆弱的位置。[1] Sarah N. Welling 将被害人在辩诉交易程序中的权利分为知情权、听审出席权和决定参与权，从被害方、社会、控方和辩方四个角度阐释被害人参与辩诉交易的正当性，从参与途径、被害人告知及救济途径三个方面探讨被害人对辩诉交易程序的参与。[2] David A. Starkweather 则运用比较分析法，对比报应性司法与传统辩诉交易制度，寻求被害人参与辩诉交易程序的可能性，并结合报偿理论深入探讨弥补当前辩诉交易制度不足的方法。[3] Asher Flynn 基于2006年被害人法案生效后自己对维多利亚州司法参与人员的采访调查，从实证的角度剖析辩诉交易程序及各种参与者的角色定位，并指出，被害人法案为被害人的知情权提供了可能的机制，但自由裁量权的不公开性及终局性为被害人实际参与辩诉交易设置了潜在的重大限制。[4]

在我国，学界对被害人在认罪认罚从宽制度中的角色定位或权利保障问题的关注并不多，而且相关研究还存在观点截然对立的争论。例如，姬广胜认为，被害人成为认罪认罚从宽制度的主体将会极大地缩减该制度的适用范围，并徒增其随意性与被动性。[5] 当然，更多的学者则认可被害人在认罪认罚从宽制度中的主体地位。如刘少军从四个方面阐释了我国赋予被害人在认罪认罚从宽制度中程序运作主体地位的理由，并从“认罪”“认罚、从宽”两个环节说明被害人在制度中所处的程序主体地位的主要体现。[6] 钟琦也认为，从改革的目标价值与法理应然等方面分析，被害人在认罪认罚从宽制度中具有当然的诉讼主体资格，理应参与协商的全过程，并享有诸多诉讼权利。[7] 李勤等则从博弈论的角度

---

1 参见［德］托马斯·魏根特：《德国刑事协商制度新论》，琚明亮译，载《研究生法学》2016年第4期。

2 Sarah N. Welling, Victim Participation in Plea Bargains, Washington University Law Quarterly 65, no. 2 (1987): 301 –356.

3 David A. Starkweather, The Retributive Theory of Just Deserts and Victim Participation in Plea Bargaining, Indiana Law Journal 67, no. 3 (Summer 1992): 853 – 878.

4 Asher Flynn, Bargaining with Justice: Victims, Plea Bargaining and the Victims' Charter Act 2006 (VIC), Monash University Law Review 37, no. 3 (2011): 73 –96.

5 姬广胜：《认罪认罚从宽制度：从“零乱”实践到整体完善的转型》，载《人民法治》2017年第1期。

6 刘少军：《认罪认罚从宽制度中的被害人权利保护研究》，载《中国刑事法杂志》2017年第3期。

7 钟琦：《认罪认罚从宽制度下被害人的权利保护问题》，载广州市法学会编：《法治论坛》2018年第1辑，中国法制出版社2018年版。

探寻被害人在制度中的地位并尝试构建其加入认罪认罚案件的规则。[8]徐浩然、刘方权认为，忽略被害人权利保障必然导致对被告人不合理地从宽处理，背离了“化解纠纷”的刑事诉讼本质目的，并提出应该赋予被害人强大的“阻却权”来平衡认罪认罚从宽制度适用过程中的各方利益。[9]

整体而言，已有的研究大多停留在关注与讨论被害人的加入是否或多大程度上会对案件的处理产生影响，以及被害人在认罪认罚从宽制度中权利保障的应然性分析，更多属于理论、价值或逻辑层面的探讨，从实践角度展开的深入的实证分析则明显不足。[10]有鉴于此，本文拟通过对被害人在目前认罪认罚从宽制度与实践中角色定位的实际状况进行细致全面的梳理与考察，总结其间存在的问题，并对被害人未来角色与功能的合理定位及制度发展提出可行的完善建议。

二、认罪认罚中被害人角色的边缘化及其弊端

（一）认罪认罚从宽制度与实践中的被害人现状

1.《刑事诉讼法》中的被害人

现行《刑事诉讼法》中，有关被害人的条文共28条，主要涉及第一编第四章（辩护与代理）、第五章（证据）、第六章（强制措施）、第七章（附带民事诉讼）、第九章（其他规定）；第二编（立案、侦查和提起公诉）；第三编第二章（第一审程序）、第三章（第二审程序）以及第五编（特别程序）。内容主要包括：（1）关于被害人配合调查取证的规定（第43、50、56、61、132条）；（2）关于对被害人的保护的规定（第64、81、82、234、300条）；（3）关于被害人在刑事诉讼程序中地位的规定（第108条）；（4）关于被害人权利的规

8 李勤、费元汉、黄丹丹：《认罪认罚从宽制度中被害人的地位研究——被害人加入博弈的规则建构》，载《司法体制综合配套改革与刑事审判问题研究——全国法院第30届学术讨论会获奖论文集（下）》。

9 徐浩然、刘方权：《认罪认罚从宽制度被害人“阻却权”问题研究》，载《河南财经政法大学学报》2020年第6期。

10 焦俊峰在其论文中有部分涉及了司法实践忽视被害人程序价值的问题，其通过中国裁判文书网搜索关键词后统计显示，2014年至2019年，包含“被害人谅解”情节的一审刑事判决数量占一审刑事判决总数的比率相对稳定，维持在5%左右。据此，焦俊峰认为，仅有5%左右的认罪认罚案件中出现了“被害人谅解”情节，与普通刑事案件几无差别。这表明被害人对认罪认罚案件的影响力较低，是否谅解并没有受到控辩审各方的高度重视。参见焦俊峰：《认罪认罚从宽制度下被害人权益保障问题研究》，载《法商研究》2021年第1期。我们认为，焦俊峰的统计分析显得过于宏观，尚不足以充分说明问题，更有效的做法应是针对有被害人的认罪认罚案件展开具体、细致分析，包括分析有无被害人谅解情节、是否积极赔偿被害人、法院是否考虑此种因素而作出从宽处理的裁判等。

定，包括程序提起及参与权、知情权、发表意见权、提出异议权、监督权及复议、申诉等救济性权利。

表1 《刑事诉讼法》中被害人相关规范梳理表

法律规范名称	通过（修正）时间	涉及被害人条文数	涉及被害人条文数总占比
《刑事诉讼法》	1979年7月1日	11	6.7%
	1996年3月17日	20	8.9%
	2012年3月14日	27	9.3%
	2018年10月26日	28	9.1%

从表1的梳理情况来看，从1979年《刑事诉讼法》颁布到2012年修正，无论是涉及被害人条文数还是总占比都在不断地增加，这在一定程度上体现了我国刑事立法对被害人的重视程度也在逐渐上升。而2018年的修正，涉及被害人的条文数虽然有所增加，但在《刑事诉讼法》总条文数中的占比却有所下降。

纵观修改历程中的被害人，1996年《刑事诉讼法》第82条正式赋予被害人刑事诉讼“当事人”的主体地位，相较于1979年《刑事诉讼法》中单纯的“诉讼参与人”，被害人的地位有了质的提升。2012年《刑事诉讼法》中，新增了涉及被害人陈述的非法证据排除规则（第54条）与被害人的特殊保护（第62条），同样涉及被害人的还有新增的“特别程序”一编，其中包括“当事人和解的公诉案件诉讼程序”一章。相较于2012年，2018年修正的一大亮点在于将认罪认罚从宽制度正式写入《刑事诉讼法》。现行《刑事诉讼法》认罪认罚从宽制度中仅有的被害人相关条款为关于审查起诉程序中被害人意见发表权的规定（第173条）与关于速裁程序适用条件的规定（第223条），而上述与被害人相关的认罪认罚从宽制度及其配套程序、速裁程序的条款，也正是本次修正中仅有的直接影响被害人权利义务的条款。

正如前文所述，2018年《刑事诉讼法》修正后，被害人所涉条款总占比不升反降，除了新增“缺席审判程序”一章对基数的影响之外，反映出的一大问题就是写入《刑事诉讼法》的认罪认罚从宽制度对被害人的关注并不够。

2. 相关规范性文件中的被害人

“两高三部”[11]为确保制度试点工作依法有序开展，于2016年11月发布《关于在部分地区开展刑事案件认罪认罚从宽制度试点工作的办法》（以下简称《试行办法》），2019年10月又制定发布《关于适用认罪认罚从宽制度的指导意

11 即最高人民法院、最高人民检察院、公安部、国家安全部、司法部。

见》（以下简称《指导意见》），以贯彻落实2018年修改后的《刑事诉讼法》，确保认罪认罚从宽制度正确有效实施。

表2　《试行办法》与《指导意见》中被害人相关规范梳理

规范文件名称	试行（施行）时间	有关被害人条文数	总条文数	有关被害人条文数总占比
《试行办法》	2016年11月11日	4	29	13.8%
《指导意见》	2019年10月24日	6	60	10%

如表2所示，相较于《试行办法》，《指导意见》的总条文数有大幅增加，其中被害人相关条文数也相应增加。《试行办法》中，与被害人有关的条文分别是第3、7、14、17条，分别规定了被害人权利保障（第3条）、被害人意见听取（第7条）、被害人财物返还（第14条）与速裁程序适用条件（第17条）。而《指导意见》中涉及条文序号如表3所示，分别规定了被害方权益保障（第16、17、18条），审查起诉阶段认罪认罚的自愿性、合法性审查内容（第28条），社会调查评估中司法行政机关的职责（第38条）及速裁程序适用条件（第42条）。

在两个规范性文件中，《试行办法》的第14、17条及《指导意见》的第42条在现行《刑事诉讼法》中均有明确规定，而《指导意见》中"16. 听取意见"为对《试行办法》第7条的补充修改，《试行办法》中第3条的宣示性内容，在《指导意见》中则分别具体为"基本原则""犯罪嫌疑人、被告人（以下统称被追诉人）辩护权保障"及"被害方权益保障"三大点。实际上，相较于《试行办法》，《指导意见》中有关被害人的新增条款为第17、18、28、38条，涉及被害人在认罪认罚案件中的知情权、达成和解权、发表意见权、社会调查参与权以及以"犯罪嫌疑人是否向被害人赔礼道歉"的形式作为审查起诉阶段犯罪嫌疑人认罪认罚自愿性、合法性的审查内容之一。

表3　《指导意见》中被害人与被追诉人相关规范对比梳理

参与人	所涉条文	所涉条文占总条文比例
被害人	16、17、18、28、38、42	10%
被追诉人	1—3、5—7、8—9、10—15、19—21、22—24、26—31、33、39、41—42、44—49、50、51—53、55—58	73%

与被害人相对的，《指导意见》中关于被追诉人的条文数，如表3所示，占总条文数七成以上，总占比为被害人相关条文的7倍，所涉及的权利包括知情权、程序选择权、发表意见权、获得与拒绝法律帮助权、量刑协商权、审判程序选择权、反悔权等，均体现了被追诉人在认罪认罚案件中实质性的参与权利

与决定性权利。然而，被害人对被追诉人的谅解是从宽处罚的“重要考虑因素”，被害人根据明文规定获得公检法对有关法律规定的释明仅在被促进和解谅解过程中，被害人的异议“不影响”制度的适用；未与被害人达成和解或调解协议的后果为从宽时“酌减”，而被害人赔偿请求“明显不合理”的，一般不影响从宽处理；被害人是否受到犯罪嫌疑人的赔礼道歉，也仅是认罪认罚自愿性、合法性的审查内容之一。显然，有关被害人的条款，《指导意见》中均缺乏相应明确的处理规则。

《指导意见》中明确规定被害方的权益保障及参与，一大特点即不确定性与形式性，虽然与《试行办法》相比已得到一定程度的具体化与实质化，例如被害方的意见通过“应当记录在案并随案移送”的方式得到书面化的落实，但不难看出《试行办法》对认罪认罚从宽制度中的被追诉人多维度保障的侧重。虽然这种侧重与“认罪认罚从宽”的主体相一致，却将被害人置于一个非常边缘化的地位，从制度层面讲，被害人在认罪认罚案件中存在参与度低、实质影响力低的问题。

3. 刑事司法实践中的被害人

如前所述，就认罪认罚案件中被害人的角色定位而言，制度层面存在模糊、宽阔的自由裁量地带，那么在司法实践中，被害人又得到了多大的重视呢？对此，笔者利用中国裁判文书网单纯随机抽样了 300 份有被害人的认罪认罚案件刑事一审判决书展开了初步的统计分析。[12] 结果显示，在认罪认罚从宽制度的实践运行中被害人也处于严重“边缘化”的地位。

表 4　认罪认罚案件样本判决书中被害人的参与情况

统计项目		案件数	案件总占比
被害人（或家属）出庭或委托诉讼代理人出庭		4	1.3%
被害人意见表达形式	无	48	16.0%
	书面形式（被害人陈述、谅解书）	252	84.0%
被告人是否取得被害人（或其亲属）谅解	否	129	43.0%
	是	171	57.0%
被告人退赔被害人损失		181	60.3%
法院对被告人从宽处理		295	98.3%

12　我们利用中国裁判文书网中的高级检索功能，以“认罪认罚”为全文检索条件，以《指导意见》施行日期 2019 年 10 月 24 日为时间起点搜索出结果后，随机抽样了 300 份有被害人的认罪认罚从宽案件刑事一审判决书。

300份样本刑事判决书中，涉及案由包括盗窃（97件，占比32.3%），故意伤害（78件，占比26.0%），交通肇事（48件，占比16.0%），诈骗罪（25件，占比8.3%），信用卡诈骗（13件，占比4.3%），聚众斗殴（11件，占比3.6%），非法吸收存款（5件，占比1.7%），非法拘禁（4件，占比1.3%），其他（19件，占比6.3%），总共21种罪名。而由表4则可看到，在这300份裁判文书中，被害方出庭的案件仅为4件，也即有被害方参与庭审并当庭发表意见的案件极少；而84.0%的案件中，被害方发表意见的形式为书面形式，包括作为证据的“被害人陈述”以及一定情况下对被告人出具的谅解书；其余16.0%的案件中，被害方无意见表达。换言之，在此300个认罪认罚案件中，书面陈述为被害人最为主要的意见表达方式，而近两成的被害人在案件中缺乏参与和权利表达。被害人作为刑事诉讼的当事人，在认罪认罚案件中似乎只存在于证据清单中，当事人证人化倾向明显。

《指导意见》开篇写道，适用认罪认罚从宽制度对化解社会矛盾具有重要意义，“化解社会矛盾”在一定程度上体现为被害人是否愿意罢讼息诉，由此，“被告人是否取得被害人（或其亲属）的谅解”在相当程度上可以视为一个重要的直观数据。现实情况则是，样本案件中57.0%的被告人取得了被害人或其亲属的谅解，43.0%的被害人未对被告人表示谅解，而仍有39.7%的被害人未曾得到被告人的主动退赔。伴随着43.0%的未谅解率，样本案件中被告人为累犯的情况占比达到15.4%，在这样的前提下，因适用认罪认罚从宽制度而对被告人从宽处理的概率达到98.3%。这当中41.3%的被追诉人未获得被害人（或其亲属）谅解却得到法院从宽处理的结果，似乎显得当下的现状与“让人民群众在每一个司法案件中感受到公平正义”的目标相去较远。另外，虽然《指导意见》中明确指出“可以从宽不是一律从宽”，但实际数据体现出目前法院从宽处理宽泛化倾向明显，而此种倾向与作为案件当事人的被害人制度中参与效力自由裁量空间大、实践中参与度低、被动性明显可能并非没有联系。笔者就这一问题也访谈过数位检察官，不少检察官也指出，实践中确实存在在决定是否适用认罪认罚从宽制度时忽视被害人的情况。此外，实践中甚至有部分办案机关将被害人置于适用认罪认罚从宽制度的对立面，具体表现为对被害人的意见置之不理，坚持适用认罪认罚从宽制度，或者预见到被害人反对则只将结果通知被害人，而不听取其意见。[13]

事实上，被害人在认罪认罚从宽制度的运行过程中没有得到足够重视的情

---

13 相关讨论可参见杨宁、顾永忠：《认罪认罚从宽制度的适用与被害人权利保障》，载《研究生法学》2020年第1期。

况也得到一些学者研究的数据佐证，例如张素敏对我国中部H省Z市两级法院的实证研究显示，该市法院被害人参与认罪认罚从宽制度呈现出基本不参与、有限度形式参与以及实质有限度参与三种表现形式，而在其统计的2017年与2018年上半年有直接被害人的刑事案件中，被害人实际参与认罪认罚的比例仅为10.6%。多数法院的被害人没有参与认罪认罚从宽协商过程，甚至协商的结果都未被告知，被害人知道结果的时候往往裁判结果已经作出，即便表达异议也失去了最佳的救济途径和机会。[14]

（二）被害人边缘化角色地位带来的弊端

我们认为，被害人在认罪认罚从宽制度文本与实践运行中角色的边缘化，会给我国刑事司法带来明显的不利影响，大致包括以下几个方面：

一是司法腐败的滋生。从对被害人现状的分析中可以看出，目前我国的认罪认罚从宽制度经过细化和完善，对被害人在案件中定位和权利的重视有了一定程度的提高，但总体仍展现出对被告人和司法机关侧重的特点，呈现出二元化倾向。更有学者直接指出，“认罪认罚从宽制度应当明确只要被追诉人认罪认罚就应当对其从宽处罚”，认为应当淡化被害人在制度中的存在，从而充分激励被追诉人认罪认罚。[15]但是，一旦将被害人置于制度之外，或者虽置之于制度之内却不闻不问，赋予司法机关过大的自由裁量权将不可避免地引发司法腐败和权力寻租的风险。澳大利亚学者为探知《被害人法案》的实施情况，用4个月的时间对维多利亚州司法参与人员进行走访调查，最后得出结论，虽然在实验样本中未发现司法不端的行为，“但公正没有在看得见的地方实现”。[16]实际上，在看不见的地方公正实现的概率又有多大呢？由此催生了各种各样的监督机制，而在认罪认罚从宽案件的进程中，被害人的“看见”不失为一种有效的监督方式，能够对权力的行使进行及时的制约。

二是架空刑事和解程序等制度。与认罪认罚从宽制度相似，《刑事诉讼法》中还规定了刑事和解程序。由于《指导意见》中明确规定，认罪认罚从宽制度可以适用于所有刑事案件，则根据《刑事诉讼法》的规定，在案件适用范围上，认罪认罚从宽制度与刑事和解程序有部分重合交叉。不同的是，刑事和解程序

---

14 参见张素敏：《被害人参与认罪认罚从宽制度的困境与出路——以H省Z市两级法院司法适用现状为样本》，载《山东警察学院学报》2020年第1期。

15 左卫民：《认罪认罚何以从宽：误区与正解——反思效率优先的改革主张》，载《法学研究》2017年第3期。

16 Asher Flynn, Bargaining with Justice: Victims, Plea Bargaining and the Victims' Charter Act 2006 (VIC), Monash University Law Review 37, no. 3 (2011): 73-96.

中，被害人的同意为程序启动的必需要件。另外，适用认罪认罚从宽与刑事和解程序的后果均为“从宽”，均包括允许检察机关作出不起诉决定与“从宽处罚”等，而适用认罪认罚从宽制度的具体从宽幅度目前尚未有明确规定，存在广阔的自由裁量空间。加之案件样本统计数据中呈现出似乎并不需要向被害人退赔损失并取得谅解也可以得到从宽处理的倾向，此时，基于从宽成本的考虑，在这样的前提下，若认罪认罚从宽制度中完全规避被害人的参与，则可能产生刑事和解程序被架空、制度目的落空的风险。

三是被追诉人从宽处理的不当适用。《指导意见》中强调“该宽则宽，当严则严”，但不可否认，在认罪认罚从宽案件的处理中已经出现了从宽处理宽泛化的倾向，这种倾向一部分不可避免地归咎于制度中被害人角色定位的偏颇，从此更容易引发“重罪轻判”的风险。我国刑事法律制度中一直强调“以事实为依据”，在认罪认罚从宽案件中不外如是，据前文分析，认罪认罚从宽案件中被害人证人化倾向严重，在事实认定方面，被害人的角色往往仅体现为一份书面的“被害人陈述”，而近两成的案件中被害人甚至并未出现。事实上，作为犯罪行为的直接侵害者，被害人对犯罪的行为手段和危害后果等有着最直接、更深刻的认识，通过与认罪认罚后的被追诉人的直接接触，能帮助司法机关对被追诉人认罪的自愿性、悔罪的真诚度有更准确的判断，从而促成认罪认罚从宽制度的更合理适用。若在案件中排除被害人的参与介入，认罪认罚从宽制度将转变为国家公权力与被追诉人之间的“双线交易”，不排除目前从宽处理宽泛化倾向的严重化发展，造成从宽处理制度的不当适用。

四是被害人与被追诉人之间纠纷的不彻底解决。对于有被害人的刑事案件，虽然犯罪行为侵犯的不仅仅是被害人的权益，但纠纷终究是直接发生于犯罪嫌疑人与被害人之间，犯罪首先是对被害人合法权益的侵害，若被害人的权益诉求在刑事诉讼过程中得不到相应的解决与满足，纠纷将仍然存在、永不消弭，此时，很难说刑事诉讼的真正功能得到了发挥，认罪认罚从宽制度作为刑事诉讼制度之一也并不例外。被害人在认罪认罚从宽案件中的角色定位得不到明确，权利得不到规定，其合理的权益诉求就不存在提出的应有程序空间，受不到应有的关注和保护，纠纷不彻底解决的风险由此而生，从此更牵扯出“案结事不了”导致的累讼、上访等问题。

三、认罪认罚从宽制度与实践中被害人角色边缘化的原因

认罪认罚从宽制度与实践中被害人角色的边缘化是由多种因素综合导致的，既跟刑事诉讼法对被追诉人权利保障优先的基本立场有关，也与强调被害人在认罪认罚从宽制度的主体角色与地位会冲击“效率优先”的价值取向存在紧密

联系。更严重的是，在检察机关有关认罪认罚适用率的考核要求的推动下，这种角色与地位的边缘化更为明显。

（一）刑事诉讼法中被追诉人权利保障优先的基本立场

1996年《刑事诉讼法》确立了被害人刑事案件当事人的地位，而公诉案件在我国的确立远早于此，1979年，检察机关就被明确为代表国家行使追诉犯罪权的公诉机关。刑事诉讼一旦变成被追诉人与国家公权力之间的对弈，自然地，为了不使对弈出现“卵石相碰”的局面，如何保障被追诉人在诉讼中的合法权益，成为经久不衰的论题。这种重点关注在被害人与被追诉人同处于刑事诉讼当事人的地位后依然没有改变。在公诉案件中，面对强大的公权力，必须不断以权利武装被追诉人，才能达到平等对抗以不断探求事实真相、寻求司法公正的目的，因此对被追诉人的“偏袒”似乎是一种不可避免的现象，而这种“偏袒”在刑事司法发展进程中形成了一种“惯性”，带到了认罪认罚从宽制度当中，形成了“厚此薄彼”的景象。

更进一步看，理论界一个比较普遍的认识是，就人权保障的理念而言，刑事诉讼人权特指正当程序权，而主体限于被追诉人。因此，主张“保障被害人人权的说法是错误的”，“人权主要涉及政府与公民的关系，不涉及公民与公民的关系问题”；并且认为被告人人权保障是被害人人权保障的前提，“如果被告人的人权得不到保护，被害人人权也不可能得到保护”。[17]也正是基于这样一种人权保障理念的基本立场，在刑事诉讼中即使赋予了被害人的当事人地位，仍然会存在着其角色与地位在具体制度包括认罪认罚从宽制度与实践中实质上处于边缘化的状况。

（二）认罪认罚从宽制度“效率优先”的价值取向

认罪认罚从宽制度是我国新一轮司法改革的创新产物，自2016年试点工作开展以来已有5年的实践，无论从理论还是实践上看，该制度都似乎更多地被赋予了实现效率价值的期望。从中央的精神上看，制度的目标在于“在更高层次上实现公正与效率相统一”，[18]施行的规范性文件与案件的实际处理也体现出对刑事案件简繁分流、办案效率有效提高的偏重，其背后是当前制度实施中对效率价值的强烈追求。在学界，不少学者也将节约司法资源、提升司法效率视

17 易延友：《刑事诉讼人权保障的基本立场》，载《政法论坛》2015年第4期。

18 李健：《认罪认罚从宽试点：更高层次实现公正与效率相统一》，载《检察日报》2017年12月25日。

为制度的价值立场，并以此为大前提展开对制度其他问题的讨论。具体而言，最先关注并深入研究该主题的不少学者几乎都认为该制度在价值取向上应当是公正基础上的诉讼效率观，或者可简单概括为“公正为本，效率优先”以及由此而带来的纾解案件压力的功能，[19] 此后大多数学者沿着这样一个基本思路展开相应的推进性研究，甚至还有学者批评了认罪认罚从宽制度立法过程中出现了立法目的的波动，认为认罪认罚从宽制度各类规范性文件的立法目的由一元化的“繁简分流，提升诉讼效率”到“及时有效惩罚犯罪，维护社会稳定”“落实宽严相济刑事政策，加强人权司法保障”的多元并存，再到 2018 年修改《刑事诉讼法》时不予提及，作模糊化处理，此种做法导致了诸多理论弊端，也造成了一些实践困境，最后认为认罪认罚从宽制度应回归于“繁简分流，提升诉讼效率”，将其作为第一层次立法目的。[20] 当然，也有学者明确反对认罪认罚从宽制度“效率优先”的主张，并认为将认罪认罚从宽制度视为实现程序效率化的核心机制的理论主张与实践举措是对这一制度的重大误解。[21] 但这并非学界主流观点，普遍的认识仍然是主要适用于轻罪案件的认罪认罚从宽程序等诉讼制度内含着“效率优先”的价值诉求。质言之，认罪认罚从宽制度被认为是实现程序效率化的核心机制。

在前述背景下，如果在认罪认罚从宽制度的适用过程中过于强调被害人的影响，普遍的担忧是，由于被害人在刑事诉讼中大概率会有严惩罪犯的心理诉求，一旦被害人作为主体享有程序启动异议权，被追诉人即使认罪认罚，程序也无法顺利运转。事实上，在“实践中，经常出现被害方不谅解，不同意对犯罪嫌疑人、被告人从宽处理的情形，司法机关在作出处理决定时也常受此困扰”。[22] 在这种前提下，唯有当被害人与被追诉人两方都同意适用认罪认罚从宽程序时，程序才能得以启动，此时出于利己主义的考虑，程序效率毫无疑问将大打折扣。另一种担忧是，即便程序能够顺利运转，被害人的加入无疑将使程序整体复杂化，诉讼效率的提高会受到阻滞，认罪认罚从宽制度的效率价值无法实现。

需要指出的是，因考虑“效率优先”价值从而忽视被害人角色的观点并非

19　相关研究可参见陈卫东：《认罪认罚从宽制度研究》，载《中国法学》2016 年第 2 期；魏晓娜：《完善认罪认罚从宽制度：中国语境下的关键词展开》，载《法学研究》2016 年第 4 期；等等。

20　参见张泽涛：《认罪认罚从宽制度立法目的的波动化及其定位回归》，载《法学杂志》2019 年第 10 期。

21　左卫民：《认罪认罚何以从宽：误区与正解——反思效率优先的改革主张》，载《法学研究》2017 年第 3 期。

22　苗生明：《认罪认罚制度适用的基本问题——〈关于适用认罪认罚从宽制度的指导意见〉的理解与适用》，载《中国刑事法杂志》2019 年第 6 期。

什么新鲜发现，甚至有学者认为这仅仅是表面原因。[23] 我们或许更应该反思“效率优先”价值取向背后的逻辑及其问题。在笔者看来，这种“效率优先”的价值取向很大程度上体现的是一种国家权力中心主义的立场，其问题是：一旦在理论界定与制度设计的预期功能方面着重强调其助力于国家权力有效运作的话，那么根据“取乎其上，得乎其中；取乎其中，得乎其下；取乎其下，则无所得矣”的逻辑延展，在实践中则很有可能导致在对被追诉人、被害人的主体地位与诉讼权利保障方面步履维艰。同时，从实践运行结果来看，“效率优先”的主张在某种程度上演化为效率至上的片面价值观，并且引发了诸多问题。[24]

（三）检察机关对认罪认罚从宽制度适用率进行考核的政策导向

被害人在认罪认罚案件中的“缺位”问题，除了制度内部固有问题的成因之外，也受到了制度适用政策的影响。认罪认罚从宽制度是十分典型的以检察官履行主导责任为基础的诉讼制度设计，检察机关在认罪认罚从宽案件处理中主要承担有六大主导责任，[25] 因此，高质量落实认罪认罚从宽制度无疑是对检察官能力素质的极大考验。而在 2019 年 8 月召开的全国检察机关刑事检察工作会中，最高人民检察院提出，到 2019 年年底，认罪认罚从宽制度月适用率要提升至 70%，同时明确坚持月通报制度，对适用率偏低地区着力加强督促指导，保证制度适用率的持续均衡提升。强调制度适用率提升取得的实际成效是，2019 年 12 月，我国检察机关办理刑事案件认罪认罚从宽制度平均适用率超过 80%。[26] 根据最高人民检察院的态度，制度的推进遵循先适用率导向、后问题导向的思路，而制度中的被害人问题，恰恰通过适用率拔高的过程中得以放大。从逻辑和经验两个层面看，被害人的加入意味着对检察机关这一方面主导责任的承担提出更高的要求，对于检察机关而言，这种着力侧重点的分散会一定程度上阻碍制度的适用，换言之，为确保制度适用率的稳步提升，忽视案件中的被害人会成为检察官的一个惯性选择。

---

23 赵恒认为，“影响效率说”只是被害人被排斥参与认罪认罚从宽制度的浅层致因，深层致因是“理念冲突说”，即合作性司法理念与恢复性司法理念之间的张力关系。参见赵恒：《认罪认罚与刑事和解的衔接适用研究》，载《环球法律评论》2019 年第 3 期。

24 相关讨论可参见段陆平：《健全我国轻罪诉讼制度体系：实践背景与理论路径》，载《中国刑事法杂志》2021 年第 2 期。

25 卞建林：《多重角色决定检察机关在认罪认罚从宽中承担主导责任》，载《检察日报》2019 年 4 月 22 日。

26 单鸽：《最高检：2019 年 12 月全国认罪认罚平均适用率超 80%》，载最高人民检察院网站，https：//www. spp. gov. cn/spp/zdgz/202001/t20200119_ 453214. shtml，最后访问于 2020 年 10 月 13 日。

四、认罪认罚从宽制度中被害人角色的合理定位

关于如何合理地定位被害人在认罪认罚从宽制度中的角色这一问题，事实上并不容易回答。最高人民法院、最高人民检察院、公安部、国家安全部、司法部等机关一方面考虑要保障被害人的各项权利从而能够实现纠纷的实质性解决，另一方面又担心过于强调被害人的角色作用会导致被害人“漫天要价”“狮子大开口”。[27]我们认为，赋予被害人对是否适用认罪认罚从宽制度包括与之紧密关联的刑事速裁程序以实质性决定权的做法显然并不可取，因为这种在某种程度上演化成对程序简化一票否决的做法容易走向另一个极端，可能造成司法不公，导致案件结果显失公平，有违认罪认罚从宽制度的本意。[28]未来应当在秉持被害人角色在认罪认罚从宽制度中“相对独立地位”的基础上，[29]解决文本与实践对被害人过于忽视的问题。而对“相对独立”的理解与把握，我们认为大致包括以下两个方面：一是整体而言，在认罪认罚从宽程序中，被害人的利益仍由代表国家行使追诉权的检察机关代为主张，特别是在定罪程序中，被害人虽然有形式上的当事人角色，但实质性作用只能限定于发挥“被害人陈述”这一证据功能；二是允许被害人参与量刑协商，只是考虑到被害人在刑事诉讼程序中的相对地位，参与程度有限，主要包括充分的知情权、发表意见权、建议权等。[30]基于这样的一种逻辑思路，我们再来考察，不难发现上述几种权利都未得到应有的充分关注，特别是对被害人的意见发表权这一满足程序正义的最重要条件[31]的保障非常有限。因此，未来我们可以从进一步明确或加强被害人如下几个方面的权利具体展开认罪认罚从宽制度的完善。

（一）赋予被害人充分的知情权

知情权是诉讼中所有当事人最基本的诉讼权利之一，可以说，若通过赋予

---

27 徐浩然、刘方权：《认罪认罚从宽制度被害人“阻却权”问题研究》，载《河南财经政法大学学报》2020 年第 6 期。

28 参见秦宗文：《认罪认罚从宽制度实施疑难问题研究》，载《中国刑事法杂志》2017 年第 3 期。

29 与完全独立说相比，相对独立说更折中、更理性，更符合实际需要，也更易被实践认可或接受。参见孙道萃著：《认罪认罚从宽制度研究》，中国政法大学出版社 2020 年版，第 246 页。

30 参见叶青、吴思远：《认罪认罚从宽制度的逻辑展开》，载《国家检察官学院学报》2017 年第 1 期。

31 谷口安平认为，与程序的结果有利害关系或者可能因该结果而蒙受不利影响的人，都有权参加该程序并得到提出有利于自己的主张和证据以及反驳对方提出之主张和证据的机会。这就是“正当程序”原则最基本的内容和要求，也是满足程序正义的最重要条件。参见［日］谷口安平著：《程序的正义与诉讼》，王亚新译，中国政法大学出版社 2002 年版，第 11 页。

被害人一系列的权利以真正落实其在认罪认罚从宽程序中的参与，此间权利必都以知情权为前提和基础。在目前的制度中基本没有任何关于被害人知情权的明确规定，《刑事诉讼法》与《人民检察院刑事诉讼规则》中均只规定检察机关在审查起诉时，犯罪嫌疑人认罪认罚的，应当听取被害方对有关事项的意见，而对听取意见之前的情况告知只字未提；《指导意见》明确规定司法机关应当向被害方履行释明义务，但亦只限定在促进当事人和解谅解的过程中。在未对被害人进行充分信息开示的情况下要求其发表意见的规定无疑是空中楼阁，被害人在认罪认罚从宽案件中应当被赋予知悉被追诉人与案件进程相关信息的权利。在处理认罪认罚从宽案件的重要节点，公安司法机关应当向被害方释明其享有的权利与认罪认罚从宽制度的相关法律规定；被追诉人的基本信息，包括其具有的刑事责任能力与特殊身份，以及涉嫌的犯罪事实与罪名；被追诉人的认罪认罚情况与检察机关（可能）提出的量刑建议；案件目前的处理进展与认罪认罚从宽制度可能的适用结果；等等。就以上信息，一般应当以书面形式对被害方进行送达，以口头形式告知的，亦应当形成书面材料，以被害方签字或盖章的形式为确认，作为公安、司法机关告知义务履行的证明。

（二）充分保障被害人的意见发表权

如前所述，现行《刑事诉讼法》与《指导意见》中均有关于听取被害方意见的规定，但同时表述方式均为“应当听取”，而对被害方意见的具体影响效力与听取后的具体处理方式等均无明确的处理规则，这样模糊化的规定落实到现实操作中，很难说能起到聊胜于无的作用。另外，现行法律对被害方意见具体听取事项的规定限定于检察机关审查起诉阶段，亦未明确检察机关对意见应如何作取舍采纳，仅以“记录在案”为规定，实际上更多地偏向于以“听取意见”之名就条款事项对被害方行“通知”之实，未能体现被害方与检察机关间的互动关系。

认罪认罚从宽案件中对被害方意见听取的规定应当详细化并明确影响标准，此外，因认罪认罚从宽制度贯穿于刑事诉讼全过程，被害人意见听取也应当覆盖侦查、起诉与审判各阶段。根据《指导意见》，认罪认罚从宽当中的“从宽”包括实体从宽与程序从简，二者中任何一方的适用，在对被追诉人采取以“认罪认罚”换取的“从宽”处理的同时，从另一角度看，都是被害方权益的让步与减损。从公诉制度的发展进程看，刑事法律所保护的法益具有多元性，其中被害方是案件中不可辩驳的利害关系人，这决定了刑事案件尤其是当目前认罪认罚从宽案件所涉多为侵犯被害人人身、财产权益的罪名时，作为法益的承受主体，被害方在案件中应当具有一定的自我决定权，具体而言，被害人应当有权就认罪认罚从宽制度的适用与否发表意见。被害方应当有权对被追诉人悔罪的真诚度即“认罚”的真实性发表意见。目前，因制度呈现出“被追诉人—公安司法机关”的二元势态，即明显的公权力与私权利间“合作性司法”的理念，被害方在影响认罪认罚真实性判断的方面没有介入空间，是被迫保持缄默的一方。因对被追诉人是否真诚悔罪有最直接观感的被害方被避而不见，容易直接造成司法机关对“认罚”真实性的误判，因被追诉人在无须直面与司法机关、被害方三角交锋的情况下，容易以虚假认罚换取更为轻缓的处理，此时，对被追诉人认罚真实性的审查难度徒增，易使制度目的落空。对英美法系中“被害人影响陈述制度”进行适当借鉴与移植，允许被害人于检察机关拟定量刑建议之时，或当庭以书面或口头形式就犯罪行为对其人身、财产所造成的影响作出陈述并对检察机关提出的量刑建议发表意见，亦即赋予被害人一定程度的量刑参与权。如前所述，我国台湾地区的协商程序，审前协商中有涉及被害人切身利益事项的，非经检察官、被告、被害人三方合意不得适用，此即从另一方面确保了协商程序中被害人的量刑参与权。被害人的量刑参与权实际上是其深度参与诉讼的一种表征，[32]与其“当事人”的地位相称，允许被害人发表此种意见，有助于其情绪的疏解与被破坏社会关系的修复；借此亦可提高司法机关裁量对被害人的透明度，有助于司法腐败的抑止与司法信任感的提升。

（三）明确被害人提出异议的权利与方式

被害人在诉讼过程中有独立的诉求，正如前文对公诉机关角色的分析中所提及，公诉机关的追诉权理论上应当包含对被害人私益的维护，但实际情况与理论存在差距，通常情况下，就案件的处理，被害人与检察机关之间存在微妙的冲突，若冲突只能通过申诉处理甚至根本无从化解，将给制度功能的真正实现造成不小障碍。因此，应当赋予被害人提出异议权，更重要的是对被害人异议的处理方式。《指导意见》中规定，被害方对从宽处理提出异议的，不影响制度的适用，这种一刀切的处理规定实质上明确剥夺了被害方的程序启动异议权，其合理性有待商榷。规则的制定者或许对“异议权”有一定的误解，赋予被害人多方面的异议权，与赋予其意见发表权一样，并不代表将决定的权力交由被害方行使，而是为被害人与司法机关相冲突的意见观点提供发表与提出的程序空间、给予一定的法律效力。司法机关在听取被害方意见、接收其异议后应当

32 刘少军：《认罪认罚从宽制度中的被害人权利保护研究》，载《中国刑事法杂志》2017年第3期。

予以重视，进行考虑与审查，在作出正当性、合理性判断后对被害方进行回应并作出理由的说明，对此可以采取出具专门书面文件或写入裁判文书说理部分的形式。允许被害人在程序中提出异议并及时应对，可以避免被害人在参与案件处理过程中受到来自司法机关无形的以及不必要的“二次伤害”，纾解被害人与司法机关之间无意义的对立情绪，保证认罪认罚从宽制度的良性运作。

地方长租房政策完善的制度基础与实践展开

刘亚娟*

【内容提要】 中央文件明确提出了“完善长租房政策”的要求，但具体政策措施还未出台。地方政府应当根据中央政策导向，在居住权、廉租住房和公共租赁住房制度提供的制度框架下，充分利用地方政策制定权和地方立法权发展完善长租房制度、出台长租房政策措施。具体来说，要明确长租房在住房保障体系中的地位，建立和完善长租房的供应和管理机制，及时实现长租房政策落地，在提升地方住房保障水平的同时为国家长租房政策完善和制度建设积累经验。

【关键词】 长租房政策　制度基础　政策落实　地方立法

经过多年努力，我国已经基本建立了租售并举、实物保障和货币补贴并重的住房保障体系，为公民住房权特别是城镇居民住房权的实现提供了强有力的保障。[1]但是，由于住房需求不断增长、政府财力有限、管理制度仍存缺陷等原因，我国多数城市的保障性住房供给仍存在不足甚至严重不足，“有效增加保障性住房供给”是《中共中央关于制定国民经济和社会发展第十四个五年规划和二〇三五年远景目标的建议》（2020 年 10 月 29 日中国共产党第十九届中央委员会第五次全体会议通过）明确提出的任务之一，其中更是明确提出要“完善长

---

* 刘亚娟——广东技术师范大学法学与知识产权学院讲师、法学博士，主要研究领域：行政法、房地产法。本文是广东省哲学社会科学“十三五”规划 2020 年度一般项目“住房保障的政府义务及其制度实现”（项目编号：GD20CFX16）的阶段性成果。

1　参见汤闳淼、冯彦君：《当代中国住房权的实现路径——以保障房制度为中心的分析》，载《社会科学战线》2017 年第 5 期。

租房政策”。[2] 完善长租房政策是今后住房保障工作的重点之一，正确认识长租房政策的意义，并以现行法律制度为基础推行合理的政策措施，是地方层面落实中央精神“完善长租房政策”的基本途径。

一、完善长租房政策的意义和目标

（一）完善长租房政策的意义

住房是人的基本生活需求，住房权已经成为国家社会公认的基本人权，是指每个公民有获得维持其本人及家庭成员生存、生活必需的住房权利，住有所居。[3] 传统社会居民获得住房的基本方式是建造或者购买房产，即获得住房所有权以供居住。现代社会特别是城市社会已经不再强调所有权对解决居住问题的意义，而是更加注重住房租赁在解决居住需求方面的重要作用。[4] 相对于自有住房，租赁住房能够实现住有所居的目标，并且具有成本低、选择面广、更换便利等优势，因此住房保障中也将提供租赁住房作为重要的保障方式。[5] 但是，租赁住房也存在明显的缺陷，即对居住人来讲稳定性不足，面临租期难以固定、租金可能波动等问题，不利于安居乐业。

而长租房是能够吸收产权型住房和租赁住房优势的住房需求满足方式。一方面，通过租期的长期化、固定化，可以克服一般租赁关系不稳定的问题；另一方面，长租房仍然具有租赁住房的成本低等优势。因此，完善长租房政策、大力推进长租房，既是解决目前城镇特别是大城市的居民住房困难问题的有效途径，也是完善住房保障体系、丰富和改进住房保障方式的重要途径。长租房包括市场提供的长租房和政府住房保障提供的长租房，后者是政府完善长租房政策的重要方面，也是住房保障改革的重要内容。

（二）长租房政策的目标定位

住房保障政策体系中，长租房政策是在充分认识到产权型保障房、租赁型

2　2021年两会政府工作报告也提出要“规范发展长租房市场，降低租赁住房税费负担”，这是“解决好大城市住房突出问题”的基本途径，也反映了完善长租房政策的重要意义。

3　参见金俭、梁鸿飞：《公民住房权：国际视野与中国语境》，载《法治研究》2020年第1期。

4　2016年5月17日，国务院办公厅发布《关于加快培育和发展住房租赁市场的若干意见》（国办发〔2016〕39号），肯定了租赁住房对改善城镇居民住房条件的重要作用，并提出了加快培育和发展住房租赁市场的总体和具体要求。

5　我国住房保障体系中，经济适用房等产权型保障房和廉租房、公租房等租赁型保障房基本上并行发展，近年来逐步加大了廉租房的政策扶持力度，2007年建设部等9部委发布了《廉租住房保障办法》。

保障房以及住房货币补贴制度不足的基础上，近年来开始推广的新政策。可以预见，基于长租房的特殊优势，长租房政策在住房保障体系中的地位将越来越重要。首先，长租房具有替代产权型保障房的作用。经济适用房、全成本微利房等产权型保障房都存在政府土地供应压力大等问题，包括共有产权保障性住房的政策作用也不宜高估，[6]产权型保障房的政策可持续性面临较大问题，需要新的政策手段弥补甚至替代。长租房在提供稳定住房保障方面与产权型保障房作用相似，可以实现对后者的有效替代，长租房政策对产权型住房保障政策也具有替代作用。其次，长租房将成为租赁型保障房的主要类型。长租房本质上仍是租赁住房，但从期限、稳定性上可以克服一般租赁的缺点，因此长租房政策应当成为租赁型住房保障政策的重点。综合来看，长租房政策的目标应当定位于为社会中低收入的无房群体提供稳定的住房保障，逐步成为住房保障政策的重心。

二、完善长租房政策的制度基础

住房保障是现代政府的基本职能，我国已经建立了相对完备的住房保障体系，虽然《住房保障法》的制定仍处于拟议阶段，但以法规和规章等建立的住房保障制度已经基本形成体系。不管是产权型保障房还是租赁型保障房，住房保障政策的推行都需要法律制度的支持，在政府住房保障制度体系之下运行。在更具体的层面，住房保障政策的推行还需要以所有权制度、租赁合同制度等作为依据，长租房政策也需要相应的制度基础。

（一）政府住房保障体系

完善长租房政策主要是在住房保障的语境下提出的，在国家规划中是“有效增加保障性住房供给”的重要途径，本文也在住房保障体系下讨论长租房政策问题。基于此，完善长租房政策的最基本依据是政府的住房保障政策和制度体系。我国住房保障的统一立法仍未完成，但是住房保障具体制度的法规规章以及政策性文件已经形成了体系，基本可以支撑住房保障工作的开展。在租赁型保障房领域，有部委规章《廉租住房保障办法》（2007 年）和《公共租赁住房管理办法》（2012 年）建立基本的制度规范。长租房在性质上仍属于租赁住房，根据政策补贴力度可以分别纳入廉租房和公共租赁住房的制度框架。在此意义上，现有住房保障制度可以为长租房政策的实施提供基本的制度支持。

但是，现有制度也存在不适应长租房发展需要之处，且需要继续加以完善。

6　参见王东亚：《关于共有产权住房政策的理性思考》，载《市场周刊》2019 年第 5 期。

《廉租住房保障办法》并未对租赁期限设定限制，但是规定了每年进行家庭人口、收入等变动情况申报和审核制度，并且不再符合规定条件的承租人应当退回廉租住房。《公共租赁住房管理办法》第 18 条规定“公共租赁住房租赁期限一般不超过 5 年”，也不利于建立长期稳定的租赁关系。

（二）居住权制度

居住权是我国《民法典》规定的新制度，可以从“合同约定”“房屋使用”和“生活需求”三个方面进行界定，性质上属于新型的用役物权。居住权制度以保障弱势群体的居住利益为最主要的目的，应当以社会性居住权为主，但也不排斥投资性居住权的设立。[7] 从居住权的社会性来看，居住权制度可以引入住房保障体系，建立保障性居住权制度，作为住房保障体系的重要组成部分。

《民法典》对居住权制度进行了基本规定，[8] 可以容纳由政府提供房源、在其上设立保障性居住权的制度空间。首先，作为居住权客体的住宅可以由政府提供。居住权是对“他人住宅”的占有、使用权，政府以住宅所有权人身份签订居住权合同并无法律上的障碍，民法居住权制度可以为住房保障制度所借鉴，作为建立保障性居住权的基础。其次，居住权的操作规则可以满足为住房困难家庭提供住房保障的需求。居住权的设立以无偿为原则、有偿为例外的规定，可以适应保障性住房低价甚至无偿的特点。居住权的长期性有助于为住房困难家庭提供稳定的住房保障。其他的合同形式、登记程序要求，都可以在政府设立保障性居住权的过程中运用。因此，以民法居住权制度为基础，可以在政府住房保障体系中发展保障性居住权制度，即由政府提供住宅为住房困难家庭设立长期、无偿或者低价的居住权，满足住房困难家庭的基本住房需求。

而且，相对来讲，居住权具有现有住房保障方式都不具备的优势，一是居住权以保障对象的居住权益保护为直接目标，既不会因为产权转移造成政府住房保障成本的难以负担，又实现了“住有所居”这一住房保障的核心目标。二是居住权的物权属性具有更高的稳定性，相对于住房租赁更有利于保障居住人的权益。虽然居住权合同可以约定期限，但是这一期限可以是长期的，甚至到居住权人去世为止，可以克服租赁型保障房不稳定的根本缺陷。因此，虽然居

---

7 参见谭启平、付一耀：《〈民法典〉居住权制度体系及其实现路径》，载《江西社会科学》2020 年第 12 期。

8 《民法典》第 366 条至第 371 条规定了居住权制度。其中第 366 条是基本规定，明确“居住权人有权按照合同约定，对他人的住宅享有占有、使用的用益物权，以满足生活居住的需要”，确立了居住权制度的框架。其他条文从居住权合同、无偿原则与登记要求、交易限制等角度规定了居住权制度的具体内容。

住权在性质上属于用役物权，区别于租赁住房获得的住房使用权，但是从制度特点来看，居住权制度高度契合了“长租房”的政策目标，在我国住房保障制度完善过程中，可以引入保障性居住权制度来完善住房保障体系，作为特殊的类型来推动和完善长租房政策。

（三）租赁合同制度

租赁合同是我国《合同法》《民法典》规定的重要合同类型，长租房政策的推行也需要运用租赁合同制度来支持政府的住房保障政策实施。现行廉租房、公租房制度也以租赁合同制度来运行，不管是形式上还是实质上都遵循租赁合同的基本规则。在推行长租房政策的过程中，租赁合同制度仍然是重要的法律制度依据，区别在于租赁期限的长短。在租赁期限方面，《民法典》保留了《合同法》的规定，即“租赁期限不得超过二十年。超过二十年的，超过部分无效”。长租房政策的实施，原则上也应当遵守这一规定，但不超过 20 年的规定仍有较大的弹性空间，可以为长租房政策的推行提供支持，例如签订 10 年以上的租赁住房合同。

三、地方政府推行长租房政策的基本措施

在中央“完善长租房政策”的明确指引下，地方政府应当积极运用已有法律制度推行长租房政策，拓展和创新住房保障方式，推动我国住房保障体系的完善，更大程度满足居民特别是困难家庭的住房需求。具体来说，地方政府推行长租房政策的基本措施应当包括以下几个方面。

（一）明确长租房的政策地位

近年来，中央越来越强调长租房政策的重要性，原因在于住房保障的产权模式和租赁模式都存在缺陷，特别是既有的住房保障方式面临不同程度的推行困难或者效果欠佳，而长租房作为租赁模式的特殊形态，可以克服产权模式和一般租赁模式的不足。但是到目前为止，长租房政策还处于宣传、启动阶段，并未形成政策文件、明确具体的政策措施，事实上存在政策地位不明的问题。在此背景下，地方政府应当积极回应中央的政策导向，开展长租房政策的探索，为下一步中央政策的出台积累经验。改革试点复制推广是中国共产党治国理政的重要方法，[9] 在我国长租房政策的完善过程中也可以采取这一模式。这首先需

9　参见张克：《新中国 70 年改革试点复制推广机制：回顾与展望》，载《南京社会科学》2019 年第 10 期。

要明确长租房在住房保障体系中的地位，将长租房政策作为住房保障政策的重要内容，并强调与其他住房保障方式的衔接。

一是尽快出台长租房政策文件。中央的政策导向需要具体的落地文件，地方政府应当结合当地实际尽快出台长租房政策文件，对长租房的具体形式、实施范围、保障对象进行明确，并纳入住房保障体系进行管理。虽然法律制度上具有实施长租房政策的基础，但是在住房保障领域，如果缺乏政府的政策推动，长租房难以成为主要的住房保障方式。

二是明确长租房保障与其他住房保障方式的关系。在满足居民特别是住房困难家庭之住房需求的目标下，需要政府提供多样化、多层次的住房保障。[10]当前产权型保障房在进行结构性优化，租赁型保障房和住房货币补贴也在全面推行，强调长租房的目的在于丰富住房保障方式、更好地满足居民住房需求，部分替代已有住房保障方式的作用。因此，应当明确长租房与既有住房保障方式的关系，首先是对产权型保障房的替代作用，即能够以长租房为住房困难家庭提供稳定住房保障的，应当优先考虑长租房方式，以减轻政府住房保障的土地等压力。其次应当明确长租房是廉租房的特殊类型，并逐步替代廉租房，与公共租赁住房共同构成租赁型住房保障的主要方式。长租房由政府直接提供，面向无收入或者最低收入的住房困难家庭；公共租赁住房由政府或者政府批准的单位提供，面向住房有临时性困难或者较低收入的住房困难家庭。

（二）建立长租房的供应机制

保障性住房的供应是住房保障的核心问题，长租房政策的推行也要重点解决长租房的供应问题。从住房保障制度的运行情况看，保障性租赁住房具有可支付性和安全方面的优点，但在可获得性方面仍较为欠缺。[11]提升长租房可获得性的根本途径是增加长租房房源供应、理顺供应机制。

首先，要在规划层面做好长租房政策实施的预先安排，在制定地方住房保障规划时明确长租房的支持措施，[12]并与土地利用总体规划、城市发展规划等相互衔接，对长租房政策实施所需的土地供应、财政支持进行合理安排。相对来讲，长租房更需要政策的稳定性和政府的持续投入，因此需要更长远和更合理的规划。

---

10 参见焦光前：《完善住房保障体系的目标及方法》，载《人民论坛》2019年第35期。

11 参见严荣：《住房租赁体系：价值要素与“三元困境”》，载《华东师范大学学报（哲学社会科学版）》2020年第3期。

12 目前各地尚未将长租房政策纳入地方住房保障规划之中，如广东省目前执行的《广东省住房保障规划（2019—2022）》中，并未涉及长租房政策。

其次，要完善长租房建设的资金保障机制。保障房建设的主要瓶颈之一是资金缺口问题，租赁型保障房建设更需要政府加大公共预算用于保障性住房建设的资金规模，同时创新融资模式、加强保障性住房建设的政策性金融支持。[13] 长租房建设的资金投入是保障供应的关键，地方政府完善长租房政策的重要支撑是加大财政支持力度，并理顺政策性金融支持措施，为长租房的房源建设提供充分的资金保障。

有规划和资金支持，地方政府组织建设并保有一定数量的长租房房源，是长租房政策实施的直接保证，可以最终供应给符合条件的住房困难家庭。

（三）完善长租房的管理机制

长租房的“长期”“租赁”特征决定其管理的复杂程度要高于产权型保障房和廉租房、公共租赁住房的管理。租赁关系意味着政府或其委托的机构作为出租方始终承担一定的管理责任，而长期性又使分配、退出时实现公平管理更加困难，日常管理工作更加繁重。完善长租房的管理机制应当抓住以下几个关键环节。

首先，要建立长租房的公平分配机制。住房保障准入资格存在漏洞以及分配机制缺陷一直是保障房管理的难点，[14] 长租房更需要公平的分配机制来保障其有效运行。政府应当从准入资格设定、保障对象分类管理、分配规则优化等角度建立长租房的公平分配机制，提升住房保障制度的公平性。

其次，要完善长租房的日常管理机制。长租房的优势在于为保障对象提供稳定的住房预期，其长期性意味着住户相对固定，而且保障对象是最困难的群体，因此长租房的管理和服务要求更高，需要从生活设施配套、社区关系等层面加强管理工作。

最后，要建立长租房的合理退出机制。长租房以长期为特点，甚至可以提供终身住房保障，但仍具有非产权属性，保障对象最终退出长租房是必然的。这需要在提供稳定保障和建立合理退出标准、退出规则方面保持平衡，建立公平合理的退出机制。

四、地方长租房政策完善的制度展开

在建立上述长租房政策框架的基础上，地方政府还需要配套的制度规范来

---

13 参见胡吉亚、胡海峰：《对保障性住房建设融资问题的思考》，载《理论探索》2020 年第 2 期。

14 参见张琪：《保障房的准入与退出制度研究：一个国际比较的视角》，载《社会科学战线》2015 年第 6 期。

配合和保障政策的落实。地方层次的规则要建立在国家层面相关法律制度的基础上，对具体的操作性规则进行补充和细化，包括以居住权制度为基础完善保障性居住权规则、推进建立廉租房的长期合约制以及推动公共租赁住房合同的长期化等方面。

（一）完善保障性居住权的地方规则

居住权作为《民法典》规定的基本民事制度，其基本结构并无太大的改造空间。从民法的规定来看，居住权的性质属于用役物权，但是从其法律关系的稳定性、以合同为载体的特征看，居住权制度符合发展长租房的政策方向，即从追求“居住有其屋”向“住有所居”转变，[15]可以为长租房政策的落实提供制度支持。

地方政府可以利用居住权制度的基本规则来开展住房保障制度的创新，抓住政府作为居住权的设立主体这一关键要素，在居住权设立过程中将政府的住房保障目标融合进去，例如在选择居住权人、确定居住权无偿还是有偿设立、居住权期限、居住权终止条件等方面，政府都可以以住房所有权人身份通过合同途径来提出要求。

基于此，地方立法可以对政府以保障房设立保障性居住权的具体规则进行明确。由于涉及政府的基本住房保障职责，地方性法规是完善地方住房保障制度的优先选择，但事实上各地还以地方政府规章或者规范性文件的方式规范住房保障工作，保障性居住权制度宜由地方性法规来规定。在具体内容上，首先，要明确政府可以通过设立居住权来提供住房保障，将居住权制度引入住房保障体系。其次，要规定政府组织房源的方式、提供居住权的对象范围和条件、居住权的期限和终止条件、居住权合同和房源的管理制度等。

（二）建立廉租房的长期合约制

保障性居住权制度推行后，可以在很大程度上替代廉租房制度，但是制度的转轨需要较长的周期，而且廉租房制度作为已经运行较长时间的住房保障制度，也具有一定优势和自身存在的价值。针对目前租赁型保障房的稳定性不足问题，可以探索延长廉租房的租赁期限，适当扩大廉租房长期合约的适用范围，在廉租房制度框架内实现发展长租房的政策目标。这需要对廉租房制度进行调整，针对《廉租住房保障办法》未明确的租期规定，地方在制定或者修订廉租

---

15 参见申卫星：《从“居住有其屋”到“住有所居”——我国民法典分则创设居住权制度的立法构想》，载《现代法学》2018年第2期。

住房管理制度时，可以从以下几个方面推动建立廉租住房的长期合约制。

一是规定廉租房长期租约的适用原则和空间。针对建设部规章对廉租住房租期规定的模糊性，结合地方发展长租房的现实需要，明确廉租住房合约长期化的方向，并规定长期租约的适用范围和条件。

二是规定廉租住房的最低租期。参考中国香港等地的保障性住房管理经验，[16]明确符合特定条件的保障对象租赁廉租住房的不低于10年，在10年租期内不再根据保障对象的经济状况变化进行动态调整，以鼓励保障对象积极参加工作提高收入，稳定住房租赁关系。

三是规定首次租赁期限届满后的动态调整期限。在廉租住房首次10年租期届满后，以及之后每3年或者5年期限届满时，再重新审核保障对象的经济条件等，以决定是否续租，重新审核和调整不宜过于频繁，目的仍在于提供稳定的住房预期。

（三）推动公租房合同的长期化

公共租赁住房是住房保障的重要方式，在政府提供的公共租赁住房之外，还可以在政策允许范围内鼓励各类单位积极建设公共租赁住房，为本单位乃至政府确定的保障对象提供租赁住房。公共租赁住房的基本定位是保障临时性、中等至较低收入无房家庭的住房需求，应当允许以短期租赁合同为主，以保持保障房供给的灵活性。同时，为了建立稳定的劳动人事关系，为特定人群提供长期的住房保障，全面推动长租房政策的落地，也应当鼓励针对特定对象的公共租赁住房实行长期合约制，即签订5年以上的公共租赁住房合同，这需要突破建设部规章“租赁期一般不超过5年”的原则规定，在地方立法中进行明确规定。

结语

中央提出“完善长租房政策”是基于我国住房保障制度发展的现实需求，为地方住房保障制度的发展指明了方向。在国家关于长租房的政策文件出台前，地方政府应当依据国家规定的基本制度，结合中央政策精神出台地方的长租房政策和配套制度，以廉租房制度的改造为重点，扩大解释居住权建立保障性居住权制度，推动公共租赁住房合同的长期化尽快实现长租房政策落地，提升地方住房保障工作水平，并为全国性的长租房政策制定和制度出台积累经验。

---

16 参见毛小平：《香港公屋准入管理模式及其对内地的启示》，载《北京交通大学学报（社会科学版）》2015年第4期。

行政复议驳回复议申请决定的反思与重构

崔梦豪*

【内容提要】行政复议驳回复议申请决定是《行政复议法实施条例》新增的一种复议决定类型，从制定之初就备受争议。新修订的《行政诉讼法》重新定位了驳回诉讼请求判决，同时重新建构了复议维持共同被告制度，使得行政复议驳回复议申请决定的相关争议更加复杂化。通过对驳回复议申请决定立法背景的考察可知，当时增加此种决定类型有充分的理论基础和现实的需求。通过对驳回复议申请决定的法规范和典型案例的考察可以看出，驳回复议申请决定的适用范围、监督权和法律效力等方面存在比较突出的问题。在《行政复议法》修订过程中，需要从立法上对驳回复议申请决定进行重构，将之区分为驳回复议申请决定和驳回复议请求决定两种类型。鉴于这两种类型的复议决定存在本质上的区别，其定位、适用范围等主要内容需要重新厘定。

【关键词】行政复议决定　驳回复议申请决定　驳回复议请求决定　法规范　典型案例

一、问题的提出

司法部于2020年11月24日公布了《中华人民共和国行政复议法（修订）（征求意见稿）》，当前关于《行政复议法》的修订工作还在进行当中，关于行政复议决定的重新建构是一项重要的内容。驳回复议申请决定是2007年的《行

* 崔梦豪——中国政法大学博士后，华东政法大学行政复议中心研究人员，主要研究领域：行政法。本文系司法部2019年度国家法治与法学理论研究项目“行政复议制度改革研究”（项目编号：19SFB2016）阶段性成果。

政复议法实施条例》（以下简称《实施条例》）为了满足实践的需求而新增加的一种类型，并不是《行政复议法》中规定的决定类型，该条例第48条明确驳回复议申请决定适用的两种具体情形：申请人认为行政主体不履行法定职责，全面审查后发现被申请人不构成不作为和受理行政复议申请后，发现被申请人的行为不符合行政复议受理条件的。该条实际上并未严格区分驳回行政复议请求与驳回行政复议申请。[1]从理论上来说，这条规定并不符合复议决定精细化的要求，因此从制定之初就饱受争议。从官方的统计数据来看，驳回复议申请决定在实践中的适用率是逐渐提高的，在2019年所有类型的行政复议决定中[2]，驳回复议申请决定的适用率依旧维持在10%以上。同为行政争议解决法定途径的行政诉讼，新修订的《行政诉讼法》用驳回原告诉讼请求的判决涵盖了原先的维持判决。同时在《最高人民法院关于适用〈中华人民共和国行政诉讼法〉的解释》（以下简称《行诉解释》）第69条规定了立案后适用裁定驳回起诉的10种具体情形。由此可见，在行政诉讼中判决驳回诉讼请求的适用范围发生了质的变化，同时与程序上的裁定驳回起诉严格区分。并且在行政复议机关共同被告制度中，《行诉解释》第133条把适用于不作为案件的驳回决定也纳入复议机关决定维持原行政行为的范畴之内。行政诉讼中的这些规定凸显了行政法相关理论的发展和实践中行政争议的复杂化，在《行政复议法》修订之际有必要重新审视行政复议中已经实施了十几年的驳回复议申请决定，需要直面理论上和实践中存在的问题，从而进一步完善行政复议决定的类型及其适用情形。

2008年以来驳回复议申请决定的适用数据[3]

年份	2008	2009	2010	2011	2012	2013	2014
数量	1918	2360	3755	5097	5056	8132	9405
比例	2.89%	3.65%	4.84%	6.04%	5.50%	7.64%	7.59%
年份	2015	2015	2016	2017	2018	2019	
数量	12948	12948	18061	23961	23721	18701	
比例	9.11%	9.11%	11.86%	12.37%	12.06%	10.12%	

1 张越著：《行政复议法实施条例适用指南》，群众出版社2007年版，第316页。

2 2019年各种复议决定所占比例为：维持决定50.62%，驳回决定10.12%，确认违法3.50%，撤销决定10.86%，变更决定0.20%，责令履行1.49%，调解和解9.80%，其他终止11.17%，其他2.26%。

3 数据来源于中华人民共和国司法部官方网站，http：//www.moj.gov.cn/Department/node_601.html，最后访问于2021年4月28日。

二、驳回复议申请决定的立法背景

驳回复议申请决定在 1991 年实施的《行政复议条例》和 1999 年实施的《行政复议法》中都没有相关规定，这是 2007 年《实施条例》新增加的一种复议决定类型。驳回复议申请决定作为行政复议制度的一大创新，其制度价值在于：化解不作为案件中适用维持决定所可能引发的逻辑矛盾和畅通复议通道，化解不当受理后的程序困境。[4] 那么增加驳回复议申请决定的理论依据和实践基础是什么呢？

（一）驳回复议申请决定的理论依据

《行政复议法》在起草制定过程中把驳回复议申请决定定性为内部监督制度，因此其中的各项制度的构建都是以此为基础的，这也为行政复议制度的客观法属性奠定了基础。在行政复议中，复议机关需要脱离复议申请人的复议请求，从各个方面对被复议的行政行为进行法律认定，因此驳回复议申请决定并无存在的必要性。同为客观法属性的行政诉讼制度，在 1989 年的《行政诉讼法》中也没有驳回诉讼请求这一判决方式，2000 年的《最高人民法院关于执行〈中华人民共和国行政诉讼法〉若干问题的解释》（以下简称《若干解释》，现已失效）通过第 44 条首次明确了裁定驳回起诉的 11 种具体适用情形，同时第 56 条[5] 也明确了驳回原告诉讼请求判决的三种具体适用情形和兜底性规定，至此裁定驳回起诉和判决驳回诉讼请求在行政诉讼中得以确立。但关于是否要增加驳回诉讼请求在当时产生了很大的争议。支持增加的理由有三点：第一，《行政诉讼法》规定的判决形式不能包括所有情形；第二，《民事诉讼法》中有驳回原告诉讼请求这一判决方式；第三，借鉴域外的相关制度。[6] 这三个理由并没有从理论上进行充分的说明。反对增加的也有三个理由：第一，驳回诉讼请求判决仅仅是否定了原告的诉讼请求，却舍弃了对审查对象的合法性评价，违背了行政诉讼的基本原则和功能要求；[7] 第二，违反了被告对其行为的合法性承担举

---

4 徐晓明：《驳回行政复议申请决定方式研究》，载《现代法学》2007 年第 6 期。

5 《最高人民法院关于执行〈中华人民共和国行政诉讼法〉若干问题的解释》第 56 条：有下列情形之一的，人民法院应当判决驳回原告的诉讼请求：（一）起诉被告不作为理由不成立的；（二）被诉具体行政行为合法但存在合理性问题的；（三）被诉具体行政行为合法，但因法律、政策变化需要变更或者废止的；（四）其他应当判决驳回诉讼请求的情形。

6 江必新、梁凤云著：《行政诉讼法理论与实务》（第三版），法律出版社 2016 年版，第 1705 页。

7 张树义主编：《寻求行政诉讼制度发展的良性循环》，中国政法大学出版社 2000 年版，第 241－242 页。

证责任的基本要求；第三，在实践中也并不需要，完全可以考虑用确认行政行为不违法、原告的诉讼请求不予支持等形式的判决。争议的焦点最终落脚于行政诉讼的功能理解不同，反对者的观点主要是担心弱化法院对行政行为的合法性审查，而支持者的观点主要是基于化解行政争议，应当淡化对行政行为合法性进行审查。最终最高人民法院也给出了增加的三个理由：第一，有利于行政侵权案件的审理；第二，有利于法院对原告提供的证据的真实性进行审查；第三，有利于法院的审查对象和原告的诉求达到统一。[8]之后一段时间，对于起诉被告不作为理由不成立适用判决驳回诉讼请求已经达成了共识，但是对于第56条的第2、3、4项的争议依旧存在，他们担心法院会滥用兜底性的规定放弃合法性审查的职责，在2002年、2003年、2004年法院适用驳回判决的数量[9]也确实超过了维持判决。行政诉讼中关于驳回判决的这些争议与共识为2007年《实施条例》增加驳回复议申请决定奠定了基础，在借鉴的过程中对其进行了完善：首先强调了行政复议制度解决行政争议的作用，正是这种理念的转变为后面增加驳回复议申请决定提供了理论和制度支撑。其次经过实体审查后能适用驳回复议申请决定的只规定了一种针对被申请不作为的案件，避免复议机关滥用驳回复议申请决定。

（二）驳回复议申请决定的实践需求

1999年施行的《行政复议法》中的行政复议决定类型有维持决定、责令履行决定、撤销决定、变更决定、确认违法决定以及责令重作决定这6种决定类型，以满足不同类型案件的审查需求。在行政诉讼中，2000年的《若干解释》增加判决驳回诉讼请求和裁定驳回起诉凸显了行政争议的复杂化，这就导致某些类型的案件通过行政复议或者行政诉讼会导致不同的结果，而在行政复议中由于复议主体的不同导致决定类型选择适用的不统一。在实践中，有的部门提出，当时行政复议中的六种复议决定都很难适用这种情形：申请人针对不作为进行复议但是其理由不成立的情形该如何处理？在当时肯定性行政复议决定只有维持决定，维持决定针对的是一个行政行为，而不作为还未构成一个完全的行政行为，自然没有维持的对象。在复议实践中，有的复议主体直接作出终止决定，有的参照行政诉讼的相关内容适用驳回行政复议申请决定。[10]有的适用确认合法决定，例如2001年《湖南省实施〈中华人民共和国行政复议法〉办

---

8 江必新、梁凤云著：《行政诉讼法理论与实务》（第三版），法律出版社2016年版，第1707页。

9 2002—2004年维持判决和驳回判决的数量分别为：15520件和18432件，16356件和17518件，16393件和17470件。

10 张越著：《行政复议法实施条例适用指南》，群众出版社2007年版，第297页。

法》第25条规定了行政机关的不作为具有合法依据的，复议机关可以作出确认合法决定。因此，《实施条例》借鉴行政诉讼中的相关内容，在行政复议中增加了针对不作为案件的驳回复议申请决定以保证法制的统一。

我国行政复议制度的受案范围是通过多种方式进行规定的，首先明确了已经类型化的行政行为，其次用一条兜底性的条款进行概括和补充，最后又明确排除了一些行为类型。随着行政职权的不断扩大，行政行为的类型越来越复杂化，一些行政行为很难直接通过明确规定的条款来判断其是否属于行政复议的受案范围。针对一个复议申请是否被复议机关受理，除了被申请复议行为关键性问题以外，还需要满足其他一些条件，但是《行政复议法》对申请复议的其他条件不甚明确。同时《行政复议法》明确规定复议机关应在5日内对复议申请行为进行审查，如果不予受理必须给出明确的书面理由，否则5日的期限一过就相当于受理了案件。在实践中，由于行政复议受理期限过短并且行政复议受理的审查仅限于形式审查，出现行政复议申请本来不符合《行政复议法》规定但被错误受理的情形。[11] 对于这种情形，北京市政府曾在2003年向国务院法制办公室请示，国务院法制办公室明确指出：行政复议机关受理行政复议申请后，发现行政复议申请不符合《行政复议法》规定的，可以决定终止行政复议。[12] 但是《行政复议法》中仅仅规定了申请人撤回复议申请时行政复议终止的一种情况，国务院法制办公室复函中提到的适用终止的情形是否合法是值得商榷的。因此在《实施条例》中国务院法制办对此观点进行了修正，他们认为按照司法实践的做法，针对错误受理的情形应驳回申请。[13]

从驳回复议申请决定的立法背景可以看出，驳回复议申请决定基本上借鉴了行政诉讼中关于判决驳回诉讼请求和裁定驳回诉讼申请的相关理念，但是并没有严格区分从程序上驳回申请人的复议申请权和从实体上驳回申请人的请求。应该说行政复议中驳回复议申请决定的增加相较于行政诉讼中的裁定驳回起诉和判决驳回诉讼请求既有进步的一面，也有倒退的一面。从总体上来说，在《实施条例》中增加了驳回复议申请这一决定类型，并明确其适用的两种具体情形，满足了行政复议实践的某些需求，在一定程度上保证了法制的统一，但是依旧存在着一些无法回避的问题。

---

11 曹康泰主编：《中华人民共和国行政复议法实施条例释义》，中国法制出版社2007年版，第199页。

12 《国务院法制办公室对北京市人民政府法制办公室〈关于终止审理余国玉复议案件的请示〉的复函》（国法函〔2002〕3号）。

13 国务院法制办公室行政复议司编著：《中华人民共和国行政复议法实施条例释解与应用》，人民出版社2007年版，第183页。

三、驳回复议申请决定的法规范分析及理论争议

在《实施条例》的制定过程中，不管是2005年9月26日的征求意见稿，还是2006年1月22日的修改稿，都没有关于驳回决定的相关内容。其中都规定了受理后发现不符合受理条件的是适用终止，同时增加确认合法决定作为维持决定的例外。[14]关于受理后发现不符合受理条件适用中止和增加确认合法决定作为维持决定的例外的两项内容没有被最终的《实施条例》所采纳，而是增加驳回复议申请这种决定类型，明确规定适用的两种不同情形，并且例外性地增加了上级机关对此种决定的监督权。对其他相关问题并没有规定，自此以后针对驳回复议申请决定的适用情形和效力的争议一直不断。在关于行政复议制度的地方性法规、地方政府规章以及部委规章中，对此又有很多创新性的规定，使得驳回复议申请决定的争议更加复杂化。

（一）适用情形

《实施条例》第48条[15]规定了驳回复议申请的两种具体适用情形。第一种适用情形是针对不作为案件的，复议机关经过实体审理认为被申请人不构成不作为的，针对申请人的复议请求进行驳回。同时对具体不构成不作为的情形加以明确，只包括没有法定职责和受理前已经履行职责两种情况。从文义解释来看，只能针对被申请人没有法定职责或者受理前已经履行法定职责的不作为案件进行驳回，而不能针对其他情形之下不构成不作为的情形进行驳回。应该说这样的规定很难应对不作为案件的复杂情形，因为没有法定职责只是行政机关不构成不作为的充分条件而非必要条件。例如，在有些情况下虽然行政机关拥有某项法定职责，但是没有现实作为的可能性，依旧不构成不作为。[16]针对受理前被申请人已经履行法定职责的情形，复议机关审查的对象已经不是不作为

14　《行政复议法实施条例》（2006年1月22日修改稿）第80条：有下列情形之一的，行政复议终止：……（四）行政复议机关受理行政复议申请后，发现该行政复议申请不符合行政复议法和本条例规定的。第85条：具体行政行为合法，但是因情势变更或者其他情形不适宜决定维持的，行政复议机关可以决定确认该具体行政行为合法。

15　《行政复议法实施条例》第48条：有下列情形之一的，行政复议机关应当决定驳回行政复议申请：（一）申请人认为行政机关不履行法定职责申请行政复议，行政复议机关受理后发现该行政机关没有相应法定职责或者在受理前已经履行法定职责的；（二）受理复议申请后，发现该行政复议申请不符合行政复议法和本条例规定的受理条件的。上级行政机关认为行政复议机关驳回行政复议申请理由不成立的，应当责令其恢复审理。

16　章志远：《司法判决中的行政不作为》，载《法学研究》2010年第5期。

本身，而是转化为被申请人履行职责的行为，属于对行政行为的审查，没有必要适用例外性的驳回决定。第二种适用情形是申请人的复议申请不符合行政复议法和实施条例的受理条件，但是复议机关错误受理，复议机关实质上是没有审查权限的。申请人需要符合什么条件复议机关才予以受理，《行政复议法》中并没有统一的规定，散见于众多条款当中。《实施条例》第28条规定了对行政复议申请应当受理的7个具体要求，这应该为错误受理后适用驳回复议申请决定提供了具体的适用情形。但是这些条件有些是形式上的要求，可以进行补正或者变更，有些是实质性的要求并不能变更或者补正，统一直接适用驳回决定也是值得商榷的。

（二）监督权

《实施条例》第48条规定驳回复议申请决定时，与其他类型的复议决定的立法形式是有区别的，例外性地增加了一款上级机关对驳回复议申请决定的监督权。为什么要单独赋予上级机关针对驳回决定监督权呢？立法机构给出的理由是：驳回申请人的行政复议申请意味着终结行政复议程序，会直接影响申请人的权益，为了避免复议机关滥用此项权利，有必要对该权力予以监督。[17]但是也有人认为，这样的规定不利于节约行政成本和司法成本，可能会导致行政资源和司法资源的浪费。原因在于上级机关难以对驳回行政复议申请决定进行正规而有效的监督，申请人通过此程序也就无法获得有效的行政救济。[18]上级机关监督的结果有可能是恢复审理，恢复审理的内涵是针对不当终止的程序使其继续进行下去。这样的规定是从《行政复议法》第20条复议机关无正当理由不予受理延伸而来的，针对复议机关错误适用驳回决定中第二种情形，也即从程序上驳回申请人的复议请求有一定的合理性，因为复议机关还没有行使对该案的实质审查权。但是针对不作为案件的驳回决定适用恢复审理在理论上很难作出解释，因为此时复议机关已经完全履行了在该案中的审查程序，不管是针对程序上的审查权，还是针对实质内容的审查权都已经履行完毕，没有可以恢复的内容。如果复议机关在审理过程中存在错误，从依法行政原则来看只能是重新审理而不是恢复审理。

针对驳回决定单独增加上级机关的监督权很难从理论上找到充足的理由，并且给实践带来另外一个难题。上级机关的监督权和《行政复议法》第14条规

17 国务院法制办公室行政复议司编著：《中华人民共和国行政复议法实施条例释解与应用》，人民出版社2007年版，第184页。

18 徐晓明：《驳回行政复议申请决定方式研究》，载《现代法学》2007年第6期。

定的国务院最终裁决权联系起来，就会产生一个无法回避的问题。如果申请人针对国务院部门或者省级人民政府的驳回复议申请决定不服，向国务院申请履行对驳回决定的监督权，那么国务院就会针对驳回决定进行全面审查，并且作出一个处理结果，这时国务院的最终裁决权和对驳回决定的监督权合二为一。从性质上来说，这个处理结果是国务院的最终裁决呢，还是仅为国务院针对驳回决定监督权的结果呢？定性的不同将对申请人的权利产生完全不同的影响。

（三）法律效力

行政复议决定从法律效力上可以分为终局决定和非终局决定，而驳回决定的两种适用情形分别从维持决定和不予受理决定演化而来，加之驳回决定中例外性地规定了上级机关的监督权，因此，对于驳回复议申请决定能否提起行政诉讼一直争议不断。由于当时《行政诉讼法》对行政复议中不予受理决定能否起诉规定得不甚明确，在理论和实践中一直都存在争议，因此关于行政复议制度的一些法规范尽可能地避免驳回决定成为行政诉讼的对象。例如，《山东省行政复议条例》第 42 条[19] 对能否针对驳回决定提起行政诉讼规定了两种情形：一是如果本案不是法律规定的复议前置案件，申请人只能对原行政行为提起诉讼，不能针对驳回复议申请决定进行诉讼；二是如果本案是法律规定的复议前置案件，申请人可以选择针对原行政行为或者驳回复议申请决定进行诉讼。《汕头经济特区行政复议条例》第 64 条[20] 把驳回复议申请的效力和不予受理的效力等同，同样规定了非法律规定的复议前置案件，只能针对原行政行为提起行政诉讼。

在《行政诉讼法》的修订过程中，对驳回决定能否提起行政诉讼的问题也是争议不断。特别是针对不作为案件的驳回复议申请决定是从维持决定演化而来，更加需要明确驳回复议申请决定的复议机关是否需要做共同被告的问题。针对此问题，《行政诉讼法》规定得并不明确，于是就产生了三种不同的观点：第一种观点认为，《行政诉讼法》上规定的维持决定是狭义上的维持决定，不包括驳回复议申请决定；第二种观点认为，共同被告中的维持决定包括驳回复议

19　《山东省行政复议条例》第 42 条：申请人对行政复议机关作出的驳回行政复议申请决定不服提起行政诉讼时，法律、法规未规定行政复议为提起行政诉讼必经程序的，应当对被申请行政复议的具体行政行为提起行政诉讼；法律、法规规定行政复议为提起行政诉讼必经程序的，可以对被申请行政复议的具体行政行为提起行政诉讼，也可以对行政复议机关作出的驳回行政复议申请决定提起行政诉讼。

20　《汕头经济特区行政复议条例》第 64 条：申请人对市人民政府作出的不予受理或者驳回行政复议申请的决定不服，且法律、法规未规定行政复议为提起行政诉讼必经程序的，应当对被申请行政复议的行政行为提起行政诉讼。

申请决定；第三种观点认为，共同被告中的维持决定只包括针对不作为案件的驳回复议申请决定，而不包括因错误受理而适用的驳回申请决定。[21] 在 2015 年《最高人民法院关于适用〈中华人民共和国行政诉讼法〉若干问题的解释》（现已失效）第 7 条采用了第三种观点，认为共同被告的维持决定仅仅包括针对不作为案件的驳回，并不包括错误受理之后的驳回。2018 年的《行诉解释》第 133 条[22] 延续了这个规定。同时该解释第 56 条还明确对于复议机关不受理申请可以提起行政诉讼，因此对于由不予受理演化而来的因错误受理而适用驳回复议申请决定也能提起行政诉讼。并且该决定属于复议机关自己的意思表示，应由复议机关单独作为被告。[23] 从当前行政诉讼的法规范来看，针对行政复议中的驳回复议申请决定是完全可以提起行政诉讼的，但是把适用的两种不同情形进行了区分，分别适用不同的规则，凸显了两者本质性上的区别。

四、驳回复议申请决定之典型案例考察

从 2010 年开始，原国务院法制办公室行政复议司开始编写行政复议典型案例，在 2018 年国家机构改革以后，司法部行政复议司承继了这项工作，到目前为止一共公布了 238 个行政复议典型案例。其中涉及驳回行政复议申请决定的案例有 12 个，这 12 个案例在一定程度上也能够反映驳回复议申请决定的实践情况。在这 12 个典型案例中，6 个案例是针对不作为案件的驳回，6 个案例是针对错误受理的驳回。

（一）针对不作为案件的驳回

在行政争议解决的过程中，针对不作为的案件和传统的行政行为案件在受理条件上、审理内容以及结果方面呈现出诸多方面的不同。在行政复议中设立维持决定针对的是传统的行政行为，当适用于不作为案件时就凸显出不协调。因为当被申请人不构成不作为时，从实质意义上来说被申请人并没有任何的行为存在，因此不存在可以维持的对象，所以《实施条例》就增加了驳回复议申请决定。从法规范的文本出发，可以发现驳回复议申请决定适用于不作为案件应该

21 江必新、梁凤云著：《行政诉讼法理论与实务》（第三版），法律出版社 2016 年版，第 607、608 页。

22 《最高人民法院关于适用〈中华人民共和国行政诉讼法〉的解释》第 133 条：行政诉讼法第二十六条第二款规定的"复议机关决定维持原行政行为"，包括复议机关驳回复议申请或者复议请求的情形，但以复议申请不符合受理条件为由驳回的除外。

23 最高人民法院行政审判庭编著：《最高人民法院行政诉讼法司法解释理解与适用》，人民法院出版社 2018 年版，第 618 页。

有两个条件：一是申请人针对行政机关不履行法定职责提起复议申请；二是被申请人没有相关的法定职责或者受理前已经履行法定职责。

第一，在不作为案中，复议机关在审理过程中如果认为被申请人没有法定职责，可以直接作出驳回复议申请的决定。例如，某公司不服某省工商局驳回行政复议申请案。[24]复议裁决机关认为，申请人要求被申请人查处乙有限公司的违法行为。经调查研究，被申请人认为申请人举报的问题属于股东间经济纠纷，不属于被申请人职责范围，并已口头告知申请人。因此作出驳回复议申请的决定合法。又如，沈某不服国务院某部门政府信息公开答复案。[25]行政复议裁决机关认为，沈某应当依照《行政复议法》的规定获知行政复议决定的证据、依据，国务院某部门不负有依照《政府信息公开条例》向其公开行政复议决定证据、依据的法定职责。因此行政复议机关依照《行政复议法实施条例》第48条第1款第1项的规定，决定驳回行政复议申请合法。这两个案例的核心是被申请人并没有作出任何的行政行为，因此复议机关只审查被申请人针对申请人提出的事项是否具有法定职责。当复议机关没有法定职责时，被申请人的不作为是合法的，复议机关并没有可以维持的行政行为存在，因此只能适用驳回复议申请。

第二，在不作为案中，复议机关针对被申请人在受理前已经履行法定职责的案件，适用驳回复议申请决定是值得商榷的。例如，王某不服公安部信息公开答复案。[26]行政复议机关审查后认为，在法律规定的期限内，被申请人电话告知申请人应依照档案管理规定查询，已依法履行了申请公开相关信息的法定职责，遂作出了驳回的行政复议决定。又如，王某不服农业部信息公开不作为案。[27]行政复议机关认为，申请人申请的事项不属于政府信息范畴，而是对有关标准适用问题的咨询，被申请人研究并与申请人沟通后，对申请事项作出了书面答复，已经履行了法定职责，所以，作出了驳回的复议决定。在这种情况之下，复议机关审查的不是被申请人的不作为，而是转化为全面审查被申请人已经作出的行政行为，这正是复议机关脱离申请人请求范围审查的具体应用。此时，案件已经转化为复议机关对被申请人行政行为的审查，《行政复议法》中

24 参见国务院法制办公室行政复议司编著：《行政复议典型案例选编（第一辑）》，中国法制出版社2010年版，第116－118页。

25 参见国务院法制办公室行政复议司编著：《行政复议年度案例选评（2014—2015）》，中国法制出版社2015年版，第22－26页。相似的案例还有其中的赵某不服某直辖市人民政府信息公开答复案和李某、徐某、林某不服政府信息公开答复案。

26 国务院法制办公室行政复议司编著：《行政复议典型案例选编（第一辑）》，中国法制出版社2010年版，第162－164页。

27 国务院法制办公室行政复议司编著：《行政复议典型案例选编（第二辑）》，中国法制出版社2011年版，第126－128页。

规定的决定类型完全可以满足需求，用维持决定来确认被申请人行政行为的合法性，体现行政复议制度保障法律、法规正确实施的原则。

对行政不作为的内涵一直都是存在争议的，一种观点认为应当从形式上理解行政不作为，明确的拒绝行为不属于不作为。[28]还有一种观点认为行政机关的明确拒绝行为也是行政不作为。[29]从相对人的角度来看，形式上的不作为和明确的拒绝行为在本质上是没有区别的。但是从行政复议的角度来看，复议机关审查的对象有明显的区别。我国的行政复议是脱离申请人的复议请求进行全面审查，这就导致在形式不作为案件中，复议机关只审查被申请人是否拥有法定职责，就能判断其合法与否。而在明确拒绝行为中，这个行为已经构成了一个完整的行政行为，复议机关需要针对这个拒绝行为从权限、程序、内容等方面进行全面的审查。因此只有在形式不作为案件，复议机关没有明确的行政行为进行审查，因此才不存在可以维持的对象，需要适用驳回决定以弥补维持决定的空缺。但是对于明确拒绝行为或者受理前已经履行法定职责的不作为案件，复议机关审查的对象已经是一个明确存在的行政行为，如果其行为合法完全可以适用维持决定，在理论和逻辑上并不存在悖论。

（二）针对错误受理的驳回

驳回复议申请决定适用的第二种情形是复议机关在审理过程中发现本案不符合法规范所要求的受理条件。行政复议的受理条件有哪些，一直都是存在争议的。从《行政复议法》的体系来看，第6条到第16条分别规定了复议的范围、申请复议的期限、复议申请人、复议申请的形式和复议被申请人五个方面的内容，紧接着在第17条中明确了行政复议机关收到行政复议申请后应在5日内作出立案受理或者不予受理的决定。从体系解释的角度来看，在复议受理期间应该针对复议申请的五个方面进行审查。由于《行政复议法》中关于行政复议受理的条件分散于不同的条款之中，申请人和复议机关对此容易产生争议，导致实践中该受理的不予以受理，不该受理的错误受理的情况时有发生。因此《实施条例》第28条[30]将申请受理的条件作了集中统一的规定，明确应当受理

28 周佑勇：《论行政不作为》，载罗豪才主编：《行政法论丛》第2卷，法律出版社1999年版。

29 章志远：《司法判决中的行政不作为》，载《法学研究》2010年第5期。

30 《行政复议法实施条例》第28条：行政复议申请符合下列规定的，应当予以受理：（一）有明确的申请人和符合规定的被申请人；（二）申请人与具体行政行为有利害关系；（三）有具体的行政复议请求和理由；（四）在法定申请期限内提出；（五）属于行政复议法规定的行政复议范围；（六）属于收到行政复议申请的行政复议机构的职责范围；（七）其他行政复议机关尚未受理同一行政复议申请，人民法院尚未受理同一主体就同一事实提起的行政诉讼。

的7个要求。这样的规定不仅可以指导和帮助申请人申请行政复议，也有助于行政复议人员掌握审查的重点和主要方面，提高工作效率。[31] 从实际操作的角度来看，复议机关对于这7个条件的审查是基于申请人的行政复议申请书进行形式审查，不免会出现申请人对某些方面作出错误的表述，加之不进行更为充分的实质审查很难明确某些条件到底是否符合法规范所列举的条件。为了保证公民的合法权利，在这些情况之下复议机关一般都会立案受理复议申请，从而使案件进入实质性的审理阶段。而在审理过程中，复议机关发现自己在此案中并没有管辖权，最终会以不符合某一条件而驳回行政复议申请。

第一，申请人与被申请复议的行政行为没有利害关系，因此驳回行政复议申请。公民与某一行政行为之间是否存在利害关系，一直以来都是行政救济中判断的难点问题。在行政复议的受理阶段有时很难给出一个明确具体的答案，为了化解行政争议、维护社会稳定，当出现判断困难时一般都是先行予以受理，然后在审理过程中综合各种因素进行个案认定。例如，徐某不服某部委政府信息公开答复申请裁决案。[32] 行政复议裁决机关认为，被申请人作出的12份告知书并不会对申请人的权利义务产生实质影响，申请人就此提出的行政复议申请，缺乏需要通过行政复议保护的权利，不符合行政复议法的立法精神，不属于行政复议受理范围。又如，某村一组、二组37名村民不服某省人民政府土地征收案。[33] 行政复议机关经受理后查明：5份审批单批准农用地转用的土地，在土地利用总体规划确定的建设用地规模范围内，没有基本农田；被申请人批准农用地转用、征收土地的面积及权限，符合《土地管理法》第44条、第45条的规定。该案经过行政复议机关审理，最后，申请人中32人撤回复议申请，5人因在土地征收范围内无承包土地，被驳回行政复议申请。

第二，超过法定申请期限，驳回复议申请。《行政复议法》中关于申请期限的规定的精细化程度不如行政诉讼中关于起诉期限的规定，其中的几条简单规定并不能和行政行为的复杂多样化形成对应关系，因此在受理阶段产生判断困难的情况下，就会先行受理，交给行政复议审理的具体人员进行个案判断。例

---

31 国务院法制办公室行政复议司编著：《中华人民共和国行政复议法实施条例释解与应用》，人民出版社2007年版，第184页。

32 参见司法部行政复议司编著：《行政复议典型案例选编（2016—2017）》，中国法制出版社2018年版，第61－67页。

33 参见国务院法制办公室行政复议司编著：《行政复议典型案例选编（第一辑）》，中国法制出版社2010年版，第205－210页。

如，某村民小组的部分村民不服某省人民政府征地批复案。[34]行政复议机关认为：2007 年 5 月 3 日，某镇人民政府与包括申请人在内的村民小组在内的 6 个村民小组签订了《征地协议》，并于同年 5 月 10 日足额支付了征地补偿款。2008 年 11 月 14 日，被申请人作出征地批复。2008 年 12 月 10 日，征地批复下达至某市及某镇人民政府后，某市人民政府发布了征地公告，被征地的 6 个村民小组交付了土地。因此，申请人在村民小组签订了《征地协议》、领取了征地补偿款、被征收土地进行了移交并建设使用 5 年后才提出行政复议申请，已经超过了法定申请期限，不符合行政复议受理条件。综上，行政复议机关作出了驳回申请人行政复议申请的决定。

第三，不属于行政复议的受案范围，驳回行政复议申请。行政复议中关于受案范围的规定采用的是明确列举、明确排除和兜底性条款的立法模式，随着行政行为的复杂多样化，很多行为都处于明确列举和明确排除的范围之外，受理人员很难直接从书面材料的形式审查中判断某一行政行为到底是否在兜底性条款之内。从保护公民权利的角度出发只能先行受理，然后交给复议机构的审理人员在审理过程中具体判断。例如，卢某不服某省国土资源厅用地预审意见案。[35]行政复议机关认为，本案预审意见不是有关征地、拆迁的审批意见，并不对预审意见所涉地块范围内居民的权利义务产生直接影响。因此，复议机关直接以不属于受案范围为由作出驳回决定。

第四，不属于行政复议机构的职责，驳回复议申请。例如，何某不服某市国土资源和房屋管理局核发房屋所有权证案。[36]申请人对被申请人于 1986 年 4 月核发《房屋所有权证》的具体行政行为不服，于 2010 年 4 月 12 日向某市人民政府提出行政复议申请。行政复议机关受理后认为，被申请人 1986 年 4 月核发房屋所有权证的行为发生在我国统一的行政复议法律制度出台以前，依法不属于行政复议法律调整的范围，该申请不符合受理条件。

法规范的明确性和现实社会的复杂多样性之间总是会产生各种各样的不对应性，如是否属于行政复议受案范围这一条件，不仅与被申请行为的类型有关，还与是否对申请人的权利义务产生实质影响有关。特别是在行政复议制度中，

---

34 参见国务院法制办公室行政复议司编著：《行政复议年度案例选评（2014—2015）》，中国法制出版社 2017 年版，第 1 – 5 页。

35 参加司法部行政复议司编著：《行政复议典型案例选编（2016—2017）》，中国法制出版社 2018 年版，第 167 – 171 页。相似的案例还有《行政复议年度案例选评（2014—2015）》中的周某不服某省监察厅信息公开答复案。

36 参见国务院法制办公室行政复议司编著：《行政复议典型案例选编（第二辑）》，中国法制出版社 2011 年版，第 51 – 55 页。

随着行政行为的日益复杂多样，有时行政复议机关在受理阶段通过形式审查很难判断出某一行政行为是否符合受理条件。在畅通救济渠道、保障公民的合法权益不受侵害的前提之下，当出现判断困难时，只能先行受理，然后由复议机构的审理人员进行具体的个案判断。通过上述几个案例可以看出，复议机关审理的对象并没有延伸到所争议行为的合法与否，而是针对该行为到底是否属于行政复议审理对象进行的实质审查。通过审查发现该行为不属于行政复议的审理对象时，因复议机关无权对其进行合法与否的判断，只能从程序上驳回申请人的复议申请。

五、行政复议驳回决定的重新建构

以上从法学理论到法规范再到实践中的典型案例，全面分析了行政复议中驳回复议申请决定的相关问题，从中可以发现在当前的驳回复议申请决定中存在着很多相互不协调甚至是相互背离的情形。在科学立法原则的指导下，在复议决定精细化的要求下，有必要重新审视驳回决定存在的相关问题。

（一）驳回复议申请决定和驳回复议请求决定的区分和确立

行政诉讼中驳回判决严格区分为驳回诉讼请求判决和裁定驳回诉讼申请，在行政复议的驳回决定研究中，一些学者认为将程序问题和实体问题都纳入驳回申请的范畴不妥，应该明确区分驳回复议申请决定和驳回复议请求的决定。[37]《行诉解释》第133条也区分了驳回决定中的两种不同情形：复议机关驳回复议申请或者复议请求的情形。通过上文的分析也可以看出，驳回复议申请的两种适用情形有本质性的区别。针对不作为案件的驳回，复议机关对被申请的行为是拥有管辖和审查权限的，其充分履行了复议职权而作出行政复议决定。而在针对错误受理的驳回案中，复议机关对被申请的行政行为是没有管辖权和审查权限的，复议机关本质上无权行使其复议职责，这和不予受理决定本质上是一样的，属于复议过程中的决定类型，并不能纳入复议机关履行复议职责之后作出的决定当中。因此，行政复议中驳回决定应该明确区分为：驳回复议请求决定和驳回复议申请决定。

37　王万华：《〈行政复议法〉修改的几个重大问题》，载《行政法学研究》2011年第4期；徐晓明、倪明：《行政复议驳回决定方式立法问题评析——兼评〈行政复议法修改专家建议稿（讨论稿）〉第76、77条》，载《天津行政学院学报》2012年第1期；朱晓峰：《行政复议制度改革的地方实践和立法建议——基于〈行政诉讼法〉修改对行政复议制度的影响》，载《行政法学研究》2016年第5期。

（二）驳回复议申请决定的定位

从增加驳回决定当时的情况来看，对不作为案件的驳回决定是维持决定的例外情形，对错误受理案件的驳回决定是不予受理决定的例外情形。同为法定行政救济途径的行政诉讼中，当时驳回诉讼请求的判决也是维持判决的例外情形，对错误受理采用的是裁定驳回起诉。但是新修订的《行政诉讼法》中用驳回诉讼请求的判决取代了原先的维持判决，使之成为一种主要的判决方式。那么在行政复议制度中是否也需要重新对驳回申请决定进行定位呢?

新修订的《行政诉讼法》中关于判决形式最大的变化应该就是取消了维持判决，扩大了驳回诉讼请求判决的适用范围，使驳回诉讼请求的判决成为司法机关认可被诉讼行政行为的主要判决方式。立法过程中关于取消长久以来的维持判决争议很大，最终用驳回诉讼请求的判决取代了维持判决，理由主要有五个方面：第一，立法目的中取消了“维护”而增加了“解决行政争议”的规定，法院作为中立的第三方既没有义务，也没有必要全面肯定被诉行政行为的效力。[38]第二，维持判决并不能起到支持依法行政的作用，因为行政行为一经作出应当视为有效而且具有拘束力，因此行政行为的效力不是法院赋予的，只要未被有权机关撤销或者变更，行政行为的效力就是一直存在的。[39]第三，根据既判力理论，法院作出维持判决以后，行政机关就不能改变被诉的行政行为，无权弥补被诉行政行为合法但不适当的缺陷，或者根据实际情况调整合法的行政行为，使法院和行政机关处于尴尬的处境，还容易导致法院裁判反复无常。第四，维持判决让原告很难接受，原告本来是不服行政行为而提起诉讼的，最后判决却是维持被诉行政行为，两相比较很难接受。第五，维持判决不能涵盖实际中的一些情况，而驳回原告诉讼请求可适用范围更宽，本来就在广泛使用，不会有太大的波动。[40]应该说正是在这些理由的支持之下，作为维持判决例外情形的驳回诉讼请求判决把维持判决给吸收了。

同为法定行政争议解决途径的行政复议中，能否适用驳回诉讼请求判决的这些理由呢？应该说行政复议和行政诉讼在某些方面存在本质上的区别，因此行政复议决定中不宜用驳回复议决定代替维持决定。首先，行政复议权是从上级机关的监督权演化而来的，这就决定了复议机关脱离申请人的请求对被申请

38　林鸿潮：《行政诉讼为什么不在适用维持判决?》，载《中国国土资源报》2017 年 10 月 14 日，第 7 版。

39　江必新、梁凤云著：《行政诉讼法理论与实务》（第三版），法律出版社 2016 年版，第 1708 页。

40　信春鹰主编：《中华人民共和国行政诉讼法释义》，法律出版社 2014 年版，第 184 页。

的行政行为进行全面的审查，复议决定的对象是行政行为而不是申请人的复议申请。其次，复议机关对被申请的行政行为是从合法和合理两个方面进行的全面审查，复议机关作出的维持决定针对的是合法并且合理的行政行为，不像行政诉讼中维持决定有可能针对合法但不合理的行为，从而给理论和实践带来一定的难题。再次，行政复议决定是行政行为的一种，因此其功能不仅是解决行政争议，还必须保证最后产生法律效力的行为是合法合理的，以保证法律的正确实施，因此复议机关必须作出一个明确的行为。最后，维持决定是行政复议制度保持其客观法属性的关键，也是复议机关充分履行复议职责的体现。因此，在现如今的情况下，行政复议中驳回决定作为维持决定的例外情形还是最优的选择。

（三）驳回复议申请决定和驳回复议请求决定适用范围的重新厘定

行政复议中驳回决定从类型上来说应该分为驳回复议请求和驳回复议申请两种类型，那么这两种驳回决定的适用情形是否要重新建构是值得讨论的。

1. 驳回复议请求决定的适用范围

从《实施条例》第48条的规定可以看出，驳回复议请求决定的适用情形是在不作为案中，被申请人没有法定职责或者受理前已经履行了其法定职责。在《行政诉讼法》修改之前未用驳回诉讼请求判决取代维持判决时，2000年《若干解释》中的具体适用情形是：起诉被告不作为理由不成立的；被诉行政行为仅存在合理性问题的和被诉行政行为合法合理，但是由于实际情况的变化需要废止的。这两者在适用范围上有明显的区别，行政复议之所以没有借鉴行政诉讼中的规定，是因为两者在审查权限方面的差异。从定位来看，驳回复议请求的依旧是维持决定的例外情形，只有维持决定不能适用时才有驳回复议请求决定适用的空间。因此，驳回复议请求决定只能适用于被申请人没有法定职责的不作为案中，而不能适用于受理前已经履行法定职责的案件中。如果受理前被申请人已经履行法定职责，复议机关的审查是脱离申请人的请求进行的全面审查，这时复议机关审查的对象已经不是被申请人的不作为本身，而是转化为履行职责而作出的行政行为，这时复议决定是针对行政行为而作出的，完全有适用维持决定的空间；同时也可以避免相对人针对履行职责的行为再次提起复议，这是实质化解行政争议的必然要求。因此，在不作为案中只有被申请人纯粹的不作为行为不构成行政不作为时，驳回申请人的复议申请才有适用的空间。在其他情况之下，复议机关的审查对象已经转化为对被申请人的行政行为进行审查，已经有明确的行政行为存在。

2. 驳回复议申请决定的适用范围

驳回复议申请决定的本质是复议机关对申请人请求权的驳回，也即复议机关对申请人请求的事项没有复议管辖权。尽管《实施条例》第28条规定了受理应该符合的7个具体条件，但是这些条件的规定有些是明确的要求，有些是反面的排除，很难给出一个具体明确的标准。从内容来区分的话，有些是实质上的条件，有些仅仅是形式上的要求。正因如此，《实施条例》中明确规定了复议机构认为申请人的材料不齐全或者不清楚时可以补正。在受理以后的复议审查过程中，如果仅仅是因为存在形式不符合受理条件，而直接适用驳回复议申请决定，申请人满足形式要求以后就会再次提起行政复议，很容易导致行政资源的浪费。因此在适用驳回复议申请决定时应该借鉴《行诉解释》中关于裁定驳回起诉的规定，对形式上的错误给予相对人补正或者改正的机会。只有当申请人的错误受理原因无法补正或者拒不补正时，才适用驳回复议申请决定。

结语

《行政复议法》的修订工作正在进行当中，关于行政复议决定的重新建构是其中的一项重要工作。前文针对驳回复议申请决定进行了较为全面的分析，从驳回复议申请决定的立法背景可以看出，它借鉴了行政诉讼法中关于驳回诉讼请求判决和裁定驳回起诉的相关理论和内容。随着新的《行政诉讼法》的实施，关于驳回诉讼请求的定位和适用范围发生了本质性的改变，这也给行政复议中的驳回复议申请决定带来了挑战。由于行政复议制度和行政诉讼制度在本质上存在区别，使得行政复议中驳回决定不宜也不必照搬行政诉讼中关于驳回诉讼请求的判决的定位。驳回决定应分为驳回复议申请决定和驳回复议请求决定两种类型，因为在驳回复议请求的决定中复议机关拥有复议管辖权，这是复议机关行使复议管辖权的结果。而在驳回复议申请决定中，复议机关没有复议管辖权，这是从程序上针对复议申请的驳回。对于驳回决定的两种类型，当前已经有了明确完善的司法救济途径，上级机关的监督权没有存在的理论和实践需求。应该说对行政复议驳回决定的研究是整个行政复议决定体系中的一环，需要与其他类型的行政复议决定相互配合才能形成一个完整的行政复议决定体系。

案例分析

酒席组织者履行注意、保护义务的程度认定

——张某某诉卓某某生命权、健康权、身体权纠纷案

印　强　汪正宇*

【裁判要旨】

酒席组织者作为酒席的发起人，与饮酒者存在特殊的法律关系，应对饮酒者负有提醒、救助、照顾等注意义务，但该注意义务不应超过一般社会正常交往的范围。组织者已经充分履行注意、保护义务，行为人自行过量饮酒产生损害后果的，应认定酒席组织者不存在过错，无须承担侵权责任。

【关键词】 自行　注意、保护义务　过错　侵权

【案件索引】

一审：广州白云区人民法院（2019）粤 0111 民初 5867 号（2019 年 9 月 23 日）

二审：广州市中级人民法院（2020）粤 01 民终 2923 号（2020 年 4 月 20 日）

一审合议庭成员：欧阳莉、许燕娜、区丽文

二审合议庭成员：梁小琳、印强、杨玉芬

【基本案情】

张某某诉称：张某某是卓某某经营的“兴发石材工艺店”的员工。2018 年

* 印强——广州市中级人民法院民事审判庭副庭长、四级高级法官；汪正宇——广州市中级人民法院法官助理。

1月9日晚，卓某某为儿子满月设宴摆酒席，叫上了包括张某某在内的全部员工一起去喝喜酒，席间，卓某某不停来回穿梭向张某某和其他客人敬酒。后张某某不胜酒力喝醉了，并晕厥过去不省人事，但卓某某未将张某某安全地送回住处，也没有将张某某送至医院醒酒，而是将张某某送至石材工艺店的沙发上，没有采取相应措施帮助张某某醒酒也没有叫人照看张某某。1月10日上午，卓某某及其妻子发现张某某严重异常，便叫人扶起张某某，并不停地用手掐张某某的脖子和身上其他神经，试图让张某某醒过来，但无济于事，后卓某某将张某某送至广州市白云区太和镇卫生院进行抢救，因伤情严重，卓某某于当日将张某某转至南方医科大学南方医院进行抢救治疗。经医院诊断为“脊髓水肿、四肢瘫、椎板扩大成形术后、硬膜囊扩大减压术后、颈椎轻度骨质增生、鼻窦炎、心脏起搏器术后、气管造口状态、肺炎和轻度贫血”。2018年7月30日，张某某伤情经鉴定为一级伤残，需完全护理依赖，大小便失禁合并瘫痪。予以支持、对症等治疗需10000—12000元/年，内固定取出和轮椅共需8600—11000元。综上，张某某当晚喝酒较多，且当时已经处于不省人事的危险状态，故张某某受伤与饮酒之间存在因果关系。张某某因出席卓某某儿子满月酒宴醉酒后，卓某某作为酒席宴请者和张某某的雇主，未对醉酒的张某某尽到相应的注意和看管照顾义务，未对醉酒的张某某作出相应的安全护理措施，没有注意到安全隐患，未留下护理张某某或者安排他人护理张某某即行离开，致使张某某在醉酒后处于无人照顾的危险状态，导致张某某受伤后果发生，因此，卓某某对张某某的损害后果的发生存在重大过错，依法应当对张某某的损失承担赔偿责任。故张某某诉请：卓某某立即赔偿张某某医疗费622393.75元、误工费46762.96元、住院伙食补助费14600元、住院期间护理费42400元、交通费3000元、营养费20000元、残疾赔偿金315600元、残疾辅助器费2350元、定残后的生活护理费811560元、精神损害抚慰金100000元、鉴定费4651元、后续治疗费251000元，合计赔偿2234317.71元。

卓某某辩称：（1）卓某某没有实施侵害张某某民事权益的行为，不应当承担侵权责任。在宴席上，卓某某并没有强制或逼迫任何一位客人要多喝或喝醉为止，更没有单独与张某某碰杯喝酒，从视频录像可以证实卓某某无任何过错或故意实施侵害张某某的行为。（2）张某某故意酗酒导致身体受到伤害，应由其自行承担责任。张某某是一个具有完全民事行为能力的正常成年人，他不顾自身身体状况和酒量大小，因自身原因喝醉酒导致身体受到伤害，因此产生的医疗费、误工费等各项损失，责任完全在于张某某。（3）事实上，事发时是卓某某岳母发现张某某身体不适，就用民间刮痧的方式为张某某治疗，该行为完全是出于同情之心和无私救助，且从张某某提供的病历、诊断报告、司法鉴定意见书等证据材料来看，刮痧并没有对张某某造成伤害，与张某某的人身损害也没有因果关系。（4）张某某提供的病历、诊断报告、收费票据、司法鉴定意见书等证据，与卓某某承办宴席无关，不能当证据使用。（5）张某某称卓某某没有尽到照顾义务，于法无据，于理不容。卓某某承办宴席，招待100余位亲朋好友，客观上不能一一照顾到每一位客人，也没有这一法定义务。张某某不顾自身条件和酒量大小，故意酗酒导致醉酒后身体受到伤害，也不排除张某某在第一次医院治疗后出现二次伤害或后续治疗过程发生医疗事故。综上所述，卓某某认为张某某因醉酒导致身体受到损害所产生的后果均应由其自身承担，卓某某没有强迫张某某喝酒，在发现张某某身体不适后尽到了善良的注意义务和救护，不应承担相应的民事赔偿责任。

法院经审理查明：2018年1月9日，张某某出席卓某某举办的宴席，宴席期间，卓某某作为主办者向在场的宾客逐桌敬酒，未见与张某某单独喝酒。张某某在席间有自行添酒并与他人喝酒的行为。宴席结束时，张某某由两人搀扶着走出酒店。

1月10日，张某某被发现异常，卓某某将其送至广州市白云区太和镇卫生院治疗，初步诊断：1. 急性休克；2. 窦性心动过缓；3. 急性酒精中毒；4. 急性胃炎。该院CT诊断报告书诊断意见：平扫头颅、胸部、上腹部、腰椎未见明显异常，动态观察，必要时进一步检查或复查。

后张某某转入南方医科大学南方医院治疗，并在该院共住院治疗三次，时间分别为2018年1月12日至4月2日（80天）、2018年4月3日至5月3日（30天）、2018年5月4日至5月22日（18天），出院诊断为脊髓水肿、四肢瘫、椎板扩大成形术后、硬膜囊扩大减压术后、颈椎轻度骨质增生、鼻窦炎、心脏起搏器术后、气管造口状态、肺炎、轻度贫血。后续治疗计划：转入下级医院行进一步康复治疗。出院医嘱：继续下级医院康复治疗；监测血压，防止体位性低血压；加强康复护理，积极防治并发症；定期复查，不适随诊；患者生活不能自理，需24小时陪护；加强营养。后张某某转入中山大学附属第三医院，共住院治疗两次，分别为2018年5月22日至5月25日（3天）、2018年6月19日至6月23日（4天），出院诊断：脊髓损伤后遗症。出院医嘱：注意营养与休息，定期翻身，避免压疮，一个月后返院行下一阶段治疗，不适随诊。

2018年7月30日，张某某委托广东康怡司法鉴定中心进行司法鉴定，鉴定事项：伤残等级及伤病关系、护理依赖程度法医学鉴定及后续治疗费用评估。8月10日，广东康怡司法鉴定中心出具法医临床司法鉴定意见书，鉴定意见：张某某目前因脊髓水肿遗留四肢瘫（双下肢肌力1级）伴重度排便障碍与排尿功能障碍，评定为一级伤残；需完全护理依赖；大小便失禁合并瘫痪，予以支持、对症等治疗需10000—12000元/年，内固定取出和轮椅共需8600—11000元。张某某为此支付了检查费和鉴定费共计4651元。

【裁判结果】

广州市白云区人民法院于2019年9月23日作出（2019）粤0111民初5867号民事判决：驳回原告张某某的诉讼请求。宣判后，张某某提出上诉。广州市中级人民法院于2020年4月20日作出（2020）粤01民终2923号民事判决：驳回上诉，维持原判。

【裁判理由】

广州市中级人民法院认为，关于张某某参加酒席的行为是否为职务行为的问题，职务行为通常是指工作人员履行与工作职责相关的行为，往往与个人行为相区分。判断某一行为是职务行为还是个人行为，可从该行为是否获得了经营者的授权，行为是否发生在工作时间或工作场合，行为人是否以经营者的名义实施以及行为是否与职务有内在联系等方面进行判断。本案中，卓某某组织的酒席，除了卓某某的员工以外，还有其他人员参加，卓某某组织酒席的名义是基于个人社交需要举办儿子的满月酒，并无证据证实卓某某强制要求员工必须参加该酒席，故张某某在本案中提交的证据并不足以证实其参加酒席的行为是职务行为。张某某参加酒席系情谊行为。

关于张某某上诉主张卓某某存在过错的问题，卓某某作为酒席的组织者，应尽到一定的提醒、劝导义务，但该义务应在合理范围内，不能只要出现损害结果就要求酒席的组织者承担赔偿责任。首先，从张某某醉酒的原因来分析，张某某作为一个成年人，理应对过量饮酒的后果有充分认知，本案现并无证据证实卓某某有向张某某灌酒或强行劝酒的行为，故本案中并无充分证据证实系因为卓某某的过错，导致张某某过量饮酒。其次，从卓某某在张某某醉酒后的行为来分析。由于不同个体对醉酒的生理反应不一，并无证据证实卓某某知晓张某某醉酒后属于必须送至医院救治的情形，故卓某某安排人员将张某某送至休息场所休息，并无过错。卓某某已经尽到合理的照顾义务和安全注意义务。最后，张某某主张其损害结果与卓某某岳母的刮痧行为相关，对于该主张应由张某某提供证据予以证实，但张某某在本案中并未提供充分证据予以证实，应承担举证不能的不利后果。

关于张某某主张脊髓水肿与过量饮酒存在必然关系的问题。张某某认为在排除高处坠落伤、严重感染和肿瘤压迫的情况下，脊髓水肿与过量饮酒存在必然关联。该主张属于推定，推定是指根据已知的事实和日常生活经验法则，推定和确定另一不明事实的存在。按照举证责任分配规则，已知事实和推定事实之间的关联，应由张某某予以证实，但张某某并未提供证据证实在医学上排除高处坠落伤、严重感染和肿瘤压迫的情况后，即一定能推定出脊髓水肿与过量饮酒有关系，故本院对张某某该主张不予采纳。

张某某发生伤害确属不幸，但本案适用过错责任原则，卓某某承担赔偿责任的前提是有过错，不能以结果责任主义为导向将损失交由不构成侵权的他方承担。由于本案中并无充分证据证实卓某某存在过错，故张某某主张卓某某承担赔偿责任，缺乏依据，本院不予支持。

【案例注解】

在过量饮酒致残的情形下，司法裁判应平衡好受害人救济与社会行为自由度。参加酒席者饮酒后发生损害结果，应从参加者陷入醉酒状态的原因，组织者与共饮人履行注意、保护义务的程度，醉酒与损害结果的因果关系等几个方面综合判断。

卓某某作为酒席的组织者，对张某某过量饮酒致残的后果应否承担侵权责任，关键在于判定卓某某履行注意、保护义务是否充分，对张某某的身体损害后果是否存在过错。

一、导致饮酒过量的先行行为分析

（一）参加酒席属于职务行为还是情谊行为

参加酒席是日常生活中的常见行为，可分为参加工作宴请、生活宴请等。出席工作宴请一般是根据单位的安排，出于完成工作任务、履行工作职责的目的，具有一定的职业强制性；生活宴请通常是出于联络情感、个人社交的目的，不具有强制性，属于意志自由度较高的个人行为。

判断参加酒席的行为是职务行为还是个人行为，可从该行为是否获得了经营者的授权，行为是否发生在工作时间或工作场合，以及行为是否与职务有内在联系等方面综合考量。

本案中，酒席的宴请者、组织者是卓某某，同时是醉酒者张某某的老板，单从组织者的身份上来看，似乎与工作、职务存在一定联系。但是卓某某组织酒席的目的是庆祝儿子满月，酒席安排在非工作时间，参加者除了卓某某的员工，还有其他人员，并无证据证实卓某某强制员工参加。虽然张某某主张自己与老板卓某某没有交情，但是否存在情谊并不是认定职务行为或情谊行为的标准。综合酒席的组织目的、时间、参加人员、非强制性等因素，可以认定本案中的酒席是与履行工作职责无关的情谊行为，因此，本案不涉及工伤的认定问题。

（二）醉酒者是自行饮酒还是被强行灌酒

醉酒者陷入醉酒状态的直接原因是自行过量添酒还是被人强行、甚至恶意灌酒，决定着饮酒行为是否产生法律上的权利义务。如果因被强行灌酒而使人陷入危险境地，则实施灌酒行为的共饮人负有消除醉酒者生命健康受损风险的义务，否则应承担侵权责任，特定情况下应承担刑事责任。如果成年的醉酒者自行饮酒导致身体不适，作为一个完全民事行为能力人，对过量饮酒可能造成的危险后果理应具备足够的认识，应当自负其责。

本案中，张某某系自行添酒并与他人喝酒，诚然，卓某某在酒席期间向宾客逐桌一一敬酒，但在“满月宴”的场合下，敬酒行为符合日常生活的待客礼仪，现有证据不能证明卓某某的敬酒行为超出合理限度，更无证据证明卓某某针对张某某灌酒。因此，张某某自行过量饮酒属于自甘风险的行为，卓某某不存在致使张某某陷入危险的违法行为，基于公平原则，对卓某某不应苛责过高的注意、保护义务。

二、履行注意、保护义务的程度分析

（一）组织者承担更高的注意、保护义务

基于前述分析，卓某某未实施违法行为，没有产生威胁张某某生命健康权的危险源，但其毕竟是本案酒席的组织者，合理划定卓某某注意、保护义务的范围成为本案的关键。

组织者是酒席的发起人，相较于一般共饮人，发起人对酒席的场地与环境、酒水的种类与质量具有更强的控制力，对参加者的酒量、身体状况等具有更高的熟悉度，对产生安全风险隐患具备更高的防范、化解能力。因此，酒席的组织者应当承担更高的注意义务，对宾客是否陷入醉酒状态等应更加警惕，对宾客陷入醉酒或其他危险状态，应承担更高的保护义务。

本案中，卓某某是此次“满月宴”的组织者，与其他参加者相比，应当对所有宾客的身体状况承担更高的注意义务，对醉酒者或身体不适者承担必要的保护、照顾等义务。但同时应注意的是，卓某某承担注意、保护义务的范围不能因其组织者的身份而过分扩张，应结合饮酒者的实际状态、已采取的保护措施是否合理等因素综合判断。

（二）综合判断注意、保护义务的履行程度

酒席组织者履行注意、保护义务是否充分，应针对饮酒者的实际身体状态，分情况讨论采取的保护措施是否合理：对饮酒突发疾病或严重身体不适的，应及时送医；对醉酒而行为完全失控的，应协助及时醒酒或送至亲友处照看，保证其处于外力可控的范围；对无疾病征兆，因醉酒无法自行离开酒席的醉酒者，应安排清醒状态的完全民事行为能力人送其回家或送至安全场所休息。

本案中，酒席结束时，张某某由两人搀扶离开酒店，并送至员工宿舍休息。卓某某并非对醉酒的张某某放任不理，而是协助其回到安全处所，排除了醉酒状态下的危险隐患；同时，由于个体对醉酒的生理反应不完全相同，普通人通常根据外在体征判断醉酒者身体状态，张某某在酒席结束时并没有呈现严重不适或疾病征兆，现有证据无法证实醉酒的张某某必须紧急送医，根据一般生活常识，可以认定卓某某对张某某尽到了充分的保护义务。

综合以上分析，卓某某未对张某某实施强行灌酒等违法行为，在张某某陷入醉酒状态后，协助其返回安全场所休息，履行了充分的注意、保护义务，对张某某身体出现的损害后果没有过错，故无须承担侵权责任。

酒席宴请的本意是分享幸福与喜悦，宾客发生身体损害后果确属不幸。然而，司法仍应坚持公平、公正原则，而非坚持“弱即有理”“伤即要赔”的价值取向，对没有实施违法行为，且充分履行了合理范围内义务的行为人，不应过度苛责，对自甘风险的行为人不应无条件保护。同时，司法具有谦抑性，在救济受害人与不干涉社交自由之间应保持适度平衡，避免因注意、保护义务泛化而挫伤社会交往组织者的积极性，从而影响正常社会生活。

【相关法条】

《中华人民共和国侵权责任法》（已失效）第6条。

《中华人民共和国民法典》第1165条。

《中华人民共和国民事诉讼法》第64条。

对“套取版权”的著作权侵权探索适用惩罚性赔偿

——谢某诉某服装厂、张某著作权侵权纠纷案

陈艳玫*

【裁判要旨】

通过向版权登记机关虚假陈述，将他人作品据为己有的“套取版权”行为，应认定为恶意明显、情节严重的侵权行为。在判赔力度上应依法适用惩罚性赔偿，以彰显知识产权严格保护的价值导向。在具体确定判赔金额时，可以运用举证妨碍规则，加重侵权人的举证责任，倒逼侵权人自觉、诚实举证，以提高损害赔偿数额的合理可信度，切实发挥司法裁判对侵权行为的威慑作用。

【关键词】套取版权　著作权侵权　惩罚性赔偿　举证责任

【案件索引】

广州互联网法院（2019）粤0192民初24307号民事判决书（2020年5月9日）

合议庭成员：陈艳玫、戴润娇、倪力文

【基本案情】

谢某运营有数个品牌淘宝店，对汉服等传统服饰加以改良设计并生产销售，主张自己是美术作品“圆圆”的作者及著作权人，于2018年向A版权局申请了

* 陈艳玫——广州互联网法院综合审判二庭法官。

版权登记，该作品用于淘宝店所售汉服配饰手提包的图案。谢某称某服装厂经营的阿里巴巴网店生产批发的同款手提包未经许可使用了该图案，构成对其作品信息网络传播权、复制权、发行权的侵害，应向其承担赔偿实际损失及合理费用的责任。张某作为某服装厂的经营者，应对前述损失及合理费用承担赔偿责任。为此，谢某诉请法院判令：（1）某服装厂及经营者张某赔偿经济损失67408元、维权合理费用2484元；（2）某服装厂在阿里巴巴网站首页及其网店首页刊登赔礼道歉声明，并承担相关费用；（3）某服装厂及经营者承担诉讼费用。

某服装厂、张某辩称：（1）涉案作品的著作权属于张某，张某早在2016年10月已就涉案作品向B版权局申请了版权登记，登记的首次制作、发表时间为2010年9月，均早于谢某版权登记记载的时间。谢某提供的证据显示的时间与其登记证书记载的时间不一致，不能认定谢某享有涉案作品的著作权。（2）某服装厂仅是涉侵权服饰的销售者，并非生产者。

【裁判结果】

广州互联网法院于2020年5月9日作出（2019）粤0192民初24307号民事判决，判决：一、某服装厂、张某于判决生效之日起10日内赔偿谢某经济损失67408元、合理费用2484元；二、某服装厂于本判决生效之日起30日内在其阿里巴巴网站店铺首页连续10天刊登声明，向谢某赔礼道歉（内容须经法院审核，逾期不履行，法院将在相关媒体公布判决书主要内容，费用由某服装厂承担）；三、驳回谢某其他诉讼请求。

宣判后，双方均未上诉，判决于2020年6月4日生效。

【裁判理由】

法院生效判决认为：

一、谢某是否享有涉案作品的著作权

谢某、张某对同一作品主张权属。谢某提交了作品登记证书、查看作品AI格式底稿的视频，以及2016年1月23日首次交易载有作品的商品的证据。虽然作品登记证书记载的作品创作完成时间和发表时间与谢某提交的上述证据显示时间有些许出入，但鉴于版权登记仅进行形式审查，该瑕疵不应实质影响著作权权属的判断。而某服装厂、张某抗辩张某对涉案作品享有著作权，亦提交了作品登记证书，但登记的作品样图为实物照片而非设计稿，未提交作品底稿、公开发表等证据；经法院调取张某作品登记的申请材料，记载张某保证作品为其单独创作，而对该证据当庭质证时张某才陈述自己没有太高的美术功底，作品是与其他不能明确身份的美工一起创作的，无法保证原创，明显前后矛盾；张某将涉案作品登记时未单独命名，而其网店中涉侵权商品却命名为“圆圆”手提包，与谢某作品登记证书载明的作品名称及网店销售商品命名一致，且在关联案件中涉侵权服装“入画”也存在类似命名相同的情况。鉴于“圆圆”“入画”并不是相关图案的通用、常见名称，谢某、张某各自独立创作高度一致、命名相同，且图案本身线条、色彩较为复杂的至少两幅美术作品，用于款式高度一致的服饰之上，该种可能性可以排除。张某自认的首次销售涉侵权商品时间及申请版权登记时间（分别为 2016 年 7 月、10 月）晚于谢某首次销售商品时间（2016 年 1 月），张某未说明谢某可能通过何种途径接触其“创作”的涉案作品。再结合现有证据未发现涉案作品存在其他权利人，上述种种证据均指向张某涉侵权商品图案是来源于谢某作品的事实，应确认谢某对涉案作品享有著作权。

二、某服装厂的行为是否构成对谢某作品著作权的侵犯

某服装厂确认销售了被诉侵权商品，但不认可系其生产。但某服装厂的网店信息中展示了工厂验厂详细信息，结合该厂经营范围，足以令人相信这是一家生产加工厂。且某服装厂主张涉侵权商品图案为张某及其他美工所设计，却否认生产行为，未说明是否受委托设计，也未就商品来源进行说明、举证，不符合常理，应由其承担举证不能的法律责任。故某服装厂未经许可生产加工载有涉案作品的服饰并通过网店展示、销售，侵犯了谢某对作品享有的复制权、发行权及信息网络传播权。

三、某服装厂、张某应如何承担侵权责任

谢某诉请判令某服装厂、张某赔偿经济损失和合理费用，于法有据。从谢某实际损失来看，其主张的经济损失按被诉侵权商品销量（1532 笔）×正品销售价格（88 元）×估算的服饰一般销售利润率 50% 计算，但未能举证证明其所获商品单位利润以证明其实际损失。从某服装厂违法所得来看，鉴于某服装厂未对侵权商品销售量、利润等进行任何举证，谢某已举证证明公证书记载的侵权商品销售量、售价，且根据《最高人民法院关于民事诉讼证据的若干规定》第 75 条“有证据证明一方当事人持有证据无正当理由拒不提供，如果对方当事人主张该证据的内容不利于证据持有人，可以推定该主张成立”[1]的规定，可对谢某关于销售利润率的主张予以采纳，则某服装厂销售侵权商品的利润推算为

1　案件审理时适用的是 2008 年《最高人民法院关于民事诉讼证据的若干规定》，该规定已于 2019 年修正，相应法条已调整为第 95 条，且内容有变化。

45852 元（侵权商品销量 3821 笔 × 侵权商品售价 24 元/件 × 50%，谢某称起诉时未注意公证书记载侵权商品销量有两处数据，导致诉请金额仅以较小的数量计算）。此外，结合作品对商品整体价值的贡献、作品的知名度等其他因素确定某服装厂需承担的经济损失赔偿，特别是某服装厂、张某的侵权情节：张某套取版权，将谢某的作品登记在自己名下，且某服装厂、张某坚持不侵权抗辩；对生产加工行为拒不承认；侵权商品销量较大等，认定其侵权恶意明显、情节严重，应以侵权商品销售利润为参考判令惩罚性赔偿以示惩戒，但谢某仅诉请赔偿经济损失 67408 元，视为其对民事权利的自行处分，故对此全额支持。关于维权合理费用，因有相应票据，亦予以全额支持。

关于谢某诉请某服装厂赔礼道歉，鉴于版权登记具有一定的公示公信效果，张某通过套取作品登记证书，从而将谢某的作品“据为己有”的行为对谢某的人身权造成了侵害，某服装厂网店未对著作权人予以正确标注，扩大了侵害影响。根据侵权情节及造成的后果，法院判决支持谢某要求由某服装厂在其阿里巴巴网店首页刊登道歉声明的诉请。

【案例注解】

强化知识产权保护，是营造优质营商环境、促进文化产业创新发展的应有之义。对于“套取版权”等破坏知识产权健康生态的著作权侵权行为，应依法加大判赔力度，切实减轻著作权人的举证维权负担，以惩戒阻遏类似侵权行为。

一、“套取版权”属恶意明显、情节严重的著作权侵权

我国实行版权自动取得和保护制度，作者对自己创作完成的作品，除法定情形外，自动取得版权并受到法律保护。版权登记是为避免版权归属纠纷而固定初步证据的一项制度。《作品自愿登记试行办法》第 2 条规定：“作品实行自愿登记。作品不论是否登记，作者或其他著作权人依法取得的著作权不受影响。”版权登记仅进行形式审查，不要求申请人提交作品底稿或首次发表作品的证据。目前各登记机关未将登记作品数据库联网，作品查重客观上存在技术瓶颈。故不乏投机者向版权登记机关虚假陈述，将他人作品照搬、翻拍，或保留作品的实质性要素稍加删改，将本质是抄袭、剽窃的作品登记而据为己有，利用加盖版权局等登记机关印章的作品登记证书非法牟利、招摇撞骗。一方面，该“套取版权”行为严重损害真正著作权人的利益。特别在互联网时代，虚假版权信息一经登记并利用，可能呈几何级传播，造成版权归属混淆难辨，对著作权人的人身权、财产权的损害难以逆转。侵权人套取版权成本极低，而著作权人往往需要通过司法程序调查举证才得以纠正，维权成本高，甚至部分存证意识薄弱的著作权人将承受较高的诉讼风险。另一方面，“套取版权”亦对版权登记机关的公信力造成冲击。对不熟悉版权登记制度的一般公众而言，容易造成版权登记机关为虚假版权“背书”的误解，对版权登记的权威性和公信力产生不良影响。故应将“套取版权”的著作权侵权行为认定为恶意侵权，且情节严重，须加以严厉遏制。

二、对“套取版权”的著作权侵权应在判赔金额中体现法律的惩戒

遏制“套取版权”的著作权侵权，最直接的举措在于民事侵权判赔中体现惩罚性。2020年5月28日颁布的《民法典》以单独条款专门规定了知识产权民事侵权惩罚性赔偿，2020年11月11日通过修订的《著作权法》第54条也新增了对著作权民事侵权惩罚性赔偿的规定。（本案审理时两者均为草案）《最高人民法院关于审理著作权民事纠纷案件适用法律若干问题的解释》第25条对特定情节的著作权侵权规定了法定赔偿，体现了惩罚性赔偿原则，可作为司法裁判的法律依据。

1. 关于惩罚性赔偿的适用条件。《民法典》第1185条规定了关于知识产权民事侵权惩罚性赔偿的适用条件，明确了主观要件为故意侵权，客观要件为情节严重。新修订的《著作权法》第54条规定关于著作权民事侵权惩罚性赔偿的主观要件、客观要件亦与此一致。其中客观要件“情节严重”的规定基本与《商标法》《反不正当竞争法》惩罚性赔偿的规定一致，但主观要件“故意”则较该两部门法规定的“恶意”程度低，体现了立法的导向性。本案中，某服装厂、张某的侵权行为完全符合上述条件，张某“套取版权”将他人作品据为己有，而在诉讼中拒不承认，侵权恶意明显。“套取版权”造成恶劣影响，同时，某服装厂及经营者张某对生产加工行为亦拒不承认，侵权规模、商品销量较大，构成情节严重。

2. 如何体现判赔金额的惩罚性。关键在于确定赔偿“基数”和“倍数”，亦是著作权侵权惩罚性赔偿落地适用的难点。关于赔偿“基数”的确定，司法实践中，权利人实际损失、侵权人违法所得，往往因权利人举证能力、客观条件的限制而难以明确。法院应积极运用举证妨碍规则，减轻权利人维权举证负担，通过举证妨碍规则的适用倒逼侵权人自觉举证。责令侵权人提供其应当持有的侵权获利证据，如无正当理由拒不提供，可推定权利人的主张成立，据此合理确定赔偿“基数”。本案中，原告未举证其所获单位商品利润以证明其实际损失，故无法以此作为赔偿“基数”。从侵权人违法所得分析，被告应对侵权商品销售量、成本、利润等负有举证责任，鉴于原告举证证明了公证书记载的侵权商品销售量、售价，并提出以50%作为本案服饰一般销售利润率，被告虽对利润率有异议，但未能提供相反证据，故可对原告的主张予以采纳。据此推算被告销售侵权商品的利润为45852元。关于赔偿的“倍数”的确定，考虑作品对商品整体价值的贡献、作品的知名度，特别是被告的侵权情节等其他因素，本应处以加倍赔偿，但由于原告仅诉请经济损失67408元，故予以全额支持。

当前，为了解决知识产权侵权成本低、权利人维权困难等较为突出的问题，加大对知识产权侵权行为的制裁力度，立法层面正已通过修订《著作权法》，司法层面亦应确定裁判规则。关于版权登记，新修订的《著作权法》在第12条第2款新增“作者等著作权人可以向国家著作权主管部门认定的登记机构办理作品登记”的规定，提升原以《作品自愿登记试行办法》规定的版权登记的法律位阶，进一步说明版权登记的规范性、权威性、影响力日益引发关注。而借版权登记“套取版权”实施极具迷惑性的著作权侵权行为，在损害著作权人权益的同时，亦冲击了版权登记制度，如果任其泛滥，则会扰乱版权交易管理秩序，对相关文化创意行业的生态造成不可估量的破坏。司法裁判作为公平正义的最后一道防线，应对此予以严厉惩戒，通过充分运用举证妨碍规则，发挥“惩罚性”赔偿的威慑作用。此外，还应积极探索司法机关与相关著作权主管部门的密切联动，将案件中获取的与事实不符、不符合规定的作品登记及时通报，建议撤销、收回著作权登记证书或予以公示；通过发布典型案例，促使登记申请人自我筛查，鼓励原创者积极维权，预防、制止“套取版权”行为；研究运用区块链等技术，构建开放、共享、易查询、防篡改的全链条版权管理机制；有关机关制定相关规章、政策，促进市场主体自觉进行版权产生、交易全流程登记，为版权的流通交易、司法确认奠定坚实基础。通过多措并举，推动营造不敢侵权、不愿侵权的互联网数字文化产业良好法治环境，为实施知识产权战略和创新驱动发展战略提供有力保障。

【相关法条】

《中华人民共和国著作权法》第10条第1款、第11条、第47条、第48条第1项、第49条。

《最高人民法院关于审理著作权民事纠纷案件适用法律若干问题的解释》第7条第1款、第24条、第25条、26条。

《最高人民法院关于民事诉讼证据的若干规定》第95条。

“避风港”原则的适用条件和互联网平台在网络空间治理中的责任承担

——中维慧科知识产权服务（广州）有限公司诉北京搜某公司侵害作品信息网络传播权纠纷案

戴瑾茹*

【裁判要旨】

互联网平台的身份属性是网络服务提供者，还是兼具网络服务提供者与网络内容提供者，应当在个案中根据具体案情作出判断。权利人举证证明互联网平台上有被诉侵权作品时，互联网平台辩称其仅为信息存储空间网络服务提供者，侵权内容由网络用户上传的，应当承担相应的举证责任。举证不能的，法院可认定其为内容提供者，判决其承担直接侵权责任。

【关键词】网络服务提供者　内容提供　直接侵权

【案件索引】

一审：广州互联网法院（2020）粤0192民初24042－24048、24051－24053、24055－24064、24066、24068、24070、24072－24076、24079－24081、24083－24090、24092－24093号民事判决书（2020年7月6日）

审判员：戴瑾茹

* 戴瑾茹——广州互联网法院综合审判二庭法官。

【基本案情】

中维慧科知识产权服务（广州）有限公司（以下简称中维慧科公司）诉称：中维慧科公司受让取得易畅发表在微信公众号“樱桃画报”上原创作品的信息网络传播权。北京搜某公司（以下简称搜某公司）未经许可发布了39篇侵权作品，严重侵害了中维慧科公司的著作权利。中维慧科公司向法院起诉，请求每案判令：（1）搜某公司立即停止侵权行为；（2）搜某公司赔偿中维慧科公司经济损失1万元；（3）搜某公司承担本案诉讼费用。庭审中，中维慧科公司撤回第一项诉讼请求。

搜某公司辩称：（1）中维慧科公司的原告身份存疑；（2）中维慧科公司主张的涉案文字内容仅为图片内容的过渡说明，其作品属性存疑；（3）搜某公司针对涉案内容仅提供信息网络存储空间服务，未对涉案内容进行任何修改、编辑等，且已及时删除涉案文章，不应承担侵权责任。

法院经审理查明：中维慧科公司依作者易畅的独家授权，获得易畅发表在微信公众号“樱桃画报”上所有原创作品2019年6月12日至2022年6月11日的信息网络传播权，其中包括涉案文章中文字内容的相关权利。中维慧科公司提交了广州市南粤公证处出具的（2019）粤广南粤第24983号《公证书》，其中载明了39案的侵权网址及对应的《电子数据保管函》。经庭审比对，中维慧科公司、搜某公司均确认被诉侵权文章与权利文章字数均为1557字，两者完全一致，构成实质性相似。搜某公司为证明其仅为网络用户提供网络服务存储空间，另提交了搜狐号服务协议与39案网络用户入驻记录与删除记录，其中用户信息仅包含账号ID、账号名称与创建时间，无其他信息。

【裁判结果】

广州互联网法院2020年7月6日作出（2020）粤0192民初24042－24048、24051－24053、24055－24064、24066、24068、24070、24072－24076、24079－24081、24083－24090、24092－24093号民事判决，判决：一、搜某公司于判决生效之日起10日内向中维慧科公司赔偿27300元（39案每案700元）；二、驳回中维慧科公司其他诉讼请求。

一审判决已发生法律效力。

【裁判理由】

法院生效判决认为：

一、中维慧科公司对涉案文章享有信息网络传播权

经查，中维慧科公司主张的涉案文章中的文字部分属于用语言文字符号记录，用以表达作者思想情感的文学创作成果，具有一定的独创性。根据我国著作权法的相关规定，应当认定为文字作品。

本案中，中维慧科公司提交了微信公众号文章发表展示截图、“樱桃画报”公众号文章署名的说明及微信账号主体信息截图，同时提交了《授权证明》拟证明其从权利作者处获得授权。上述证据已形成较为完整的证据链。根据《著作权法》第11条的相关规定，在无相反证明的情况下应当认定中维慧科公司对涉案作品享有信息网络传播权，其有权以自己的名义对侵权行为提起诉讼。

二、搜某公司的行为构成对涉案作品信息网络传播权的侵害

搜某公司未经中维慧科公司的许可，擅自在其网站上发布了与涉案文字作品一致的内容，以“公之于众”的方式展示在开放的、任何不特定人均可浏览的互联网平台上，使公众可以在个人选定的时间和地点获得涉案作品。根据《著作权法》第48条第1款以及《最高人民法院关于审理侵害信息网络传播权民事纠纷案件适用法律若干问题的规定》第3条的规定，搜某公司的行为侵犯了中维慧科公司对涉案作品享有的信息网络传播权。

搜某公司辩称其仅为信息存储空间网络服务提供者，侵权内容由网络用户上传，应当承担相应的举证义务。本案中，搜某公司虽然提交了《搜狐号服务协议》，但其提交的用户信息仅包含账号ID、账号名称与创建时间，并没有用户的真实信息，不能证明被诉侵权文章系由网络用户上传，进而不能证明搜某公司仅提供信息存储空间服务，故对其抗辩不予采信。

三、搜某公司应承担的侵权责任

2010年《著作权法》第48条规定，对于侵害著作权的，权利人可要求其承担停止侵害、消除影响、赔礼道歉、赔偿损失等民事责任。第49条第2款规定，权利人的实际损失或者侵权人的违法所得不能确定的，由人民法院根据侵权行为的情节，判决给予50万元以下的赔偿。

中维慧科公司要求搜某公司赔偿损失和合理费用的诉讼请求于法有据，但因其未能证明实际损失，亦不能证明搜某公司的侵权获利所得，因此法院结合作者的知名度和影响力、中维慧科公司对涉案作品的取得及利用方式、作品独创性、主张权利的作品的发表和传播成本、被控侵权文章构成实质性相似部分的字数、搜某公司的侵权情节以及中维慧科公司为制止侵权行为所支付的合理开支等因素，酌情确定搜某公司向中维慧科公司支付的赔偿金额。

【案例注解】

我国的《著作权法》《侵权责任法》《信息网络传播权保护条例》《最高人民法院关于审理侵害信息网络传播权民事纠纷案件适用法律若干问题的规定》等一系列法律、法规规定了侵犯信息网络传播权的相关制度。其中，《侵权责任法》第36条[1]规定了信息网络传播权的归责规则；《信息网络传播权保护条例》第20、21、22、23条等规定了信息网络传播权间接侵权的免责规则，即“避风港”原则。在司法实践中，作为被告的互联网平台通常声称自己为网络服务提供者，并据此援引“避风港”原则作为抗辩及免责的理由。而在“避风港”原则被广泛讨论与适用的背景下，在认定互联网平台信息网络传播权侵权责任时容易先入为主，优先讨论其是否符合“避风港”原则的适用条件，存在将“避风港”原则的适用条件作为互联网平台侵权归责规则的倾向，而忽略了互联网平台在案件中作为网络内容提供者存在的可能性。

一、“避风港”原则的法律适用

当前信息网络传播权侵权法律关系涉及的主体主要包括：著作权人、网络内容提供者、网络服务提供者。在互联网环境下，互联网平台的行为一般可分为两类，一类是提供信息通道服务或信息平台服务的行为，另一类是提供内容服务的行为。[2]前者属于网络服务提供者，而后者则应称为网络内容提供者。《侵权责任法》第36条第1款[3]规定，网络用户、网络服务提供者利用网络侵害他人民事权益的，应当承担侵权责任。2012年《最高人民法院关于审理侵害信息网络传播权民事纠纷案件适用法律若干问题的规定》第6条规定，原告有初步证据证明网络服务提供者提供了相关作品、表演、录音录像制品，但网络服务提供者能够证明其仅提供网络服务，且无过错的，人民法院不应认定为构成侵权。

“避风港”原则设立的初衷是希望通过法律的明文规定免除网络服务提供者的损害赔偿责任。这一免责条款是著作权人利益与网络服务提供者利益之间的平衡器，通过为仅提供技术服务的网络服务提供者免责而给网络技术的发展留

---

1 现为《民法典》第1194、1195条。

2 参见《广东省高级人民法院关于在知识产权审判工作中认真领会和适用〈中华人民共和国侵权责任法〉的通知》（粤高法〔2010〕235号）。

3 现为《民法典》第1194条。

出合理空间。但须注意的是，适用“避风港”原则的前提是互联网平台具备网络服务提供者的身份。

二、网络服务提供者身份的认定

在“流量为王”的互联网经济环境下，互联网平台往往兼具网络服务提供者与网络内容提供者的角色。这些互联网平台不仅会为网络用户提供信息通道服务或信息平台服务，还会向网络用户提供内容服务，具备提供“服务+内容”的双重属性。网络内容提供者与网络服务提供者的界限划分由此变得模糊。然而，在具体案件中，行为主体的行为性质将影响对该行为的法律评价。具体而言，提供互联网服务的互联网平台可能也会对作品内容做出复制、传播等行为，这将直接导致著作权人的信息网络传播权受到侵犯。此时网络服务提供者与网络内容提供者二者同为一体，该互联网平台不仅可能因提供信息存储、搜索、链接服务而涉及间接侵权，还将因未经著作权人同意复制、传播他人作品而涉及直接侵权。可见，认定侵权责任应当以具体行为的性质为依据，不可囿于主体的身份，简单地认为互联网平台必然具备网络服务提供者的身份属性，而应当结合案情具体分析互联网平台在其中扮演的角色，根据当事人的举证对互联网平台的身份属性作出具体判断。

根据2010年《最高人民法院关于审理侵害信息网络传播权民事纠纷案件适用法律若干问题的规定》第6条的规定，在作出涉及侵犯信息网络传播权侵权判定时应当遵循民事诉讼的一般举证规则，即“谁主张谁举证”。首先，原告应当履行初步的举证义务，举证证明被告提供了相关的作品、表演、录音录像制品等；其次，被告若意图援引“避风港”原则进行抗辩，则应举证证明自己在案件中“仅提供网络服务”且“无过错”。如何证明“仅”提供网络服务？实践中一般考虑下列因素：(1) 被诉侵权互联网平台通过用户协议或网站公告等形式声明自己作为网络服务提供者的证据；(2) 被诉侵权内容是由网络用户上传的证据；(3) 上传被诉侵权内容的网络用户真实信息等。由于互联网平台对其后台信息数据的控制程度较高，相关数据修改和造假的可能性也较高，互联网平台提供的上述证据应当与其他信息相互印证。具体到上传被诉侵权内容的网络用户信息的证据上，互联网平台提供的证据应当达到“足以定位实际侵权人”的程度。如本案的情况，被告仅提供了网络用户账号ID、账号名称与创建时间等信息，不能证明被诉侵权文章系由网络用户上传，进而不能证明其仅提供信息存储空间服务，故法院对其抗辩不予采信。

“避风港”原则的适用是“间接侵权”的免责事由，要认定间接侵权首先要求存在直接侵权，否则无法成立共同侵权，间接侵权则更加无从谈起。在网络环境中，被侵权人往往难以确定直接侵权人的身份，但网络服务提供者有义务对其服务进行日常运营与管理，收集管理网络用户的实名信息亦是其日常管理义务中的一部分。因此，当被侵权人指控互联网平台侵犯其作品信息网络传播权时，互联网平台欲以“避风港”原则作为抗辩理由，理应提出存在直接侵权的第三方网络用户的有关证据，也即披露涉嫌侵权网络用户的实名信息。只有明确直接侵权方网络用户的真实存在，才能认定互联网平台作为网络服务提供者的间接侵权人身份，进而考虑适用间接侵权免责的“避风港”原则。

三、网络治理中的平台责任

当前我国对网络空间的治理已经逐步形成了“政府—平台—用户”的多方参与网络治理机制。[4]互联网平台作为这一机制中负责衔接的枢纽，一方面因法律法规的规定而被赋予对其中内容进行一定程度审核管理的社会责任；另一方面因与用户达成的服务合同而需承担相应的合同义务。互联网平台自身的特征及其在网络环境中的地位也决定了其具备参与互联网内容治理的正当性和必要性。具体而言，首先，互联网平台掌握着技术治理手段，其专业知识与实践经验的运用能够有效地降低网络治理的成本；其次，互联网平台作为非政府治理主体，其自治规则的制定与调整更加灵活，能够随时跟进互联网技术的发展；最后，互联网平台在网络环境中的天然地位优势自然成为政府治理网络环境、规范用户行为的桥梁。从制度经济学的角度看，通过设定相应的责任条款以反向激励的方式要求平台承担责任，在功能主义层面也具有正当性基础。[5]

由本案引出的对互联网平台应承担的网络治理责任的思考，具体包括以下两点：

（一）切实落实网络用户实名制

《网络安全法》第24条规定了网络用户实名制。总的来说，网络用户实名制有利于增强网络用户的责任意识，有效防范网络造谣、诽谤、侮辱、煽动等侵权、违法和犯罪行为[6]，是网络治理的必然要求。

从著作权保护的角度来看，互联网技术的发展导致网络著作权侵权案件呈裂变式增加。网络的虚拟性成为侵权人隐匿身份、逃避追责的天然屏障，网络

4 多方参与网络治理机制是当前我国学理研究中总结的一种网络治理模式。具体是指：政府从整体上对互联网平台的运营进行监管调控，互联网平台据此制定及修改平台使用及管理规则，通过民事契约等方式对平台用户的行为作出一定的约束与规范，互联网用户则在这一规范框架内对平台或其他用户的行为进行监督，提出建议及意见。

5 参见赵鹏：《超越平台责任：网络食品交易规制模式之反思》，载《华东政法大学学报》2017年第1期。

6 张伯晋：《五位法学家眼中的网络实名制》，载《检察日报》2012年1月12日，第3版。

著作权维权难度随之增加。对网络治理而言，网络用户实名制有利于对涉嫌侵权的网络用户进行追踪，能有效遏制网络著作权侵权案件的发生。同时，在著作权利人无法找到直接侵权的网络用户的情况下，互联网平台更容易因其提供网络服务的行为被引入诉讼。此时，如果互联网平台能严格遵循实名制要求，及时掌握相关用户的实名信息，在诉讼中也能掌握更多的主动权。平台可以选择适时披露涉嫌侵权用户信息证明自身网络服务提供者的身份，进而争取适用“避风港”原则进行免责。

（二）网络治理与用户个人信息保护的平衡

网络用户实名制的实施对网络治理的意义重大，但同时我们不应忽视这一制度带来的用户个人信息泄露风险，如何兼顾网络用户实名制与用户个人信息保护成为互联网平台当前面临的一大难题。在网络著作权侵权案件中，一些互联网平台曾以保护用户个人信息为由拒绝提供涉嫌侵权的网络用户实名信息。这种对用户实名信息的披露持谨慎态度的做法值得认可，然而这种做法仍将导致平台承担对其网络服务提供者身份举证不力的诉讼后果，同时平台还可能会被质疑是否严格遵守了网络用户实名制的有关规定。实际上，网络用户实名制与个人信息安全保障应是并列而非对立矛盾的关系。

由互联网平台落实网络用户实名制是当前网络治理的要求，在互联网环境下具备正当性与必要性。此时如果不进一步为互联网平台提供个人信息保护的规范指引，不仅会为网络用户带来信息泄露风险，也会使互联网平台陷入无限的侵权纠纷中。这种重叠关联的注意义务看似加重了平台须承担的社会责任，却也为平台留出了合理判断与灵活选择的空间。互联网平台在面对网络著作权侵权纠纷时选择不同的处理方式，可能承受不同的诉讼结果。其一，互联网平台为规避较重的个人信息保护义务，可能消极履行网络用户实名制的要求，此时其将承担《网络安全法》第61条规定的行政责任[7]；其二，互联网平台若以保护用户个人信息为由，在面对侵犯作品信息网络传播权的指控时拒绝披露涉嫌侵权用户的实名信息，此时互联网平台将因对其网络服务提供者身份的举证不力而承担不利的诉讼结果，进而承担直接侵权责任；其三，若互联网平台严格执行网络用户实名制要求，并在遭遇网络著作权侵权指控时及时、合法披露涉嫌侵权网络用户的实名信息，此时互联网平台既避免了承担《网络安全法》

---

7 《网络安全法》第61条规定：网络运营者违反本法第二十四条第一款规定，未要求用户提供真实身份信息，或者对不提供真实身份信息的用户提供相关服务的，由有关主管部门责令改正；拒不改正或者情节严重的，处五万元以上五十万元以下罚款，并可以由有关主管部门责令暂停相关业务、停业整顿、关闭网站、吊销相关业务许可证或者吊销营业执照，对直接负责的主管人员和其他直接责任人员处一万元以上十万元以下罚款。

规定的行政责任，又避免了承担《侵权责任法》[8]规定的直接侵权责任，在满足一定条件的前提下，亦可援引“避风港”原则免除赔偿责任。

随着互联网技术的飞速发展，互联网行业相关业态也在日益革新，互联网平台在网络治理乃至社会治理中的作用和地位日益重要。互联网平台通过实行网络用户实名制承担网络服务提供者的网络治理社会责任，一方面能够树立良好的企业形象，提供更加安全的网络服务以吸引更多忠实的网络用户；另一方面也能有效规避互联网乱象带来的侵权诉讼风险，净化网络环境，促进互联网行业的健康、长远发展。

【相关法条】

《中华人民共和国著作权法》第 10 条第 1 款第 12 项、第 48 条第 1 项、第 49 条。

《中华人民共和国侵权责任法》（已失效）第 36 条。

《中华人民共和国民法典》第 1194、1195 条。

《信息网络传播权保护条例》第 22 条。

《最高人民法院关于审理侵害信息网络传播权民事纠纷案件适用法律若干问题的规定》第 3 条、第 6 条。

8　现为《民法典》侵权责任编。

学校体育活动猝死民事纠纷中“过错”认定的新维度

——钱某某、张某某诉广州市汇某实验学校教育机构责任纠纷案

鲁　肖*

【裁判要旨】

学校举办体育活动猝死案件中，认定教育机构有无尽到教育管理职责，应充分尊重学校的教育自主权，鼓励学校开展体育教育的积极性，不能“因噎废食”，不应迫使教育机构因为顾及可能发生的法律责任而换之以室内风险低的“软骨缺钙”活动。应当充分考虑活动组织保障工作可能出现的问题，但应在合理的注意义务内。应从法律法规和其他有关规定层面审查是否合规，根据不同要求设置对应级别的卫生室或保健室。应客观评价内部矛盾主导和外部介入因素的主次关系，不宜对外部施救者苛以过高比例的责任。学校购置了并非法定要求配置的自动体外除颤仪（AED）但并未使用，而是选择使用更为熟悉的心肺复苏急救（CPR），不构成法律意义上的过错。“过错”认定的深层法理基础，是对有关利益冲突的动态平衡和价值导向的充分考量，需结合事件重复发生的概率，准确把握“酌定”的度。

【关键词】体育比赛　猝死　AED　过错认定教育管理职责

【案件索引】

一审：广州市天河区人民法院（2019）粤0106民初21603号民事判决书

* 鲁肖——广东省广州市天河区人民法院民一庭一级法官。

（2020年7月31日）

二审：广州市中级人民法院（2020）粤01民终18626号民事判决书（2020年10月29日）

一审法院合议庭成员：鲁肖、梁细女、袁芳

二审法院合议庭成员：黄文劲、苗玉红、彭国强

【基本案情】

原告钱某某、张某某诉称：两原告之子小钱是被告广州市汇某实验学校三年级（2）班的学生。2019年5月23日下午，被告在未通知两原告的情况下组织由校外机构举办的足球比赛。在比赛开始不到一分钟时，小钱即倒在地上。当时有校外机构的人走到小钱身边，但并未实施有效的急救措施，在小钱倒地后3分钟，才将其抱起送去校医室，校医在小钱倒地后约6分钟才开始间断的心肺复苏。由于学校没有及时拨打120电话，导致救护车在小钱倒地后30分钟才到达学校，此时孩子的心跳已经非常微弱，医护人员在现场抢救20分钟后，将孩子送到暨南大学附属第一医院急救室抢救。当天17时50分，小钱进入医院ICU重症监护室，次日凌晨5时20分，医院宣告小钱抢救无效死亡。6月2日，两原告给孩子举办了告别仪式，将其火化。事发后，两原告多次与被告沟通了解，未能达成一致。原告认为，被告在举办足球比赛前，未制订有效的比赛方案，才导致发生突发事件时，并无校医或其他医务人员在场，在小钱倒地后严重不负责任、不作为，耽误了宝贵的抢救时间；校医没有有效的医师资格，也没有使用AED，且被告提供的现场监控视频有3秒缺失（14时59分58秒至15时00分1秒），有二次伤害的可能；被告的行为导致孩子最终死亡，对两原告的家庭造成了无限伤害，遂向法院提起诉讼，要求被告向两原告公开赔礼道歉，并赔偿死亡赔偿金、丧葬费、精神损害抚慰金、医疗费、交通费等共计116万余元。

被告广州汇某实验学校辩称：被告对两原告之子的离世表示惋惜和痛心，希望与两原告一起妥善处理，但原告的主张从事实和法律上不能成立，不同意两原告的诉讼请求。主要理由为：1. 事发过程中，被告已尽到管理责任，实施了力所能及的救助。（1）活动前，老师在班级QQ群里发了通知，已告知家长们学校将举行校长杯足球比赛，且在比赛前一晚，在QQ群里再次提及第二天要进行足球比赛之事，因此，原告方对于被告举办足球比赛一事是知情的。（2）事发涉及的是学校内部的小型体育比赛，学校进行了对应的组织安排。学校在赛前制定了《广州市天河区汇某实验学校2018学年下学期小学部"校长杯"班级足球赛安全应急预案》；安排了体育老师负责活动的具体组织安排；外聘了专业人员

参与裁判工作；班主任带队到操场，并在操场协助工作；赛前由老师专门讲解了注意事项，提醒学生发现不适及时报告等。(3) 原告之子比赛开始不久倒地时，班主任和体育老师在发现后第一时间跑过去，询问、查看小钱的情况，当场进行按压人中急救措施，即刻通知校医，随即抱起小钱赶往医务室；校医在途中会合后，即刻对小钱实施心肺复苏抢救；拨打 120 急救电话，联系专业急救；后有其他老师加入，进行持续不断的抢救，直至 120 救护车赶到现场；之后，校医和老师仍在现场并根据医护人员的指示配合进行抢救，并有相关人员随车前往医院。(4) 从救护车将学生送往医院后，学校仍继续安排老师一直陪伴原告，尽力所能及的帮助和去世后的关心慰问；后在原告提出到学校查看监控视频等要求时，积极配合、提供，并未回避、推卸责任。2. 综合事发情况来看，事发时极有可能是小钱自身重大疾病发作，不能将责任与后果苛责于作为教育机构的学校。(1) 小钱在活动开始不久、无人碰撞的情况下突然倒地，且倒地之后即出现尿失禁、无法言语的情形，很快陷于昏迷，在抢救过程中，其各项生命体征均未明显好转；120 救护车到场及送往医院后，实施专业的医疗抢救，仍无法挽救其生命；且经了解，小钱曾有相关病史。(2) 两原告作为小钱的监护人，事前并未告知过学校小钱存在特定疾病或特殊身体情况。(3) 小钱去世后，原告明确告知医院不进行死因的医学检查，应对此负责。3. 原告主张的有关赔偿项目、金额，缺乏相应证据和事实依据。综上，请求驳回两原告的诉讼请求。

法院经审理查明：案发时，原告钱某某、张某某夫妇之子小钱系被告广州汇某实验学校小学三年级的在校学生。该校为丰富学生校园生活，提高学生运动能力和集体荣誉感、凝聚力等，决定在小学部的班级之间举行“校长杯”班际足球比赛。比赛采用 6 人制，上下半场各 15 分钟，由校外教育培训中心派员担任裁判员，学校体育老师和班主任在操场现场带队，并由班主任在班级沟通群内将足球比赛事宜通知学生家长。

2019 年 5 月 23 日 14 时 59 分 16 秒，经老师和裁判提醒有关注意事项、适当热身后，比赛正式开始，其中小钱任后卫。当天 14 时 59 分 44 秒，在正常比赛过程中，小钱在无人触碰的情况下，突然脚步放缓、摔倒在地。裁判当即发现情况，遂上前查看情况，并示意在场观看比赛的体育老师和班主任过来帮忙。15 时 1 分 5 秒，班主任安排围观的两名小学生前去叫校医。经当场呼叫、按压人中等施救措施无果后，另一名体育老师于 15 时 3 分 48 秒平抱起小钱，往校医室方向跑去。15 时 4 分 33 秒，体育老师中途见一名校医在两名学生的带领下迎面走来，便将小钱放下。同时，被告的老师拨打 120 急救电话。15 时 4 分 48 秒，该当值校医携带药箱走到小钱身边，经检查后开始实施急救措施，其中前期有揉搓动作，15 时 5 分 48 秒开始连续实施心肺复苏急救，三分多钟后有不时停下来检查、揉搓、按摩等动作；15 时 16 分，体育老师协助校医实施心肺复苏急救。原告张某某接到班主任通知后，打车于 15 时 29 分赶到现场。120 救护车接报后于 15 时 30 分赶到现场，并立即开展现场急救，其他在场人员亦继续予以协助。15 时 52 分，救护车搭载小钱驶离现场。随后，小钱被送往暨南大学附属第一医院（广州华侨医院）继续进行抢救，后经抢救无效，于 2019 年 5 月 24 日 5 时许被宣布临床死亡。原告当时明确不同意尸检。死亡原因为呼吸心跳骤停。

另查明，小钱曾在 2017 年发作过癫痫；2018 年 8 月，小钱曾前往广州市妇女儿童医疗中心门诊心血管科就诊，所述简要病史为"进食冷饮后心前区疼痛，运动后加剧"，诊断为心前区痛。案发前，原告未曾告知被告小钱有上述情况，在 2016 年 9 月的新生健康情况申报中亦未申报小钱有特殊病情。

【裁判结果】

广州市天河区人民法院于 2020 年 7 月 31 日作出（2019）粤 0106 民初 21603 号民事判决书，判决：一、被告广州市汇某实验学校于判决发生法律效力之日起 10 日内，赔偿原告钱某某、张某某共计人民币 304891.40 元；二、驳回原告钱某某、张某某的其他诉讼请求。

一审宣判后，双方均提出上诉。广州市中级人民法院于 2020 年 10 月 29 日作出（2020）粤 01 民终 18626 号民事判决书，驳回上诉，维持原判。

【裁判理由】

法院生效裁判认为：两原告之子小钱是在参加被告学校组织的小型班际足球比赛中，正式开始后不到半分钟时，在没有外力介入的情况下突然倒地，后经抢救无效而亡。综观双方意见，本案的争议焦点主要为：其一，被告在事发前的赛事举办和事后的应急处理行为有无不当，其间有无尽到教育、管理职责，如何认定其过错问题；其二，若被告需承担责任，具体责任和数额如何认定。

一、被告在事发前的赛事举办和事后应急的处理行为有无不当，其间有无尽到教育、管理职责，能否认定具有过错

1. 关于足球赛事举办是否适当。从比赛的队员人数、场地和赛程时长来看，比赛的规模和对抗性相对较小，并非与小钱所处的年龄和体能情况不相符。足球运动具有相对较高的普及性，本身亦具有一定风险，被告的老师已经在赛前通知了作为小钱家长的原告，原告并未反对小钱参赛，也未曾告知学校小钱有不适宜参加的特殊体质。因此，被告举办足球赛事并无不妥，该行为不存在过错，不能“因噎废食”，不应迫使教育机构因为顾虑可能发生的法律责任而换之以室内风险低的“软骨缺钙”活动。

2. 关于当值校医资格的问题。经查，一方面，被告当值校医在事发前虽已取得护士执业资格证书，首次注册日期为 2008 年 12 月 31 日，延续注册后有效期为 2014 年 2 月 26 日至 2018 年 12 月 31 日，但重新注册时间为 2019 年 8 月 5 日至 2024 年 8 月 5 日，事发时已过注册有效期。被告校医违反了《护士执业注册管理办法》第 2 条的规定。另一方面，根据《广东省义务教务标准化学校标准》的规定，被告应当设立卫生室，即取得医疗机构执业许可证的学校卫生机构，而非保健室。本案中，被告校医室并未取得《医疗机构执业许可证》，属于保健室性质，并非医疗机构，存在不合规之处。

3. 从内外因的角度来看，应当客观评价导致死亡结果的主要、次要因素。小钱在事发前就有过心前区疼痛、晕厥和癫痫的情况，在本案中是在比赛刚刚开始、尚无激烈肢体对抗的情况下，因突发呼吸心跳骤停经抢救无效而死亡，其身体状况是导致死亡的主要原因。从目前的实践来看，我国 CPR 成功率较低。除去正常反应的时间，即便在第一时间采取规范的 CPR 急救，也未必能保证一定可以挽回病患生命。鉴于此类疾病的特殊性，发病的时间和场合也具有极大的不确定性，故不宜对现场施救的外部力量者苛以过高比例的法律责任。故被告的行为是导致死亡的次要原因。

4. 关于 AED 设备的使用问题。AED 并非法律规定的学校必备的医疗急救器械，当值校医在彼时紧张的情况下未使用该设备，而是选择了自己更为熟悉的人工心肺复苏，具有合理性，该行为并不构成法律意义上的过错。

5. 至于原告提出操场监控录像中缺失三秒的问题，被告表示只是技术播放问题，实际上不存在缺失。鉴于上述情况发生在小钱倒地后不久，且身旁此刻并无其他可能伤害因素，从监控所反映的行为前后连贯性和当时场地环境来看，并不存在二次伤害的一般概率可能，故该问题不影响本案责任的认定。

综上，结合小钱的死亡原因、抢救过程、被告有关人员在整个事件中的保障措施、应急处理等情况，法院认定被告在一定程度上并未完全尽到教育、管理职责，具有一定的过错，酌定被告需要承担与其过错相匹配的责任，即在 30% 的份额内对小钱的死亡后果承担法律责任。

二、关于具体责任的承担

1. 物质损失数额：根据双方提供的证据，综合认定两原告的医疗费、交通费、误工损失、死亡赔偿金、丧葬费等物质损失数额为 949638.01 元，被告应承担 30% 份额的赔偿责任即 284891.4 元。

2. 精神损害抚慰金：酌定由被告赔偿原告 2 万元。

3. 关于两原告要求被告公开赔礼道歉的问题：本案的最终后果主要是由两原告之子自身突发疾病所导致，被告作为教育机构，虽认定其承担相应的过错责任，但被告并未对两原告及其子的名誉造成诋毁、诽谤等伤害，也未见有逃避相应责任之举。尽管双方诉前未能达成和解，但属于诉求方案分歧所致，亦非赔礼道歉的理由，故驳回了两原告要求赔礼道歉的诉讼请求。

【案例注解】

从近年来的新闻报道和司法实践来看，不幸猝死的人数和案件数量都呈明显增高趋势。猝死有多种原因，其中最为常见的是心源性猝死，主要是指心脏跳动突然停止，短时间内急性症状发作后若无法得到有效抢救，很快便会死亡。该种疾病老少皆有，不限性别，发病突然，通常有效急救时间在发病后的4—6分钟内；若抢救不及时，则存活率极低，且多会造成不可逆转的机能损害。

本案中，两原告之子作为小学三年级的学生，参加被告学校组织的班际足球赛期间突然猝死，进而引发讼争，对簿公堂。双方对校方是否存在过错，争辩激烈，针锋相对。组织体育活动的校方在赛事举办方面有无过错，将原本安排的数学课临时调为体育活动是否应当告知家长或征得其同意？学校的校医室应当如何设置，校医资质过期能否作为认定过错的依据？学校主动配置了AED却未使用，是否构成法律意义上的过错？如何避免悲剧发生，准确认定教育机构的责任，需要我们重新审视。

裁判中出现分歧意见，表面上看，往往是不同价值的选弃取舍，但从深层次看，则是对不同利益和类似事件重复发生概率的平衡，尤其在“进退两难”和新类型交叉案件中，单纯究问“过错”问题，是对行为产生基础的偏离。社会运行的各环节彼此联系，法律是社会生活规则的凝练，适用法律更需要在整体社会环境下进行各方利益的考量，充分平衡个案表面公正和社会整体运行成本之间的关系，从而使裁判的事后评判能发挥正向引领的积极作用。在教育机构责任纠纷中，如何界定有无尽到教育、管理职责，才能既维护学生家长的合法权益，又不至于“矫枉过正”，挫伤校方教书育人的积极性，是裁判者需要充分认识和慎重考虑的问题。

一、应当充分尊重学校的教育自主权，鼓励学校开展体育教育的积极性

被告作为教育机构，除了向学生传授文化知识以外，还肩负着强健学生体魄的责任。正所谓“文明其精神，野蛮其体魄”，被告为丰富课余生活，增强小学生体质，在校内举办班级间的小型足球比赛，具有良好初衷和积极意义，应当予以肯定和鼓励。这也是被告为实现教学目的而有权自主进行的课程安排，因此，即便校方临时将原本的文化课调换成体育课，亦无不当。而应急预案具

有一定的内部性，仍需从其最终所实际采取的行为外观来予以评价。应正确看待学校活动中自身存在的风险，如果过分强调学校的责任，则势必会倒逼老师们畏首畏尾，最终影响的还是学生的健康成长。

二、应当充分考虑活动组织保障工作可能出现的问题，但应在合理的注意义务内

风险随着社会发展和生活方式而变化，旧时的习以为常可能已在不经意间发生改变。在日益快节奏、近距离、高密度、强压力的今天，每个个体都不应忘记风险的固有之义。因此，所谓责任，又回归到了对注意义务合理性审查的问题上来。实际上，《民法典》第1176条关于“自甘风险”规则的确立，也是对社会活动固有风险的一次正视和中肯评价。本案中，根据监控录像和证人证言等可以证实，被告在赛前已经对包括两原告之子小钱在内的球员进行了安全提示，小钱在赛前也进行了相对充分的热身活动。鉴于本案足球赛的肢体对抗激烈程度相对有限，且当时还有体育老师、裁判员、班主任在球场协助，被告基于全校学生教学安全需要的统筹考虑，决定安排值班校医在距离并非很远的校医室待命，一般情况下可以应对常见伤害事故的应急处理，故被告的上述行为亦无可厚非。

三、从法律法规和其他有关规定层面审查有无尽到教育、管理的职责，并根据不同要求设置对应级别的卫生室或保健室

首先，从校医室的设置来看，被告存在不合规之处。根据《广东省学校及托幼机构内设医疗机构和保健室卫生监督管理工作指引》的规定，卫生室（或校医室、校医院）是指取得《医疗机构执业许可证》的学校卫生机构，承担学校预防保健、健康教育、常见病和传染病预防与控制、学校卫生日常检查工作并为师生提供必要的医疗服务。保健室则是指未取得《医疗机构执业许可证》的学校卫生机构，在卫生专业人员指导下开展学校预防保健、健康教育、常见病和传染病预防与控制、学校卫生日常检查等工作。本案中，被告的学校规模已经达到了需要设立校医室的规定。因此，这是认定学校过错的一个原因。校园安全事件中，校医是一个重要的角色，是现场进行处置的前线，校医室的设置是否达标、设备配备是否齐全，需要严格进行认定，必要时可向主管卫生健康委员会或教育部门征询意见。不过，实践中因为经费、师资等现实问题，想要使各方面的配置完全符合规定，还需要各方力量的共同努力。

其次，应从校医的个体行为上审查。根据《护士执业注册管理办法》第2条的规定：“护士经执业注册取得《护士执业证书》后，方可按照注册的执业地点从事护理工作。未经执业注册取得《护士执业证书》者，不得从事诊疗技术规范规定的护理活动。”根据该办法第15条的规定，“注册有效期届满未延续注册的”，应当提交有关材料重新申请注册。虽被告当值校医在事发后已及时重新进行了注册，但其超过注册有效期的行为，属于被告学校在管理上存在的问题，且对其能否从事规定的有关护理工作具有影响，故被告校医在这方面存在违反规定之处。

四、从死亡原因和内外部因素层面来看，应客观评价内部矛盾主导和外部介入因素的关系

本案中，小钱虽年纪很小，突发呼吸心跳骤停而亡，但在事发前其就有过心前区疼痛、晕厥和癫痫的情况。从完善学校管理来看，学校应当尽量定期征询家长孩子身体异常的信息，家长也应主动报告学生的特殊身体需求，达到互通有互、信息及时沟通的效果。从某种程度上讲，学校教育实际上是家长教育职能的社会延伸，对学校注意义务的考量，不应脱离家长的本职。正如判决书所述，即便在第一时间采取规范的 CPR 急救，也未必能保证一定可以挽回病患的生命。甚至是家长第一时间到场，也未必会有更好的结果。因此，要分清楚内部原因和外部原因，分清楚矛盾的主次方面，注意学校和家长关系的平衡。同时，应当充分尊重“专业性”，在生命面前，即便是1%的成功概率，也应尽100%的努力。

五、对“过错”深层法理基础的非法律角度探析：对有关利益冲突的动态平衡和价值导向的充分考量

过错，是侵权责任中难以绕开的一个关键问题。对符合日常生活中类型化的“过错”，我们不难作出判断，但对于交叉地带的“孰是孰非”，则往往会产生激烈争论，不断考验裁判的智慧。我们多习惯于从过去的经验和静态的角度来理解“过错”，但缺乏对“过错”本质的深层次探究。以不同的标准作为参照，会得出截然不同的“过错”认定结果。因此，对“过错”的认定，实际上还需要充分考虑现实语境，并努力面向未来。

本案中，双方争论较大的是校方有配置 AED 但当时并未使用，是否构成过错的问题。随着时代的发展、科技的进步，行为人的注意义务也会随之而变。一方面，AED 并非法律规定的学校必备的医疗急救器械，被告学校能主动购置 AED，积极提高配套设置，自然是值得支持和肯定的举措。另一方面，对于相当比例的人而言，AED 尚属于有待被进一步熟知的事物，尤其从事后评判的角度来说，不应过分夸大 AED 在本案中的作用。当值校医在彼时紧张的情况下未使用该设备，而是选择了自己更为熟悉的人工心肺复苏，具有合理性，该行为并不构成法律意义上的过错。虽从表面上来看，校医的行为似乎是一件“可被指责”或“不够专业”的选择，但如果直接以此作为加重校方责任的理由，也势必会严重挫伤拥抱新事物者的积极性，产生“干得多错得多”的不良示范效应，而这远非“个案表面公正”所能够弥补的社会发展成本。

民事审判中，“酌定”是极为常见、又很无奈的自由裁量，考量裁判者对“度”的准确把握。法律具有生命力，在致力于社会治理的立场上，有自由派和保守派的不休争论，也有司法权在形式上和实质上的功能界限。司法裁判除了“惩前”的追责功能以外，还有“毖后”的指引价值。公平正义是我们努力追求的目标，但若仅盯着这个目标，反而又容易令赶路的人迷失方向。因此，我们需要能够帮助我们完成一个个取舍的指引。概括而言，在遇到“左右为难”的过错判断时，应充分考虑该行为现象或问题在过往出现的频率和未来发生的概率。若属于高频率事件，则应着重考虑“毖后”的指引价值，注重社会整体利益和建立良好秩序；若属于低概率事件，则可更侧重于“惩前”的追责功能。当然，两者并不冲突，十全十美、各方都满意的完美方案往往可遇而不可求，应努力寻找能够实现各方利益平衡的“次优方案”。所谓公平，实际上最终还是要落脚于对“度”的理解。因此，对于负有管理、教育职责的被告来说，认定其过错问题，应结合现有境况下，视其有无进一步提升的合理空间，以及有多大的提升空间来进行判断。

从事后应急处理措施来看，被告的裁判和老师作为非专业医护人员，在当场发现小钱突然自行倒地后，立即上前查看情况，后虽及时拨打120急救电话，及时联系小钱的家长到场，对其他伤情可能会具有更好效果，但对于“与时间赛跑”的呼吸心跳骤停发作来说，现场急救和前期措施是否及时、得当，则更具有时效性。从现有证据来看，被告人员在操场及时发现异常后，虽有采取呼喊、掐人中等行为，但均不是有效的救治措施。被告老师虽及时安排了小学生前去报告校医，但从监控录像和校医的证言可见，从被告方发现异常后采取应急处理措施开始，校医并未能及时了解事发状况。而校内张贴的“学生晕倒”应急程序中专门载明了校医的办公电话和手机号码，若通过电话直接向校医报告病情、联系其到场，或安排大人前去，显然更能有效地反映问题，也可以节省一定的宝贵时间，或获得校医的临时远程指导。在特殊情况下，若能在第一时间拨打120急救电话求助，亦有可能在医护人员无法及时赶到的情况下，获得专业有效的现场急救临时指导。被告校医作为具有专业医务知识的人员，在本案中具有更高的注意义务，其在中途与小钱会合后，虽立即进行检查，并及时开始实施心肺复苏急救，但相对不久后便开始有不时的间断，未能严格持续进行规范的心肺复苏；同时，遗憾的是，在后来有充分条件可叫他人取回放置在不远处校医室的AED设备的情况下，始终未能作出任何尝试或寻找替代方案，导致学校专门购置的AED设备未能实现初衷、在关键时刻发挥功用。两原告之子案发时是未满9周岁的限制民事行为能力人，学校作为教育机构，负有更高的教育、管理职责。因此，尽管被告采取了一定的应急措施，但尚有提升的合理空间，该空间就是认定其过错、苛以其责任的法理基础。

另据了解，被告学校已购买意外保险，法院判赔的数额恰好与保险金额基本相当，在某种程度上也体现了保险制度的优势和必要性。因此，除加强日常管理外，更好地完善保险配套措施，从而分解经营过程中的风险和可能的法律责任，也未尝不是社会治理问题的一种回归。

本案的审理，不仅从有关规定上进行审查有无尽到教育管理的职责，还从法理层面上对“过错”的本质进行了不同角度的探析，试图避免就法律论法律的定势思维，跳出就过错论过错的窠臼，并充分平衡了各方利益，为类似案件的更好处理提供了有益的参考价值。

【相关法条】

《中华人民共和国侵权责任法》（现已失效）第 15 条、第 16 条、第 18 条、第 22 条、第 39 条。

《中华人民共和国民法典》第 179 条、第 1179 条、第 1181 条、第 1183 条、第 1200 条。

《最高人民法院关于审理人身损害赔偿案件适用法律若干问题的解释》第 6 条、第 14 条、第 15 条、第 22 条。

法谈法议

从新冠肺炎疫情看《国际卫生条例》关于传染病防范阶段规则的修订

黄　瑶　徐琬晴*

作为全球防范和应对传染病领域唯一有普遍拘束力的国际法律文件，《国际卫生条例》（以下简称《条例》）已难以有效适应当今各国防控传染病大流行威胁的需求，修订《条例》势在必行。

引言

自新冠肺炎疫情暴发以来，全球公共卫生治理成为当前国际关系和国际秩序中的一个重大课题，国际法治发挥着不可或缺的作用，其中，国际条约是防范和应对重大传染性疾病的成功手段。《条例》是现行国际卫生法最重要的法律文件，为世界卫生组织（以下简称世卫组织）领导和协调《条例》缔约国合作抗击新冠肺炎疫情提供了重要的法律框架和有效的规则指引。如今，距离《条例》上一次修订已过去16年，大流行病所带来的威胁呈现的全球化趋势增强，《条例》关于防范和应对传染病大流行的国际规则所面临的挑战日益明显。在新冠肺炎疫情这场“二战”以来最严重的全球卫生危机面前，《条例》逐渐暴露出其规则实施在缔约国核心能力建设、卫生信息通报与共享、国际突发公卫事件警报机制、额外卫生措施的适用等方面存在极大局限性，修订与完善以《条例》为代表的国际卫生规则的呼声渐涨。

尽管目前还存在另一种声音，呼吁各国缔结一项新的大流行病国际条约，

* 黄瑶——中山大学法学院/海洋法治研究中心教授、博士生导师，南方海洋科学与工程广东省实验室（珠海）海洋法团队首席科学家，主要研究领域：国际法基本理论、海洋法、立法学；徐琬晴——中山大学法学院博士研究生，主要研究领域：国际卫生法、海洋法。本文为作者主持的国家社科基金重大专项（批准号：20VHQ005）阶段性成果。

以推动《条例》的实施，加强各国未来抵御大流行病的能力，[1] 但从时间成本、新条约或难以具有普遍约束力、新旧条约在内容上可能存在重叠或冲突等角度看，修订《条例》相较制定新的国际条约具有更高的可实行性。而且，即便未来各国协商决定制定新条约，我们也需要先对《条例》这一现行权威的规则体系为何难以在防范和应对传染病大流行的问题上发挥有效作用进行研究。

本文从国际法角度，聚焦新冠肺炎疫情背景下《条例》关于传染病防范阶段规则的实施引发极大关注的两个主要问题：缔约国核心能力建设问题、卫生信息的通报与共享问题，分析《条例》实施在这两个方面所面临的挑战及其原因，进而提出修订与完善《条例》有关规则的若干意见建议，以期推进大流行病预防、监测、响应、合作国际机制的完善，推动共同构建“人类卫生健康共同体”。

一、《条例》缔约国核心卫生能力建设问题

（一）《条例》有关缔约国核心能力建设的规定及其局限性

国家发展、加强和维持核心卫生能力是缔约国履行监测、通报、信息共享等《条例》其他关键国家义务的基础，也是《条例》框架有效实施的前提。《条例》第 5、13 条要求缔约国发展、加强和维持两种公共卫生能力：发现、评估、通报和报告事件的核心能力，以及迅速有效地应对公共卫生风险和国际突发公卫事件的核心能力，并规定缔约国应在 2012 年之前达到《条例》附件 1 所要求的核心能力标准，但允许缔约国根据“正当需要”和“特殊情况”，先后分别获得两年延长期的请求。根据《条例》第 44 条，缔约国之间、世卫组织与缔约国之间应尽可能在国家核心能力建设方面展开合作。此外，《条例》第 54 条规定了《条例》现有监测缔约国核心能力建设实施情况的唯一工具——缔约国自我评估年度报告。

实践中，上述《条例》规定并未得到有效实施，主要体现在以下三个方面：其一，许多国家并未在规定期限内甚至至今仍未完成国家核心能力建设。在最初确定的期限内，仅有约 22% 的缔约国宣称它们达到了核心能力建设标准，有 118 个缔约国请求延期。第一个延长期结束后，有 81 个缔约国请求延期，甚至

---

1 参见《COVID-19 表明了为什么需要采取联合行动建立更强大的国际卫生架构》，载世界卫生组织网站，https：//www. who. int/zh/news – room/commentaries/detail/op – ed – – – covid – 19 – shows – why – united – action – is – needed – for – more – robust – international – health – architecture，最后访问于 2021 年 7 月 29 日。

还有48个缔约国未向世卫组织报告。[2]待到第二个延长期结束，虽有进展，但仍有许多国家尚未完全建立起核心能力。[3]迄今为止，仅有三分之一缔约国的核心能力建设达到了《条例》的要求。[4]其二，各国之间核心能力建设差异较大。有学者根据近年缔约国提交的年度报告分析指出，世卫组织非洲区域大多数国家的能力水平仅为1至3级，而欧洲区域大多数国家为4或5级。[5]其三，虽然高收入国家的核心能力建设总体水平相对较高，但这些国家防范和应对公共卫生风险的各项能力指标并非都处于较高水平。根据《全球卫生安全指数2019年度报告》，包括高收入国家在内的全球各国国内卫生系统建设能力水平普遍较低。[6]

上述缺陷在新冠肺炎疫情期间进一步凸显。一是由于大多数国家核心能力建设尚未达标，加之各国核心能力参差不齐，这在一定程度上导致在新冠肺炎疫情暴发初期，不同国家和地区预防、监测和发现疾病的能力存在差距。二是由于包括发达国家在内的全球国家核心能力建设水平偏低所带来的消极影响，即使是那些核心能力相对强大的国家，它们的卫生系统在面临新冠肺炎这种传染性极强的新型大流行病时也出现过不堪重负的情况。[7]

《条例》有关缔约国核心能力建设的规则之所以难以得到有效实施，可以从《条例》文本本身和《条例》现有的核心能力建设评估工具两个方面探寻原因。

在《条例》文本方面，有关缔约国核心能力建设的规定存在结构和内容上的缺陷。首先，虽然《条例》附件1对缔约国的核心能力要求作出了说明，但这些内容基本上都属于结果义务，[8]即仅简要规定了缔约国在规定期限内应实现的能力建设目标，而未对这些目标制定可量化的客观标准，更没有对国家具体

---

2 See World Health Organization, Report of the Review Committee on Second Extensions for Establishing National Public Health Capacities and on IHR Implementation, EB136/22 Add. 1, 16 January 2015, p. 2.

3 参见世界卫生组织：《〈国际卫生条例（2005）〉实施情况年度报告总干事的报告》，第六十九届世界卫生大会，文件号A69/20，2016年5月18日，第4－5页。

4 See Allyn L. Taylor, Roojin Habibi, Gian Luca Burci, et al., Solidarity in the wake of COVID-19: reimagining the International Health Regulations, *The Lancet*, Vol. 396, 2020, p. 82; Global Preparedness Monitoring Board, A World at Risk: Annual report on global preparedness for health emergencies, World Health Organization, 2019, p. 20.

5 See Nirmal Kandel, Stella Chungong, Abbas Omaar, Jun Xing, Health security capacities in the context of COVID-19 outbreak: an analysis of International Health Regulations annual report data from 182 countries, *The Lancet*, Vol. 395, 2020, p. 6.

6 See Global Health Security Index 2019 Report, October 2019, https://www.ghsindex.org/wp-content/uploads/2019/10/2019-Global-Health-Security-Index.pdf, p. 14. 最后访问于2021年7月29日。

7 参见郭冉：《对日本处置“钻石公主号”邮轮新冠肺炎疫情的国际法分析》，载《边界与海洋研究》2020年第3期。

8 See Giulio Bartolini, The Failure of "Core Capacities" Under the WHO International Health Regulations, *International & Comparative Law Quarterly*, Vol. 70, 2021, p. 237.

应如何建设、优先建设何种能力提供指引。其次，尽管世卫组织依据《条例》第13条发布了若干支持缔约国发展公卫能力的技术指导文件，[9]但这些文件仅是对《条例》附件1的卫生能力要求的细化，仍未就具体应采取的建设措施和步骤指明方向，缺乏详细的能力建设战略。最后，由于中低收入国家难以为自身的核心能力建设投入充足的资金和技术，故其能力建设离不开外部援助的支持。然而，《条例》缺乏推动缔约国提供援助的激励机制或强制执行的义务条款，世卫组织亦缺少专门用于援助国家核心能力建设的财政资源，因而在实践中，缔约国之间的援助更多是出于国际道义，这种合作和援助缺乏稳定性或难以到位。

至于核心能力评估工具的问题，当前缔约国的自我评估工具主要存在三点瑕疵。一是《条例》未赋予世卫组织有效监管缔约国完成自评年度报告的权力。虽然《条例》第54条要求缔约国每年应向世卫组织报告本国核心能力建设的情况，但部分缔约国出于维护自身政治利益等各种原因，会选择延迟报告、不充分报告甚至不报告。而针对这些未充分或不履行义务的行为，世卫组织无法对有关缔约国予以问责或是强制其履行义务。二是《条例》未强制要求世卫组织对缔约国的自评报告给予后续评估和反馈。即便缔约国按时提交自评报告，世卫组织没有义务对报告的内容予以审查评估，也不会对其中反映出的问题提供反馈意见。这不仅使缔约国无法通过自评工具了解《条例》附件1规定的核心能力要求的具体义务内容，也使缔约国难以为之后完善发展、强化卫生能力所采取的措施获取针对性意见。三是缔约国自评工具欠缺独立性和可信度。除缔约国自评工具外，《条例》未再规定其他独立的评估机制来监督或审查缔约国核心能力建设情况，而国家自评估与现实情况之间或多或少存在差距。对此，世卫组织拟定了一份《条例》监测和评估框架，除年度报告外，该框架还纳入了联合外部评价、行动后审查和模拟演练等评估和监测国家核心卫生能力建设的自愿工具。[10]不过，目前这些自愿工具尚未得到缔约国广泛且积极的运用。

（二）改善《条例》下缔约国核心能力建设的规则与评估工具

为尽快实现全球范围内各国国家层面核心能力达标的目标，《条例》相关规

---

9 例如，2013年《缔约国发展〈国际卫生条例〉监测核心能力进展情况清单和指标》（Checklist and Indicators for Monitoring Progress in the Development of IHR Core Capacities in States Parties）、2018年《〈国际卫生条例（2005）〉缔约国自评年度报告工具指导文件》[International Health Regulations（2005）：Guidance Document for the State Party Self - Assessment Annual Reporting Tool]、2019年《世卫组织〈国际卫生条例〉能力基准》（WHO Benchmarks for International Health Regulations Capacities）等文件。

10 该框架于2016年第六十九届世界卫生大会上通过。参见世界卫生组织：《〈国际卫生条例（2005）〉实施情况年度报告总干事的报告》，文件号A69/20，2016年5月18日，第9-10页。

则的修订可相应地从《条例》文本本身和《条例》现有的核心能力建设评估工具两个方面入手。

关于《条例》文本，世卫组织和缔约国可通过修订《条例》附件 1，以完善《条例》对缔约国核心能力建设的规定。具体而言：

第一，为避免关于监测和应对的核心能力要求的规则和指南过于零散和碎片化，世卫组织和缔约国应整合世卫组织根据《条例》第 13 条发布的现有相关指南，将其中关键的卫生能力要求说明纳入《条例》附件 1，细化相关的能力建设指标，并使相关标准可衡量化、客观化。

第二，鉴于核心能力建设具有一定的技术性，缺乏应对传染性疾病大流行所需资源和能力的发展中国家在建设核心能力的过程中尤其依赖世卫组织提供此类指导，故世卫组织和缔约国应在《条例》附件 1 中增加关于如何建设各项卫生能力的规定。具体的指导包括但不限于如下方面：明确应重点建设的核心能力项目以及各项目之间的优先建设顺序；各具体核心能力的建设步骤和方法；促进发达国家援助发展中国家的重要领域和具体内容；在缔约国的要求下，世卫组织应与缔约国协商，根据缔约国各自的实际卫生需求，为缔约国制定和实施卫生能力建设的国家行动计划提供针对性援助等。

第三，世卫组织和缔约国可在《条例》附件 1 的框架内设立一项专门用于国家核心卫生能力建设的基金，吸纳多元主体为中低收入的发展中国家建设卫生能力提供资金支持和援助。鉴于《条例》第 44 条要求世卫组织与缔约国在动员财政资源以发展、加强和维持公共卫生能力方面相互合作，世卫组织又是监督《条例》执行的机构，因此，设立与卫生能力建设相关的专门基金是一个可行的合作途径和合理的资金来源。具体而言，为确保基金资金来源的稳定性，可在《条例》附件 1 中明确规定增加会员国的评定会费，并将一定比例的评定会费用作为《条例》缔约国核心能力建设基金的一部分。同时，还可规定世卫组织应鼓励缔约国、其他国际组织或机构、非国家行为者自愿捐款或指定用途捐款，共同参与到卫生能力建设的合作当中。[11] 全球防范工作监测委员会的研究表明，防控传染病的支出以数十亿美元计，而一场大流行的代价则是以万亿美元计，新冠肺炎疫情为世界带来的损失足够世界进行 500 年的防范疾病投资。[12] 可见，旨在维护全球卫生安全的防范投资回报巨大，故对以核心能力建设为主的防范

11 See Lawrence O. Gostin, Mary C. DeBartolo, Eric A. Friedman, The International Health Regulations 10 years on: the governing framework for global health security, *The Lancet*, Vol. 386, 2015, pp. 2223 – 2224.

12 See Global Preparedness Monitoring Board, A World in Disorder: Global Preparedness Monitoring Board Annual Report 2020, World Health Organization, 2020, p. 38.

工作进行投资的必要性毋庸置疑，各行为者应积极参与到《条例》缔约国核心能力建设基金的投资当中。

在《条例》现有的核心能力建设评估工具方面，世卫组织也应进一步对之进行优化。

一方面，世卫组织和缔约国应完善《条例》下的缔约国自我评估工具。为此，可通过修订《条例》第54条，或是增设条款，要求世卫组织有效审查评估缔约国的自评报告并予以及时反馈，就进一步发展、加强和维持核心能力提供指导意见。同时，可在文本中明确要求世卫组织公开各缔约国的核心能力建设状况，提高透明度，这既能抑制缔约国拖延建设核心能力的消极态度，又可为缔约国间相互监督或开展合作与援助交流提供机会。

另一方面，世卫组织和缔约国可考虑将《条例》监测和评估框架中的联合外部评估、行动后审查和模拟演练等自愿工具有条件地纳入《条例》附件1，以鼓励缔约国积极与世卫组织合作开展相关活动，提升自身的防范和应对核心能力，并用联合外部评估结果补充缔约国自评年度报告，以提高世卫组织国家核心能力评估工具的独立性、准确性和认可度。若联合外部评估能够在形成持续有质量的反馈意见的基础上，给被评估和监督的缔约国带来技术和财政援助，缔约国就更有可能予以配合并进行合作。因此，可考虑在《条例》附件1中进一步规定，在缔约国政府的要求下，参与联合外部评估的专家应与之合作，找出该国核心能力建设与《条例》核心能力要求的差距，联合制订符合国情的核心能力建设方案，甚至可考虑对采取这种合作方式并在核心能力建设方面获得显著进展的缔约国提供资金支持予以鼓励，[13] 这将在一定程度上增强缔约国在发展核心能力方面的履约意愿和能力。需指出的是，若将上述自愿工具纳入《条例》附件1，应在文本中明确规定自愿工具的实施必须以缔约国的同意和主导为前提，仅有在应缔约国的请求并与缔约国合作的情况下，世卫组织及其他专家才可对缔约国的核心能力建设举措开展联合评估、审查或演练。这是因为国家主权原则是现代国际法的基本原则，世卫组织作为由会员国主导的国际组织，对会员国核心能力建设的评估必须尊重国家主权和国家的自主性，确保相关活动在会员国的主导下开展，以避免部分国家借评估之名行不法之实。这不仅与现行《条例》第10、13条以及《条例》监测和评估框架的规定相符，亦与中国主张的政府间国际组织应由成员国主导之立场相一致。

---

13 See Kumanan Wilson, John S. Brownstein, David P. Fidler, Strengthening the International Health Regulations: Lessons from the H1N1 Pandemic, *Health Policy and Planning*, Vol. 25, p. 508; Lawrence O. Gostin, Mary C. DeBartolo, Eric A. Friedman, The International Health Regulations 10 years on: the governing framework for global health security, *The Lancet*, Vol. 386, 2015, p. 2224.

二、世卫组织与《条例》缔约国间卫生信息沟通机制问题

(一)《条例》有关卫生信息沟通机制的规定及其短板

流行病学曲线表明，卫生部门越快发现一个新事件，即可越快提供有效回应，从而病例就越少出现。[14] 因此，会员国及时向世卫组织通报和共享卫生信息是《条例》实现全球卫生安全有效治理的关键，也是缔约国获得世卫组织专业指导等外部援助的前提。为此，《条例》在世卫组织和缔约国之间建立了双向信息沟通机制。其中，第6—11条规定了通报、磋商、核实、信息共享四种信息沟通形式，且根据第4条，世卫组织和缔约国应分别指定联络点和国家归口单位，为双方及时展开信息沟通提供便捷渠道。

实践中，世卫组织与缔约国之间的信息沟通机制运作不佳，在新冠肺炎疫情中亦是如此。一方面，即使缔约国切实按照《条例》规定履行了通报和共享卫生信息的义务，也容易遭到个别国家的无端指责。例如，中国及时、公开、透明地履行了通报和信息共享义务，为各国政府和世卫组织尽早采取措施防范疫情的国际传播争取了时间，但仍有西方国家和学者质疑中国未按照要求以及时、准确和足够详细的方式向世卫组织通报疫情，致使世卫组织缺乏充足的信息及时宣布国际突发公卫事件警报，进而对后续世卫组织发布的临时建议的遵守情况带来消极影响。[15] 另一方面，一些国家通报和共享卫生信息的积极性不高，存在个别国家未充分履行甚至拒绝履行通报和共享信息义务的情况。譬如，在全球团结抗击新冠肺炎疫情之时，美国疾控中心既未每日及时在其官网上更新数据，也未及时收集地方政府上报的数据信息，故其提供的信息根本无法反映美国国内疫情的真实情况。而后美国疾控中心甚至不顾其国民乃至全人类的健康安全，停止公布相关疫情数据。[16]

这些非议和未切实履行通报及信息共享义务的行为，导致《条例》相关条款的有效性面临冲击，个中原因主要有二。

第一，《条例》关于通报与共享卫生信息义务的文本规定模糊，致使各国无法对切实履行义务的情形达成共识。人所共知，通报前对新病毒的发现、检测、

---

14 ［美］劳伦斯·戈斯汀、丽贝卡·卡茨：《〈国际卫生条例〉：全球卫生安全的治理框架》，孙婵译，载《地方立法研究》2020年第3期。

15 See Lawrence O. Gostin, Roojin Habibi, Benjamin Mason Meier, Has Global Health Law Risen to Meet the COVID-19 Challenge? Revisiting the International Health Regulations to Prepare for Future Threats, *Journal of Law, Medicine & Ethics*, Vol. 48, 2020, p. 378.

16 参见徐祥丽：《新冠肺炎疫情数据由大学统计公布，美国CDC为何“失声”?》，载人民网，http://world.people.com.cn/n1/2020/0327/c1002-31651729.html，最后访问于2021年7月29日。

评估和识别的逐步认识需要一定的时间，这一现实使得《条例》规定的通报时间要求难以有效约束和督促缔约国及早通报卫生信息，《条例》不得不采用诸如“在可能的情况下”“在可行的情况下”或“尽快”等开放性措辞，最多也只能像第6条那样要求有关缔约国在评估完成后24小时内以最有效的方式通报事件，而不可能就通报时间给出一个明确的标准。加之当今社交媒体发达，无论相关的卫生信息准确与否，在缔约国完成全面风险评估之前，这些信息可能就已经进入公众领域。这些情况均为其他国家非议切实履行通报义务的报告国或是部分缔约国不履行通报义务提供了空间。此外，《条例》附件2中评估事件是否构成国际突发公卫事件的标准[17]缺乏可衡量的客观性，这在一定程度上影响了缔约国的评估速度和有效性，而且，《条例》并未对缔约国通报前的评估程序予以明晰，难以有效判断缔约国在通报前是否切实履行了相关义务。

第二，《条例》缺乏相应的激励机制或是惩罚机制。由于通报和共享信息可能会对报告国的经济和政治造成负面影响，而《条例》未规定奖励切实履行义务的缔约国，亦未对缔约国不履行或未充分履行义务的行为建立监督或问责机制，因而部分缔约国会拒绝与世卫组织和其他缔约国合作，选择不及时、准确通报甚至是不通报疫情。进而言之，当有关缔约国向世卫组织报告发生在其领土内的公卫风险后，未直接受疾病影响的国家很可能随即对报告国实施先发制人的旅行和贸易限制，即使世卫组织明确表示这种限制在客观上是不合理的。[18]例如，在中国暴发新冠肺炎疫情之初，多国无视世卫组织的建议，对中国实施旅行禁令。又如，2020年末，在英国发现新冠病毒的变异毒株并通报世卫组织之后，欧盟多国随即对英国实施了旅行和贸易限制。[19]在此前的国际突发公卫事件中也发生过类似情形。此外，在诸如新冠肺炎疫情等新型大流行病肆虐期间，物资的短缺或促使部分国家囤积医疗物资和设备，加之全球供应链的中断，这可能导致疫情报告国在接收必要人员和物资上面临阻碍，进而致使其国民更容易受到疾病的威胁。凡此种种，都在一定程度上挫伤缔约国通报卫生风险的积极性。

---

17 即“事件的公共卫生影响是否严重”“事件是否不寻常或意外”“是否有国际传播的严重危险”“是否有限制国际旅行或贸易的严重危险”四个标准。

18 See Morten BROBERG, A Critical Appraisal of the World Health Organization's International Health Regulations (2005) in Times of Pandemic: It Is Time for Revision, *European Journal of Risk Regulation*, Vol. 11, 2020, p. 207.

19 参见高歌、常红：《英国发现新冠病毒新变种 欧盟多国紧急限制英国人员往来》，载人民网，http://world.people.com.cn/n1/2020/1221/c1002-31973293.html，最后访问于2021年7月29日。

（二）完善《条例》下卫生信息沟通机制

为促使及早通报和全面共享公共卫生信息，世卫组织和缔约国可从以下两方面对《条例》现有的卫生信息沟通机制予以改进。

首先，最重要的是，鉴于《条例》的基本理念是合作与协作，而非制裁，[20] 故世卫组织和缔约国应在《条例》第 6 条或附件 2 中增加通报激励机制的规定，为担心因通报和分享卫生信息而蒙受重大经济损失和政治压力的国家予以法律上的鼓励。具体举措有三：一是《条例》可规定世卫组织应为及时通报与分享卫生信息的缔约国提供技术援助和财政支持。对此，世卫组织可加强与世界银行等其他国际组织的合作，如利用世界银行的大流行病应急筹资机制，为报告国提供充足的预算支持以应对疫情。[21] 二是《条例》可规定在条件许可且必要的情况下，世卫组织将向切实履行通报和共享义务的缔约国提供医疗物资和疫苗储备。这方面是有经验可循的。面对 20 世纪 90 年代许多国家未如实报告国内脑膜炎病例信息的情况，世卫组织于 1997 年成立国际咨询小组，向提供脑膜炎病例流行病学信息的所有非洲国家提供脑膜炎球菌疫苗，这成为促使后来各国恢复报告脑膜炎病例的动因之一。[22] 三是《条例》可就因通报疫情而遭受损失的缔约国建立补偿机制作出规定。[23] 对此，世卫组织总干事可要求《条例》审查委员会就报告国因其他国家的旅行和贸易限制所遭受的经济损失予以评估，由世卫组织在财政和技术领域对有关缔约国予以适当的补偿。

其次，世卫组织和缔约国可修订《条例》附件 2 中的评估标准，将之予以客观化，以增强评估标准的实际操作性，从而提升缔约国评估、通报事件的速度。根据《条例》第 6 条，缔约国在向世卫组织通报之前，需根据《条例》附件 2 所列的四个开放性标准，对可能引起国际突发公卫事件的卫生风险进行评估，但并未对标准作出更严格的限定。因此，这些标准不仅难以为缔约国的评估提供明确的指引，而且根据这一思路作出的决定往往会因为疫情初期所伴随的对公共卫生风险认知的高度不确定性而变得复杂。因此，应在附件 2 中制定

20　参见世界卫生组织：《〈国际卫生条例（2005）〉在埃博拉疫情和应对方面的作用 审查委员会的报告 总干事的报告》，文件号 A69/21，2016 年 5 月 13 日，第 88 页。

21　参见世界卫生组织：《〈国际卫生条例（2005）〉在埃博拉疫情和应对方面的作用 审查委员会的报告 总干事的报告》，文件号 A69/21，2016 年 5 月 13 日，第 86 页。

22　See Jennifer B. Nuzzo, Gigi Kwik Gronvall, Global Health Security: Closing the Gaps in Responding to Infectious Disease Emergencies, *Global Health Governance*, Vol. 4, 2011, p. 11.

23　See Trygve Ottersen, Steven J. Hoffman and Gaëlle Groux, Ebola Again Shows the International Health Regulations Are Broken: What Can Be Done Differently to Prepare for the Next Epidemic?, *American Journal of Law & Medicine*, Vol. 42, 2016, p. 371.

客观的、基于证据的流行病学和控制标准。为此，可通过规定具体的参考判定指标，诸如新冠肺炎疫情审查委员会所指出的流行病学情况、感染动态、疾病负担以及现有的公共卫生和卫生服务能力等指标，[24] 将认定标准科学化、可衡量化、客观化，使其具有较强的可操作性，不仅可以确保缔约国评估、通报与共享的效率和质量，也有利于后续世卫组织根据有关指标，及时对突发公卫事件的情势作出准确研判。

关于《条例》附件 2 的修订，另有学者建议减少缔约国在通报问题上的自由裁量权，要求缔约国直接向世卫组织通报附件 2 所列的所有事件，以简化评估决策过程。[25] 根据《条例》附件 2，除包括天花在内的四种疾病无须缔约国自行评估、直接向世卫组织通报外，其他可能引起国际公共卫生关注的疾病和事件，均需先由缔约国参考附件 2 的四个标准对事件进行评估，再向世卫组织通报。因此，若能限制缔约国通报的自由裁量权，扩大通报疾病的种类和范围，不仅可以减少漏报的风险，而且在通报之后，缔约国还有机会与世卫组织合作开展后续评估。尤其是对于那些没有能力对新病毒进行检测和评估的缔约国，世卫组织和其他缔约国可向其派出专家组支援，甚至可吸引非国家行为者参与其中，提供资金和技术援助。这种观点看上去非常理想，但仔细分析后发现其并不可取。虽然今年世界卫生大会上发布的一份决议有体现出会员国扩大通知事件范围的倾向，但也仅是在措辞上作了微小的调整，并未否定缔约国的自由裁量权。[26] 毕竟，一味追求通报速度、事无巨细的通报不但会增加世卫组织的工作负担，而且在未对相关公共卫生风险予以科学评估的基础上就对事件进行通报，将极可能在全球引起不必要的混乱和恐慌，未受疾病影响的国家很可能过度反应，致使通报国沦为不准确通报和未经证实的谣言的牺牲品，放大了通报造成的负面影响，反而将极大地挫伤缔约国通报的积极性。[27]

---

24 See World Health Organization, Interim Progress Report of the Review Committee on the Functioning of the IHR (2005) During the COVID-19 Response, EB148/19, 12 January 2021, p. 7.

25 See Lawrence O. Gostin, Mary C. DeBartolo, Eric A. Friedman, The International Health Regulations 10 Years on: The Governing Framework for Global Health Security, *The Lancet*, Vol. 386, 2015, p. 2224.

26 决议敦促会员国“向世卫组织通报……任何可能引发（may cause）国际关注的突发公共卫生事件的事件”，相较《条例》第 6 条中“向世界卫生组织通报……有可能构成（may constitute）国际关注的突发公共卫生事件的所有事件”的表述，前者在一定程度上扩大了通知事件的范围。参见世界卫生组织：《加强世卫组织突发卫生事件防范和应对》，文件号 WHA74. 7，2021 年 5 月 31 日，第 8 页。

27 See Jennifer B. Nuzzo, Gigi Kwik Gronvall, Global Health Security: Closing the Gaps in Responding to Infectious Disease Emergencies, *Global Health Governance*, Vol. 4, 2011, p. 5.

结语

《条例》作为全球应对公卫危机、减少公卫风险最有效的条约之一，在世卫组织引领全球积极防范和应对新冠肺炎疫情的过程中发挥了核心作用。然而，并非所有的国际条约都是完美的，《条例》也不例外，其实施存在的诸多不足在新冠肺炎疫情期间暴露无遗，使修订《条例》成为国际社会热议的话题。归结以上论述，修订《条例》有关传染病防范阶段之规则的两个关键点在于：一是修订《条例》附件 1 和第 54 条，或是增设相关条款，使有关核心能力建设的标准和要求更为明确，补充并优化现有评估工具；二是修订《条例》第 6 条或附件 2，建立疫情通报激励机制，制定客观且可衡量的通报前评估标准，提高缔约国评估、通报的质量和效率。

本文从制度层面对防控传染性疾病的核心国际法律制度《条例》进行规范分析，并就其中有关传染病防范阶段之规则提出相应的制度修正与改善建议。但《条例》修订的真正落地，需要世卫组织和缔约国认真审议《条例》文本，对修订内容进行协商并达成共识。通过修订《条例》，有望促使《条例》在防范和应对传染病大流行上发挥更强有力的作用，并以国际良法推动全球公共卫生安全的善治，共同构建“人类卫生健康共同体”。

我国刑法构建成年人犯轻罪之前科消灭制度的思考

肖胜方　黄燕加 *

为了预防犯罪，我国现行《刑法》第100条规定了前科报告制度。虽然前科报告制度的设立在一定程度上起到了预防犯罪发生的作用，但随着我国刑法大幅度扩张打击轻罪的范围，该制度的弊端也越发明显。我国在刑事法治现代化进程中，有必要建立成年人犯轻罪情形下的前科消灭制度。

"犯罪前科"是指犯罪人因涉嫌犯罪经人民法院审判后确定其有罪并对其定罪量刑的一种记录。我国现行《刑法》第100条第1款规定，"依法受过刑事处罚的人，在入伍、就业的时候，应当如实向有关单位报告自己曾受过刑事处罚，不得隐瞒"，我国刑法要求有前科的犯罪人均应当依法报告其犯罪记录。因此，犯罪记录会伴随犯罪人终身，使其与普通社会成员有所区分，且在回归社会后仍会贴上罪犯的"标签"。如今我国具有前科记录的人群数量十分庞大，但其中不乏类似因触犯危险驾驶罪被定罪量刑的犯罪人。虽这类犯罪人的犯罪主观恶性不大，但无论其所犯罪行轻重，犯罪人在就业、入伍时均负有报告前科的义务，这种义务会在一定程度上使刑满回归社会的犯罪人在生活中受阻。随着社会的发展进步，前科报告制度存在的问题日益凸显。为此，笔者认为建立成年人犯轻罪的前科消灭制度十分有必要。

---

* 肖胜方——全国人大代表、最高人民法院特约监督员、最高人民检察院特约监督员、广东省律师协会会长、广东省法学会副会长、广州市法学会副会长、广东胜伦律师事务所主任；黄燕加——广东胜伦律师事务所律师。

一、前科报告制度的利与弊

（一）前科报告制度存在的合理性

我国设立前科报告制度的主要初衷是降低犯罪率，体现在一部分受过刑事处罚的犯罪人在回归社会后其犯罪恶性仍然存在，这类犯罪人仍会受到前科报告义务的约束。前科报告制度确实能在一定程度上起到防止再犯、震慑犯罪以及社会防卫的作用。

1. 前科报告制度能有效防止犯罪人回归社会后再犯罪。在前科报告制度下，犯罪人在被苛以刑罚后仍会贴上犯罪的“标签”，而犯罪“标签”本身蕴含着一种道德约束的压力，在这种压力下犯罪人在回归社会后能随时审视自己的行为，谨记自己曾经所犯的错误。在这种“标签化”的情形下，犯罪人所受到的社会监督较之普通社会大众更为强烈，而这也在一定程度上抑制了犯罪人回归社会后再犯的可能性。

2. 前科报告制度能有效震慑社会潜在的犯罪人。前科报告制度除了对具有前科之人能形成内在的道德压力以防止其再犯之外，还能对那些存在犯意或者实施犯罪的人员起到一定的威慑作用。前科报告制度实质上规定的是一种“犯罪成本”，即犯罪人在实施犯罪之后所需承担的后果，这也必定会使他人在产生犯意时仔细权衡犯罪得失，审慎考虑实施犯罪后所需要付出的代价进而放弃犯罪念头。

3. 前科报告制度体现了社会防范的需要。前科报告制度规定了具有前科之人在入伍、就业等场景中必须如实向自己所在单位报告自己的前科，这种规定能够使社会在一定程度上了解该犯罪人以前所实施犯罪的性质并判断其社会危险性，从而可以有针对性地采取防范措施。前科报告制度在某种程度上体现的是社会防卫的需要。

（二）前科报告制度的弊端及不足

尽管我国前科报告制度有其合理性，但随着社会的发展进步，该制度也逐渐显现出弊端及不足。

当今，我国不断通过刑法修正案的方式大幅扩张打击轻罪的范围。在犯罪圈明显扩张之下，刑法条文也不断地增加新的罪名，如最新颁布的《刑法修正案（十一）》又增加了多个新罪名。罪名的增加，不仅意味着更多人可能会触犯刑法，也意味着更多人将会被贴上“有前科”的标签。而公民一旦具有犯罪前科，在前科报告制度下，不管所犯罪行轻重，曾经犯罪的标签将伴随犯罪人终身，对其往后的求职、事业乃至家庭生活都会产生巨大的影响。

1. 对个人的影响。首先，前科报告制度使重返社会的犯罪人就业受阻。不管所犯的罪行轻重，在前科报告制度的约束下，具有前科记录的犯罪人在回归社会、参加工作时均应依法报告前科。如果犯罪人在就业时隐匿犯罪前科，则可能导致就业单位以此为由与其解除劳动关系或认为《劳动合同》无效且不予补偿，犯罪人的合法权益难以得到保障。而如果犯罪人如实报告前科记录，囿于传统观念，在找工作时又容易受到歧视，难以就职。继而可能导致其家庭生活困难，引发更多社会矛盾，进入再次犯罪的恶性循环中。

其次，前科报告制度对犯罪人亲属的职业限制违反罪责自负原则，容易不当地扩大刑罚的打击面。在前科报告制度下，即使犯罪人已改过自新，其近亲属在报考国家公务员、航空从业人员等特殊岗位时，也有可能会因与犯罪人之间的关系而受限[1]。即使犯罪人亲属并未实施过任何犯罪行为，仍会因家庭成员背景而导致就业限制。

2. 对社会的影响。前科制度对构建和谐社会的负面影响不断加大。根据最高人民法院历年工作报告，全国人民法院近五年审理的案件中被判处刑罚的犯罪人均已超过100万人[2]。如果将时间拉长至10年，全国依法被判处刑罚的人可能将超过1000万人，直接或间接受前科报告制度影响的犯罪人连同其家庭成员可能也将大大超过1000万人，而这无疑将对我国建设和谐社会产生巨大的阻碍。

上述犯罪数据虽如此庞大，但其中有部分犯罪人在犯罪时的主观恶性并不大。以一般被判处6个月以下拘役的危险驾驶罪案件为例，据2021年《最高人民法院工作报告》，“以醉驾为主体的危险驾驶罪已成为全国法院2020年上半年审理最多的刑事案件”[3]。虽然这类犯罪人主观恶性不大，犯罪行为本身也未造成具体的社会危害，但其本人及其近亲属仍然可能因前科报告制度而受到就业歧视及生活中的其他限制。

---

1 例如《公安机关录用人民警察政治考察工作办法》第9条：考察对象的家庭成员具有下列情形之一的，其本人不得确定为拟录用人选：（一）因故意杀人、故意伤害致人重伤或者死亡、强奸、抢劫、贩卖毒品、放火、爆炸、投放危险物质罪等社会影响恶劣的严重犯罪，或者贪污贿赂数额巨大、具有严重情节，受到刑事处罚的；（二）有危害国家安全、荣誉和利益行为的；（三）组织、参加、支持暴力恐怖、民族分裂、宗教极端、邪教、黑社会性质的组织，或者参与相关活动的；（四）其他可能影响考察对象录用后依法公正履职的情形。

2 数据来源于2016年至2020年《最高人民法院工作报告》。其中2016年判处罪犯123.2万人；2017年判处罪犯122万人；2018年判处罪犯607万人；2019年判处罪犯142.2万人；2020年判处罪犯152.7万人。

3 2021年《最高人民法院工作报告》显示：2020年全国人民法院审结醉驾等危险驾驶犯罪案件为28.9万件。

综上，我国目前的前科报告制度固然有其优点，却也存在诸多弊端及不足，这种不足长此以往反而可能助长犯罪的发生，与当初设立前科报告制度的初衷相违背。因此，我国有必要设立相关的前科消灭制度。当然，笔者认为简单地取消前科报告制度的观点并不可取，还应当结合当前的司法实践加以研究思考。

二、域外前科消灭制度概述

（一）何谓前科消灭

“前科消灭”的定义因国家而异，但其基本内涵是一致的，即被法院定罪或判刑的人在符合一定法律条件下，犯罪人的犯罪记录将被消灭，其在前科制度下所受的权利限制也将随之消除。

（二）前科消灭成就的条件

世界各国在制定前科消灭制度时虽有所差异，但成就前科消灭制度往往需同时符合下述条件：

1. “前科消灭”限定的对象首先是有前科记录的犯罪人，即曾被法院定罪量刑的人，且所被判处的刑罚已执行完毕。

2. 只有经过一定的考验期，犯罪人才享有“前科消灭”的资格，其犯罪记录才能被消灭。所有规定前科消灭制度的国家，都基本规定了前科消灭的考验期，犯罪人只有经过了该考验期，才可以消灭其犯罪前科记录。例如，《韩国刑法典》第 81 条规定：劳役、徒刑执行完毕或者被免除者，在补偿被害人的的损失后，未再被判处停止资格以上的刑罚，经过 7 年，依本人或者检察官的申请，可以宣告其判决失效，即刑罚失效。《法国刑法典》规定：被判刑的自然人在确定的期限内，未再次被判处任何重罪或者轻罪之刑罚者，自然得到恢复权利。《日本刑法典》第 34 条规定：监禁以上刑之执行完毕或被免除执行者，逾 10 年未被处罚金以上刑时，刑之宣告失去效力，罚金以下刑之执行完毕或被免除执行者，逾 5 年未被处罚金以上刑时，亦同。被宣告免除刑罚者，于该宣告确定后，逾 2 年未被处罚金以上刑时，免除其刑之宣告失去效力。[4] 诸多国家和地区在设置前科消灭制度时，往往会将“时限”作为该制度得以实施的条件。

3. 考验期结束后，有前科记录的犯罪人除安分守己不再触犯刑法外，还可能需经某些特定的国家机关批准，方可消除其犯罪前科。

4　转引自颜超明、张训：《论我国前科消灭制度的现实化》，载《中国刑事法杂志》2010 年第 6 期。

三、我国前科消灭制度概述

（一）现状

刑法回归其本质属性是一种以地方性道德和文化为基础的法律，以刑法为土壤的前科消灭制度也难免受我国文化、政治的影响。受我国历史传统文化以及政治、思想观念等因素的影响，我国现行《刑法》中并未规定前科消灭制度，究其原因主要如下：

1. 对于“犯罪”，社会刻板印象从古至今根深蒂固。任何一个朝代，社会大众均对“犯罪”行为谈虎色变，不仅畏惧犯罪，同时也会给犯罪人“贴上”鲜明的标签。最早从夏商周时期，通过蒙黑巾、以草梗当帽子、穿麻布鞋、着无领布衣等来分辨罪犯，再到宋元时期通过黥面、刺面来区别罪犯，再到明清时期使用各种刑罚符号来区别不同的罪犯[5]。从上述刑罚演变史不难得出，犯罪标签观念始终影响着中国法律。

2. 前科消灭制度较难得到社会公众的共情，相关提议往往容易被社会公众否定。十多年来我国在司法实践中也不断探讨相关“前科消灭”的议题，但在此过程中难以感受到社会公众的法感情。公众往往会以“犯罪人危险”“与犯罪人共同生活”等较为片面的观点否定“前科消灭”，社会公众的反对是我国前科消灭制度建立的一大障碍。

3. 我国的刑事立法历来倾向“惩戒犯罪”。我国刑事立法的精神是打击犯罪，维护社会稳定。如何维护社会秩序的稳定是立法机关制定法律的首要任务。在面对“前科报告制度”这一问题时，立法机关所站角度必然是人民群众，而非具有前科的犯罪人，“打击犯罪”的立法精神也是实现前科消灭制度的一大阻力。

（二）我国实行前科消灭制度的合理性

1. 我国实行前科消灭制度有其理论合理性。首先，“教育为主，惩罚为辅”一直是我国的刑事政策，前科消灭制度的实现也应当是我国宽松刑事政策的应有之义。惩治犯罪的终极目的并非打击犯罪，而应当是通过惩治犯罪来维护法律。其次，前科报告制度的长期实行，在一定程度也有所违背我国刑法谦抑性所体现的法律精神。刑法谦抑性要求国家在实施刑事法律过程中不能过度膨胀，应当在理性的范围内对刑罚加以适用，而前科报告制度却容易将犯罪人的刑罚的“余温”延长在刑罚结束之后。前科报告制度所延伸的震慑力量有时在犯罪

5 房清侠：《前科消灭制度研究》，载《法学研究》2001年第4期。

人身上折射出的不仅仅是威慑，更是刑罚的无限期膨胀。前科报告制度长此以往不加以区分地实行，在理论上是与我国宽松刑事政策理论相违背的。

2. 我国实行前科消灭制度有其实践合理性。扩大犯罪圈、采取“轻罪化”的立法模式已经成为我国刑事立法的发展趋势，“轻罪化”模式下刑事犯罪人必将越发增多。如要求所有犯罪人均履行该制度，从长期社会发展来看，受该制度影响的人数量将会超过千万人。由此可见，这并不符合我国刑事立法设置前科报告制度的立法原意。

四、我国轻罪前科消灭制度构建的思考

鉴于我国犯罪类型结构发生了显著变化，轻罪比例上升、重罪比例下降，为贯彻宽严相济刑事政策，我国有必要建立成年人犯轻罪情景下的前科消灭制度。然而，轻罪前科消灭制度的构建并不简单，需要界定何谓“轻罪前科”、如何消灭“轻罪前科”等实质性问题。

（一）何谓“轻罪前科”

目前实行前科消灭制度的国家基本都会对犯罪的性质，犯罪主体加以严格限制。我国在计划实行前科消灭制度时，不仅应当把握好“消灭”的度，还需要厘清哪些罪状属于“轻罪”。

笔者认为，轻罪前科消灭制度对主体的限制可以暂时以“除犯危害国家安全犯罪、恐怖活动犯罪、黑社会性质组织犯罪、毒品犯罪四类犯罪外，被判处六个月以下管制、拘役、独立适用附加刑的刑罚或被宣告缓刑的刑罚之人”为限。诚如上文，采取“轻罪化”的立法模式已经成为我国刑事立法的发展趋势，这种立法模式必然会使我国犯上述轻罪之人越发增加。因此，消灭一部分轻罪犯罪人的前科记录是符合当今我国国情的，社会公众在当今的法感情下也较能接受。与此同时，这种设置也能实现我国前科消灭制度的缓慢过渡。另外，笔者建议将“犯危害国家安全犯罪、恐怖活动犯罪、黑社会性质组织犯罪、毒品犯罪四类犯罪”明确排除在前科消灭制度之外，主要是因为这类罪名的社会危害性、人身危害性较其他罪名严重，也属于刑法重点打击的犯罪行为，如果为这类人消除前科记录，则后果难以控制。

（二）如何限制“轻罪前科消灭”

1. 对消灭轻罪前科的时间限制。世界上设置了前科消灭制度的国家基本都会对“消灭考验期”加以限制。如德国《刑法典》规定：具备下列条件时，法院可恢复第45条第1款和第2款丧失的资格，依第45条第5款丧失的权利：（1）资格

或权利丧失的期间经过一半的；（2）可望受审判人将来不再故意犯罪的。[6]日本、法国等国家也对前科消灭的时间作了相应的限制。

为此，笔者认为我国在实行轻罪前科消灭制度时也应当对时间作出审慎规定。我国现行《刑法》规定了“一般累犯”[7]，即被判处有期徒刑以上刑罚的犯罪人，在刑罚执行完毕或者赦免之后，在5年之内再犯者，则构成累犯。因此，我国在设置轻罪前科消灭制度的消灭时间时，可以将“一般累犯”的考验期作为消灭前科考验期进行参考，如果考验期低于5年，则可能会与我国现行法律规定相冲突。

2. 对消灭轻罪前科后再犯的限制。前科消灭制度在我国难以得到社会大众的认可，其中主要原因系社会大众对“犯罪之人可以不再犯”持消极的态度。因此，如果我国在建立消灭前科制度时能够对“消灭”同时进行限制，则社会在前科消灭制度上能达成更多共识。笔者建议，前科消灭制度中的“消灭”可以限缩，即在类似就业等情景下，轻罪前科是可以被消灭的，但这种消灭不能及于司法机关对犯罪人犯罪记录的管理，即使轻罪犯罪人能达到前科消灭的条件，也仅仅适用于司法系统以外的场景。如果犯罪人再犯，则司法机关仍可以随时查询其前科。如此设置，社会大众对“前科消灭”则更能接受。

结语

为此，在合理建构轻罪前科消灭制度的构思下，笔者建议我国可以通过刑法修正案的形式建立成年人犯轻罪的前科消灭制度，即在我国现行《刑法》第100条增加修订条款如下：第一，犯罪时已满18周岁的人，除犯危害国家安全犯罪、恐怖活动犯罪、黑社会性质组织犯罪、毒品犯罪四类犯罪外，被判处6个月以下管制、拘役、独立适用附加刑刑罚的，在刑罚执行完毕5年后无犯新罪的，可免除其向有关单位报告自己曾受过刑事处罚的义务；第二，除犯危害国家安全犯罪、恐怖活动犯罪、黑社会性质组织犯罪、毒品犯罪四类犯罪外，被判处适用缓刑的罪犯，在缓刑考验期满5年后无犯新罪的，可免除其向有关单位报告自己曾受过刑事处罚的义务。

6 徐久生、庄敬华译：《德国刑法典》，中国法制出版社2000年版，第56页。

7 《刑法》第65条：被判处有期徒刑以上刑罚的犯罪分子，刑罚执行完毕或者赦免以后，在五年以内再犯应当判处有期徒刑以上刑罚之罪的，是累犯，应当从重处罚，但是过失犯罪和不满十八周岁的人犯罪的除外。

我国立法模式下过失犯的实行行为反思

聂立泽　刘林群*

与德日过失犯立法模式承认过失危险犯有别，我国过失犯规制范围仅限于过失实害犯。我国“刑事违法—行政违法”二元违法体系为可能存在的“过失危险犯”提供了行政规制手段，无须轻易祭出刑法大纛。简单套用故意犯实行行为概念提出所谓的“过失犯实行行为”存在两个方面的问题：其一，忽视了过失犯与故意犯在犯罪构造与归责模式上的差异；其二，脱离我国现行立法模式与法律语境，存在“实行行为”概念难以自洽与机能系统性失灵的问题。过失犯也有行为，但过失犯行为仅具有在实害结果发生时将实害结果归责于行为人的连接点作用。

一、我国立法模式下过失犯的规范审视

（一）规制范围：过失实害犯的肯认与过失危险犯的排除

1. 我国过失犯仅限于过失实害犯

与故意犯相比，过失犯构造存在特殊之处：就主观层面而言，“与其说过失行为人主观‘恶’，不如说其‘懒而疏忽’”；就客观层面而言，若无实害结果的出现，过失犯的不法性难以得到认定。但是，过失犯所造成的危害有时远甚于故意犯，如英国“多佛惨案”“集装箱惨案”[1]分别造成58人和39人死亡的

* 聂立泽——中山大学法学院教授、博士生导师，主要研究领域：刑法学、刑事诉讼法学、国际刑法学；刘林群——中山大学法学院博士研究生，主要研究方向：刑法学。本文为国家社科基金项目“辩证思维视角下单位犯罪司法适用的逻辑与共识研究”（项目编号：19BFX096）的阶段性成果。

1　《39名中国人魂断英伦?》，载澎湃网，https：//www.thepaper.cn/newsDetail_forward_4761334，最后访问于2019年10月29日。

悲剧。这也导致各国难以对其视若无睹，而是有选择性地将其涵摄于刑法体系之内并予以积极规制。因此，过失犯在各国基本上都是作为刑法处罚的例外，且规制范围亦不尽相同。

无论是故意犯还是过失犯均需遵循罪刑法定原则，不得法外入罪。就此而言，二者似乎并无区别，但实则不然。我国通过《刑法》第14条第2款“故意犯罪，应当负刑事责任”以及第15条第2款“过失犯罪，法律有规定的才负刑事责任”共同确定了“处罚故意犯为原则、处罚过失犯为例外”的处罚模式。这一模式凸显了故意犯与过失犯涵摄范围的差异，即故意犯包括故意实害犯与故意危险犯两种类型，而过失犯仅限于过失实害犯单一类型。以杀人行为为例，故意杀人罪的结果要件囊括“死亡、重伤、轻伤”等实害结果以及“尚未对被害人造成实质伤害，但已对生命法益造成迫切危险”等危险结果；而过失致人死亡罪的结果要件则仅限于“死亡”这一实害结果，不包括“致人死亡的迫切危险”的危险结果。概言之，我国故意犯与过失犯的规制范围对比如下表所示：

形态 罪过	预备犯	未遂犯	既遂犯	加重犯
故意犯	危险结果	危险结果/实害结果/危险结果与实害结果兼具	实害结果	实害结果
过失犯	无	无	实害结果	实害结果

2. 过失危险犯仅存在于应然层面

与我国相反，同为大陆法系的德国和日本将过失犯的规制范围拓展至“过失危险犯”，如《德国刑法典》第316条第2款确立“过失实施‘交通酩酊行为’”的刑事可罚性。与故意危险犯有别，这种“没有造成结果的过失犯”其实就是一种过失的未遂，即“没有结果的过失”[2]。再如，《日本公害罪法》第3条和《日本刑法修正案》第211条分别承认“过失排放有害物质”与“过失排放毒物”[3]的刑事可罚性。对此，德国学者认为“过失刑事责任不应与危害结果是否发生相符合，而应与危险是否存在相一致”[4]，而我国亦有学者持相同观点，并以妨害传染病防治罪、妨害国境卫生检疫罪、妨害动植物防疫检疫罪

2 陈兴良：《过失犯的危险犯：以中德立法比较为视角》，载《政治与法律》2014年第5期。

3 付玉明、李泽华：《食品安全犯罪的立法完善——以过失危险犯为分析视角》，载《河南社会科学》2019年第6期。

4 ［德］Bernd Schünemann：《传统过失刑事责任观念在当代社会中的弊病——新的趋势与展望》，王秀梅译，载《法学家》2001年第3期。

为立论依据。[5]但是，尽管上述三罪的要件结果均包含实害结果与危险结果，但理论上对上述三罪的主观罪过形式仍存在故意说、过失说及混合说的争议，且通说认为“上述三罪属于故意犯，不属于过失危险犯”[6]。故此，认为我国过失犯包括过失危险犯的观点缺乏有效的法律支撑。

在我国并未承认过失危险犯的情况下，强行将德国过失危险犯的规定套用于我国过失犯体系，进而认为我国过失犯构成要件结果包括危险结果的逻辑不知其可。在刑法理论上，从来都认为过失犯不存在未遂或者过失犯的未遂不处罚。[7]无论是哪一种理论，都只能得出过失犯的构成要件结果仅限于实害结果而不包括危险结果，即“过失犯是在危害结果发生之后才能倒推过失行为的存在”[8]。即便基于风险社会背景而主张将我国过失犯规制范围扩张到过失危险犯，充其量也只是应然层面的问题，而不能以此为由忽视或扭曲实定法的规定。

（二）规制手段：二元违法体系提供“非罪化”应对路径

采取一元违法体系的国家为了对法益进行更为全面的保护，可能存在承认过失危险犯的现实需要。相比之下，我国采取“刑事—行政”二元违法体系，许多外国所谓的“轻罪”“违警罪”相当于我国的行政违法行为。这也意味着可能存在的“过失危险犯”可以经由“行政规制手段”这一“非罪化”路径予以应对，避免动辄祭出刑法大纛。具言之，二元违法体系意味着刑事违法行为的范围界定需充分考虑到与行政违法行为范围的衔接，避免不当侵入行政违法管辖领域。刑法的解释不仅要考虑刑法体系内的自洽，也需要考虑到与相关制度的相容性。此外，由于日本刑法对未遂犯仅规定“裁量减刑”而非“法定减刑”[9]，而我国刑法关于未遂犯也仅规定了“可以比照既遂犯从轻或减轻处罚”，这意味着过失犯未遂的成立必须要求更为严重的违法结果，否则会导致在过失行为尚未造成任何实害结果的情况下便面临刑罚惩罚的窘境。与此同时，在过失犯并未造成任何实害结果的情况下，贸然将过失危险犯纳入刑事违法范畴也将加剧轻罪分流压力。由是之故，对“过失危险犯”这一“刑法处罚例外中的

---

5 尹辉金：《论妨害传染病防治罪》，载《湘潭大学学报（哲学社会科学版）》2004 年第 2 期。

6 张明楷著：《刑法学》，法律出版社 2016 年版，第 1119、1120、1128 页；陈兴良：《过失犯的危险犯：以中德立法比较为视角》，载《政治与法律》2014 年第 5 期。

7 陈兴良：《过失犯的危险犯：以中德立法比较为视角》，载《政治与法律》2014 年第 5 期。

8 刘艳红：《注意规范保护目的与交通过失犯的成立》，载《法商研究》2010 年第 4 期。

9 ［日］松宫孝明著：《刑法总论讲义》，成文堂 2004 年版，第 223 页。转引自［日］金光旭：《日本刑法中的实行行为》，载《中外法学》2008 年第 2 期。

‘例外’”可以经由“非罪化”路径应对，避免一味依靠刑法对社会生活进行规制，以致造成国民行动自由的萎缩。

二、反思：过失犯实行行为的批判

（一）过失犯实行行为概念存在逻辑悖论

1. 实行行为概念以“行为”之名行“因果”之实

正是由于德日刑法体系例外地承认过失危险犯的存在，在未出现实害结果的情况下要认定过失危险犯的成立[10]，便只能从过失行为本身的危险性着手进行判断，这也为过失实行行为理论提供了契机。问题是，实行行为通过危险性判断从行为中独立出来，这本身意味着实行行为的关键在于对法益侵害的危险性。通过实质化从行为中抽离出来的实行行为，却又要承担形式化的界分任务，实行行为恐怕难负其重。此外，将实行行为定义为“具有侵害法益的危险”存在“危险时点”判断困难的缺陷：如果认为是抽象危险，其判断标准不仅不明确还会将未遂犯的成立时点提前；即便以“具体”“紧迫”等词汇限定危险范围，也难以解决界定标准问题。由于过失犯不承认危险结果，且以实害结果的发生为构成要件，因此通过实质危险性来判断过失犯的实行行为不得不与实害结果相联系，这便导致过失犯实行行为的认定变成过失犯行为与实害结果之间是否具有因果关系的认定，而非过失犯实行行为是否具有危险性。一旦实害结果发生，则先前的行为必然具有危险性；如果实害结果并未发生，由于过失犯不承认危险结果，也无法以先前行为具有危险性认定过失犯的成立。据此，实行行为的内涵是与结果之间的因果关系，对实行行为的判断实际上就是对因果关系与结果归属的判断，实行行为概念有以“行为”之名行“因果”之实的嫌疑。[11]

2. 实行行为难以发挥“过失犯认定标准”之功用

在过失犯的认定标准上，旧过失论虽不承认“实行行为”概念，却存在不当扩大过失犯成立范围、限缩意外事件成立、导致结果责任盛行等问题。如在交通肇事案件中，只要出现了死伤结果，动辄便以行为人具有预见可能性为由认定交通肇事罪的成立，而忽略了被害人过错、超出规范保护目的等因素。有鉴于此，修正的旧过失论者通过借鉴故意犯实行行为概念提出“过失犯实行行为概念”[12]，

---

10 尹辉金：《论妨害传染病防治罪》，载《湘潭大学学报（哲学社会科学版）》2004年第2期。

11 周啸天：《实行行为概念的批判与解构》，载《环球法律评论》2018年第4期。

12 参见张明楷：《论被允许的危险的法理》，载《中国社会科学》2012年第11期；张明楷：《刑法学中危险接受的法理》，载《法学研究》2012年第5期；张明楷：《也谈客观归责理论——兼与周光权、刘艳红教授商榷》，载《中外法学》2013年第2期。

并指出“过失实行行为，是指行为人违反注意义务实施的具有导致危险结果发生的现实危险性的行为”[13]。但这种定义存在难以自洽之处，既然能够确定注意义务，也能实现注意义务的定型性，在既能保障罪刑法定原则的落实，又能实现过失犯的有效归责的情况下，强行安插一个实行行为难免令人有画蛇添足之感。此外，对过失犯实行行为的认定标准也存在过失并存说、过失阶段说、折中说等争论。[14]比如，在行为人因醉酒而忘记车辆制动系统存在故障，但醉酒且超速驾驶的情况下，行为人存在“醉酒驾驶”“驾驶故障车辆”“超速驾驶”三个过失行为，究竟哪一个行为才是过失犯的实行行为也是众说纷纭，莫衷一是。

而新过失论执着于构建所谓“过失犯基准行为”，不仅难以起到便利过失犯认定的效果，反而徒增理论的繁复。如司机未开启车灯的行为在形式上属于违反交通法规的行为，在实质上属于具有危险侵害可能性的行为，这显然属于所谓的“过失犯基准行为”，但在未开车灯而导致其他车辆相撞的情况下却因“不在规范保护目的之内”而不能以交通肇事罪论处。此外，在没有任何危害结果发生的情况下，“未开启车灯”这一过失犯基准行为也没有任何理论或实务意义，这进一步说明实行行为难以起到正确出入罪的作用。

（二）过失犯实行行为机能的系统性失灵

1. 实行行为在“主犯—从犯”二元模式中的作用有限

德日刑法体系中的“实行行为”概念建基于“正犯—共犯”二分制的认定模式，成为“与共同犯罪中的组织行为、教唆行为和帮助行为相对应的概念”[15]。但随着间接正犯、共谋共同正犯等理论的出现，实行行为概念在“正犯—共犯”区分中的作用也显得力不从心。相比之下，我国采取分工分类法与作用分类法并行的“形式—实质”二元界分模式：在形式上采取“实行犯—帮助犯”的区分标准，实行行为、帮助行为、教唆行为仅仅是分工的不同；在实质上采取“主犯—从犯”的区分标准，实行行为实施者也可能是从犯，教唆者、帮助者也可能是主犯。在此模式下，我国实行行为只是共同犯罪中众多行为之一，仅具备分工分类法上区分犯罪分工的作用。而分工上的区别意义通过形式上的行为即可辨别，最终影响定罪量刑的还是作用分类法下“主犯—从犯”的认定，与分工分类法下“实行犯、帮助犯、教唆犯”的认定关系不大。由此可

13 赵俊甫：《过失实行行为研究》，载《中国刑事法杂志》2004 年第 6 期。

14 参见周铭川：《论过失犯的行为构造》，载《中国刑事法杂志》2008 年第 6 期。

15 何荣功：《论实行行为的概念构造与机能》，载《当代法学》2008 年第 2 期。

见，实行行为在我国“主犯—从犯”二元模式下作用极为有限。

2. 实行行为“机能”在过失犯规制体系的系统性失灵

由于过失犯的不法判断中，对风险实现的判断重于对自身行为危险的判断，[16]因此，简单将注重行为自身危险性的故意犯实行行为理论导入过失犯的构成要件该当性判断中，而无视过失犯重视实害结果轻行为的犯罪构成，难免遭遇水土不服的情况。具言之：首先，在实害结果未发生的情况下无须区分犯罪类型，也无须区分过失犯预备犯与未遂犯的必要；其次，过失犯被认为适用单一正犯理论，不存在区分正犯与共犯的需要；最后，过失犯的归责判断以实害结果的发生为起点，与过失行为是否具有危险性无关，实行行为判断因果关系起点的机能[17]几乎毫无用武之地。

（三）过失犯实行行为的认定障碍重重

1. 实行行为难以实现过失犯的定型判断

在过失犯的认定中简单套用故意犯实行行为理论忽略了我国过失犯仅限于过失实害犯的立法模式，也无法有效实现过失犯的定型化，其合理性与合法性存疑。首先，因为刑法往往并没有严格规定过失犯的实行行为，[18]形式性实行行为概念并不能起到将过失犯定型化的作用；其次，实质性实行行为概念以对法益存在迫切侵害作为过失犯实行行为的判断标准，但风险社会背景下的任何行为都有结果发生的可能性，这意味着几乎所有的行为都可能构成过失罪；最后，过失犯的本质在于注意义务违反，在我国立法模式下有其独立的归责模式：无须考虑过失行为的数量与样态，只要实害结果在行为人的风险管辖之内便可完成构成要件该当性的判断。

2. 实行行为在行为时间认定上问题重重

实行行为在故意犯的预备与未遂的认定中尚且存在未遂时点过早或过迟的现象，在过失犯的认定中亦然。申言之，过失犯的认定中并不存在区分预备与未遂的现实需要，强行将实行行为理论引入过失犯体系的意义何在不无疑问。无论是认为过失犯不存在未遂状态还是认为过失犯存在未遂状态但仅仅是不处罚，都意味着过失犯不需要界分预备与未遂，那么实行行为的界分功能在此便毫无用武之地。此外，进行一定的具有危险性的行为恰恰是行为人与被害人行

---

16 徐然：《结果避免可能性与过失犯的客观归责》，载《北大法律评论》2015年第2辑，北京大学出版社2015年版，第38页。

17 ［日］奥村正雄：《论实行行为的概念》，王昭武译、付玉明校，载《法律科学》2013年第2期。

18 张明楷：《德、日刑法中的过失》，载《法律学习与研究》1992年第4期。

使个人自由的体现，如果在结果未发生之前便将过失的行为（可能存在危险）贴上实行行为的标签，甚至据此要求自我答责，不免有造成国民行动自由萎缩之虞，如不敢结伴爬山。

3. 过失犯实行行为缺乏有效的法律依据

过失犯的本质在于注意规范的违反，脱离注意义务的确定而片面强调过失实行行为进而以实质危险性作为判断标准，忽视了我国过失犯不承认危险结果的立法模式。如果我国通过《刑法》修订将危险结果纳入过失犯的构成要件结果之内，则过失犯或许还存在过失实行行为理论的适用可能性。但在我国当下过失犯仅限于过失实害犯的立法模式下，过失犯构成要件体系的构建应当与立法相契合，否则有违罪刑法定原则。

三、归责：过失行为的连接点作用

（一）过失行为在归责中的桥梁作用

1. 过失行为并不等于过失实行行为

法谚有云，“无行为则无犯罪”，但这只能说明犯罪的成立与人的行为有关、犯罪与行为有关联，而不能偷换概念变成“无实行行为则无犯罪”。如果完全不存在任何行为，则绝对无法将犯罪与具体个人相联系。但是，犯罪所需要的行为不一定是实行行为。实行行为与行为是两个不同的概念，犯罪是行为，并不意味着构成犯罪非得有实行行为。[19]

2. 过失行为仅具有归责连接点作用

危险结果与过失行为存在因果关系仅仅意味着二者存在自然意义上的关联，但刑法所关注的是二者是否存在规范上的可归责性。在危险结果发生之前，过失行为仅仅是具有危险的规范违反行为，该行为是否为刑法所关注并不在于该行为所具有的潜在的危险现实化可能性，仅仅在该危险现实化之后，该行为才成为将危险结果归责于行为人的连接点，也仅仅具有这一方面的作用。而这也是过失犯有别于故意犯的犯罪构造使然。如果无视行为构造的差异，一概认为任何犯罪形态都有实行行为，甚至是本质相同的实行行为，必然导致实行行为同行为一样，变成一个毫无实际意义的标签式概念。[20]

19 周铭川：《论过失犯的行为构造》，载《中国刑事法杂志》2008 年第 6 期。

20 黄丽勤：《实行行为新探》，载《同济大学学报（社会科学版）》2009 年第 6 期。

（二）以规范违反实现过失犯的归责

1. 过失犯的注意义务违反本质

过失犯的本质在于注意义务违反，与其过多着墨于过失犯实行行为理论的构建与判断，不如正视过失犯的注意义务违反本质，对规范违反的来源与类型进行探究。一个被归责于客观行为构成的结果就是过失地造成的，不需要其他的标准。[21] 在《刑法》分则明确规定了过失犯的构成要件行为时，通过该构成要件行为便能直接判断过失犯的成立与否。但在《刑法》分则并未明文规定过失犯的构成要件行为时，只需要在危险结果发生时判断能否归责于行为人即可，而不需要纠结于具体的构成要件行为、危险行为、实行行为。例如，在具有多个过失的场合下，只要该危险结果在行为人的风险管辖之下，且具有结果避免的可能性，即可认定过失犯成立，而无须纠结于具体哪个过失行为才是该过失犯的构成要件行为、危险行为、实行行为。

2. 以客观归责实现过失犯认定

如前所述，实行行为论在我国过失犯立法模式下难以起到正确认定过失犯的作用。而客观归责论以管辖思想为基础的规则原理紧扣规范目的保护思想而不再以预见可能性为重心，即归责判断的关键不在于行为人是否对相应的侵害结果具有预见可能，而只要求结果是在规范所预防的损害类型的范围之内，或者说是规范所禁止的危险的现实化就可以。[22] 由是之故，在实害结果发生之后，只要能认定该实害结果可以归责于行为人的过失行为即可，而无须讨论行为人具有的过失行为数量及过失行为具有怎样的潜在危险性。显然，适用客观归责论更能实现过失犯的准确认定，亦是对风险社会中社会治理机制变化的有效回应。

---

21 ［德］克劳斯·罗克辛著：《德国刑法学总论》，王世洲译，法律出版社2005年版，第715页。

22 劳东燕：《过失犯中预见可能性理论的反思与重构》，载《中外法学》2018年第2期。

《日本保险业法》保险销售适合性原则对我国的启示

何丽新　陈昊泽*

我国保险销售问题突出，不当销售行为造成大量纠纷，影响消费者信赖，阻碍行业发展。[1]《保险法》第17条的明确说明义务陷于形式化窠臼，第116条与第131条的保险销售行为规制囿于禁止性要求，流于空泛。[2]2014年，《日本保险业法》引入适合性原则，保险销售规制发生根本性改变，具体设置意向把握义务与信息提供义务，以保险合同缔结前为中心，要求保险销售人实质把握保险消费者的情况与意向，并在此基础上推荐保险商品，提供保险信息，确认保险消费者意向。[3]笔者拟以日本保险销售行为规制的变迁为研究对象，以期为我国保险立法提供启发。

一、适合性原则进入《日本保险业法》的历程

（一）旧《日本保险业法》下的保险销售行为规制困境

《日本保险业法》制定于1900年，当时仅有保险经营规制，销售行为规制存在真空。20世纪40年代中后期，日本政府对保险业采取“整体协调路线”，

---

* 何丽新——厦门大学法学院教授、博士生导师，主要研究领域：保险法、海商法；陈昊泽——厦门大学法学院民商法专业博士研究生。本文受中央高校基本科研业务费专项资金资助项目“普惠保险协同社会治理现代化研究”（项目编号：20720191065）资助。

1 根据《中国银保监会消费者权益保护局关于2020年第四季度保险消费投诉情况的通报》（银保监消保发〔2021〕6号），人身保险投诉事项中销售环节是占比最大的投诉事项，而财产保险投诉事项中销售环节的占比也较高。

2 《保险法》第116条与第131条仅规定保险销售人在销售中不得“欺骗”与“隐瞒”，没有设定具体判断标准。

3 World Human Resource：《保险销售制度的根本性改革》，载《共济总研报告》2015年第6期。

奉行“同一商品，同一价格”原则，[4]销售渠道成为竞争主战场，以人情销售为首的不当销售行为大行其道，[5]其结果是保险商品风险分散功能失灵，消费者得不到有效保障。[6]以1948年《日本保险销售管理法》为始，立法开始规制保险销售行为，但仅设置禁止性规制。[7]保险自由化背景下，1995年《日本保险业法》随之大修，一方面，经营规制与商品规制的解禁给保险销售环境带来天翻地覆的变化；另一方面，立法者并未实质修改销售行为规制，仅将《日本保险销售管理法》整体移至《日本保险业法》中。[8]

旧《日本保险业法》第300条第1项禁止保险公司、保险销售人告知投保人或被保险人虚假信息以及不告知保险合同条款的重要事项。2006年4月修改的《日本金融厅对保险公司的综合监督指导》将“重要事项”明确为“对投保人决定签订保险合同有重大影响的事项”，将重要事项的告知义务细化为向保险消费者交付合同概要与注意唤起信息的义务。然而，禁止性规制终究仅揭示“毋为”而未明确“当为”，对不当销售行为难以起到有效遏制作用。[9]旧《日本保险业法》销售规制的立法价值判断存在偏差，立法者更偏向于认为交易双方是对等的。事实上，保险具有专业性、复杂性、不可视性等特点，消费者往往难以理解其运作机理，更不用说在销售人提供的海量信息中理性对比选择合适的保险商品，而保险文书的专业化倾向更加剧了这一矛盾。并且，旧《日本保险业法》保险销售规制既未关注消费者的实际需求，也未关注合同缔结前阶段，这给销售人滥用其信息优势地位留下了空间。

（二）新《日本保险业法》以适合性原则再造保险销售规制

适合性原则（suitability doctrine）诞生于美国，是指金融机构在向金融消费者推介金融商品时，应在了解消费者的资产状况、投资目的、投资经验、风险承受能力、投资偏好、投资预期、专业知识水平等条件的基础上，推介与其适合的金融商品。[10]受美国影响，1974年日本大藏省开始在证券监管层面引入适

---

4 大塚忠义：《战后生命保险的发展原因与规制》，载《生命保险论集》2016年第196期。

5 栗山泰史：《保险销售规制改革的背景与意义》，载《保险学杂志》2016年第635期。

6 田村祐一郎著：《社会与保险》，千仓书房1990年版，第34-45页。

7 《日本保险销售管理法》虽然共有27个条文，但仅有第16条设置了销售规制，其具体内容与下述旧《日本保险业法》第300条第1项相同，此处不详述。

8 何丽新、陈昊泽：《日本保险的自由化及其限制——以〈保险业法〉制度变迁为切入点》，载《现代日本经济》2019年第3期。

9 村田敏一：《保险销售法修改的讨论的焦点》，载《生命保险论集》2011年第176期。

10 杨东、王伟：《中国金融产品销售法律规制研究——以说明义务和适合性原则为中心》，载《经济法论丛》2014年第1期。

合性原则。[11] 20 世纪 80 年代末期，日本泡沫经济崩坏，金融商品纠纷涌现，投资者多以违反适合性原则为由要求证券公司等金融中介机构承担损害赔偿责任。[12] 作为对此问题的反思，1992 年《日本证券法》引入适合性原则。[13] 2013 年，日本金融审议会公布了保险商品、服务等相关工作组的报告书《新保险商品、服务及销售规则的应然状态》，希望通过引入适合性原则使消费者能够依据其需求选择保险商品，有效防范风险：其一，必须把握顾客意向，根据顾客需求推荐商品，并给予顾客确认其需求的机会；其二，应导入向顾客提示保险商品相关的信息提供义务。在此基础上，2014 年《日本保险业法》完成最新修改，将适合性原则融入保险销售规制，具体在第 294 条与第 294 条之 2 设置了信息提供义务与意向把握义务。[14]

二、适合性原则在《日本保险业法》下的制度展开

（一）适合性原则的具体展开之一：意向把握义务

意向把握义务的创设是立法者在考虑保险特殊性的基础上，将适合性原则适用于保险销售规制的产物。[15] 根据《日本保险业法》第 294 条之 2，“保险销售人在缔结保险合同、销售保险或者推销团体保险等行为中，应把握顾客意向，根据顾客意向为顾客提供保险方案，向顾客说明该保险合同的内容，并向顾客提供确认其意向与该保险合同内容一致与否的机会”。具体而言，意向把握义务是复合义务，从意向把握、提案到说明、意向确认等流程中要求把握和确认顾客意向：第一，把握消费者意向的义务，要求销售人了解消费者相关信息；第二，根据消费者意向提案保险合同义务，要求向消费者说明其意向和提案的对应关系的义务。第三，向消费者提供确认其意向和保险合同内容是否适配的义务。

有鉴于意向确认书制度的教训，立法者认为很难对意向把握义务的履行设立全商品、全销售形态的基准。新法并未具体规定意向把握义务的履行方式，

---

11 金融商品交易法研究会：《适合性原则》，载《金融商品交易法研究会研究记录》2016 年第 54 期。

12 周剑龙：《日本法上的金融商品交易业者等机构的行为规制——以说明义务和适合性原则为中心》，载《商事法论集》2016 年第 2 期。

13 2006 年《日本证券法》大幅修改，更名为《日本金融商品交易法》，适合性原则的适用范围扩展为全金融商品业者的投资销售行为。

14 与适合性原则间接相关的还有“销售关联行为”概念的新设与体制整备义务等项，本文在此不详述。

15 山下彻哉：《保险销售相关的保险业法规制：以平成 26 年保险业法修改为中心》，载《生命保险论集》2015 年第 193 期。

而是要求保险公司或保险销售人因地制宜采取措施。适合性原则主要保护信息不对称性合同的弱势一方，保护事业经营者的必要性较弱，此时若对销售人科以强规制，反而降低了双方效率。消费者面临着多种多样的风险，其面对的风险能否通过保险分散也有差别，[16]保险金的规模、能够负担的保险费额度因人而异。因此，保险销售过程中销售人应准确理解和把握消费者所面临的风险及相应保险需求，根据消费者需求以常人容易理解的方式向消费者推荐、说明保险商品，并赋予消费者确认其保险需求是否与销售人推荐的保险商品相对应的机会。

实践中，监管者将意向把握义务的履行标准分为五类：其一，意向把握型。销售人在向消费者说明包含保险费、保险金的保险计划前，应把握消费者意向并根据此意向提案，说明此商品如何符合消费者意向。在合同签订前，应让消费者获得最终确认意向的机会，比较提案说明前获得的消费者意向与最终确认意向是否存在区别，若存在还应加以确认。其二，意向推定型。销售人可以基于性别、年龄、生活环境等信息推定消费者意向，在提案包含保险费、保险金的具体计划时，销售人应向消费者说明“如何推定消费者意向”“如何设计此计划”“此计划何以符合意向”等内容。在合同签订前，销售人应比较消费者的最终意向与销售人推定的意向，确认二者的相同之处。此类型要求销售人对消费者有一定先行了解，较多适用于熟客和保险推销员上门推销的情况。其三，损害保险型。损害保险销售中消费者往往最开始就向销售人明示其意向，这样销售人意向把握义务的履行就相对简易。其四，简易型。若保险期间在 1 月以下并且保险费在 5000 日元以下，则销售人可以根据保险商品的内容和特性适当履行意向把握义务。其五，事业保险型。若保险是为填补事业经营者因伴随着事业活动而产生的损害的保险合同，则可以根据顾客的知识程度和商品特性履行意向把握义务。

（二）适合性原则的具体展开之二：信息提供义务

在旧《日本保险业法》第 300 条第 1 项的基础上，新《日本保险业法》导入了积极的信息提供义务，根据第 294 条第 1 款，保险销售人“在缔结保险合同、销售保险或者推销团体保险等行为中，为了保护投保人等，根据内阁府令的规定，应向其提供保险合同的内容及其他可供投保人等参考的信息。但是，根据内阁府令认定投保人不存在欠缺保护的情况，不在此限”。为了确保保险消

---

16 日本金融厅“提供保险商品、服务的应然方式”工作组：《提供保险商品、服务的应然方式》，https：//www. fsa. go. jp/news/24/singi/20130611 – 2. html，最后访问于 2021 年 5 月 1 日。

费者能够根据自身需要购买保险商品，基于意向把握义务，保险销售人向消费者推荐商品，在该过程中，保险消费者对商品内容的正确理解不可或缺。《日本保险业法施行规则》第227条之2第3项第1号、第2号规定了信息提供义务的操作细则，保险公司、保险销售人应以书面形式说明并交付保险合同的内容及其他保险合同相关信息中的重要事项，也应说明能够成为决定是否加入保险、缔结保险合同参考的事项。具体而言，包括以下三类：其一，保险消费者理解保险商品内容所必要的材料，如保险商品的运行机制、保险金的支付条件、保险期间、保险金额、保险费等；其二，唤起保险消费者注意的信息，如告知义务的内容、责任开始期间、合同的失效、保险冷静期等；其三，其他可供投保人参考的信息，主要是附带服务等。[17]

（三）适合性原则重塑《日本保险业法》销售规制之评价

适合性原则进入《日本保险业法》划定了保险销售开始至保险合同缔结的标准流程：首先，从意向把握义务阶段开始，销售人要把握消费者的情况与需求。其次，在意向的基础上由销售人选择适当的保险商品。然后，进入信息提供义务阶段，销售人向消费者推荐选择的保险商品，并要求根据消费者的情况以易于理解的方式提供信息并说明。最后，回归意向把握义务，要求给予消费者最终确认意向的机会。

适合性原则是对旧《日本保险业法》销售规制的全面扭转：第一，适合性原则要求保险销售人积极主动作为，以符合适合性原则的条件，关注保险合同缔结前阶段，将消费者意向作为保险商品选择的前提，防止保险销售的偏向性与任意性。第二，适合性原则注重销售行为的效率性与有效性。意向把握义务和信息提供义务的履行均需要判断投保人的职业、知识、财产状况、经验、合同缔结目的等信息，[18]并以消费者意向作为信息提供内容的基础，这能够实质化消费者对保险商品的理解。第三，适合性原则要求确保保险交易双方的平衡性。根据投保人的属性，保险销售模式在一定程度上可以预测、定型化，适合性原则即要求根据销售实态与交易对象设置不同的基准，这确保了销售过程中交易双方处在利益平衡的地位，而并非偏袒投保人和被保险人。

17　石桥弘文：《改正保险业法的实务对应：以意向把握与信息提供为中心（1）》，载《共济与保险》2017年第1期。

18　小林道生：《保险契约法的现代化与保险销售的信息提供规制》，载《保险学杂志》2007年第599期。

三、《日本保险业法》适合性原则对我国立法的启示

2021年4月7日，我国银保监会办公厅发布《关于深入开展人身保险市场乱象治理专项工作的通知》，将销售行为列为专项治理事项的第一位，足见我国监管部门对保险销售行为监管的重视程度。治理我国保险销售乱象的关键在于"前保险合同阶段"，应当引入适合性原则重构保险销售规制。对于保险监管法，适合性原则已逐步进入中国金融监管领域，以适合性原则完善保险销售规制并非"无本之木"；对于保险合同法，适合性原则的本质要求即"脱虚向实"，这与我国保险说明义务的要求"异曲同工"。

（一）适合性原则进入我国保险销售规制存在立法基础

我国立法上，金融商品销售领域已经导入了适合性原则，保险领域虽然尚未导入，[19]但可以从政策性文件中看出监管部门的类似考量。2005年，原银监会出台了《商业银行个人理财业务管理暂行办法》，是我国最早引入适合性原则的规范性文件，该办法第37条要求商业银行在推介投资产品时应当了解客户的风险偏好、风险认知能力和承受能力，评估客户的财务状况，提供合适的投资产品由客户自主选择，并应向客户解释相关投资工具的运作市场及方式，揭示相关风险。原保监会下发的文件中也存在适合性原则的理念，2009年《保险从业人员行为准则》第13条要求保险销售人员应根据客户需求、经济承受能力推荐适合的保险产品。2015年《人身保险业务经营管理规定（征求意见稿）》第41条要求保险公司应当建立投资连结保险、变额年金保险客户风险承受能力测评制度，将此类产品销售给具有相应风险承受能力的客户。该规定虽未最终成形，但已体现出将适合性原则融入保险销售规制的思考。

（二）我国应将适合性原则定位为保险监管法规范

适合性原则诞生于行业监管中，日本立法者亦一直将适合性原则作为保险监管法规范，起到销售行为规制作用。结合我国立法，将适合性原则作为保险业法规范更为合理。

第一，适合性原则主要体现纵向监管关系。保险监管目标之一在于维护公平的保险市场环境，这就要求制定强制性规范消除信息不对称等市场外部性问

---

19 2020年我国银保监会出台了《保险代理人监管规定》《保险经纪人监管规定》《保险公估人监管规定》三部规章，建构了保险中介制度的基本框架，遗憾的是，对保险销售人的监管仍仅存在禁止性行为，缺乏适合性原则的考量。

题，防范和规制保险合同主体的不诚信行为。[20] 适合性原则虽然部分调整私法上的权利义务关系，但从立法来看，适合性原则更是监管机关为了使不对称性合同的主体双方交易地位趋于平等而对保险销售人课加的行为规制。

第二，将适合性原则作为保险业法制度与中国以往的立法模式相符。现行《保险法》采取保险合同法、保险业法结合的立法模式，既调整保险合同相关主体间的横向平等关系，也调整国家保险监管机关与保险市场主体间的监管关系。[21] 保险销售人对保险消费者的信息相关义务主要规定在《保险法》第 17 条、第 116 条和第 131 条。《保险法》第 17 条是保险合同法上保险销售人的格式条款说明义务，若违反，则该格式条款不发生效力；第 116 条和第 131 条是保险监管法上保险销售人的消极义务，禁止保险销售人欺骗保险消费者、隐瞒保险合同有关的重要情况等，《保险法》的保险业法部分的内容与《日本保险业法》第 300 条第 1 项的规范相似，我国可以以此为基础，继续在《保险法》的保险业法部分设置适合性原则制度。

第三，适合性原则的制度展开应包括积极规制与消极规制。在消极规制方面，应当禁止不适当的销售行为，《保险法》第 116 条、第 131 条可以成为修改的基础。在积极规制方面，适合性原则在监管法上要求保险人与保险销售人主动采取适当的销售方式，在把握保险消费者情况、需求与意向的基础上推荐保险商品，而其效力应不仅限于行政乃至刑事责任，还应与保险合同法相连携，调整当事人间的权利义务关系，以下详述。

（三）适合性原则下我国保险说明义务的实质化与具体化

《保险法》第 17 条规定了说明义务与明确说明义务，其法理基础在于保险合同当事人的合意表现为双方在充分理解合同条款内容和涵义的基础上作出愿意接受其约束的意思表示。[22] 然而，实践中保险公司与保险销售人往往缺乏履行明确说明义务的动力，仅代以要求投保人在"投保人声明栏"签字，而发生争议时法院往往判决保险公司败诉。[23] 为何保险公司宁愿承担大概率败诉风险也不愿意实质履行明确说明义务呢？基于对日本教训的反思，原因在于：保险说明义务划定了过大的适用范围；保险说明义务存在形式标准与实质标准的分隔；[24]

---

20 范健、王建文、张莉莉著：《保险法》，法律出版社 2017 年版，第 354 页。

21 杨华柏、李若峤：《做大做强的基石 防范风险的利剑——〈保险法〉颁布十周年回顾与展望》，载《中国金融》2005 年第 13 期。

22 樊启荣著：《保险法》，高等教育出版社 2010 年版，第 89 页。

23 钱思雯：《保险人说明义务之解构与体系化回归》，载《保险研究》2017 年第 9 期。

24 陈群峰：《保险人说明义务之形式化危机与重构》，载《现代法学》2013 年第 6 期。

保险明确说明义务标准过高。因而，以适合性原则理念实质化中国保险说明义务很有必要。

第一，明确说明义务的履行对象应限定为保险消费者。《保险法》第17条认为只要合同中包含格式条款就应当履行说明义务。如此规定是为了避免投保人在不知晓保险合同内容及风险的情况下缔结保险合同。然而，说明义务是控制和平衡风险的手段，缔约信息义务改变的仅仅是保险人与投保人在保险合同缔约过程中在交易信息收集方面的注意分配结构。[25]格式条款仅是风险平衡的一个要素，正如《日本保险业法》第294条和第294条之2但书所示，若投保人本质上不存在缺乏保护的风险，则不适用意向把握义务和信息提供义务。[26]

第二，保险说明义务应以说明的实质性为标准。基于日本意向确认书的教训，形式要求只会让保险公司与保险销售人追求一纸文书，这无益于实质保护保险消费者利益。反之，没有任何标准也将导致保险公司与保险销售人无所适从。借鉴日本意向把握义务与信息提供义务连携的经验，我国保险说明义务的履行采用实质性标准更为适当。《保险法》自2005年修改以来，立法思路偏重保护消费者利益，明确说明义务的强调更在于此。然而，这并不代表消费者就可以放松其交易的谨慎。信息的传达与接收是互动过程，若消费者不积极理解保险销售人所提供的信息，保险销售人很可能无法履行明确说明义务。

第三，保险说明义务应注重横向深挖与纵向拓展。与旧《日本保险业法》保险销售规制问题类似，我国保险说明义务并未与保险合同缔结前阶段的保险销售行为相连携。在时间维度上，适合性原则由意向把握义务起至信息提供义务为止均处于保险合同缔结前阶段，此时需要经过消费者选择和确定保险商品的过程，而说明义务则处于保险合同缔结中或缔结后阶段。[27]保险公司与保险销售人在说明义务上体验到的压力实质上源于保险合同缔结前阶段积极规制的缺失，而消极规制无法达到实质要求。在内容维度上，信息提供义务根据意向把握的情况将信息的内容限缩而后提供，而说明义务并不关注信息数量，在海量信息面前，实质性要求难以实现。

25　曹兴权著：《保险缔约信息义务制度研究》，中国检察出版社2004年版，第266页。

26　刘奕彤博士、王欣教授指出，《保险法》第17条的明确说明义务强制适用于海上保险合同并不合理。这正是意识到了海上保险合同双方力量相对平衡。参见刘奕彤、王欣：《保险人订约说明义务对海上保险之适用》，载《中国海商法研究》2014年第4期。

27　张雪楳：《保险人说明义务若干问题探析》，载《法律适用》2010年第8期。

禁止“监听”辩护律师会见的规范解读

谢小剑　钟　珂*

2019 年我国发生了警察监听律师会见第一案——熊某案。该案引起了社会舆论的广泛关注，作为我国警察监听律师会见的第一个影响性案件，极具研究价值。

根据控方指控：2018 年 4 月 20 日，律师熊某接受韩某忠委托，为韩某忠涉嫌强奸案作刑事辩护。同年 4 月 24 日，熊某前往看守所会见犯罪嫌疑人韩某忠时，由于会见室紧缺，便借用了第 12 号提审室进行会见。在会见过程中，辩护人未将提审室的前门关闭。民警张某某在隔壁提审室提讯他案犯罪嫌疑人。张某某提讯间隙时在提审室门口走廊休息，听到有人正在教唆犯罪嫌疑人翻供，听了 20 多分钟后，随后冲入第 12 号提审室当面指责熊某的行为涉嫌教唆翻供并表示会向有关部门反映。下午，民警张某某向上级报告此事。

2018 年 12 月 12 日，检察院以熊某涉嫌辩护人伪造证据罪，向法院提起公诉。检察院认为，熊某在刑事诉讼中担任辩护人，教唆犯罪嫌疑人作虚假供述，其行为触犯了《刑法》第 306 条第 1 款，应以辩护人伪造证据罪追究其刑事责任。但熊某一直否认教唆翻供，认为自己只是在指导犯罪嫌疑人辩护。2020 年 12 月 5 日，在被告人被取保候审一年后，检察院以情节显著轻微，不构成犯罪为由，撤回起诉，法院裁定准予撤回起诉。被告人提出上诉，后二审法院作出驳回上诉，维持原裁定的终审裁定。

本案中，最大争议点之一是本案中的民警并未使用技术手段，而只是在会

---

* 谢小剑——江西财经大学法学院教授；钟珂——江西财经大学法学院硕士研究生。本文系 2020 年江西省高校人文社会科学研究项目“认罪认罚案件被告人上诉问题研究：以江西省为样本”的阶段性成果。

见室外用耳朵听，该行为是否属于刑事诉讼法禁止的“监听”行为？本文认为民警的行为违反了刑事诉讼法禁止“监听”的规定。

一、本案民警“听”的行为是否构成“监听”

（一）将本案“听”的行为认定为“监听”符合文义解释

首先，监听是一种监督和听取的行为。我们习惯将“监听”作为一个整体性的词汇来理解，从而把监听等同于技术侦查措施中的监听，强调采取比较隐蔽的设备等技术手段。其实，汉语具有多义性，监听也可以分成“监”和“听”两个方面，该条既反对“监”的行为，也反对“听”的行为。百度汉语将“监”解释为从旁查看、监督，可将其解释为界定“听”的目的，反对会见时有人监督。而“听”很明显是听取、听到的意思，既包括使用技术手段听也包括用耳朵听，既包括公开听也包括偷偷听。从而，监听可以简要地理解为为了监督而听取相关信息。因此，监听不仅是指刑事诉讼法中技术侦查手段的监听，还包含以任何“隐蔽的手段”进行的探听、窃听行为。

如何定义“监听”，全国人大常委会法工委刑法室编的《中华人民共和国刑事诉讼法解读》中早已有说明：“辩护律师会见犯罪嫌疑人、被告人时不被监听，包括有关机关不得派员在场，不得通过任何方式监听律师会见时的谈话内容，也不得对律师会见进行秘密录音。”[1] 这条解释明显表明了立法部门认为2012年《刑事诉讼法》中第37条中的“监听”包括了“在场旁听”的含义。所以，应将“不得监听”解释为不得被电子监听也不得被侦查人员旁听、窃听，禁止任何以“听”的手段获取辩护律师与当事人谈话内容的行为，实际上用眼睛看会见时律师与当事人之间的“唇语”，也是一种“听”。

（二）将本案“听”的行为认定为“监听”符合历史解释

我国1996年《刑事诉讼法》第96条并不禁止侦查机关旁听律师会见。在司法实践中产生了侦查人员严禁辩护律师与犯罪嫌疑人交流案情的现象，使得律师会见犯罪嫌疑人制度难以真正发挥作用。

2008年《律师法》第33条规定，律师会见犯罪嫌疑人、被告人，不被监听。该法实施之后，由于与1996年《刑事诉讼法》相关条文冲突，我国学界也曾经产生过“不被监听是否仅限于技术手段监听”的争议。针对认为监听仅限

1　全国人大常委会法工委刑法室编：《中华人民共和国刑事诉讼法解读》，中国法制出版社2012年版，第80页。

于技术监听的观点，汪建成教授认为，“不被监听”的精神在于维护律师与其当事人之间谈话的秘密性，这与有关国际公约的规定也是一致的。根据这种意见，律师会见不被监听，应当包括不被技术监听及不得派员在场。[2]

实际上，在2008年《律师法》修订过程中就对此有过争议，在提交全国人大常委会审议的《律师法》修订草案中规定，“在已经采取安全措施的场所内，律师会见犯罪嫌疑人不被监听”。有的常委委员提出，律师会见犯罪嫌疑人，当然应在具有安全措施的场所内进行，不宜对场所再区分是否采取了安全措施。[3]最终此意见被采纳。因此，以“安全”为由，在律师会见犯罪嫌疑人时侦查机关派员在场有悖立法本意。[4]

2012年《刑事诉讼法》修改删除了原《刑事诉讼法》的相关规定，采取了律师会见“不被监听”的表述。显然，废除之前的法律规定，意味着不再授权侦查机关派人旁听律师会见，从立法上终结了之前的争议。公安部《公安机关办理刑事案件程序规定》（2012年修订）第52条进一步明确规定了，“辩护律师会见犯罪嫌疑人时，公安机关不得监听，不得派员在场”。2012年《刑事诉讼法》之所以发生上述变化，是为了缓解实践中出现的不合理问题，譬如有些侦查人员在场监督在一定程度上影响了辩护律师与被追诉人的交流，有时会限制谈话内容，在场侦查人员根据自身的意愿随意打断、制止谈话，在很大程度上影响了律师与犯罪嫌疑人的正常会见，不利于会见功能的发挥，不利于真正达到维护犯罪嫌疑人的权益的效果。如果仅仅对“不得监听”理解为不得采取技术手段对辩护律师与被告人之间的谈话进行监控来听取，那么《刑事诉讼法》的规定毫无意义。因此，还认为监听只意味着“技术手段、设备的监听”明显不符合立法进程和现有的法律依据。

（三）将本案“听”的行为认定为“监听”有利于保障律师与当事人之间的交流权，符合目的解释

获得律师帮助是犯罪嫌疑人辩护权最基本的行使方式之一，而辩护的前提有赖于律师与犯罪嫌疑人之间充分的会见交流权。律师会见犯罪嫌疑人是为了交流案情，提供法律帮助，确定一个双方都满意的辩护方案。不仅如此，放眼绝大多数刑事辩护中的当事人，在诉讼过程中都需要委托辩护律师进行指导。发挥律师与犯罪嫌疑人会见的正常功能，是会见权的应有之义，有利于缓解犯

2 相关讨论见蒋安杰：《新律师法如何与刑事诉讼法衔接》，载《法制日报》2008年2月24日，第9版。

3 王胜明、赵大鹏主编：《中华人民共和国律师法释义》，法律出版社2007年版，第230页。

4 陈光中：《我国侦查阶段律师辩护制度之完善》，载《中国司法》2010年第7期。

罪嫌疑人面对可能的法律制裁的慌张，也有利于指导犯罪嫌疑人辩护。

与犯罪嫌疑人秘密、自由地会见交流，了解案情，也是辩护律师享有的一项执业权利。就司法实践来看，律师与犯罪嫌疑人的会见至关重要，它不仅可以使律师快速了解与案件相关的具体情况，一些对犯罪嫌疑人有利的线索或证据也常常在会见交流中知悉，从而为辩护律师下一步的辩护提供方向性指引。

保障辩护律师与被告人之间的会见交流是秘密的、自由的，是律师与被告人之间充分信任的前提，是刑事辩护制度的核心。要让犯罪嫌疑人毫无顾虑地向辩护律师讲述案件实情，必然需要考虑到犯罪嫌疑人的担心，即在侦查机关的控制下自己的陈述内容是否会被侦查机关知晓。只有保障律师和犯罪嫌疑人的会见交流是秘密的，是只有他们互相知晓的，犯罪嫌疑人才能对会见放心，这样的会见权才有存在的意义。相反，如若会见时的谈话内容会被他人听到，那么犯罪嫌疑人将无法放心地向辩护人吐露案件实情。同时，由于律师执业风险的存在，不限制"听"会见，也会影响律师的辩护行为。由于《刑法》第306条中引诱、欺骗含义的复杂性，辩护律师执业风险较高。实践中，辩护律师与犯罪嫌疑人交流案件事实的内容与方式都相当谨慎，无论是向犯罪嫌疑人核实有关的案件事实和证据，还是为犯罪嫌疑人提供相关法律问题的咨询解答，都要把握好相应的尺度，否则容易陷入辩护人伪造证据罪的漩涡之中。而如果允许"听"会见，并据此控告律师，律师执业风险会更大。在重压之下，律师的行为将更加"谨慎"，妨碍两者之间的会见交流，不仅不利于当事人与辩护律师的信任关系，而且不利于辩护制度的发展。

从《刑事诉讼法》加强辩护律师辩护权的立法精神来看，"不被监听"在于维护律师与当事人之间谈话的秘密性，从而降低当事人的顾虑，有利于辩护律师全面、准确地把握案情。[5]因此，我国2012年《刑事诉讼法》第37条中的"不被监听"之立法精神是保证辩护律师与犯罪嫌疑人、被告人的谈话内容不被公安司法机关知悉。由此也可得知"不得监听"的规定反映出了禁止以各种形式获取律师会见交流的内容。维护辩护律师与其当事人之间谈话的秘密性意味着，当事人与辩护律师的谈话内容只能被辩护律师和当事人知悉，除此之外的第三人无权知悉该交谈内容，不管是侦查机关、检察机关还是审判机关都不得通过任何方式获取和知悉该谈话内容。显然，本案中民警的行为也属于禁止之列。

---

5 黄文旭、袁博、周嫣：《论刑事辩护律师会见权的实现》，载《中国刑事法杂志》2013年第12期。

（四）将本案“听”的行为认定为“监听”符合国际社会保障律师会见的普遍要求

欧洲人权法院认为，被指控人与其律师在第三方听力范围以外进行交流是民主社会公正审判的基本要求。[6]保证律师与被告人会见时的秘密性、自由性已经成为国际刑事司法的基本准则。如联合国《关于律师作用的基本原则》第8条规定：“遭逮捕、拘留或监禁的所有的人应有充分机会、时间和便利条件，毫无迟延地、在不被窃听、不经检查和完全保密情况下接受律师来访和与律师联系协商。这种协商可在执法人员能看得见但听不见的范围内进行。”[7]不仅如此，大多数法治发展较为成熟的国家的刑事诉讼法，普遍规定了律师与犯罪嫌疑人在会见时有权秘密、自由交流。[8]

可见，从国际社会保障律师会见的普遍要求来看，所有“听”的行为都属于妨碍律师与当事人秘密交流权的行为，这使得我国法条中“不得监听”应当包括所有“听”的行为。

二、本案民警的行为是否属于“私人行为”而不构成“监听”

本案的另一个争议点是，本案中民警的行为并非受侦查机关指派，而是恰巧在旁边的提审室时听到，有不少人据此认为，本案民警的行为是私人行为，刑事诉讼法禁止监听只是禁止公权力行为，其行为不构成刑事诉讼法上禁止的“监听”。

（一）本案张某某“听”到会见并非属于“私人行为”

本案中民警张某某的行为并非侦查机关指派，而是因为办理他案，在走廊休息时，偶然听到了律师熊某与其当事人的对话。其行为并不直接代表侦查机关的意志，但也不能据此认为属于张某某的“私人行为”。因为张某某具有人民警察身份，根据《人民警察法》第2条，人民警察具有揭露、制止犯罪的职责。就本案而言，民警张某某“听”到会见时，正在从事提讯他案犯罪嫌疑人的工作，此时他正处于工作期间，身份是侦查人员，背后代表着公权力。同时，张

---

6 陈苏豪：《能否在羁押场所监听律师会见——基于欧洲人权法院 R. E 诉英国一案的分析》，载《河北法学》2017年第11期。

7 陈学权：《侦查期间合理限制律师会见权研究》，载《现代法学》2011年第5期。

8 陈学权：《“会见不被监听”对律师职业伦理的挑战及应对》，载《法学杂志》2012年第11期。

某某制止熊某是基于人民警察身份所赋予的制止违法犯罪行为的职责，所以其行为代表公安机关，仍属于公权力行为。如果他人不配合，进行对抗，可能构成妨碍公务。因此，张某某具有警察身份在工作期间“听”到律师会见，代表的是公权力行为，不能认为该行为属于“私人行为”而赋予其合法性。

（二）私人行为也属于刑事诉讼法上禁止的“监听”

退一步讲，即使民警张某某“听”是私人行为，也属于刑事诉讼法禁止“监听”的主体。

其一，刑事诉讼法没有规定禁止监听会见的主体。《刑事诉讼法》规定“辩护律师会见犯罪嫌疑人、被告人时不被监听”，并没有明确限定非法监听行为的主体，因此私人的非法监听行为不应该排除在外。实际上，在英美法系国家，私人也属于技术监听的规制主体。

其二，会见权属于辩护权的重要内容。在现代法治国家，辩护权普遍载入宪法作为公民的基本权利。我国《宪法》第130条规定，被告人有权获得辩护。《刑事诉讼法》中“不被监听”的条款有利于保障辩护律师依法履行辩护职责、维护被追诉人的合法权益，有利于辩护律师与被追诉人交流案件、提供法律意见，最终保护被追诉人的辩护权。实际上，宪法学界认可基本权利保护的对象包括私人实施的行为。林来梵教授曾言：“宪法上的基本权利对抗所有主体，即在纵向关系上防止公共权力的侵害，在水平关系上防止其他个体（包括普通公民）的侵害。”[9]因此，辩护权是公民的基本权利，无论是公权主体还是私权主体，都不可以对公民基本权利进行侵犯。在辩护权的权益之一即会见权的保障当中，法律规定了“会见不得监听”，就该否定私人的监听，否则违反了辩护权的宪法保障意义。与之相似的问题是，我国刑事诉讼法中的非法证据排除规则，也不仅仅限制国家公权力的非法取证，私人的非法取证行为也属于非法证据排除的范围。

其三，禁止私人监听符合该法的立法目标。法律规定不得监听律师会见主要是为了保障律师与当事人之间的会见交流权，会见交流是秘密的才能充分保障律师与当事人之间的信任，这是律师制度发挥实效的关键。因此，会见内容只能由律师与被追诉人知晓，理应排除除会见双方当事人外的所有监听、窃听行为，无论是公权力行为还是私权利行为。从对权益的侵害这一角度出发，不管是公权力行为还是私权利行为，只要对律师会见产生了非法妨碍，就应当划入非法监听的范畴。因此“不被监听”也应当包括不被私人监听。

---

9 林来梵：《民法典编纂的宪法学透析》，载《法学研究》2016年第4期。

其四，当前私人监听行为存在很大的可能性，应当予以限制。有部分意见认为只有公权力行为才能构成监听，主要是基于刑事诉讼中公权力才能利用监听这种技术侦查手段，但实际上随着现代技术的发展，这些技术设备唾手可得，普通公民也具备监听的能力。比如，被害人也有可能在律师身上安装窃听设备。因此，如今私人监听行为的存在也需要规制。

在与检察官、法官交流时，还有一种观点认为，律师到提审室会见却不关门，显然是放弃了自己的秘密交流权。然而，根据2015年《关于依法保障律师执业权利的规定》第7条，即使在提审室会见仍不被监听，放弃权利说也不成立。至于由未关门而推理出律师放弃会见秘密交流权，认为律师想让他人听到其会见内容，显然不合常理。特别是，禁止监听律师与当事人之间会见交流，属于对国家权力的禁止条款，不能因为当事人放弃权利就获得正当性。

三、监听律师会见必须"故意"听：民警后续听二十多分钟行为违法

有人认为，刑事诉讼法禁止监听律师会见必须故意而为，对于无意听到律师会见内容不应当认为非法。

笔者也赞同限制监听会见以故意为前提。实施监听行为的行为人主观上必须是故意的，倘若是无意间听到或是偶然听到律师与当事人之间会见内容，不能认定为监听。同时，民警张某某的行为是一种诉讼行为。诉讼行为合法要求诉讼行为具有有效性。有效性是指刑事诉讼行为是否实现了刑事诉讼法上的预期效果。[10] 诉讼行为既然要求实现预期效果，则表明诉讼行为是有意的行为，是带有实施目的的行为。对技术侦查的研究也表明了这一点，无意监听到的内容应视为合法，其资料也具有证据能力。[11] 民警张某某的行为既然属于诉讼行为，那么他的"听"表明了其故意性。

事实上，如果对过失甚至无意识的行为加以禁止，必然无法达到立法效果。在美国非法证据排除例外中，有一种是"善意例外"。如果警察的执法行为是善意的，非法证据的形成可能是因为司法官的错误、立法者的错误或者其他警察的错误，适用非法证据排除规则也无法产生抑制警察违法行为的效果。[12] 正如本案

---

10 印波、高远：《刑事诉讼行为的三重评价：成立性、合法性和有效性》，载《河北学刊》2015年第2期。

11 李明：《刑事诉讼中私人监听问题研究》，载《河北法学》2005年第11期。

12 贺红强：《诉讼角色视域下的美国非法证据排除规则"善意例外"》，载《中国刑事法杂志》2013年第6期。

中的民警，民警在隔壁提讯室提讯他案，正在履行一名警察的职责，一开始只是因为提讯室门没关而偶然听见了会见过程，若不考虑后续的故意监听行为，民警张某某也是一种“善意执法”，因此在听到会见内容后，只要立即制止而不是继续“听”就不构成违反刑事诉讼法。因此，本案中民警张某某提讯休息时在走廊偶然听到了会见内容，其行为尚不构成监听。否则即使排除也达不到立法效果，反而挫伤警察执法的积极性。

问题在于，民警张某某并没有结束他的“偶然听到”行为，而是选择继续听了二十多分钟会见内容，其后续行为明显属于“故意”。其一，听取时间较长。在室门大开的情况下，尽管张某某是偶然听到了会见内容，但他听到隔壁提讯室在进行律师会见，却选择继续偷听整个会见过程二十多分钟，很难说他不是故意“听”。偶然性的听到一般要求时间较短，而不是长达二十多分钟。其二，民警张某某对法律较为熟悉。张某某作为一名有着实务经验的刑事警察，其本身也正在进行提审工作，不可能不清楚律师会见时是不能被监听的。并且，在监听后冲进熊某所在的提审室并指责他，这一连续性的行为都从侧面表明了民警张某某含有主观故意。其三，从听取的目的来说，民警张某某听见律师熊某会见时和当事人的对话，判断他在教唆犯罪嫌疑人翻供，便在旁继续“听”，其目的是揭露和制止该行为。带有目的性的行为是包含故意的。其四，听取的内容非常丰富。检察院指出的“虚假供述”包括五点，民警张某某对上述内容也提供了证言证明，这并非一两句话，信息量较大，显然不能用“偶然”“无意”来界定。

所以，民警张某某偶然听到律师会见内容并不违法，此时他应当立即制止，而不能继续监听，更不能为了获得充分的指控律师犯罪的证据而选择继续听取会见内容，这已经违反了律师会见不被监听的法律规定。只有合法的会见才不被监听，而律师利用会见实施犯罪行为可以监听的观点，显然混淆了程序正义与实体正义之间的关系。

优化立法智库机制的思考与对策

张庆元*

人民代表大会制度的完善离不开立法智库的智囊团效应。智库作为一个立法与政策研究的重要咨询机构，构成了国家的“软实力”与“话语权”。立法智库为立法机关和行政部门建言献策，参与了我国在政治、经济、社会、军事、外交、科学和信息技术等方面的重要立法，在人大立法工作中的辅助性功能和作用日益明显。现阶段中国的智库如同雨后春笋层出不穷，尽管各有特色，但也存在一些短板与不足，亟须进一步加强对中国特色社会主义新型立法智库的建设，明确立法智库服务依法治国的宗旨和目标，并在组织范围、研究内涵、运作机制等方面进行全面的创新和完善，让立法智库切实有效服务于政治、经济、文化、社会等各方面，使之真正成为新的历史时期具有中国特色的“新型立法智库”。

一、新时代背景下立法智库发展的意义

中国特色社会主义的政治建设和经济发展进程正迈向一个崭新的阶段，表明中国正在经历着由解决人民温饱到全面实现小康，再到成为世界强国的中华民族伟大复兴的壮阔过程，每个历史性的进程无疑都会赋予我们全面构筑法治国家的新的时代性使命。中国特色社会主义法治现代化正以新的法治理念、新的社会主义法治体系和丰富的社会主义法治实践进入崭新的阶段，鲜明地揭示了中国遵循社会主义道路发展的历史经验和中国特色社会主义法治现代化的独

* 张庆元——广东省社会科学院法学研究所三级研究员，主要研究领域：国际私法、仲裁法、电子商务法。本文为广东省哲学社会科学“十三五”规划 2020 年度特别委托项目“习近平总书记关于坚持和完善人民代表大会制度的重要思想研究”（立项批准号：GD20TW06 - 01）的阶段性成果。

特魅力，“拓宽了发展中国家的社会主义法治和社会主义现代化之路，为世界上那些既渴望加速发展又希望维护其社会主义制度的国家和人民提供了新的解决办法，为世界奉献了中国的智慧并且走出了中国之路”[1]。

毫无疑问，进入新时代的中国法治现代化建设，要“努力以中国人民智慧、中国发展的实践经验为世界法治文明作出贡献”。立法智库一直致力于深入开展中国经济社会法治与现代化的基础理论研究，始终专注于把握运用科学、客观、前瞻的研究方法去研究新的方向和主轴，坚持宏观政策研究与微观学科研究的内在结合，注重深入开展中国经济社会法治现代化与各个领域的立法研究，提出了一系列高瞻远瞩和具有科学大局观的战略预测和的战略建议。努力打造全面深化推进新历史时期下中国社会主义法治建设进程中的不可或缺的智库，为贯彻落实党和政府对社会主义法治建设的重大决策工作，以及全国人民代表大会和地方各级人民代表大会的重大立法工作，提供思想支持和实施方案的选择。

立法智库工作在理论框架和体系的建设与发展中，要始终坚持以习近平法治思想为核心和指南，要深刻地研究我国立法改革的原则、理论和过程，充分认识当前人民当家作主的社会特点，积极构造一个具有鲜明的中华民族特色的法治与现代化的立法智库，努力将其建设成为当前中国特色社会主义法治与现代化立法研究的武装阵地，进而打下坚实的法治政策和立法理论基础。

在法规政策建议工作方面，要牢固树立端正的法律认识，强化正确引导，立足于解决问题，扎实地开展新时期我国法治社会主义现代化建设进程中一些重大问题的运用与研究，在保障宪法的权威、完善社会主义法治制度、建设社会主义法治政府、促进司法体制改革等各个方面提供正确的决策建议，为新时期推进中国特色社会主义法治现代化建设作出应有的贡献。

目前，立法智库专业人才库从自身创新的法治理念中，为全面推动我们的法治建设发挥积极作用。尊重和保护人权、依法治国、全面建成一个具有中国特色的社会主义法治政府等，倡导和推进社会主义法治建设、促进社会主义法治健康化、全面深化人大立法、全面推进司法制度改革、全面建成一个具有中国特色的社会主义法治国家等；从一切服务于我们党和国家对法治事业未来发展战略性、前瞻性、系统化研究，到深入开展针对法治建设重点、根本性原则、基础制度、重大规范、具体变化等问题的研究；从理论与实践层面有机融合起来，为我们党领导法治发展提供了一个全方位、多层次的决策支撑，从对法律相关领域的专业研究和实施法治改革等措施来促进我国经济的兴旺与繁荣以及法治的进步。

---

1 程世哲：《“枫桥经验”和党的群众路线》，载《法制与社会》2018年17期。

二、新时代背景下立法智库建设面临的机遇与挑战

党的十九大以来，我国以加强对智库科学研究和专业学术团队发展建设的支持和引领为工作重点，高密度地出台了政策措施，高水平地推进建设，高强度地推动和落实。现阶段，中国的人才和智库正像雨后春笋般层出不穷，并取得了明显的效果。虽然各自都有其独特之处，但仍然存在一些明显的短板与缺陷：

（一）智库的总体布局不均

中国目前的立法智库主要有官方智库和全国性的大学智库，其中包括各级行政部门和机关的政策法规司（研究室）、司法部门、省级立法学会、省级社科院法学研究所、全国性的大学立法智库；而智库的人才则主要是集中于党委政府、高等学校、科研单位及其他社会性智库，党委政府、高等学校及其他社会性智库的人才是其主力军。

这种构成与我国法律界的现象有关，一大批在我国拥有丰富的司法工作经验的一线地区法官、检察官和其他律师都没能参与到目前的立法智库当中。而这些承担着法律智囊团功能的研究人员同时又需要承担自己的研究任务，一些重视教学，一些重视科学研究，一些重视专业研究。而且智库人才各自的单位各有不同的考核、评价和晋升标准，例如高等教育类专业院校和从事科研工作的机构大多将学术研究工作作为主要考核指标，忽略了对智库技术成果的重要作用。而这些影响因素无疑不利于我国智库专业技能型人才的培育和成长[2]。

（二）智库的学科发展联系不紧

当前我国的法律研究方面存在着分兵割据、各立门派的局限性。简而言之，是法律理论和实践研究与其他社会科学理论和实践研究的隔膜，法律理论和实践研究与法治理论和实践的隔膜，理论法和部门法的隔膜。这种方式的优点主要在于有助于推动学科课题研究的精确性和专业化，而缺点主要在于彼此之间没有良好的对话和互动交流。而在我国经济全面发展和推进全面依法治国的过程中所遇到的一些问题与困境，不是我们中国传统法学专业中学科之间的特殊性能够有效解决的，甚至并非一个单一的法律专业学科可以有效解决的，而是迫切地需要大量的人才参与到多个学科、跨领域的交流与合作中。

2　卢大林：《深刻理解法治中国内涵，加快推进法治兵团建设》，载《兵团党校学报》2014 年第 1 期。

（三）立法智库的公开性不足

人大机关及其立法智库的信息披露工作未能真正落实到常态化、制度化和行为的规范化，公开性的不足造成了管理机制的开放性、管理能力不足，特别是人大机关及其立法智库在面临一些专门、技术性较高的立法事项时，其影响力还远远不够。而且由于程序缺乏公开性，导致参与立法的人数有限，而这些人可能并不全面了解所调整的社会领域的地方性法规。部分地方政府机关通常都是在遇到困难或者需要解决问题时才向立法智库的专业人员进行咨询，由于立法智库并非全程介入，无法用有限的资料作出一个专业的答疑。各地人大立法智库的成员主要为学者、律师等，在积极参与立法工作的实践、联系广大人民群众、接触现实问题等方面都存在着参与机会相对较少的情况，他们所需要的资料和信息与相关立法机关及其立法智库掌握的资料和信息严重不统一。

（四）立法智库的公众参与度不足

我国立法智库的研究者大多是通过讲座、会议等形式参与立法交流，由于局限性和身份特殊等因素，与人民群众之间交流沟通的渠道还有待扩展和拓宽，向人民群众推广其立法研究成果的积极性还有待进一步提高，与人民群众或者其他组织的联合度还有待进一步加强。

（五）立法智库机制的完整性不足

部分立法机关在立法层面和法规决策层面对立法智库的依赖程度低。立法智库的工作机制就是推动促进“社会各方有序参与立法的途径和方式”，它们共同的基本理念是建立一个健全、系统、稳定的社会参与立法机制。但在实践中，参与立法的机制并不均衡，立法机关只有在确有必要时才让立法智库参与。例如，参加了立法论证相关政策法规的起草工作的专家，有时甚至无法列席人大的立法委员会。立法智库目前仍然缺乏一套合理、有序的立法参与管理机制，尤其重要的是立法听证、公众旁听等方式很少被广泛的社会公众所接受，很多时候立法智库都成了陪衬。

（六）立法智库的人才储备不足

随着我国法律赋予地方立法权，地方性立法机关和政府机构对立法工作者的需求量有所增加。政治、经济、文化、生活等各个领域的人才短缺的现实问题由此凸显出来。而且，当前我国智库在专业技术和人才储备上主要是向复合型法律专业技能人才的培养方向发展，缺少对立法型人才的重点培养。大部分立法智库人才都专注于对政策的深入解读和宣传，专注前瞻性的政策研究的人才比较少。甚至不少立法智库专业人才更偏爱钻研基础理论，所推荐的研究结果与政策匹配程度不高，推荐的可操作性也较差，普遍出现研究结果的质量和服务水平不高、主动性差、快速反应能力不足的情况。

三、全面改革优化立法智库机制

在加快构建立法智库的过程中，要始终坚持以解决问题为导向，为国家服务是第一要义。特别是我们要积极地适应全面融入建设小康社会、全面促进和推动深化改革、全面推进依法治国、依法治党等新的要求，培养和组织构建一批具有高水准的立法政策研究人才队伍，努力打造一支熟悉中国国情、契合立法实际的新型立法政策研究人才队伍，为立法工作的创新和发展服务。

（一）健全智库体制规范发展

要尽快建立一种机制化的渠道，增进各级党委组织、政府部门组织、高等院校组织、科研单位组织、社会专家和智库之间的技术、管理与信息技术方面的人才交流，加强专业上、技术上的协同与创新，更好地为国家智库的建设而服务。与此同时，要充分调动法律共同体的工作积极性。法律领域由大量的法官、检察官、律师及其他法学家组成，形成于共同的专业法律思想观念和目标。这一共同体包含了立法、司法、理论研究等多个层次，以及在法律行为中凝聚不同专业，相互独立、相互补充。不同的法律专长与发展之间存在着良性的互动，有利于促进中国的法治发展与进步，实现社会的公平正义，促进和谐与稳定。因此，要增强法律界对立法智库重要地位的认识，鼓励法律工作者从制度上积极参与智库工作，培养更多的立法智库优秀人才。在全面推进依法治国的重大背景下，立法智库需要为不同的法律专业之间进行良性交流与互动提供平台，动员法律界积极地为全面推进依法治国建言献策，努力培养一支德才兼备、实践卓越的高层次法治团队。

（二）加强智库学科紧密发展

智库的发展应努力打破学科壁垒，培育新学科，发展跨学科，鼓励法学与哲学、政治学、经济学等人文社会学科联合研究[3]，以此推动法学与各学科纵横发展，互相协调，有机贯通，形成体系，增强合力。

3　溥德书：《构建中国特色哲学社会科学的着力点》，载《中共云南省委党校学报》2016 年第 4 期。

（三）增强立法智库透明度

立法智库建设需要建立一个立法信息透明且公开的机制。与立法相关的信息资料的公示既是当地人大立法智库的一种立法参与管理机制，又是智库正常运行的一种基本机制。如果我们做不到信息公开，就等同于没有社会公众的参与，立法智库就没有了可以生存与发展的空间。立法信息公开工作机制需要充分保障全体人大代表、相关组织、社会智库、专家学者及一般普通市民的合法知情权，做到平等参加、机会均等。立法智库需要主动收集和获取各种有关立法公开的资料和信息，并适时向社会公众公开信息，及时捕捉新闻舆情的社会反映，开展市场民意调研，进行政策和舆论指导。立法智库需要在引领社会公众共识、形成正确心理预期、推进社会依法治理的各个环节中建立健全的基本工作框架体系，推动人大的立法更好地反映广大人民和群众迫切期望。

（四）搭建立法智库沟通桥梁

立法工作需要建立健全的社会公众主体参与的激励机制。把立法及智库工作机制的建设成各级地方人大对其开门立法、拓宽公民有序参与各级地方立法的一个非常重要的途径，从而实现立法工作面向公众全面开放、全程开放，促进广大社会公众积极主动地参与各级地方立法事务工作的各个方面、各个环节。立法智库应该积极地为人大代表在组织参与立法及政治决策时提供周到、详尽的政策咨询和指导，做好人大代表的立法参谋助手。需要同社会和公众进行良性互动，凝集广大社会和公众共识，让地方立法变得更加接地气，进而构建一个共治、共建、共享、协同发展的社会治理新格局。

（五）健全立法智库科学论证机制

要建立健全的论证、听取、评议等制度，细化项目选题、调研、协调、研究讨论等各个环节，提升智库项目管理机制的系统性、完整度和科学性。通过建立一套完整的科学的人才智库和工作机制，深入研究其在我国的立法过程中所需要针对的各种社会现实中普遍存在的问题，确保相关立法既能适应国家的相关政策和法规特点，又能够切合国家的实际。立法智库需要与社会智库进行对接，拓宽社会智库组织和参与当地人大立法工作的有效渠道。我们要积极探索和进一步开展当地立法的量化论证，使其能够准确对接经济社会发展所需、基层所盼、民心所向。

（六）加大立法智库的人才储备和人才培养力度

首先，要积极推进相关立法的学科建设和人才培养。立法人才是关键。为进一步加强对相关立法专业人才的培养和输出，各个法学院校都应分别设立本科生和硕士研究生的相关宪法、行政法等公法学科专业和系列的课程，要进一步加强对相关立法专业人才培养的力度，选拔并储备一批优秀人才作为立法智库的咨询人才，扩充立法智囊团的人才储备。要以帮助国家打造一批堪当重任的立法顾问、咨询专家作为教育培训的目标，切实有效地提升我国立法智库的发展水平。

其次，要进一步加大对我国立法智库的研究工作者引进和扶持的力度，大力发展和加强对智库内部研究队伍的建设，加大调控对智库内部研究主要思路与方向的凝练力度，全面整合各级党委、政府部门、科研机构、企业、新闻传播媒介及其他社会群众等专业技术人才队伍的知识和能力资源，打造一支既能充分了解我们的国情民意，亦善于分析国家政策的高水平、高素质、跨行业、多学科、多领域的人才队伍。

四、加强新型立法智库建设，为立法工作提供有力支撑

明者因时而变，知者随事而制。社会的发展与进步对立法的要求更高，人民对立法的期许更大，尤其随着改革进入攻坚期和深水区，亟须发挥好立法在推进国家治理中的重要作用，这也为国家立法理论和立法实践研究提供了更加广阔的空间。习近平总书记在党的十九大报告中提出，“加强中国特色新型智库建设”。这为新时代智库建设指明了方向，应坚决贯彻落实。

一方面要搭好“台”。首先，中国社会科学院、中国法学会等智库要充分发挥“桥梁纽带”作用，通过举办专题讲座、组织课题研究、召开理论研讨会、学术报告会以及组织学术交流、学习考察等多种方式，搭建理论研究交流平台，把有志于立法研究的同仁凝聚一起，相互学习，碰撞思想，取长补短，使广大学者在交流会里得到锻炼和成长，不断拓宽研究思路、提升研究水平。其次，作为社会智库的中国法学会要积极创造条件，继续保持中国法治国际论坛的举办，大力促进研究成果转化，建立健全优秀研究成果评选、汇集、推介和报送制度机制，筛选优秀理论文章向中国人大网、《中国人大》推荐刊登，提升立法理论研究影响力。要继续办好《中国法学》《中国法律年鉴》《民主与法制》等刊物，采取有力措施拓展稿源、讲求质量，提升办刊效率和水平，切实为广大立法理论研究者和立法工作实践者提供讲好“立法故事”的舞台、展示立法成果的窗口。此外，中国法学会还应该多参加人大常委会党组的中心组理论学习

会，把最新的研究成果向全体常委会组成人员和机关干部汇报。还应向省人大常委会推荐优秀学者为本市各级人大代表培训授课，支持学者外出讲课，协助学者外接课题，传授人大履职经验、分享人大履职体会。

另一方面要唱好“戏”。中国法学会中既有从事立法、司法实践工作的同志，也有专门从事理论研究的专家学者，具有很强的门类特点和智力优势。各位学者要进一步增强责任意识和担当精神，积极参与法治建设和立法理论研究及立法实践。要把立法的全局性、战略性、前瞻性问题和立法工作中的热点、难点问题作为重点课题，开展应用性、对策性研究。不仅要进行理论分析，还要提出具体的、可操作性强的解决问题的办法，为推动立法机制体制创新提供理论支撑和智力支持。我们要在吸收借鉴先进经验的基础上，坚持从中国的实际出发，聚焦协同立法工作体制机制问题，重点在立法规划计划协同、立法起草协同、立法推进协同、立法成果共享体制机制等方面，积极开展理论研究和实践探索，形成具有中国特色、符合本国实情、具有可操作性的研究成果，推动协同立法实践的扎实开展，充分发挥立法在推动区域协调一体发展中的引领、推动和保障作用。

图书在版编目（CIP）数据

法治论坛．第63辑／广州市法学会编．—北京：中国法制出版社，2021.10

ISBN 978-7-5216-2158-7

Ⅰ．①法…　Ⅱ．①广…　Ⅲ．①法学-丛刊　Ⅳ．①D90-55

中国版本图书馆CIP数据核字（2021）第184503号

责任编辑：王佩琳（wangpeilin@zgfzs.com）　　封面设计：周黎明

法治论坛·第63辑

FAZHI LUNTAN · DI 63 JI

编者/广州市法学会

经销/新华书店

印刷/三河市紫恒印装有限公司

开本/710毫米×1000毫米　16开　　印张/25.5　字数/435千字

版次/2021年10月第1版　　2021年10月第1次印刷

中国法制出版社出版

书号 ISBN 978-7-5216-2158-7　　定价：88.00元

北京市西城区西便门西里甲16号西便门办公区

邮政编码：100053　　传真：010-63141852

网址：http：//www.zgfzs.com　　**编辑部电话：010-63141801**

市场营销部电话：010-63141612　　**印务部电话：010-63141606**

（如有印装质量问题，请与本社印务部联系。）

《法治论坛》稿件要求和格式规范

一、稿件要求

1. 文章要求原创，**探讨的问题具有较高的前沿性、针对性**，未在公开发行的刊物发表。一经刊用，将向作者支付稿费。

2. 以学术质量过硬为刊用标准，来稿文章**侧重应用型研究**，以法律实践问题为切入点进行理论探讨，**有较高的决策参考价值。**

3. 文章观点鲜明、论述缜密、论据充分、格式规范。字数一般不超过15000字。**图表须为可在word文档中编辑的格式。**

4. 所有来稿请在正文末尾附上作者简介（包括法律职称、研究领域）、手机号码、通讯地址、邮政编码、电子邮箱，以便编辑及时联系作者退改稿件。

5. 投稿请用电子邮件方式，邮件主题：×××（作者姓名）投稿。

6. 提倡文责自负，反对抄袭剽窃。本出版物已获中国知网授权使用“学术不端文献检测系统”，查重率超过30%一律不予刊用。

二、格式规范

1. 正文要有内容提要和关键词。

2. 注解采用脚注形式，并用横线与正文隔开；序号左顶格，以数字1、2、3……标示，全文连续编排。引用的专著、杂志的文章和网络文章均用书名号。例：

范愉著：《纠纷解决的理论与实践》，清华大学出版社2007年版，第565页。

姜大伟：《离婚冷静期：由经验到逻辑——〈民法典〉第1077条评析》，载《华侨大学学报（哲学社会科学版）》2020年第4期。

引用期刊文章不需注明页码。援引自学位论文集的文章用书名号，学位论文集无需书名号。引用时应当标明作者毕业的学术单位、年份和学位层级，引用论文特定部分的内容应当标明页码或者章节。例如，李小明：《准政府组织的行政法定位及其权利规制》，吉林大学2016年博士学位论文，第139页。

3. 法条使用阿拉伯数字表述，脚注法条亦然。

例：参见《中华人民共和国民法典》第1207条。

4. 不使用参考文献。如有参考文献，可转化为脚注。

5. 有纸质产品的情况下，不建议引用网站内容。如引用网站内容，请标明网站名字和频道、网址、最后访问时间。例如，王利明：《标准合同的若干问题》，载中国民商法律网民事法学频道，http：//www. civillaw. com. cn/weizhang/default. asp? id = 22250，最后访问于2017年1月26日。

6. 引用报纸要注明版面。例如，胡云腾：《聚焦〈刑法修正案（十一）〉草案》，载《法制日报》2020年7月22日，第9版。

《法治论坛》2017年1月起入选南京大学CSSCI集刊目录，文章将同时被中国知网（www. cnki. net）署名转载，如不同意转载，请在投稿时作出声明。

编辑部地址：广州市越秀区小北路113号8楼广州市法学会

邮编：510046

咨询电话：020－83525279

投稿邮箱：gzfzlt@126. com（不区分大小写）